上市公司蓝皮书
BLUE BOOK OF LISTED COMPANIES

中国上市公司社会责任信息披露报告（2013）

ANNUAL REPORT ON SOCIAL RESPONSIBILITY INFORMATION
DISCLOSURE OF CHINESE LISTED COMPANIES (2013)

张　旺　张　杨／著

社会科学文献出版社
SOCIAL SCIENCES ACADEMIC PRESS (CHINA)

图书在版编目(CIP)数据

中国上市公司社会责任信息披露报告.2013/张旺,张杨著. —北京：社会科学文献出版社,2013.11
（上市公司蓝皮书）
ISBN 978-7-5097-5243-2

Ⅰ.①中… Ⅱ.①张…②张… Ⅲ.①上市公司-社会责任-信息管理-研究报告-中国-2013 Ⅳ.①F279.246

中国版本图书馆 CIP 数据核字（2013）第 257847 号

上市公司蓝皮书
中国上市公司社会责任信息披露报告（2013）

著　　者／张　旺　张　杨

出 版 人／谢寿光
出 版 者／社会科学文献出版社
地　　址／北京市西城区北三环中路甲29号院3号楼华龙大厦
邮政编码／100029

责任部门／皮书出版中心（010）59367127　　责任编辑／陈　帅　王　颉
电子信箱／pishubu@ssap.cn　　　　　　　　责任校对／谢　敏
项目统筹／邓泳红　陈　帅　　　　　　　　　责任印制／岳　阳
经　　销／社会科学文献出版社市场营销中心（010）59367081　59367089
读者服务／读者服务中心（010）59367028

印　　装／北京季蜂印刷有限公司
开　　本／787mm×1092mm　1/16　　　印　　张／17.75
版　　次／2013年11月第1版　　　　　字　　数／285千字
印　　次／2013年11月第1次印刷
书　　号／ISBN 978-7-5097-5243-2
定　　价／69.00元

本书如有破损、缺页、装订错误，请与本社读者服务中心联系更换

▲ 版权所有　翻印必究

上市公司蓝皮书编委会

顾问委员会　（按姓氏笔画排列）

陈　胜　陈　锋　金立扬　周永发　赵昌文
崔大鹏　韩　康　惠宇明　程多生　傅　琳
李　文　李佩芸　张志勇　张峻峰　陈元桥
马欣迎　王　遥　田迎春　史多丽　安青松
温子建　缪瑞兰　钟宏武　姚　峰　郭　军
郭秀明　郭沛源

编辑委员会

执 行 编 辑　张　杨

委　　　员　薛　源　江　聃　杨　懿

研究机构简介

中国上市公司社会责任研究中心是由证券时报全力打造的领先的资本市场社会责任研究平台,国内首个关注上市公司社会责任信息披露的专业机构。中心密切关注资本市场社会责任热点,总结资本市场社会责任信息披露规律,客观呈现上市公司社会责任实践发展动态和趋势,推动资本市场非财务信息的完整、准确、及时披露,促进一个透明、负责任的社会责任信息披露市场环境的形成。依托证券时报"一委三会"指定信息披露媒体的地位和优质的媒体资源,结合各专家在社会责任领域的丰富经验,凭借多年积累的资本市场信息传播渠道,中心开展中国上市公司社会责任信息披露研究,全面监测、整合上市公司社会责任方面相关信息,通过梳理、分析、挖掘,形成各类社会责任研究产品,并向监管部门、上市公司、金融机构等资本市场主体提供社会责任相关服务。

中国上市公司社会责任研究中心的主要职能如下。

1. 上市公司社会责任信息披露研究

①**上市公司社会责任信息披露理论体系建设**。通过研究国际、国内社会责任领域相关标准和倡议,结合上市公司自身特点,构建符合中国上市公司实际的、具有指导和实践意义的社会责任信息披露理论体系。

②**上市公司社会责任信息披露标准研究**。进行"非财报信披"标准的探索和研究,协助监管机构倡导并实施社会责任信息披露制度建设。

③**社会责任信息披露系列研究报告**。围绕资本市场和社会责任领域热点问题,进行社会责任实践规律、社会责任重大事件分析以及社会责任与资本市场发展等专项研究,并向社会发布,形成系列上市公司社会责任信息披露报告。每年出版发行《中国上市公司社会责任信息披露研究报告》。

④**上市公司社会责任信息披露的管理培训**。联合监管机构和专业组织,定

期组织面向上市公司高管和社会责任专员进行的社会责任信息披露培训和社会责任管理培训。课程涵盖上市公司社会责任信息披露标准培训、GRI认证培训、ISO26000培训以及国内社会责任相关政策法规培训等。

2. 上市公司社会责任信息披露服务

①**上市公司社会责任信息披露**。开辟上市公司社会责任信息披露媒体发布平台，推动上市公司积极披露社会责任信息，以便更加畅通地与各利益相关方进行沟通，帮助上市公司提高资本市场价值。

②**社会责任频道和专版**。负责编辑社会责任信息披露专业频道（csr.stcn.com）和《证券时报》"上市公司社会责任信息披露"专版，通过中心团队及外部专家理事的共同努力，对资本市场的热点社会责任事件进行及时分析报道。

③**社会责任管理案例库**。持续对资本市场的重大社会责任事件进行深度研究，形成社会责任管理案例库，供资本市场主体和研究机构使用。

④**上市公司社会责任品牌策划**。为上市公司提供资本市场社会责任信息披露的深度服务，开展社会责任品牌策划服务，提升企业知名度，塑造具有社会责任感的上市公司企业形象。

3. 上市公司社会责任信息管理服务

①**上市公司非财务信息披露管理软件**。联合中国社会科学院，在中国社会科学院中国企业社会责任报告编写指南基础上，研发面向资本市场的"中国上市公司社会责任信息披露的报告应用系统"，并提供相关配套社会责任咨询服务产品。

②**上市公司社会责任管理咨询**。向上市公司提供社会责任管理相关咨询服务，如企业社会责任战略规划和管理体系的建立、社会责任管理推进路线图的设计、社会责任信息披露制度的建立、社会责任信息发布体系的建立和上市公司社会责任品牌的建立和管理咨询等。

主要编撰者简介

张　旺　证券时报社中国上市公司社会责任研究中心主任、秘书长。擅长传媒领域企业运营与管理、企业社会责任研究与实践工作，曾任CCTV中视都市传媒董事长助理、派格太合环球传媒副总裁、中体传媒总经理等职，兼任GRI中国可持续发展委员会常务副会长、中国社会科学院经济学部社会责任研究中心副主任、中国社会责任国家标准起草组专家、中日韩社会责任委员会委员、阿拉善生态基金会社会责任专家等。现专注于中国资本市场企业社会责任的研究与实践，参与社会责任国家标准的起草制定，推动资本市场社会责任制度建设，倡导上市公司加强社会责任管理与非财务信息披露。创立"中国责任投资论坛"（China SIF），主编《责任观察》内参杂志，主编《中国A股上市公司社会责任报告研究》《中国上市公司非财务信息披露研究报告》《中国上市公司社会责任指南》《中国上市公司社会责任信息披露指标和评价体系》等，研究成果被资本市场广泛使用并影响深远。

张　杨　证券时报社中国上市公司社会责任研究中心研究员。从事社会责任和可持续发展领域的研究和咨询，参与"十一五"国家科技支撑计划重点课题"社会责任国际标准风险控制及企业社会责任评价技术研究"等研究，参与《ISO26000社会责任指南》中文版翻译校对、全球报告倡议组织（GRI）《可持续发展报告指南（G4）》的中文版校对，完成GRI《媒体行业补充指南》中文版翻译。参与"中国A股上市公司社会责任报告研究"项目，参与撰写《中国A股上市公司社会责任信息披露研究（2011）》《中国A股上市公司社会责任报告研究（2012）》和《中国A股上市公司社会责任报告研究（2013）》等研究报告。为中国对外承包工程商会、中国工业经济联合会、中国南方电网公司、中国建筑工程总公司等机构提供社会责任咨询。

摘　要

上市公司社会责任信息披露是指上市公司采用多种形式和渠道向其利益相关方披露其与公司经营、社会和环境等方面相关信息的行为。近年来，中国资本市场对社会责任的重视程度日渐提升。上市公司作为中国优秀企业的代表，主动履行社会责任，披露其承担社会责任的情况，有利于资本市场资源的有效配置，也是公司自身应尽的义务。为综合评价和反映当前中国上市公司社会责任信息披露的水平，证券时报社中国上市公司社会责任研究中心（以下简称"中心"）以2013年披露年报的所有上市公司为样本，对其社会责任披露状况进行综合评价。

评价依据上市公司利益相关方模型——"SRST"上市公司社会责任"7+1"模型，以定期披露（公司年度社会责任报告）和日常披露（公司网站相关内容）为主线，对其进行详尽的评价分析，并得出相应结论。

本书分为总报告、专题报告、评价结果与排名三大部分。其中，总报告介绍了本次研究的研究方法和技术路线，以此来评价中国A股上市公司社会责任信息披露水平，并在此基础上得出中国上市公司社会责任信息披露的阶段性特征和存在的问题。专题报告主要分为两大专题研究，分别是中国上市公司定期社会责任信息披露（公司社会责任报告）研究和中国上市公司日常社会责任信息披露（官方网站）研究，从信息披露载体和时效性等方面进行了专题研究和分类比较。评价结果与排名部分综合展示了整个研究中上市公司所有评价维度的表现，展现了当前上市公司社会责任信息披露的水平和阶段，也为每家上市公司审视自身社会责任信息披露情况提供了翔实而有力的参考。

Abstract

Corporate social responsibility (CSR) information disclosure by Chinese listed companies refers to the process by which listed companies disclose the information related to the operational, social and environmental aspects of the companies to their stakeholders in various forms and communication channels. During recent years, China's capital market has been paying attention to CSR. Representative of good corporate citizens in China, listed companies should fulfill their social responsibility and disclose their CSR performance, which is not only helpful for allocating the capital market resource effectively, but also an obligation of the companies. Social Responsibility Research Center for Chinese Listed Companies under Securities Times (hereinafter called "Center"), selected all Chinese listed companies, which disclosed the 2013 financial report, as research samples for a comprehensive evaluation of their social responsibility information disclosure performance, for the purpose of comprehensively assessing and the current CSR information disclosure level of the listed companies.

The evaluation is based on the Chinese Listed Companies Stakeholders Model, "SRST" Chinese listed companies CSR "7 + 1" Model, and mainly focuses on regular disclosures, i. e. , the CSR reports, and daily disclosures, i. e. , the official website of listed companies, doing full evaluation and analysis on them and then drawing conclusions accordingly.

The study includes general report, special reports and evaluation results and rankings. The general report describes the research approaches and technological route, on the basis of which it evaluates the CSR information disclosure level of Chinese listed companies and then points out the current characteristics and existing problems in Chinese listed companies CSR information disclosure. The special reports includes two thematic studies—Annual Social Responsibility Information Disclosure (CSR reports), and Daily Social Responsibility Information Disclosure (pertinent information on official websites) —which draw comparisons by different categories in information carrier and timeliness. Evaluation results and rankings show the companies' performance in all evaluation dimensions, demonstrate the current CSR information disclosure level and stage of Chinese listed companies, and also provide a full and accurate reference for companies in their self-examination.

目录

BⅠ 总报告

B.1 中国上市公司社会责任信息披露研究（2013） ……………… 001
  一 技术路线 ……………………………………………………… 002
  二 评价结果 ……………………………………………………… 016
  三 结果分析 ……………………………………………………… 019
  四 特征分析 ……………………………………………………… 028

BⅡ 专题报告

B.2 中国上市公司定期社会责任信息披露（社会责任报告）研究 …… 034
B.3 中国上市公司日常社会责任信息披露（官方网站）研究 ………… 084

BⅢ 评价结果与排名

B.4 中国上市公司社会责任信息披露综合评价结果与排名 ……………… 093
B.5 中国上市公司定期社会责任信息披露评价结果与排名 ……………… 170
B.6 中国上市公司日常社会责任信息披露评价结果与排名 ……………… 195

B.7 后记 ………………………………………………………………… 266

皮书数据库阅读**使用指南**

CONTENTS

B I General Report

B.1 Social Responsibility Information Disclosure of Chinese
     Listed Companies / 001
       1. Research Methods / 002
       2. Evaluation Results / 016
       3. Result of Analysis / 019
       4. General Characteristics / 028

B II Special Reports

B.2 Annual Social Responsibility Information Disclosure by Chinese
     Listed Companies (CSR Reports) / 034

B.3 Daily Social Responsibility Information Disclosure by Chinese
     Listed Companies (Official Websites) / 084

B III Evaluation Results and Rankings

B.4 Social Responsibility Information Disclosure of Chinese
     Listed Companies / 093

CONTENTS

B.5 Annual Social Responsibility Information Disclosure by Chinese Listed Companies (CSR Reports) / 170

B.6 Daily Social Responsibility Information Disclosure by Chinese Listed Companies (Official Websites) / 195

B.7 Postscript / 266

总 报 告

General Report

B.1
中国上市公司社会责任信息披露研究（2013）

摘　要：

　　本报告主要介绍了本研究的技术路线，列出了部分评价结果，对评价结果进行了分等级分析，并总结了2013年上市公司社会责任信息披露的总体特征。研究发现，2013年上市公司社会责任信息披露整体水平偏低，不同行业上市公司的社会责任信息披露水平迥异；绝大多数公司的社会责任信息披露情况不及格；上市公司发布社会责任报告的主动性有待于进一步提升。

关键词：

　　上市公司　社会责任信息披露

　　社会责任信息披露是上市公司向社会公众沟通其社会责任履行情况的方式和过程。上市公司作为公众公司，有义务对社会，尤其是投资者保持充分的透明度。

当前，在国际上社会责任投资方兴未艾。随着价值投资意识的增强，投资者不仅关注公司的财务数据，也非常关注社会责任等影响公司长远发展的非财务数据。许多机构投资者，尤其作为市场重要投资者和资金来源的合格境外机构投资者（QFII），对上市公司的社会责任非常重视，并将之作为投资选股的先决条件。

部分上市公司也已经认识到，披露社会责任信息能够有效吸引投资者的关注。通过发布社会责任报告等手段，上市公司可以更有效地对自身社会责任履行情况进行反思和梳理，这对提高公司治理水平具有重要意义，也对促进公众及投资者了解上市公司对社会的贡献，以及主动承担社会责任的情况，倡导价值投资具有重要作用。

近年来，上市公司社会责任信息披露的意识不断增强，社会责任信息披露的质量日渐提升，披露工作逐步完善，这对促进公众和投资者了解上市公司在环境保护、社区贡献等方面所做工作，倡导责任投资理念起到了积极作用。中国证监会及沪、深两市交易所也在推动上市公司披露社会责任信息方面做出了卓有成效的工作。

在上述背景下，中国上市公司社会责任研究中心对中国 A 股市场上市公司社会责任信息披露情况进行了全样本研究，对其社会责任信息披露情况展开综合评价。以中心研发的"上市公司社会责任信息披露评价模型"为研究基础，以定期披露和日常披露为主线，本报告对上市公司的社会责任报告和官方网站进行评价分析，从中总结出目前中国上市公司社会责任信息披露的阶段性特征，并为对上市公司社会责任信息披露的进一步研究打下基础。

一 技术路线

（一）文献回顾

1. 关于上市公司社会责任

要研究上市公司社会责任信息披露的内容，就必然要研究上市公司社会责任的内容。此前的学者在探讨公司社会责任信息披露的内容时，往往采用归纳法，即将不同研究者对公司社会责任信息披露的内容界定进行整理，然后总结出其中具有共性的内容，抑或直接沿用其他研究者所选定的内容范围。然而，本研究认为，公司社会责任的内容是随着经济社会的不断发展而不断变化的，也会因公司所处的地区或行业的不同而有所不同。因此，单纯沿用前人的方法不可取。

要明确公司社会责任的内容，须首先明确公司社会责任的内涵。以往关于公司社会责任内涵争论的焦点集中在以下两点：企业目标，以及企业社会责任与企业责任的区分。企业目标，即企业存在的目标是股东利益最大化还是利益相关方利益最大化。关于这一问题的争论已持续多年，近年来主流观点更倾向于支持修正的股东利益最大化，即企业在谋求股东利润最大化之外，还负有维护和增进社会公益的义务。《上市公司治理准则》第86条明确提出："上市公司在保持公司持续发展、实现股东利益最大化的同时，应关注所在社区的福利、环境保护、公益事业等问题，重视公司的社会责任。"这一要求与修正的股东利益最大化观点不谋而合。

2010年，国际标准化组织（ISO）发布了适用于全球所有类型组织的社会责任指南——《ISO 26000社会责任指南》，其中将社会责任定义为"组织通过透明和符合良好道德行为要求的行为，为其决策和活动（包括产品、服务和过程）对社会和环境的影响而承担的责任。这些行为包括：致力于可持续发展，包括健康和社会福利；考虑利益相关方的期望；遵守适用的法律，并与国际行为规范相一致；全面融入组织并在受其影响范围内容的活动中得到践行"。该指南中还指出了组织社会责任的七大主题，即组织治理、人权、环境、员工、公平运营、消费者，以及社区参与和发展。这为本次研究划定上市公司社会责任内容提供了有益的参考。

那么，上市公司社会责任中究竟应不应该涉及经济方面的内容呢？本研究认为，是应该的。但社会责任信息中的经济内容，不同于公司财报中的经济内容，而是指公司对其所在的社区、行业、国家乃至世界经济体系的影响。

然而，研究认为仅有以上几方面不足以体现上市公司作为公众公司区别于非上市公司的特点。上市公司应具备更加规范的管理和更高的透明度，还应注意保护投资者权益。因此，研究认为，除以上提到的社会责任内容外，上市公

司所特有的社会责任内容还应包括资本市场责任,即服从监管机构监管,符合有关上市公司的各项规定及投资者保护责任。

2. 上市公司信息披露

信息披露制度是指资本市场上的有关当事人在证券发行、上市和交易等一系列运作过程中,依据法律、法规、证券主管部门管理规章及证券交易场所等监管机构的有关规定,以一定方式向投资者和社会公众公开与证券有关的信息而形成的一整套行为规范和活动规则。

信息披露制度最早起源于英国,最初主要体现于证券立法层面。1844年,英国制定的《公司法》规定,证券发行公司在办理有关发行审核手续时,必须将其财务资料以及其他足以引起投资人决策重视的信息公之于众。而后的一个世纪里,会计规范和审计规范相应得以建立。美国从20世纪30年代开始着手制定上市公司信息披露的相关制度,并在此之后得到了较为迅速的发展。美国财务会计准则委员会(FASB)的公认会计原则(GAAP)和美国证券交易委员会(SEC)的系列规则共同构成了美国资本市场的会计信息披露制度体系。美国会计信息披露制度的一般结构可分为三个主要层次:第一层是美国国会颁布的有关法律;第二层是美国证券交易委员会(SEC)制定的有关证券市场信息披露的各种规章制度;第三层是证券交易所制定的各类市场规范。

着眼于中国,自1990年至今,中国上市公司信息披露制度才逐步建立并得以完善。1992年10月,中国证券监督管理委员会(简称"中国证监会")成立,为加强对上市公司的监管,规定了上市公司应向公众披露的信息范围,以及信息披露所应遵守的规则。中国证监会于1993年颁布《公开发行股票公司信息披露实施细则》,这标志着会计信息披露开始有了全国统一的规范要求。随后颁布的《公开发行证券的公司信息披露内容与格式准则第7号——股票上市公告书》等文件,使会计信息披露的内容逐步完善起来。此外,中国证监会还陆续颁布了《关于规范上市公司行为若干问题的通知》《关于严禁操纵证券市场行为的通知》等涉及会计信息披露问题的规定,并处理了多起违规事件。为规范上市公司信息披露,中国的证券立法主要做出了强制披露、强制审计、法律责任三方面的规定。此外,1993年以来,财政部也陆续颁布实施了一系列会计准则,包括基本准则和具体准则等。这些都为上市公司信息披露提供了可资参考和遵守的依据,显著提升了上市公司信息披露的规范性,提高了公司信息披露质量。

当前,信息披露制度已成为中国资本市场监管的核心内容之一,也是资本市场的一项基本制度。信息披露制度能够有效地提高上市公司信息披露质量,同时减少信息披露违法违规行为。

在监管制度体系方面,上市公司信息披露制度包含四个主要层面:第一,由最高立法机关制定的证券基本法律;第二,由政府部门制定的资本市场的相关法规;第三,由证券监管机构制定的相关规章制度;第四,证券交易所制定的市场规则及自律性组织(如行业协会等)制定的行业自律性守则等。

3. 上市公司信息披露评价

上市公司信息披露评价通常是依据信息披露理论,针对上市公司信息披露的内容,按照适用的质量评价标准和方法对上市公司信息披露的水平做出评判,并据以做出相关决策的过程。

一般来讲,信息披露理论可以用来解释和预测上市公司的信息披露行为。根据上市公司信息披露相关规定,信息披露的内容主要包括年度报告、中期报告、季报等定期披露的信息,也包括首次公开发行、新股发行、可转换公司债发行等不定期信息披露。在上市公司披露的各类信息中,上市公司财务信息是最重要的,也是为众多投资者所关注的信息。此外,随着投资者关注度的提升,上市公司的非财务信息,如公司治理、投资者关系管理、内部控制等,也逐渐成为上市公司信息披露的重要组成部分。在非财务信息中,有关社会责任的信息更是对决策者的决策起着越来越重要的作用。

在上市公司信息披露评价的具体实施过程中,信息披露内容的多寡对评价者判断信息披露质量有着直接且重要的影响。因此,信息披露的充分性成为评价信息披露质量的重要依据。"信息披露越充分,则质量越高"成为多数学者共同认可的观念,信息披露质量的测度方法也随之逐步形成了。目前看来,国内外研究通常采用的信息披露评价方法主要有三种:一是评分法。早期的国外学者(Wallace, 1988; Cooke, 1989, 1992, 1993; Robbins and Austin, 1986; Jubmani, 2000; Lim, Matolcsy and Chow, 2007)首先应用两分法评价信息披露质量。两分法主要是指当一个项目被披露就赋予1分,否则就赋予0分。该方法利用分数累计来计算公司信息披露得分,得分越高,信息披露质量越好。两分法的缺陷主要在于:各披露项目权重相同,仅考核信息披露的充分性。基于此,学者们逐渐转向建立信息披露指数来修正两分法的缺陷。以信息披露指数为基础确立的评价体系的研究主要围绕两个方面展开:①信息披露质量评价指标;②评价指标权重。在研究机构的独立评价过程中,主要采用信息披露指数和两分法来测度企业信息披露质量。二是事件法。就是以因违规被证券监管机构处罚的事件个数来直接判断上市公司整体信息披露质量的高低。三是理论模型法。一些学者从盈余管理角度出发,建立收益激进度(EA)、收益平滑度(ES)、总收益不透明度(OEO)等联合指标来替代信息披露程度,从而判定公司的信息披露质量高低(高明华,2011)。

基于研究目的及上市公司社会责任信息披露的特点,本次研究拟采用信息披露指数的方式对上市公司社会责任信息披露进行评价。

(二)研究体系

1. 研究背景

2011年,中国上市公司社会责任研究中心联合中国社会科学院企业社会责任研究中心联合出版了《中国上市公司非财务信息披露报告(2011)》,对沪深300指数成分股公司的非财务信息披露情况进行了统计分析。根据责任管理、市场责任、社会责任、环境责任"四位一体"框架,评价沪深300指数成分股上市公司非财务信息披露水平,并在此基础上得出非财务信息披露的阶段性特征,进而提出合理化建议。

本次研究在此前的研究基础上有较大的创新与突破,主要体现在以下四个方面。

其一,在研究对象范围方面,本次研究拟将对2013年披露年报的所有A股市场近2500家上市公司进行研究,较仅对沪深300指数成分股公司进行研究的《中国上市公司非财务信息披露报告(2011)》范围扩大。

其二,在研究体系建立方面,本次研究采用专门针对中国上市公司设计制定的上市公司利益相关方模型——"SRST 7 + 1"模型,其中加入许多资本市场和上市公司特有的方面和指标,较《中国上市公司非财务信息披露报告

（2011）》采用的经中央企业社会责任评价指标改良后的评价体系更有针对性，更能准确反映上市公司社会责任信息披露水平和发展阶段。

其三，在研究理论方面，将本次研究范围定义为"社会责任信息"，更加厘清了概念范围，较《中国上市公司非财务信息披露报告（2011）》提出的"非财务信息"（包含公司治理、内控、社会责任等多个方面）有了更清晰的定位。

其四，在评价维度和指标体系方面，本次研究重新定义了"完整性""充分性""实质性"等评价维度及相应的评价方式，使评价体系更加科学，计分方式更加合理；本次研究所使用的指标体系，去掉了行业特色指标部分，较《中国上市公司非财务信息披露报告（2011）》而言，提升了指标体系的普适性和指导性，避免了因行业指标选取而产生的人为误差，提升了指标体系的准确性和公平性，同时为今后指标体系的升级和完善提供了便利，增强了指标体系的灵活性和可操作性。

2. 研究对象

本报告以中国A股上市公司2012年度社会责任信息披露为研究对象，从定期披露（公司年度社会责任报告）和日常披露（公司网站相关内容）两方面，对研究期间中国A股上市公司的社会责任信息披露情况进行全面研究、评价与分析。

3. 研究目的

中国上市公司社会责任研究中心研究出版本报告，旨在实现以下目的：第一，反映当前上市公司社会责任信息披露方面所处的水平和发展阶段；第二，发现并总结当前上市公司社会责任信息披露中存在的问题；第三，找出当前上市公司社会责任信息披露与国际自愿性标准之间存在的差距；第四，为下一步制定统一的上市公司社会责任信息披露指引奠定实证基础；第五，为不同行业履行社会责任和发掘履行社会责任中的不足提供参考。

4. 研究路径

本评价体系参考国际标准化组织（ISO）的《ISO 26000社会责任指南》中对社会责任的共同理解和分类，以及全球报告倡议组织（GRI）《可持续发展报告指南G3.1》对可持续发展报告编制要求和相关指标体系，结合中国具体国情和上市公司目前发展阶段，以及所必须执行的监管规定，建立中国上市公司社会责任信息披露评价模型。

评价按照目前中国上市公司社会责任信息披露的周期性和载体划分，将上市公司社会责任信息披露分为定期披露和日常披露两类，并分别对这两种类型的信息披露进行评价。其中，定期披露以考察上市公司年度社会责任报告为主，日常披露以考察上市公司的官方网站为主，在此基础上进行赋权，最终形成公司社会责任信息披露绩效的综合评价结果（见图1）。

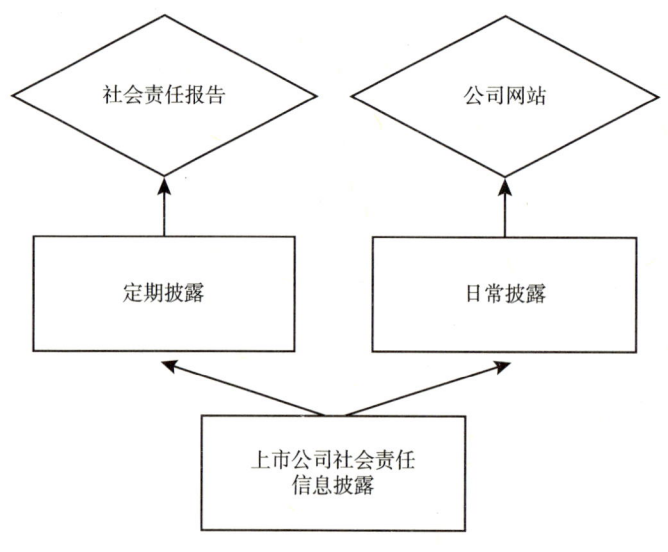

图1 "二位一体"综合评价

5. 理论模型

研究参考国际标准化组织（ISO）的《ISO 26000 社会责任指南》中对社会责任的共同理解和分类，以及全球报告倡议组织（GRI）《可持续发展报告指南 G3.1》对可持续发展报告编制要求和相关指标体系，结合中国具体国情和上市公司目前发展阶段和必须执行的监管规定，建立起"中国上市公司社会责任信息披露评价模型"（上市公司利益相关方模型）——"SRST"上市公司社会责任"7+1"模型（见图2）。

6. 研究存在的不足

一是评价体系权重设置，尤其是各行业的权重设置，可能存在一定偏差；

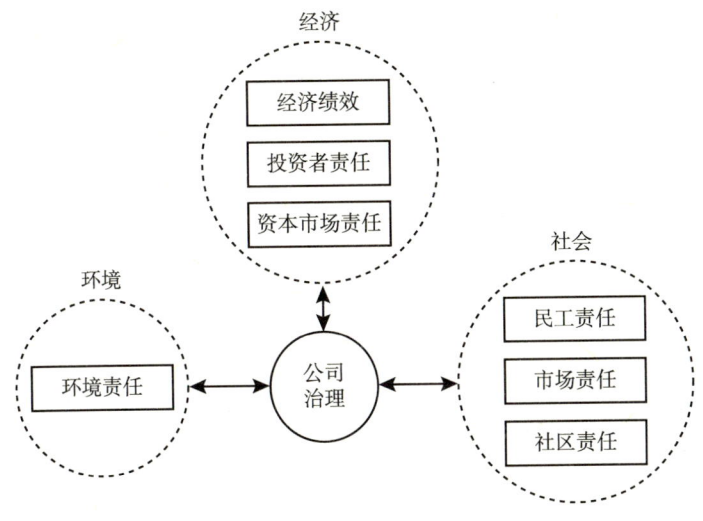

图2 "7+1"模型

二是指标体系中指标的取舍可能存在不科学之处;三是对自愿性披露公司的范围划定(根据交易所强制要求),可能有些具备强制要求的公司本身也自愿发布社会责任报告;四是考虑到评价体系的适用性和可操作性,仅有通用指标,缺少行业特色指标。

(三)评价体系

上市公司社会责任信息披露评价是对上市公司以各种形式进行的社会责任方面的信息披露的综合评价,包括对社会责任信息的定期披露和日常披露的评价,包括完备的评价指标体系和相对科学的指标权重。本研究的评价体系包括评价定期披露的社会责任报告评价体系,以及评价日常披露的公司官方网站评价体系(见图3)。

1. 评价维度

(1)定期披露——社会责任报告

就当前上市公司社会责任信息披露情况来看,通过社会责任报告进行披露的方式占据主导地位。对上市公司社会责任信息披露的评价主要针对其社会责任报告进行。

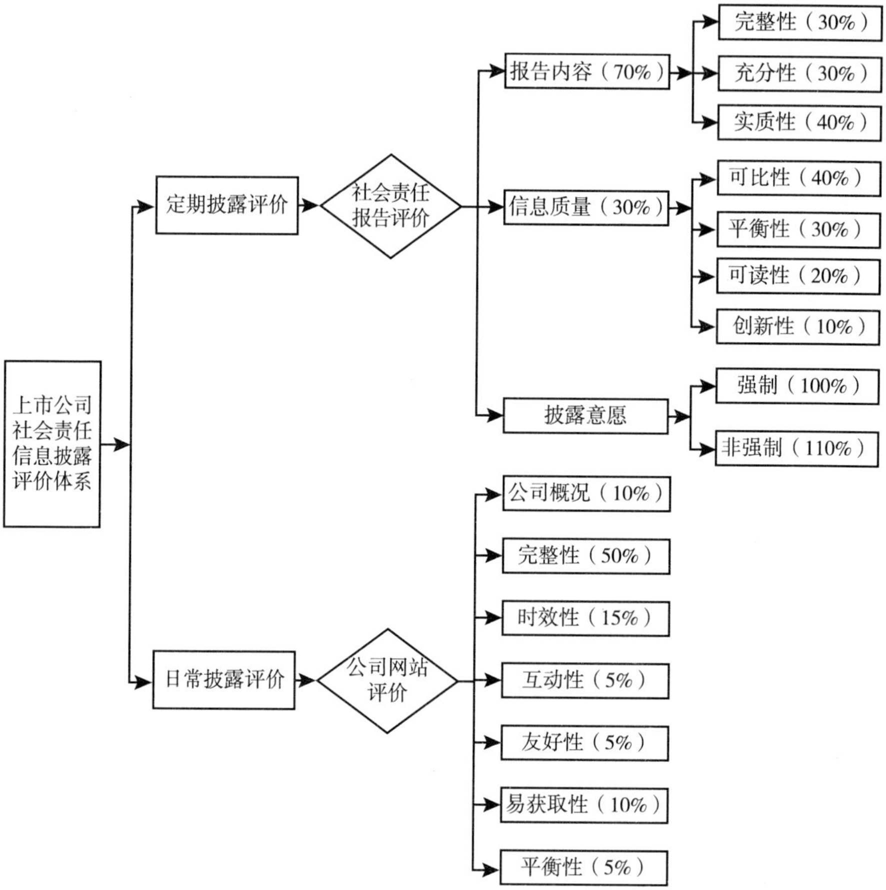

图3 上市公司社会责任信息披露评价体系

研究从完整性、充分性、实质性、可比性、可读性、平衡性、创新性和自愿性（强制、非强制）等维度对上市公司社会责任报告进行评价。其中，完整性、充分性、实质性维度用以考察社会责任报告中信息披露的内容，而可比性、可读性、平衡性、创新性维度用以评价社会责任报告中信息的质量，自愿性体现上市公司披露社会责任报告的意愿。本研究对社会责任报告评价维度加以赋权，具体如下。

①考察社会责任报告信息披露内容

从内容来看，社会责任报告应包括上市公司社会责任通常应涉及的几大主要方面，这体现了社会责任报告的完整性程度；在每个主要社会责任方面中，社会责任报告应尽量详尽地披露在该方面公司的社会责任表现，这体现了报告的充分性；社会责任报告对几大社会责任主题的披露应有明确的优先顺序，在与公司有关的主题方面，应进行详细披露，而对优先级较后的主题，可酌情简略，这体现了社会责任报告的实质性。基于此，给予社会责任报告内容评价维度相应的权重，详见表1。

表1 社会责任报告内容评价维度

单位：%

维度	完整性	充分性	实质性
权重	30	30	40

完整性，指报告所含的重大主题和指标及报告边界的定义，应足以反映对经济、环境、社会的重要影响。评价中，通过对上市公司社会责任报告所应涉及的主题赋以相应的权重，考察公司的报告是否在此议题上进行披露，从而获得相应的权重得分。

充分性，指报告各部分信息披露的详尽程度。评价中，通过计算上市公司社会责任报告每个主题中信息的披露项目覆盖本评价体系中所列信息点的比例来考察。

实质性，指报告中的信息能反映公司对经济、环境、社会的重大影响，以及对利益相关方的评估与决定有实质影响的特点和指标。评价中，通过考察上市公司社会责任报告对利益相关方的识别和分析，以及主要社会责任议题的优先次序是否与社会责任报告中披露议题重要性的次序相吻合来体现。若社会责任报告在次要主题上进行了详细披露，而在关键主题上进行了简要披露，则其得分将相应偏低。

②考察社会责任报告信息质量

从社会责任报告信息披露的质量来看，社会责任报告应注重披露期间与此前数据的纵向比较，以及同一时期内与行业或地区内类似公司社会责任表现的横向比较，这反映了报告信息的可比性；社会责任报告应客观呈现公司在社会责任信息披露期间的社会责任表现，不应避重就轻，或只提好的方面而回避负面信息，这体现了报告信息的平衡性；社会责任报告应易于利益相关方的阅读、理解和接受,这体现了信息的可读性;社会责任报告还应根据公司自身的特点和发展,在其他同类公司或以往报告的基础上有所突破和完善,这体现了报告的创新性。各维度的赋权详见表2。

表2 社会责任信息质量评价维度

单位:%

维度	可比性	平衡性	可读性	创新性
权重	40	30	20	10

可比性,报告中各事项及信息应经过筛选、汇总,保持前后一致。展示信息的方法可让利益相关方分析公司表现长期的变化,并且与其他同类公司做比较分析。评价中,从报告内容是否可以与历史同期数据对比、是否能与同行业其他公司比较,以及是否能与有关标准比较等方面考察。

平衡性,指报告应反映公司正负两方面的表现,让各方对公司的整体表现做合理评估。评价中,考察社会责任报告中是否包含对公司报告期内在社会责任方面存在的缺失或不足,或者对发生负面社会责任事件、事故进行描述。

可读性,指报告的信息披露方式是否易于读者理解。评价中,从社会责任报告的结构清晰、语言简练、图表和表格的使用、图片和色彩的使用,以及整体设计排版等方面考察。

创新性,指公司社会责任报告在内容和形式上应有所创新,能够引领社会责任报告向更先进的水平前进。评价中,从社会责任报告是否有更适合公司自身和上市公司特点的内容或表现形式等方面来考察。

③考察公司披露态度

自愿(主动)性,考察公司发布社会责任报告是应交易所的强制要求,还是出于与利益相关方沟通考虑的主动行为。评价是否受到交易所对社会责任报告的强制发布要求,从赋值方面对上市公司进行区分(见表3)。

表3 社会责任报告主动性赋值

主动性	强制披露	非强制披露
赋值	1.0	1.1

基于以上分析，社会责任报告评价权重设置如表4所示。

表4　社会责任报告评价权重设置

单位：%

方面	报告内容	信息质量
权重	70	30

因此得到上市公司社会责任报告得分公式：

上市公司社会责任报告得分 =（报告内容得分 × 70% + 信息质量得分 × 30%）× 主动性得分

需要说明的是，无强制披露要求而披露社会责任报告的上市公司，在原来得分基础上提高10%。

（2）日常披露——公司网站

上市公司社会责任日常披露主要考察公司官方网站信息披露状况。上市公司的官方网站作为其与利益相关方沟通交流的首要渠道，应对公司的各个方面有全面反映，包括对公司概况的介绍、有关几大主要利益相关方的网页等，这体现了网站信息的完整性；作为公司日常信息披露的途径，公司网站信息应具备较强的时效性，网站信息的呈现形式应多样化、易于阅读和理解，还应客观地披露公司正面和负面信息。

基于上述分析，研究访问待评价上市公司的官方网站，从对公司概况的介绍，以及完整性、时效性、互动性、友好性、易获取性、平衡性等方面进行综合评分（见表5）。

表5　公司网站评价维度及权重

单位：%

维度	公司概况	完整性	时效性	互动性	友好性	易获取性	平衡性
权重	10	50	15	5	5	10	5

完整性，指公司网站内容对主要的社会责任议题均有涉及，可在一定程度上反映对经济、环境、社会的重要影响。考察公司网站整体结构及其

所覆盖社会责任主题的全面性，如是否包括公司概况、投资者专栏、社会责任专栏等，以及是否包含伙伴、员工（招聘）、客户（产品和服务）、环境等。

时效性，指公司网站信息的新旧程度，及反映最新动态的及时性。考察网站新闻及其他内容的更新速度及频率。

互动性，指公司及其网站与访问者之间信息沟通的便捷性。考察公司网站是否提供联络方式和部门、联络人的详细信息，以及是否有留言板或论坛等方便与利益相关方沟通的方法和渠道。

友好性，指公司网站符合访问者的阅读浏览习惯，可以轻松找到相关信息。考察公司网站界面是否提供友好的界面，易于访问者获取并理解相关信息，如是否设置易于接受和理解的图片、表格、flash等元素。

平衡性，指公司网站对信息的传播无偏好，不会有意隐瞒负面信息。考察公司网站是否披露公司的负面信息，以及是否有（如适当）改进或补救措施。

易获取性，指访问者从网站上获取信息的难易程度。考察公司网站是否设置清晰的导航、信息检索功能，以及文件的下载是否方便，视频播放是否流畅，等等。

基于此，上市公司网站得分计算公式如下。

$$上市公司网站得分 = \sum(维度得分 \times 权重)$$

2. 指标来源

本研究对上市公司社会责任信息披露水平的评价以全球报告倡议组织（GRI）《可持续发展报告指南G3.1》和国际标准化组织（ISO）《ISO 26000社会责任指南》为基础，结合中国上市公司特点，参考中国证监会、交易所对上市公司社会责任/社会责任信息披露方面的相关规定和建议，初步构建起既符合国际规范，又适合当前中国上市公司具体实践的评价指标体系。中心专家委员会对指标体系进行了细致讨论，并多次征询有关专家的意见，确定本次研究的评价指标体系，包括上市公司社会责任报告评价体系（参见本书B.2部分）和网站评价体系（参见本书B.3部分）。

指标体系旨在达到以下几方面的要求：其一，对绝大多数A股上市公司具有普适性;其二,符合当前上市公司发展阶段,能够在一定程度上反映当前上市公司面临的所要解决的问题;其三,具备一定的灵活性和相当程度的可操作性;其四,尽量降低评价过程中产生的误差和人为因素。

3. 计分方法

本研究对上市公司社会责任信息披露的评价包括社会责任报告评价体系和公司网站评价体系两大评价体系,计算公式如下所示。

综合得分 = 社会责任报告得分 × 70% + 网站得分 × 30%

社会责任报告总得分 = (报告内容得分 × 70% + 信息质量得分 × 30%) × 主动性得分
= {[完整性 × 30% + $\sum$(百分比 × 100 × 行业权重) × 70%] × 70% + $\sum$(质量维度得分 × 权重) × 30%} × 主动性得分

报告内容得分 = 完整性得分 × 30% + 充分性和实质性得分 × 70%

信息质量得分 = $\sum$(质量维度得分 × 权重)

* 注:行业权重,本研究采用中国证监会《上市公司行业分类指引》中的分类,并对制造业进行进一步划分,采用中国证监会《上市公司行业分类指引》中制造业的此类分类,划分后上市公司行业共22个。

4. 评价等级说明

上市公司社会责任信息披露等级划分详见表6。

表6 上市公司社会责任信息披露等级划分

单位:分

等级	得分区间
A	80 以上
B	60 ~ 80
C	40 ~ 60
D	20 ~ 40
E	20 以下

(四)研究范畴

1. 评价对象

研究将对2013年1月1日至4月30日期间,中国A股上市公司在沪、深两交易所及中国证监会指定信息披露网站上发布的640份社会责任报告,以及 2013 年 1 月 31 日之前披露招股说明书的 2469 家上市公司的网站进行研究。

2. 时间范围

2012 年 1 月 1 日至 2012 年 12 月 31 日。

3. 信息来源

研究确定将上市公司社会责任信息披露的两大载体作为评分对象：640 份上市公司 2012 年度社会责任报告及 2469 个上市公司官方网站。

二 评价结果

2013 年中国上市公司社会责任信息披露综合得分（调整后）前 100 名名单如表 7 所示（全部公司排名见 B.4）。

表 7 上市公司社会责任信息披露评价综合得分（调整后）前 100 名

综合排名	证券代码	证券简称	信息披露综合得分（调整后）
A 级			
1	601919.SH	*ST 远洋	85.76
2	000825.SZ	太钢不锈	80.79
B 级			
3	000001.SZ	平安银行	74.70
4	600018.SH	上港集团	74.00
5	000858.SZ	五粮液	73.60
6	000063.SZ	中兴通讯	73.11
7	000024.SZ	招商地产	71.12
8	000528.SZ	柳工	70.40
9	000002.SZ	万科 A	68.55
10	601668.SH	中国建筑	67.39
11	601618.SH	中国中冶	67.35
12	000527.SZ	美的电器	66.42
13	300077.SZ	国民技术	66.10
14	600019.SH	宝钢股份	65.40
15	000028.SZ	国药一致	64.62

续表

综合排名	证券代码	证券简称	信息披露综合得分(调整后)
16	000776.SZ	广发证券	64.45
17	601601.SH	中国太保	64.45
18	002422.SZ	科伦药业	64.37
19	600028.SH	中国石化	64.22
20	000009.SZ	中国宝安	63.95
21	600196.SH	复星医药	63.66
22	600050.SH	中国联通	62.30
23	600284.SH	浦东建设	62.23
24	000726.SZ	鲁泰A	62.03
25	600267.SH	海正药业	61.81
26	601318.SH	中国平安	61.65
27	601299.SH	中国北车	61.63
28	601628.SH	中国人寿	61.55
29	601186.SH	中国铁建	60.85
30	000039.SZ	中集集团	60.71
31	002042.SZ	华孚色纺	60.57
32	000725.SZ	京东方A	60.48
33	601800.SH	中国交建	60.43
34	601857.SH	中国石油	60.33
35	600104.SH	上汽集团	60.27
36	002287.SZ	奇正藏药	60.03
C级			
37	600015.SH	华夏银行	59.97
38	000031.SZ	中粮地产	59.77
39	002024.SZ	苏宁云商	59.21
40	600824.SH	益民集团	59.14
41	002103.SZ	广博股份	59.03
42	000423.SZ	东阿阿胶	58.93
43	601288.SH	农业银行	58.78
44	600792.SH	云煤能源	58.77
45	002069.SZ	獐子岛	58.42
46	601088.SH	中国神华	58.19
47	300146.SZ	汤臣倍健	57.62
48	002161.SZ	远望谷	57.56
49	002419.SZ	天虹商场	57.56
50	000046.SZ	泛海建设	57.39
51	601398.SH	工商银行	57.31

续表

综合排名	证券代码	证券简称	信息披露综合得分(调整后)
52	600048.SH	保利地产	57.11
53	600761.SH	安徽合力	57.02
54	000550.SZ	江铃汽车	56.96
55	601166.SH	兴业银行	56.67
56	600036.SH	招商银行	56.56
57	000807.SZ	云铝股份	56.52
58	000960.SZ	锡业股份	56.22
59	000758.SZ	中色股份	56.10
60	600188.SH	兖州煤业	55.79
61	600055.SH	华润万东	55.52
62	000729.SZ	燕京啤酒	55.51
63	600016.SH	民生银行	55.44
64	601600.SH	中国铝业	55.29
65	600999.SH	招商证券	55.19
66	601390.SH	中国中铁	54.81
67	601231.SH	环旭电子	54.68
68	601111.SH	中国国航	54.67
69	000100.SZ	TCL集团	54.41
70	002372.SZ	伟星新材	54.37
71	000338.SZ	潍柴动力	54.36
72	600000.SH	浦发银行	54.15
73	002470.SZ	金正大	54.13
74	000539.SZ	粤电力A	54.11
75	000402.SZ	金融街	54.05
76	002563.SZ	森马服饰	53.21
77	002084.SZ	海鸥卫浴	52.87
78	600497.SH	驰宏锌锗	52.81
79	600644.SH	乐山电力	52.66
80	600098.SH	广州发展	52.62
81	002092.SZ	中泰化学	52.59
82	600160.SH	巨化股份	52.24
83	601899.SH	紫金矿业	52.04
84	002121.SZ	科陆电子	52.02
85	000006.SZ	深振业A	51.99
86	002431.SZ	棕榈园林	51.98
87	000728.SZ	国元证券	51.86
88	601933.SH	永辉超市	51.58

续表

综合排名	证券代码	证券简称	信息披露综合得分(调整后)
89	601238.SH	广汽集团	51.30
90	002054.SZ	德美化工	51.27
91	002064.SZ	华峰氨纶	51.27
92	000021.SZ	长城开发	51.22
93	600795.SH	国电电力	51.13
94	601177.SH	杭齿前进	51.08
95	002142.SZ	宁波银行	50.91
96	600063.SH	皖维高新	50.90
97	600548.SH	深高速	50.89
98	300080.SZ	新大新材	50.81
99	000061.SZ	农产品	50.62
100	000050.SZ	深天马A	50.51

三　结果分析

2013年中国上市公司社会责任信息披露等级分布如图4所示。

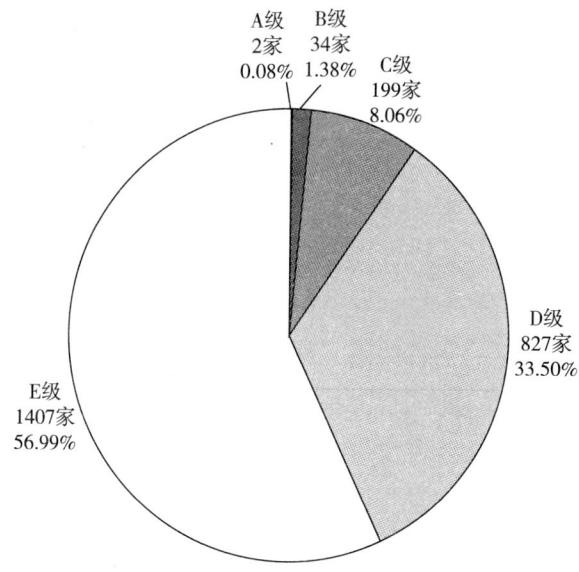

图4　社会责任信息披露等级分布

（一）A级（2家）

2013年，在中国A股上市公司社会责任信息披露评价中，综合得分80分以上，达到A级的上市公司有两家，分别是*ST远洋（601919）和太钢不锈（000825），得分分别是85.7611和80.7901。其中，*ST远洋（601919）的社会责任报告信息披露得分高于网站得分，而太钢不锈（000825）的网站得分高于社会责任报告得分。

（二）B级（34家）

2013年，在中国A股上市公司社会责任信息披露评价中，综合得分在60~80分的上市公司共计34家，占A股上市公司总数的1.38%，这些公司的社会责任信息披露水平较高（见表8）。

表8 社会责任信息披露综合评价B级上市公司

综合排名	证券代码	证券简称	行业	注册地	社会责任报告得分	网站得分	信息披露得分	信息披露得分（调整后）
3	000001.SZ	平安银行	金融、保险业	广东省	66.00448	95	74.70314	74.70
4	600018.SH	上港集团	交通运输、仓储业	上海市	77.85486	65	73.9984	74.00
5	000858.SZ	五粮液	制造业*	四川省	68.28713	86	73.60099	73.60
6	000063.SZ	中兴通讯	信息技术业	广东省	65.87639	90	73.11347	73.11
7	000024.SZ	招商地产	房地产业	广东省	61.74153	93	71.11907	71.12
8	000528.SZ	柳工	制造业	广西壮族自治区	67.14454	78	70.40118	70.40
9	000002.SZ	万科A	房地产业	广东省	61.92235	84	68.54564	68.55
10	601668.SH	中国建筑	建筑业	北京市	63.69389	76	67.38573	67.39
11	601618.SH	中国中冶	建筑业	北京市	66.63897	69	67.34728	67.35
12	000527.SZ	美的电器	制造业	广东省	56.31441	90	66.42009	66.42
13	300077.SZ	国民技术	制造业	广东省	58.18614	71	62.0303	66.10
14	600019.SH	宝钢股份	制造业	上海市	60.86267	76	65.40387	65.40
15	000028.SZ	国药一致	批发和零售贸易业	广东省	52.35751	81	60.95026	64.62
16	000776.SZ	广发证券	金融、保险业	广东省	65.92678	61	64.44874	64.45
17	601601.SH	中国太保	金融、保险业	上海市	62.49769	69	64.44838	64.45
18	002422.SZ	科伦药业	制造业	四川省	63.24456	67	64.37119	64.37

续表

综合排名	证券代码	证券简称	行业	注册地	社会责任报告得分	网站得分	信息披露得分	信息披露得分（调整后）
19	600028.SH	中国石化	采掘业	北京市	59.17084	76	64.21959	64.22
20	000009.SZ	中国宝安	综合类	广东省	52.3502	91	63.94514	63.95
21	600196.SH	复星医药	制造业	上海市	58.37381	76	63.66167	63.66
22	600050.SH	中国联通	信息技术业	上海市	59.42863	69	62.30004	62.30
23	600284.SH	浦东建设	建筑业	上海市	56.32613	76	62.22829	62.23
24	000726.SZ	鲁泰A	制造业	山东省	50.17487	78	58.52241	62.03
25	600267.SH	海正药业	制造业	浙江省	57.4457	72	61.81199	61.81
26	601318.SH	中国平安	金融、保险业	广东省	55.50365	76	61.65256	61.65
27	601299.SH	中国北车	制造业	北京市	57.60795	71	61.62557	61.63
28	601628.SH	中国人寿	金融、保险业	北京市	66.07069	51	61.54948	61.55
29	601186.SH	中国铁建	建筑业	北京市	51.78437	82	60.84906	60.85
30	000039.SZ	中集集团	制造业	广东省	46.86632	93	60.70642	60.71
31	002042.SZ	华孚色纺	制造业	安徽省	55.67626	59	56.67338	60.57
32	000725.SZ	京东方A	制造业	北京市	57.67957	67	60.4757	60.48
33	601800.SH	中国交建	建筑业	北京市	53.75256	76	60.42679	60.43
34	601857.SH	中国石油	采掘业	北京市	51.47175	81	60.33023	60.33
35	600104.SH	上汽集团	制造业	上海市	53.52321	76	60.26624	60.27
36	002287.SZ	奇正藏药	制造业	西藏自治区	47.56964	78	56.69874	60.03

注：*制造业大类。

从行业分布来看，B级公司分布于14个行业中，其中金融、保险业和建筑业上市公司数量最多，各有5家；其次是医药、生物制品业和机械、设备、仪表制造业，各有4家。而另有8个行业没有上市公司的报告进入B级以上。

（三）C级（199家）

2013年中国A股上市公司社会责任信息披露评价中，综合得分在40~60分的上市公司共计199家，占A股上市公司总数的8.06%，这些公司的社会责任信息披露水平一般（见表9）。

表9　社会责任信息披露综合评价C级上市公司

综合排名	证券代码	证券简称	行业	注册地	社会责任报告得分	公司网站得分	综合得分	综合得分（调整后）
37	600015.SH	华夏银行	金融、保险业	北京市	53.1007451	76	59.97052	59.97
38	000031.SZ	中粮地产	房地产业	广东省	41.78056944	92	56.8464	59.77
39	002024.SZ	苏宁云商	批发和零售贸易	江苏省	53.72349428	72	59.20644	59.21
40	600824.SH	益民集团	批发和零售贸易	上海市	55.33935621	68	59.13754	59.14
41	002103.SZ	广博股份	制造业	浙江省	51.34209804	65	55.43947	59.03
42	000423.SZ	东阿阿胶	制造业	山东省	50.32676797	79	58.92874	58.93
43	600792.SH	云煤能源	制造业	云南省	51.80972631	75	58.76681	58.77
44	002069.SZ	獐子岛	农、林、牧、渔业	辽宁省	53.46365686	70	58.42456	58.42
45	601088.SH	中国神华	采掘业	北京市	61.69872304	50	58.18911	58.19
46	300146.SZ	汤臣倍健	制造业	广东省	46.0048652	74	54.40341	57.62
47	002161.SZ	远望谷	信息技术业	广东省	48.65077451	67	54.15554	57.56
48	002419.SZ	天虹商场	批发和零售贸易业	广东省	45.53132925	75	54.37193	57.56
49	000046.SZ	泛海建设	房地产业	北京市	44.70633007	87	57.39443	57.39
50	601398.SH	工商银行	金融、保险业	北京市	59.58314706	52	57.3082	57.31
51	600048.SH	保利地产	房地产业	广东省	50.29451961	73	57.10616	57.11
52	600761.SH	安徽合力	制造业	安徽省	55.74254248	60	57.01978	57.02
53	000550.SZ	江铃汽车	制造业	江西省	50.08739052	73	56.96117	56.96
54	601166.SH	兴业银行	金融、保险业	福建省	50.53167974	71	56.67218	56.67
55	600036.SH	招商银行	金融、保险业	广东省	50.37280719	71	56.56097	56.56
56	000807.SZ	云铝股份	制造业	云南省	51.19913072	57	52.93939	56.52
57	000758.SZ	中色股份	采掘业	北京市	44.14427206	84	56.10099	56.10
58	600188.SH	兖州煤业	采掘业	山东省	54.41358007	59	55.78951	55.79
59	600055.SH	华润万东	制造业	北京市	50.59907925	67	55.51936	55.52
60	000729.SZ	燕京啤酒	制造业	北京市	51.43580229	65	55.50506	55.51
61	600016.SH	民生银行	金融、保险业	北京市	54.34026797	58	55.43819	55.44
62	601600.SH	中国铝业	制造业	北京市	50.70384804	66	55.29269	55.29
63	600999.SH	招商证券	金融、保险业	广东省	48.40983007	71	55.18688	55.19
64	601390.SH	中国中铁	建筑业	北京市	46.15433415	75	54.80803	54.81
65	601231.SH	环旭电子	制造业	上海市	57.96716667	47	54.67702	54.68
66	601111.SH	中国国航	交通运输、仓储业	北京市	46.37874183	74	54.66512	54.67
67	000100.SZ	TCL集团	制造业	广东省	49.00838317	67	54.40587	54.41
68	002372.SZ	伟星新材	制造业	浙江省	46.44831699	62	51.11382	54.37
69	000338.SZ	潍柴动力	制造业	山东省	48.93912663	67	54.35739	54.36
70	600000.SH	浦发银行	金融、保险业	上海市	50.35680065	63	54.14976	54.15
71	002470.SZ	金正大	制造业	山东省	45.36459641	64	50.95522	54.13

续表

综合排名	证券代码	证券简称	行业	注册地	社会责任报告得分	公司网站得分	综合得分	综合得分（调整后）
72	000539.SZ	粤电力A	电力、煤气及水的生产和供应业	广东省	51.15451797	61	54.10816	54.11
73	000402.SZ	金融街	房地产业	北京市	47.64664379	69	54.05265	54.05
74	002563.SZ	森马服饰	批发和零售贸易业	浙江省	48.45110703	53	49.81577	53.21
75	002084.SZ	海鸥卫浴	制造业	广东省	44.89017974	61	49.72313	52.87
76	600497.SH	驰宏锌锗	采掘业	云南省	45.44546814	70	52.81183	52.81
77	600644.SH	乐山电力	电力、煤气及水的生产和供应业	四川省	43.9429518	73	52.66007	52.66
78	600098.SH	广州发展	电力、煤气及水的生产和供应业	广东省	56.74413644	43	52.6209	52.62
79	002092.SZ	中泰化学	制造业	新疆维吾尔自治区	48.55306618	62	52.58714	52.59
80	600160.SH	巨化股份	制造业	浙江省	50.20307271	57	52.24215	52.24
81	601899.SH	紫金矿业	采掘业	福建省	40.06273284	80	52.04391	52.04
82	002121.SZ	科陆电子	制造业	广东省	42.61783905	64	49.03249	52.02
83	000006.SZ	深振业A	房地产业	广东省	31.28926144	93	49.80248	51.99
84	002431.SZ	棕榈园林	建筑业	广东省	38.67464624	74	49.27225	51.98
85	000728.SZ	国元证券	金融、保险业	安徽省	46.22169608	65	51.85519	51.86
86	601933.SH	永辉超市	批发和零售贸易业	福建省	43.25305556	71	51.57714	51.58
87	601238.SH	广汽集团	制造业	广东省	45.85517484	64	51.29862	51.30
88	002054.SZ	德美化工	制造业	广东省	45.16039461	55	48.11228	51.27
89	002064.SZ	华峰氨纶	制造业	浙江省	42.82221814	61	48.27555	51.27
90	000021.SZ	长城开发	信息技术业	广东省	32.45507843	95	51.21855	51.22
91	600795.SH	国电电力	电力、煤气及水的生产和供应业	辽宁省	42.61031454	71	51.12722	51.13
92	601177.SH	杭齿前进	制造业	浙江省	41.25158007	74	51.07611	51.08
93	002142.SZ	宁波银行	金融、保险业	浙江省	45.29884641	64	50.90919	50.91
94	600063.SH	皖维高新	制造业	安徽省	38.85273529	79	50.89691	50.90
95	600548.SH	深高速	交通运输、仓储业	广东省	49.55804412	54	50.89063	50.89
96	300080.SZ	新大新材	制造业	河南省	41.05299673	64	47.9371	50.81
97	000061.SZ	农产品	批发和零售贸易业	广东省	34.16990033	89	50.61893	50.62
98	000050.SZ	深天马A	制造业	广东省	44.94182435	53	47.35928	50.51
99	002601.SZ	佰利联	制造业	河南省	38.69835784	69	47.78885	50.50
100	600115.SH	东方航空	交通运输、仓储业	上海市	39.37470261	76	50.36229	50.36

续表

综合排名	证券代码	证券简称	行业	注册地	社会责任报告得分	公司网站得分	综合得分	综合得分（调整后）
101	601139.SH	深圳燃气	电力、煤气及水的生产和供应业	广东省	44.38944118	63	49.97261	49.97
102	600600.SH	青岛啤酒	制造业	山东省	39.47457026	74	49.8322	49.83
103	002146.SZ	荣盛发展	房地产业	河北省	48.88886193	52	49.8222	49.82
104	600096.SH	云天化	制造业	云南省	39.76890931	73	49.73824	49.74
105	600270.SH	外运发展	交通运输、仓储业	北京市	37.90928268	77	49.6365	49.64
106	601688.SH	华泰证券	金融、保险业	江苏省	41.32585621	69	49.6281	49.63
107	600619.SH	海立股份	制造业	上海市	35.71388072	82	49.59972	49.60
108	000066.SZ	长城电脑	信息技术业	广东省	29.47262255	89	47.33084	49.39
109	600998.SH	九州通	批发和零售贸易业	湖北省	37.1662165	76	48.81635	48.82
110	600829.SH	三精制药	制造业	黑龙江省	41.44081373	66	48.80857	48.81
111	002462.SZ	嘉事堂	批发和零售贸易业	北京市	34.4536152	74	46.31753	48.73
112	601123.SH	兰花科创	采掘业	山西省	37.00915359	76	48.70641	48.71
113	002246.SZ	北化股份	制造业	四川省	35.54983824	71	46.18489	48.67
114	002438.SZ	江苏神通	制造业	江苏省	33.99010784	75	46.29308	48.67
115	600685.SH	广船国际	制造业	广东省	38.38351144	72	48.46846	48.47
116	002051.SZ	中工国际	建筑业	北京市	37.84774183	73	48.39342	48.39
117	002063.SZ	远光软件	信息技术业	广东省	36.58102288	67	45.70672	48.27
118	300022.SZ	吉峰农机	批发和零售贸易业	四川省	40.94208742	55	45.15946	48.03
119	000407.SZ	胜利股份	制造业	山东省	42.47125082	51	45.02988	48.00
120	601898.SH	中煤能源	采掘业	北京市	47.00676552	50	47.90474	47.90
121	600845.SH	宝信软件	信息技术业	上海市	37.97147712	71	47.88003	47.88
122	000793.SZ	华闻传媒	传播与文化产业	海南省	42.11690931	61	47.78184	47.78
123	000680.SZ	山推股份	制造业	山东省	35.77785294	67	45.1445	47.65
124	601168.SH	西部矿业	采掘业	青海省	40.4499518	63	47.21497	47.22
125	601988.SH	中国银行	金融、保险业	北京市	38.59953595	67	47.11968	47.12
126	600690.SH	青岛海尔	制造业	山东省	36.7829951	71	47.0481	47.05
127	002415.SZ	海康威视	制造业	浙江省	37.00714706	70	46.905	46.91
128	600029.SH	南方航空	交通运输、仓储业	广东省	45.4689281	50	46.82824	46.83
129	601877.SH	正泰电器	制造业	浙江省	43.74218627	54	46.81953	46.82
130	300062.SZ	中能电气	制造业	福建省	36.61723693	62	44.23207	46.80
131	300070.SZ	碧水源	社会服务业	北京市	40.21007353	62	46.74705	46.75
132	000930.SZ	中粮生化	制造业	安徽省	34.98103023	66	44.28672	46.74
133	600389.SH	江山股份	制造业	江苏省	32.29914788	80	46.6094	46.61

续表

综合排名	证券代码	证券简称	行业	注册地	社会责任报告得分	公司网站得分	综合得分	综合得分（调整后）
134	300067.SZ	安诺其	制造业	上海市	39.45777696	54	43.82044	46.58
135	000732.SZ	泰禾集团	房地产业	福建省	33.11931046	70	44.18352	46.50
136	002062.SZ	宏润建设	建筑业	浙江省	31.91755882	73	44.24229	46.48
137	600005.SH	武钢股份	制造业	湖北省	34.0908848	75	46.36362	46.36
138	601699.SH	潞安环能	采掘业	山西省	36.36296078	69	46.15407	46.15
139	600993.SH	马应龙	制造业	湖北省	35.88541503	70	46.11979	46.12
140	000027.SZ	深圳能源	电力、煤气及水的生产和供应业	广东省	24.82365196	95	45.87656	45.88
141	600017.SH	日照港	交通运输、仓储业	山东省	41.07470752	57	45.8523	45.85
142	600657.SH	信达地产	房地产业	北京市	38.47536111	63	45.83275	45.83
143	000876.SZ	新希望	制造业	四川省	47.00289788	43	45.80203	45.80
144	600062.SH	华润双鹤	制造业	北京市	35.6832451	69	45.67827	45.68
145	600983.SH	合肥三洋	制造业	安徽省	33.8540531	73	45.59784	45.60
146	002271.SZ	东方雨虹	制造业	北京市	32.16711438	69	43.21698	45.47
147	000937.SZ	冀中能源	采掘业	河北省	36.16583578	67	45.41609	45.42
148	000839.SZ	中信国安	综合类	北京市	42.50168791	52	45.35118	45.35
149	002122.SZ	天马股份	制造业	浙江省	33.90345997	72	45.33242	45.33
150	600415.SH	小商品城	综合类	浙江省	33.36113072	73	45.25279	45.25
151	000783.SZ	长江证券	金融、保险业	湖北省	42.31164706	52	45.21815	45.22
152	600585.SH	海螺水泥	制造业	安徽省	27.57581699	86	45.10307	45.10
153	601989.SH	中国重工	制造业	北京市	36.03500163	66	45.0245	45.02
154	601333.SH	广深铁路	交通运输、仓储业	广东省	37.21749837	63	44.95224	44.95
155	600597.SH	光明乳业	制造业	上海市	31.58830882	76	44.91182	44.91
156	002073.SZ	软控股份	制造业	山东省	34.94046569	68	44.85833	44.86
157	600171.SH	上海贝岭	制造业	上海市	36.16987663	65	44.81891	44.82
158	000877.SZ	天山股份	制造业	新疆维吾尔自治区	37.84622467	61	44.79236	44.79
159	300132.SZ	青松股份	制造业	福建省	34.39544771	61	42.37681	44.78
160	000800.SZ	一汽轿车	制造业	吉林省	33.92823611	70	44.74977	44.75
161	002056.SZ	横店东磁	制造业	浙江省	36.46438807	64	44.72507	44.73
162	300110.SZ	华仁药业	制造业	山东省	30.5536683	70	42.38757	44.53
163	002203.SZ	海亮股份	制造业	浙江省	33.48598203	62	42.04019	44.38
164	600187.SH	国中水务	电力、煤气及水的生产和供应业	黑龙江省	28.25615278	82	44.37931	44.38

续表

综合排名	证券代码	证券简称	行业	注册地	社会责任报告得分	公司网站得分	综合得分	综合得分（调整后）
165	600498.SH	烽火通信	信息技术业	湖北省	30.77719935	76	44.34404	44.34
166	601818.SH	光大银行	金融、保险业	北京市	32.66401634	71	44.16481	44.16
167	600323.SH	南海发展	电力、煤气及水的生产和供应业	广东省	30.51444526	76	44.16011	44.16
168	000598.SZ	兴蓉投资	社会服务业	四川省	34.35491176	59	41.74844	44.15
169	600755.SH	厦门国贸	批发和零售贸易业	福建省	38.54459559	57	44.08122	44.08
170	600704.SH	物产中大	批发和零售贸易业	浙江省	33.7869134	68	44.05084	44.05
171	600030.SH	中信证券	金融、保险业	广东省	28.50465686	80	43.95326	43.95
172	000401.SZ	冀东水泥	制造业	河北省	30.02526961	76	43.81769	43.82
173	000753.SZ	漳州发展	批发和零售贸易业	福建省	39.24292402	45	40.97004	43.72
174	002046.SZ	轴研科技	制造业	河南省	38.38915196	47	40.97241	43.66
175	600970.SH	中材国际	建筑业	江苏省	31.07786356	73	43.6545	43.65
176	000157.SZ	中联重科	制造业	湖南省	26.17923693	84	43.52547	43.53
177	000778.SZ	新兴铸管	制造业	河北省	33.46007843	67	43.52205	43.52
178	300015.SZ	爱尔眼科	社会服务业	湖南省	33.14087908	60	41.19862	43.52
179	601992.SH	金隅股份	制造业	北京市	39.88112092	52	43.51678	43.52
180	600271.SH	航天信息	信息技术业	北京市	31.62964216	71	43.44074	43.44
181	601328.SH	交通银行	金融、保险业	上海市	42.60542484	45	43.3238	43.32
182	000960.SZ	锡业股份	制造业	云南省	61.88822794		43.32176	43.32
183	002144.SZ	宏达高科	制造业	浙江省	34.76856454	55	40.838	43.27
184	600500.SH	中化国际	批发和零售贸易业	上海市	30.50954575	73	43.25668	43.26
185	600528.SH	中铁二局	建筑业	四川省	36.48893954	59	43.24226	43.24
186	002544.SZ	杰赛科技	信息技术业	广东省	29.56646732	68	41.09653	43.17
187	600518.SH	康美药业	制造业	广东省	27.32763399	80	43.12934	43.13
188	600525.SH	长园集团	制造业	广东省	28.86357108	76	43.0045	43.00
189	600428.SH	中远航运	交通运输、仓储业	广东省	27.10593791	80	42.97416	42.97
190	600166.SH	福田汽车	制造业	北京市	29.60836846	74	42.92586	42.93
191	600717.SH	天津港	交通运输、仓储业	天津市	39.03504739	52	42.92453	42.92
192	601939.SH	建设银行	金融、保险业	北京市	32.53547712	67	42.87483	42.87
193	600261.SH	阳光照明	制造业	浙江省	31.97336029	68	42.78915	42.78
194	000301.SZ	东方市场	综合类	江苏省	24.18085621	80	40.9266	42.62
195	601118.SH	海南橡胶	农、林、牧、渔业	海南省	28.2858415	76	42.60009	42.60
196	601369.SH	陕鼓动力	制造业	陕西省	30.37606046	71	42.56324	42.56
197	600409.SH	三友化工	制造业	河北省	34.22032843	62	42.55423	42.55

续表

综合排名	证券代码	证券简称	行业	注册地	社会责任报告得分	公司网站得分	综合得分	综合得分（调整后）
198	000540.SZ	中天城投	房地产业	贵州省	35.72052614	58	42.40437	42.40
199	600809.SH	山西汾酒	制造业	山西省	40.23715931	47	42.26601	42.27
200	000563.SZ	陕国投A	金融、保险业	陕西省	26.31258824	73	40.31881	42.16
201	600058.SH	五矿发展	批发和零售贸易业	北京市	32.7879518	64	42.15157	42.15
202	000026.SZ	飞亚达A	批发和零售贸易业	广东省	23.75596977	79	40.32918	41.99
203	601727.SH	上海电气	制造业	上海市	37.63255637	52	41.94279	41.94
204	000516.SZ	开元投资	批发和零售贸易业	陕西省	31.38664134	59	39.67065	41.87
205	600056.SH	中国医药	批发和零售贸易业	北京市	28.08428186	74	41.859	41.86
206	300124.SZ	汇川技术	制造业	广东省	41.66765523	32	38.76736	41.68
207	600990.SH	四创电子	信息技术业	安徽省	31.09115523	66	41.56381	41.56
208	600362.SH	江西铜业	制造业	江西省	33.91268219	59	41.43888	41.44
209	000999.SZ	华润三九	制造业	广东省	27.92816503	66	39.34972	41.30
210	000012.SZ	南玻A	制造业	广东省	20.8631634	89	41.30421	41.30
211	600893.SH	航空动力	制造业	陕西省	31.9660531	63	41.27624	41.28
212	600655.SH	豫园商城	批发和零售贸易业	上海市	27.24468301	74	41.27128	41.27
213	600350.SH	山东高速	交通运输、仓储业	山东省	26.04487255	76	41.03141	41.03
214	002006.SZ	精功科技	制造业	浙江省	26.59196732	68	39.01438	40.88
215	600153.SH	建发股份	批发和零售贸易业	福建省	32.57860703	60	40.80502	40.81
216	600377.SH	宁沪高速	交通运输、仓储业	江苏省	32.95640686	59	40.76948	40.77
217	300016.SZ	北陆药业	制造业	北京市	25.65609232	70	38.95926	40.76
218	600495.SH	晋西车轴	制造业	山西省	23.05596814	82	40.73918	40.74
219	601107.SH	四川成渝	交通运输、仓储业	四川省	28.51603268	69	40.66122	40.66
220	600198.SH	大唐电信	信息技术业	北京市	22.94134641	82	40.65894	40.66
221	600487.SH	亨通光电	信息技术业	江苏省	28.93732353	68	40.65613	40.66
222	000562.SZ	宏源证券	金融、保险业	新疆维吾尔自治区	33.48248693	57	40.53774	40.54
223	002162.SZ	*ST上控	制造业	上海市	30.30307271	57	38.31215	40.43
224	600501.SH	航天晨光	制造业	江苏省	32.3955719	59	40.3769	40.38
225	600360.SH	华微电子	制造业	吉林省	20.73050408	86	40.31135	40.31
226	600064.SH	南京高科	房地产业	江苏省	25.00028105	76	40.3002	40.30
227	600748.SH	上实发展	房地产业	上海市	32.2212165	59	40.25485	40.25
228	000651.SZ	格力电器	制造业	广东省	23.18183088	80	40.22728	40.23
229	000861.SZ	海印股份	批发和零售贸易业	广东省	33.44104003	48	37.80873	40.15
230	002527.SZ	新时达	制造业	上海市	32.25890359	51	37.88123	40.14
231	000069.SZ	华侨城A	社会服务业	广东省	35.76027288	50	40.03219	40.03

在199家C级上市公司中,机械、设备、仪表制造业公司数量最多(31家),占比近16%;其次是批发和零售贸易业(20家),金融、保险业(18家);C级公司中无其他制造业和木材、家具制造业上市公司(见图5)。

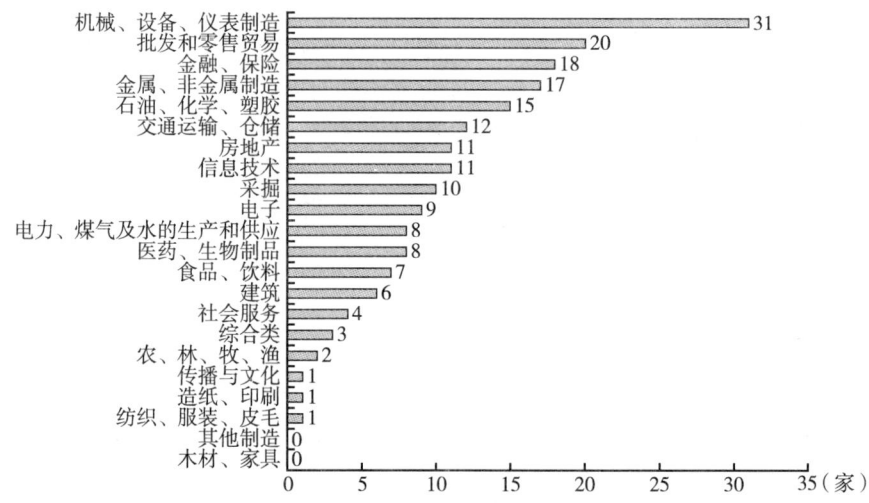

图5　社会责任信息披露综合评价C级公司行业分布

(四)D级(827家)

2013年,在中国A股上市公司社会责任信息披露评价中,综合得分在20~40分的上市公司共计827家,占A股上市公司总数的33.50%,这些公司的社会责任信息披露水平较差(公司列表详见本书B.4部分)。

(五)E级(1407家)

2013年,在中国A股上市公司社会责任信息披露评价中,综合得分在20分以下的上市公司共计1407家,占A股上市公司总数的56.99%,这些公司的社会责任信息披露水平较差(公司列表详见本书B.4部分)。

四　特征分析

通过总体评价结果分析,得出几方面突出特征,下面从整体信息披露水平处于何种阶段、表现较好和较差的行业、沪深两市上市公司的比较等方面进行阐述。

（一）得分呈金字塔式分布

2013 年，中国 A 股上市公司社会责任信息披露综合评价得分呈金字塔式分布，其中，达到 A 级水平的公司仅有两家，B 级公司 34 家，等级越低，公司的数量越多，在底端的公司数量很多。这反映了当前上市公司社会责任信息披露的整体水平偏低，但也一定程度上体现出社会责任报告水平的提升空间和增长潜力巨大。

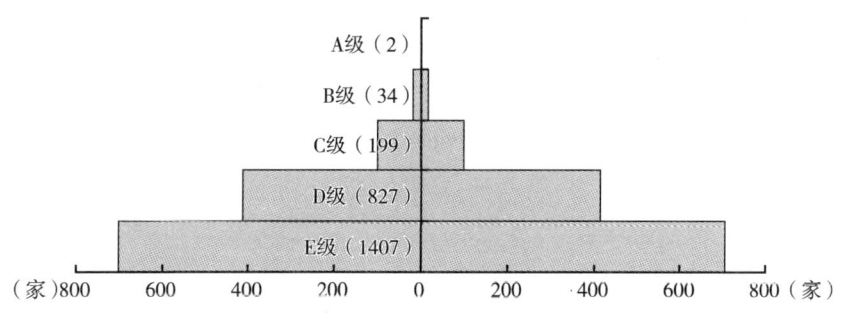

图6 上市公司社会责任信息披露评价得分分布情况

（二）行业内阶段性分布

从图 7 可以看出，不同行业上市公司的社会责任信息披露水平迥异。B 级水平上，金融、保险业和建筑业上市公司数量占比最大；C 级水平上，金融、保险业公司数量仍居首。综合来看，金融、保险业上市公司社会责任信息披露整体水平最高；而木材、家具制造业和其他制造业上市公司社会责任信息披露水平最低。

（三）整体披露水平参差不齐

从图 8 可以直观地看出，上市公司社会责任信息披露达到及格线（60 分）的公司数量占极少数，绝大多数上市公司的社会责任信息披露情况不及格。

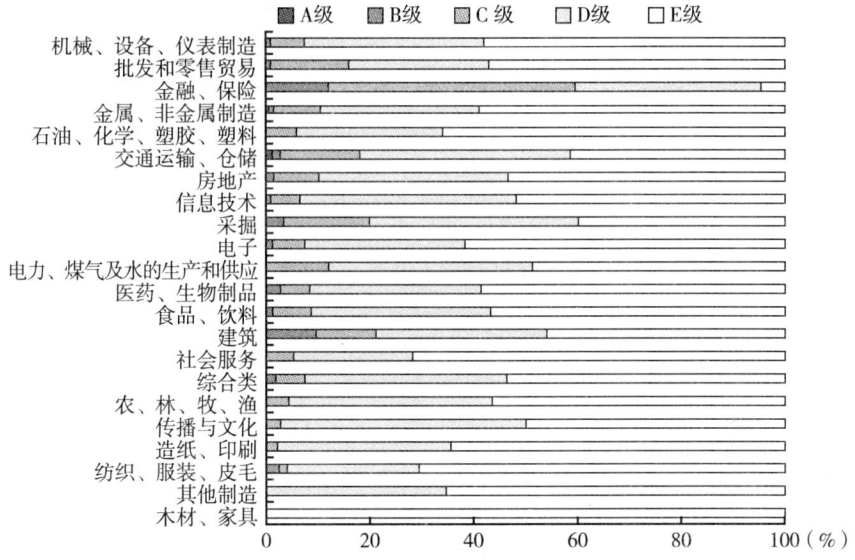

图7　上市公司社会责任信息披露综合评价行业内分布比例

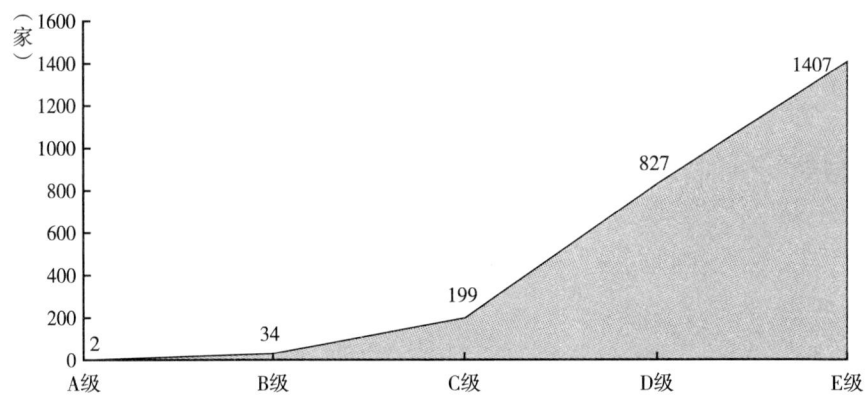

图8　上市公司社会责任信息披露评价等级分布情况

（四）沪市上市公司披露水平整体优于深市

图9显示，在C级以上（包括C级），深市上市公司数量少于沪市，而D级和E级中，深市上市公司数量远超沪市，这从一定程度上说明沪市上市公司社会责任信息披露水平整体优于深市公司。这一方面因为沪市上市公司大多

规模较大,在社会责任推进方面有较大力度,而深市以中小板和创业板等规模较小的公司居多,投入社会责任的资源有限;另一方面沪、深两市交易所的相关政策也有一定程度影响。

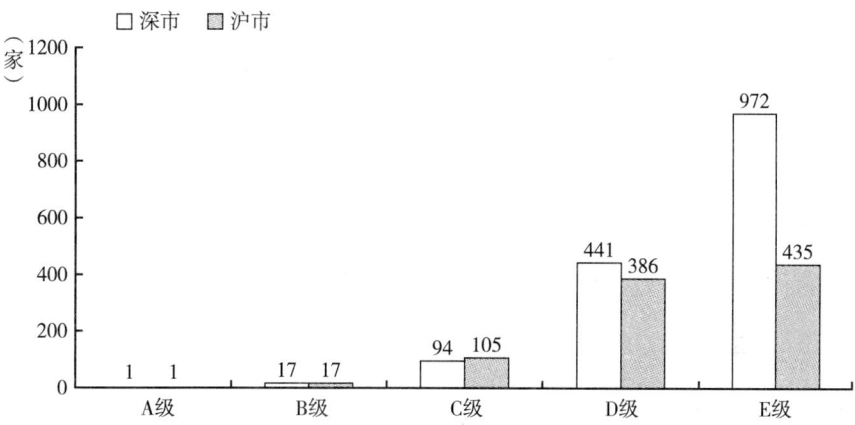

图9 沪深两市上市公司社会责任信息披露水平分布情况

(五)板块间社会责任报告中小板整体偏低

从图10可见,在C级及以上社会责任信息披露水平上,沪市所占比例最大,而中小板上市公司中,E级数量占比最大,整体披露水平偏低。

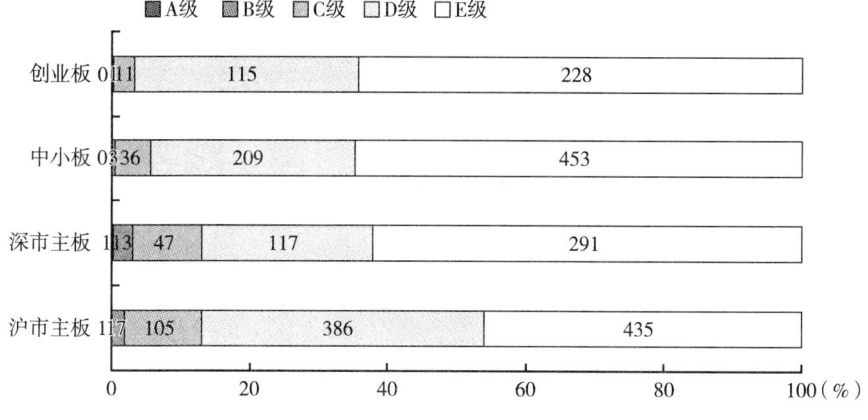

图10 上市公司社会责任信息披露评价板块内等级分布情况

（六）网站与社会责任报告的情况比较

统计表明，2013年在2469家A股上市公司中，建立独立的官方网站的上市公司数量为2231家，占比90%（见图11）；而发布社会责任报告的上市公司仅为640家，占比26%（见图12）。上市公司发布社会责任报告的主动性有待进一步提升。

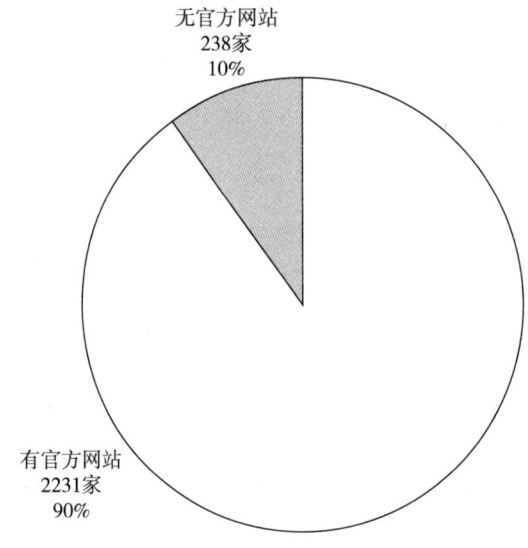

图11　上市公司网站占比

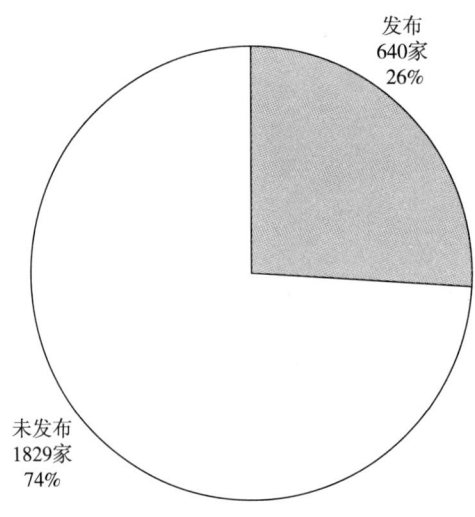

图12　上市公司社会责任报告发布状况

Social Responsibility Information Disclosure of Chinese Listed Companies

Abstract: The general report mainly introduces the technical route in details, shows the comprehensive evaluation results, analyzes the results by scales, and draws the main features of CSR information disclosure. The study found that, in 2013, the overall level of companies' CSR information disclosure is low, while the average levels of different industries are very different, CSR information disclosure performance of a majority of companies fail, and the initiative of disclosing CSR reports should be further enhanced.

Key Words: Listed Companies; CSR Information Disclosure

专题报告

Special Reports

B.2
中国上市公司定期社会责任信息披露（社会责任报告）研究

摘　要：

本文以"SRST"上市公司社会责任"7+1"模型为基础，制定上市公司社会责任报告信息披露评价体系，以此来评价2013年A股上市公司发布的640份社会责任报告，并按评价维度进行排名。研究发现，2013年A股上市公司社会责任报告发布整体水平一般，行业间存在一定差距；社会责任报告完整性情况良好，而报告充分性和实质性情况一般；社会责任报告信息质量较差，其中深市主板公司社会责任报告信息质量最好，中小板公司社会责任报告信息质量最差。

关键词：

上市公司　社会责任报告　社会责任信息披露

上市公司向公众披露社会责任报告，对于促进公众及投资者了解上市公司对社会的贡献及主动承担社会责任的情况、倡导价值投资具有重要作用。

部分上市公司已经认识到社会责任报告所反映的非财务信息对吸引投资者关注的重要作用,通过发布社会责任报告,可以更有效地对自身社会责任履行情况进行反思和梳理,这对提高公司治理水平有着更重要的意义。

近年来,上市公司社会责任报告披露数量不断增加,披露质量有所提升,披露工作日趋完善,对促进公众和投资者了解公司在环境保护、社区贡献等方面所做的工作、倡导责任投资理念起到了积极作用。

一 社会责任报告概况

1. 整体发布情况[①]

截至2013年4月30日,我国A股上市公司(简称"上市公司")中有648家发布社会责任报告(包括公司社会责任报告、履行社会责任的报告、环境报告、可持续发展报告、企业公民报告等),共计658份,较2012年的592份同期增长了11.15%,上市公司社会责任报告发布数量稳步上升。[②]

从板块分布来看,沪市主板、中小板和创业板社会责任报告的发布数量均有上升,分别达到386份、124份和29份。沪市主板共计382家上市公司发布社会责任报告386份,居于各板块之首,但报告数量增速低于整体水平。

2013年,新增发布社会责任报告上市公司共计86家,其中深市主板公司5家、中小板公司31家、创业板公司11家、沪市主板公司39家。另有23家公司中止发布社会责任报告,其中,沪市主板公司6家,深市主板公司9家,中小板公司7家,创业板公司1家。

2013年,中小板公司发布社会责任报告的主动性显著提高,报告发布数量达124份,较2012年同期增长26.53%,超过平均增速。

从行业角度看,绝大部分行业报告发布数量均有所上升或与上年持平,制造业公司发布数量继续占总量的一半以上,增幅排前三名的行业是传播与文化产业、建筑业以及房地产业,分别增长50%、25%和17.65%,交通运输与仓

[①] 关于此部分详细内容请参见本中心发布的《中国A股上市公司社会责任报告研究(2013)》。

[②] 基于报告内容全面性的考虑,本次研究暂不对企业的环境报告进行研究,因此,社会责任报告研究样本数量为640份。

储业公司社会责任报告发布数量略有减少。

2. 报告主要发现

本次研究发现:①受交易所强制发布社会责任报告的公司占发布报告公司数量的大半,监管机构及交易所要求依然是公司发布社会责任报告的主要动力,政策强制要求仍是影响报告发布数量的关键要素。②监管机构和交易所政策是引导公司社会责任报告规范化、常规化、实质化的重要手段。③报告发布受地区和行业因素影响明显,金融、保险业发布报告多于其他行业,北京市、上海市、福建省发布情况优于其他省份。④自愿性披露对社会责任报告数量增长的贡献率降低,公司自愿发布社会责任报告的随机性和不可持续性凸显。⑤绝大部分报告内容较为概括和笼统,格式化强,实质性弱,导致社会责任本来应有的作用减弱。

3. 报告参数统计

(1) 发布次数

在 2013 年发布社会责任报告的 640 家公司中,有 1 家公司(宝钢股份)连续 10 年发布社会责任报告(其中前两年为环境报告);1 家公司(浦发银行)连续 8 年发布了社会责任报告;14 家公司连续 7 年发布社会责任报告;另有 81 家公司 2013 年首次发布社会责任报告(见图 1)。

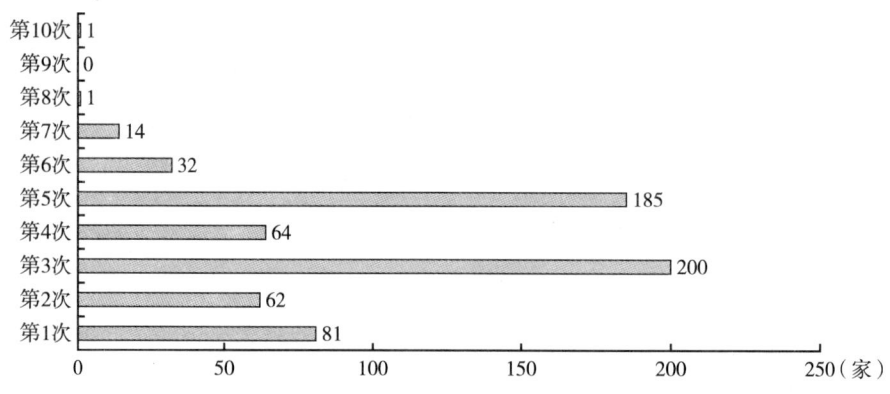

图1 2013 年上市公司社会责任报告发布次数统计分布

(2) 报告页数

在 2013 年上市公司发布的社会责任报告中,页数在 10 页以下的报告数量为 201 份,在 10~20 页的报告数量为 218 份,在 20~30 页的报告数量为 75 份,在

30～60页的报告数量为91份，在60～100页的报告数量为48份，超过100页的报告数量仅7份（见图2）。可见，绝大部分报告信息充实程度不足。

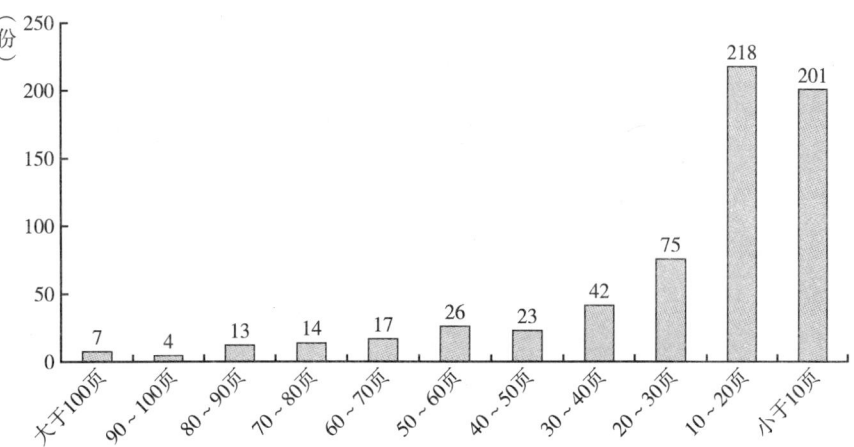

图2 2013年上市公司社会责任报告页数统计分布

（3）进行第三方审验情况

2013年，仅37份社会责任报告进行了第三方审验，占社会责任报告总数量的5.78%（见图3）。

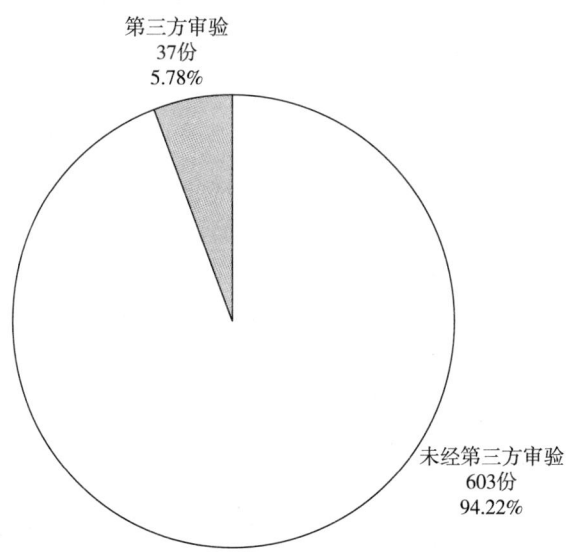

图3 2013年上市公司社会责任报告第三方审验情况

二 社会责任报告评价体系

目前,中国国内有多家机构均开展了对社会责任报告的研究,并定期发布研究成果。如中国社会科学院企业社会责任研究中心的"CASS – CSR 2.0",商道纵横的"商道纵横可持续发展报告评估体系"及每年发布的《价值发现之旅》,《WTO 经济导刊》的"金蜜蜂企业社会责任报告评估体系"及每年发布的《中国企业社会责任报告研究》,以及润灵环球评价的"MCT 社会责任报告评价体系"及《A 股上市公司社会责任报告评价》等。这些研究均根据评价对象建立了较为科学的评价体系,但仍旧存在一些有待改进的地方。

研究认为,在这些评价体系中,有的未对企业的行业间差异进行区分,有的不是进行全样本研究,有的仅在报告数量和发布情况、趋势方面进行研究,而未对报告内容进行逐本分析,从而对企业社会责任报告的发布与改进的促进作用有限。

本次研究的中国上市公司社会责任报告评价体系是在参考国际标准化组织(ISO)《ISO26000 社会责任指南》中对社会责任的共同理解和分类,以及全球报告倡议组织(GRI)《可持续发展报告指南G3.1》对可持续发展报告编制要求和相关指标体系的基础上,结合中国目前具体国情和上市公司当前发展阶段,以及所必须执行的监管规定而建立,旨在寻求更加科学合理的评价体系,使之更适合当前中国上市公司的具体实践,既能够反映中国 A 股上市公司社会责任报告的整体水平,又能对单个公司的社会责任报告发展阶段有清晰的判断,从而更好地提升上市公司社会责任报告质量。

(一)技术路线

在本次对上市公司社会责任报告的研究中,采用了如下技术路线(见图4)。

(二)评价指标

本研究从上市公司社会责任报告的信息披露内容、信息质量以及披露自愿性三方面对研究样本进行考察。其中,社会责任报告信息披露内容拟将从完整

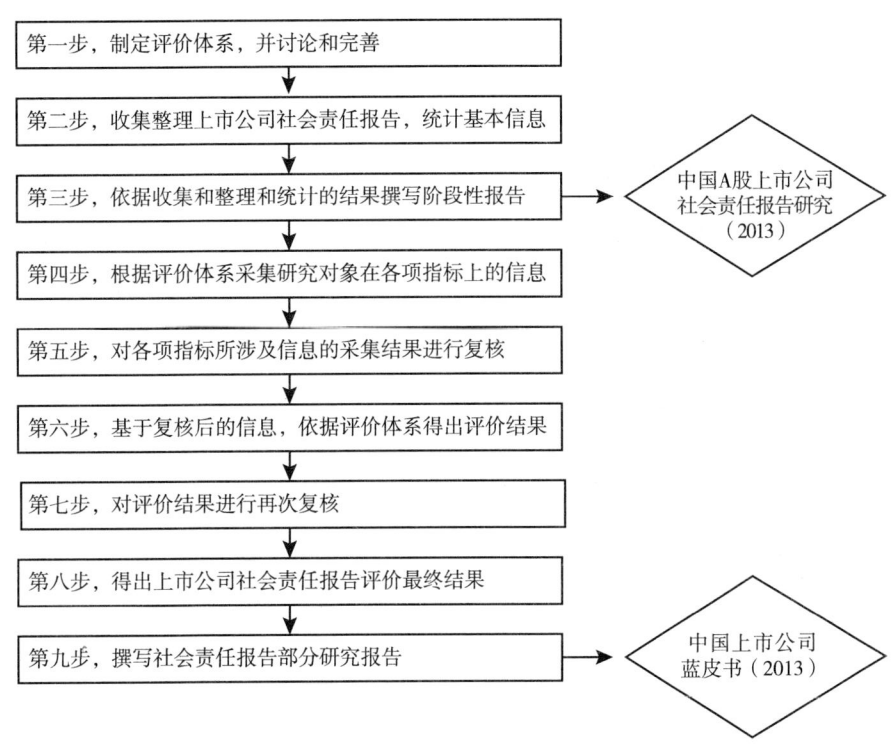

图 4　上市公司社会责任报告研究技术路线

性、充分性、实质性维度进行考察；信息质量拟将从信息的可比性、可读性、平衡性、创新性等维度进行考察；而披露自愿性则体现上市公司披露社会责任报告的意愿。

研究采用"德菲尔法"，根据各个评价维度的关键性及中国上市公司社会责任报告发展的阶段性特征，对三方面中的各评价维度进行赋权，权重由"中国上市公司社会责任信息披露评价专家委员会"专家讨论确定。

由于报告内容决定了社会责任报告所传达的信息量和信息覆盖范围，是社会责任报告信息披露的基础和质量保证，因此专家一致认为社会责任报告内容的重要程度高于信息质量，权重应占70%；而社会责任报告的信息质量是在内容完整性、充分性和实质性基础上的进一步要求，权重应占30%。

至于公司社会责任报告的自愿性评价，是对上市公司发布社会责任报告意愿的综合反映，故应体现在社会责任报告披露的综合表现上。因此，将被认定为自愿披露社会责任报告的上市公司得分提高10%（见总报告表3）。

1. 社会责任报告信息披露内容

对这方面的评价将从完整性、充分性和实质性三个维度进行考察。报告所含的重大主题和指标及报告边界的定义，是否能够充分反映对经济、环境、社会的重要影响，即内容的完整性，这是评价社会责任报告内容的第一步，权重为30%；报告各部分信息披露的详尽程度、报告对利益相关方的识别和分析，以及公司所处行业社会责任议题的关键性是否与社会责任报告中涉及议题的优先次序相吻合等，也就是社会责任报告内容的充分性和实质性，是评价社会责任报告内容的主要方面，权重合计占70%（见表1）。

表1 上市公司社会责任报告评价内容评价维度及权重

单位：%

维度	完整性	充分性	实质性
权重	30	30	40

2. 社会责任报告信息质量

报告展示信息的方法能否让利益相关方分析公司的长期变化，并且与其他同类公司做比较分析，即报告信息的可比性，这是社会责任报告信息质量中最重要的评价维度，在信息质量中占权重最大，为40%；社会责任报告能否反映公司正负两方面的表现，即信息的平衡性，让各方对机构的整体表现做合理评估，故也至关重要，权重为30%；报告的信息披露方式是否易于读者理解，在内容和表现形式上是否有所创新，从而引领社会责任报告水平提升，即可读性和创新性，这也是社会责任报告信息质量的重要方面，分别赋权20%和10%（见表2）。

表2 上市公司社会责任报告评价信息质量评价维度及权重

单位：%

维度	可比性	平衡性	可读性	创新性
权重	40	30	20	10

3. 公司披露态度

上市公司发布社会责任报告是应交易所的强制要求，还是出于与利益相关方沟通考虑而主动发布，这是评价上市公司社会责任报告披露的一方面，研究将从赋值方面对上市公司进行区分，对无强制发布要求而发布社会责任报告的上市公司的社会责任报告，得分给予10%的上调（见总报告表3）。

上市公司社会责任报告评价综合赋权情况如表3所示。

表3　上市公司社会责任报告评价综合赋权

单位：%

评价方面	评价方面赋权	评价维度	评价维度赋权
社会责任报告内容	70	完整性	30
		充分性	70
		实质性	
社会责任信息质量	30	可比性	40
		平衡性	30
		可读性	20
		创新性	10
披露意愿	100（110）	强制	100
		非强制	110

（三）计分方法

1. 社会责任报告信息披露内容

完整性，社会责任报告完整性得分满分为100分，考察社会责任报告信息披露指标体系所应涵盖的九个方面，若报告在某方面涉及的指标数量少于2个（包括2个），则认为报告在此方面的信息缺失，并将在总分中扣掉10分，累积扣分后所得分数则是该公司社会责任报告信息完整性得分。举例来说，如果某公司社会责任报告在两个指标方面涉及的指标数量少于2个（包括2个），则其社会责任报告内容完整性得分为$100-10\times2=80$（分）。

充分性，本研究用报告在每个指标方面覆盖的指标数量比例来评价社会责任报告信息完整程度。举例来说，"战略与概况"部分得分指标数量为36个，某公司披露指标数量为18个，则该公司在此方面的指标充分性得分为$18/36\times100=50$（分）。

实质性，研究采用德尔菲法将上市公司发布的640份社会责任报告

（剔除环境报告后）按照行业划分为22个行业，按照每个行业社会责任议题的关键性对指标方面赋以相应的权重，将其与披露的充分性相结合进行考察。若公司在主要（权重大）的社会责任方面披露内容较多，则相应的总分会有所提高，如果在次要（权重小）的社会责任方面披露内容较多，则相应的总分会有所降低。举例来说，如果某公司在某指标方面的充分性得分为50分，其在该指标方面的权重为15%，则充分性和完整性得分为$50 \times 15\% = 7.5$（分）。将所有指标方面得分加总获得其内容充分性和实质性的总得分。

表4 上市公司社会责任报告评价指标行业权重

单位：%

行业＼主题	战略及概况	经济责任	资本市场责任	投资者责任	环境责任	员工责任	市场责任	社区责任	一般报告说明
电子	10	10	10	10	20	15	15	5	5
纺织、服装、皮毛	10	10	10	10	10	20	20	5	5
机械、设备、仪表	10	10	10	10	20	15	15	5	5
金属、非金属制造	10	10	10	10	20	15	15	5	5
木材、家具	10	10	10	10	15	15	20	5	5
石油、化学、塑胶、塑料	10	10	10	10	20	20	10	5	5
食品、饮料	10	10	10	10	15	15	20	5	5
医药、生物制品	10	10	10	10	15	15	20	5	5
造纸、印刷	10	10	10	10	20	15	10	10	5
其他制造	10	10	10	10	15	15	15	10	5
交通运输、仓储	10	10	10	10	15	15	15	10	5
金融、保险	10	10	10	10	5	10	20	20	5
信息技术	10	10	10	10	5	20	20	10	5
房地产	10	10	10	10	15	15	15	15	5
采掘	10	10	10	10	20	15	5	15	5
电力、煤气及水的生产和供应	10	10	10	10	15	15	15	10	5
批发和零售贸易	10	10	10	10	10	15	20	15	5
综合类	10	10	10	10	15	15	15	10	5
建筑	10	10	10	10	15	15	15	10	5
社会服务	10	10	10	10	10	15	15	15	5
农、林、牧、渔	10	10	10	10	20	10	10	15	5
传播与文化	10	10	10	10	5	15	20	15	5

2. 社会责任报告信息质量

研究将从可比性、平衡性、可读性和创新性考察报告信息的披露质量。每个维度满分为100分，在按照考察方面进行打分后，加权得到社会责任报告信息质量得分（见表5）。

表5　上市公司社会责任信息质量评价打分表

报告质量	得分(0~100分)	备注
可比性		报告内容是否可以与历史同期数据对比,是否能与同行业其他公司比较,以及是否能与有关标准比较等
可读性		评价中,从社会责任报告的结构清晰、语言简练、图片和表格的使用、图片和色彩的使用,整体设计排版等方面考察
创新性		从报告的内容和形式设计是否新颖、是否较上一份报告有所改变或改进等方面考察
平衡性		评价中,考察社会责任报告中是否包含对公司报告期内在社会责任方面的缺失或不足,或者发生负面社会责任的事件、事故进行描述。参考以下指标: √ 公共传媒对公司社会责任履行出现的问题给予的报道和质疑,公司在报告中进行明确回应 √ 如确实存在媒体报道的问题,说明整改情况和措施 √ 违反法律法规被处重大罚款的金额,以及所受非经济处罚的次数 √ 针对腐败个案所采取的行动 √ 报告期内是否出现违反监管机构规定等事件 √ 若有,公司应对监管机构处罚的行动 √ 公司是否因信息披露违规而受到监管机构的处罚 √ 如有,披露相应的弥补或改正措施 √ 公司在报告期内是否出现未达到国家法律法规要求和标准、重大环保和安全事故、被列入环保部门污染严重企业名单,以及被环保和劳动等部门处罚等问题 √ 若有,说明解决进展情况 √ 报告重大污染事故发生情况 √ 严重泄露的总次数及总量 √ 公司在报告期内是否出现未达到国家法律法规要求和标准、重大安全事故、被劳动部门处罚等问题 √ 若有,说明解决进展情况 √ 报告重大安全事故发生情况 √ 报告期内公司在员工方面的负面信息及解决方式 √ 按后果类别说明,违反有关市场推广(包括广告、促销及赞助)的法规及自愿性准则的事件总数 √ 按后果类别划分的,违反有关产品及服务信息和标识的法规及自愿性准则的事件总数 √ 社区方面不良事件的发生与处理

社会责任报告总得分计算公式如下所示。

社会责任报告总得分 =（报告内容得分 × 70% + 信息质量得分 × 30%）× 主动性得分
= {[完整性 × 30% + ∑（百分比 × 行业权重 × 100）× 70%]
× 70% + ∑（质量维度得分 × 权重）× 30%} × 主动性得分

报告内容得分 = 完整性得分 × 30% + 充分性和实质性得分 × 70%

信息质量得分 = ∑（质量维度得分 × 权重）

（四）评价水平

上市公司社会责任报告评价水平分类如表6。

表6　上市公司社会责任报告评价水平分类

单位：分

等级	得分区间
A	80 以上
B	60~80
C	40~60
D	20~40
E	20 以下

（五）指标详解

1. 完整性评价

社会责任报告完整性得分满分为100分，考察上市公司社会责任报告信息披露指标体系所应涵盖九个方面，详见表7。

表7　上市公司社会责任报告信息披露指标体系各指标方面与个数

单位：个

指标方面	指标个数	指标方面	指标个数
战略及概况	36	员工责任	34
经济责任	18	市场责任	25
资本市场责任	12	社区责任	16
投资者责任	18	一般报告说明	14
环境责任	34		

该指标体系对评价方面的设计，参考了《ISO 26000 社会责任指南》国际标准中对组织社会责任七大主题（分别是组织治理、人权、劳工实践、环境、公平运营实践、消费者问题及社区参与和发展）的定义和划分，结合了全球报告倡议组织（GRI）《可持续发展报告指南 G3.1》中对社会责任报告中所应披露的社会责任信息的定义和指导，以及中国证监会和沪、深两交易所对上市公司在信息披露、投资者保护等方面责任的规定，并考虑了当前资本市场和上市公司社会责任方面的发展阶段，以及当前社会公众对上市公司所应履行社会责任的期望。

战略及概况方面包含 36 个指标，主要评价社会责任报告中是否披露有关公司发展战略等信息，以及有关公司的基本介绍（如主营业务、运营所在地、员工数量等）。

经济责任方面包含 18 项指标，主要评价社会责任报告中是否披露公司机构对其利益相关方的经济状况，以及当地、全国，乃至全球层面经济体系的影响。

资本市场责任方面包含 12 项指标，主要评价社会责任报告中是否披露有关公司按监管机构对上市公司的要求管理自身日常运营的信息。

投资者责任包含 18 项指标，主要评价社会责任报告中是否披露公司对监管机构、交易所对上市公司在投资者关系管理、投资者保护等方面制度要求的履行情况。

环境责任方面包含 34 项指标，主要评价社会责任报告中是否披露有关公司运营过程中对环境的影响及采取的保护措施等方面的信息。

员工责任方面包含 34 项指标，主要评价社会责任报告中是否披露有关公司对待员工的制度规定和具体做法，以及取得的成效等方面的信息。

市场责任方面包含 25 项指标，根据公司主营业务的不同，市场责任中包含上市公司在供应链、消费者或合作伙伴等方面的信息。

社区责任方面包含 16 项指标，主要评价社会责任报告中是否披露有关公司在处理运营所在社区的事务中履行的责任等信息。

一般报告说明方面包含 14 项指标，主要评价社会责任报告中是否包含对报告情况的说明，如报告周期、报告期、聘请第三方审验等。

2. 充分性及实质性评价

充分性是指社会责任报告在每个社会责任方面的信息覆盖情况。本研究主要从社会责任报告在每个社会责任方面披露信息的比例来考察。本研究对实质性的考察主要通过对各个指标方面得分的行业赋权，在最终的总分中体现，某行业的公司在重要的社会责任方面予以着重披露会对其总得分产生积极影响，从而提升综合表现。

经专家讨论决定，本次研究不对各行业的公司设置行业特色指标，旨在达到以下目的：其一，提升整个指标体系的普适性和灵活性；其二，降低因人为选择因素造成行业指标选取的偏颇，从而减小评价误差；其三，提升整个评价体系的可操作性，为今后进一步研究打下基础。也正因为此，研究中将报告信息披露的充分性和实质性进行合并考察，得出两者的综合分数。

（1）战略及分析

公司战略方面的披露是指社会责任报告应从高层次战略角度，展现公司与可持续发展的关系。披露这部分信息不应简单摘取报告内容，而是需要就公司战略提出深刻的见解。在这部分中，应有公司高层领导就社会责任与机构及其战略的相关性的声明，包括公司在短期、中期（如3~5年）以至长期的整体愿景及战略，以及如何应对与经济、环境及社会绩效有关的主要挑战；还应有对公司面临的主要风险、机遇及产生的主要影响的陈述。对该部分内容的披露能够说明公司对可持续发展及其利益相关方的影响。

作为上市公司，公司治理问题历来为资本市场乃至学术界所重视。有效的公司治理为公司持续经营提供了必要前提。责任管理应披露公司在社会责任管理方面做出的工作，如部门设置、人员安排、任务分配、薪酬考核等，这些是公司将社会责任融入公司日常经营的有力保障。

上市公司的利益相关方参与是为创造公司与一个或多个受其影响的群体或组织进行对话、沟通信息的机会而开展的活动。其作用是为公司决策提供信息基础，并以此制定、完善和纠正公司的社会责任计划和行动。

以上这些方面都能帮助利益相关方，尤其是资本市场参与方更好地了解上市公司，并在此指导下做出明智决策（见表8）。

表8 社会责任报告评价指标体系一：战略及概况

一级指标	编号	二级指标
战略及分析	ST-1	高管致辞——公司最高决策者（如董事长、CEO 或者与其相当的高级职位）就可持续发展与公司及其战略的相关性的声明
	ST-2	企业实施社会责任工作的战略考虑及企业实施社会责任为企业带来的发展机遇
	ST-3	对公司年度社会责任工作成绩与不足的概括总结
	ST-4	对公司主要影响、风险及机遇的描述
公司概况	ST-5	公司名称
	ST-6	主要品牌、产品和/或服务
	ST-7	公司的运营架构
	ST-8	公司总部所在地
	ST-9	公司主要业务的开展所在国家
	ST-10	公司所服务的市场
	ST-11	员工人数
	ST-12	运营地点数量
	ST-13	净销售额或净收入
	ST-14	按债务及权益细分的总市值
	ST-15	报告期内企业社会责任工作的年度绩效对比表
	ST-16	关键绩效数据表
	ST-17	报告期内所获得的各类奖项列表
公司治理及责任管理	ST-18	公司治理架构（包括最高治理公司下负责特定事务的各个委员会）图示
	ST-19	最高治理公司的主席是否兼任行政职位的情况
	ST-20	股东及员工向最高治理公司提出指导或建议的机制
	ST-21	企业守法合规体系
	ST-22	公司使命和/或价值观，行为守则和原则，以及其实施状况和对这些原则的解释
	ST-23	社会责任理念、愿景和使命
	ST-24	如何确定和管理经济、环境及社会绩效
	ST-25	社会责任领导机构、组织体系，以及高层领导就社会责任事项的沟通机制
	ST-26	主要的社会责任议题
	ST-27	符合本公司实际的社会责任战略规划及工作机制
	ST-28	对社会责任规划进行落实管理及监督的制度安排、机制安排等
	ST-29	参与或支持的外界发起的经济、环境及社会公约、原则或其他倡议的情况
	ST-30	促进下属企业、供应商和客户等履行社会责任的情况
	ST-31	加入的协会和/或全国/国际倡议组织的会籍列表

续表

一级指标	编号	二级指标
利益相关方参与	ST-32	利益相关方群体识别列表
	ST-33	识别及决定选择利益相关方的根据
	ST-34	对外的社会责任沟通机制及利益相关方参与的具体方法(包括不同的利益相关方类型及组别的参与频率)
	ST-35	在利益相关方参与的过程中提出的关键主题及考虑,以及公司的回应方式
	ST-36	与外部机构开展社会责任方面合作的情况,包括参与行业或国内外社会责任标准的制定等

(2) 经济责任

作为一个盈利性组织,尤其是上市公司,经济责任无疑是其社会责任中很重要的一方面。社会责任报告中所指的经济层面,应是公司对利益相关方的经济状况以及经营所在地、全国乃至全球经济系统的影响。尽管公司的财务绩效是了解其自身可持续经营和发展的基础,但是这些信息通常已在财务报告中披露,而公司财报中往往较少披露公司对宏观经济体系的可持续发展的贡献,这恰恰是社会责任报告中应该披露的(见表9)。

表9 社会责任报告评价指标体系二:经济责任

一级指标	编号	二级指标
管理方法	EC-1	公司的商业伦理准则
	EC-2	经济绩效的公司整体目标
经济表现	EC-3	公司产生及分配的直接经济价值(包括收入、运营成本、员工薪酬、捐献及其他社区投资、留存收益、向出资人及政府支付的款项)
	EC-4	公司的每股社会贡献值(仅沪市公司适用)
	EC-5	政府给予的重大财政补贴
公平运营	EC-6	公司对腐败问题的认识
	EC-7	已采取的反腐败措施、成效及未来计划
	EC-8	涉及反竞争、反垄断行为的法律诉讼的总数及其结果
	EC-9	提高雇员遵守竞争法规和公平竞争意识的措施
	EC-10	支持反垄断和反倾销的实践及对有关竞争公共政策的支持情况

续表

一级指标	编号	二级指标
间接经济影响	EC-11	公司运营对当地的经济影响情况
	EC-12	公司通过商业活动、实物捐赠或免费专业服务等形式,开展的主要基础设施投资及服务及其影响
	EC-13	公司通过自身经营管理提升社区就业技能的情况
	EC-14	本地化采购政策及比例
促进经济可持续发展	EC-15	对公共政策的立场,以及公共政策发展方面的参与
	EC-16	确保就业或带动就业的措施及成效
	EC-17	负责任投资的情况
	EC-18	为促进本行业可持续发展做出贡献

（3）资本市场责任

资本市场责任和下述的投资者责任是上市公司特有的责任方面。其中,资本市场责任方面主要关注上市公司作为公众公司、资本市场的主要参与方之一,在促进整个资本市场有效运行、强化资源合理配置的过程中应该承担的责任。合规和透明是上市公司较普通公司更应具备的特点,也是证券监管机构历来强调和推动的方面。此部分指标主要来源于中国证监会及沪、深两个交易所对上市公司做出的一系列规定,以及上市公司为符合监管机构、交易所要求而应该实现或努力实现的目标。指标的设计和选取在参考以上所述各项规章制度的基础上,充分考虑了中国 A 股上市公司当前所处的发展阶段,监管机构、社会公众对上市公司的期望和要求,以及未来应实现的紧要目标（见表10）。

表10　社会责任报告评价指标体系三：资本市场责任

一级指标	编号	二级指标
资本市场责任	CM-1	报告期间公司董秘/证券事务代表等对监管机构(包括交易所)举办的培训的重视程度(披露诸如参加培训的人次及主要内容等信息)
	CM-2	执行监管机构及交易所信息披露政策规定的行动和绩效
	CM-3	公司按照上市规则及时履行信息披露义务的情况,包括形式和所涉及的内容
	CM-4	确保不会根据自身的需求、时机和对象进行选择性披露,并保证信息披露的完整性、充分性、及时性、有效性、重要性和真实性的措施和成效

续表

一级指标	编号	二级指标
资本市场责任	CM-5	确保公司以及按法律法规必须履行有关义务的股东的证券市场行为符合监管机构(包括交易所)规定的措施
	CM-6	配合监管机构(包括交易所)研究和拟订证券市场的方针政策、发展规划、相关法律法规,并提出制定和修改建议的情况
	CM-7	配合监管机构制定有关证券市场监管的规章、规则和办法的情况
	CM-8	公司加强相关信息的流程管理,对内幕信息进行保密管理的情况
	CM-9	是否因发生内幕交易行为而被媒体曝光的情况及相应处理方式
	CM-10	组织研究公司的市值管理情况,防范股价大幅度波动的措施和成效
	CM-11	公司诚信建设的情况描述
	CM-12	公司年度信息披露考核情况(仅深市公司适用)

(4) 投资者责任

投资者责任方面也是上市公司所面临的重要且有特色的指标。近年来,伴随资本市场的迅速发展,投资者权益保护、投资者关系管理等议题逐渐为市场所关注,也成为监管机构和交易所对上市公司的要求。由于上市公司与投资者之间存在信息不对称,投资者尤其是中小投资者,往往处于劣势,其权益往往受到侵害,财产往往遭到损失。本着建立健康有效的资本市场环境的考虑,上市公司也理应为保护投资者权益做出行动。因此,投资者责任是上市公司社会责任报告中应该涉及的方面之一。本部分指标设计来源于中国证监会和交易所在上市公司投资者权益保护、投资者关系管理方面所做的相关规定和措施,既考虑了当前上市公司的发展阶段,也体现了中国资本市场的特色(见表11)。

表11 社会责任报告评价指标体系四:投资者责任

一级指标	编号	二级指标
管理方法	Ⅳ-1	公司投资者(尤其是中小股东)权益保护的体系和机制
	Ⅳ-2	公司组织相关人员进行法律法规、部门规章、交易所业务规则以及投资者关系管理工作相关知识的培训或学习的情况
投资者关系	Ⅳ-3	投资者关系管理的部门和人员安排情况
	Ⅳ-4	报告期内投资者关系管理的措施、行动和成效
	Ⅳ-5	为确保股东大会召开程序的规范性而采取的措施
	Ⅳ-6	为确保网络投票的有效性而采取的措施和成效
	Ⅳ-7	公司为投资者关系管理工作设置的信息交流渠道

续表

一级指标	编号	二级指标
投资者信息平等	IV-8	报告期内为避免进行选择性的信息披露而采取的措施
	IV-9	报告期内为增进投资者对公司的了解而开展的活动
	IV-10	确保向投资者答复和反馈相关信息的有效性
投资者权益保护	IV-11	就中小股东权益保护情况进行的总体说明
	IV-12	是否出现过侵犯投资者权益的事件(如透露尚未公开披露的重大信息的情况,做出可能误导投资者的过度宣传行为,对公司股票价格公开做出预期或承诺,存在其他违反信息披露规则或者涉嫌操纵股票价格的行为等)
	IV-13	是否因与投资者沟通渠道不畅、投资者投诉较多或其他情形而受到交易所的监管措施,以及相应的解决方案或计划
	IV-14	为中小股东参加股东大会、现场表达自己的意愿提供便利的情况
投资者利益共享	IV-15	公司对回报股东的认识和相关政策
	IV-16	公司制定长期和相对稳定的利润分配政策和办法,建立持续合理分红机制的情况
	IV-17	按年度统计,公司现金分红情况
	IV-18	报告期内为其股东带来的其他形式的经济回报情况

(5) 环境责任

公司的决策和活动必然对环境产生影响,这些影响可能与公司的资源利用、经营场所及产生的污染和废弃物有关,某些公司的活动还会对自然栖息地产生影响。为了减少对环境的影响,公司应当考虑其决策和活动对经济、社会、健康和环境产生的直接或间接影响,采取有效的综合性办法。公司有责任找到可行的办法来减少并消除不可持续的生产和消费的规模和方式。

环境是人类生存和繁荣的前提条件,因而是公司社会责任的重要方面。环境这一社会责任与其他社会责任核心方面密切相关。上市公司社会责任的环境责任,指上市公司对有生命和无生命的自然系统(包括生态系统、土地、空气、水)的影响。环境指标所显示的上市公司绩效,与各种输入物(如物料、能源、水)及输出物(如废气、污水、废弃物)有关,此外,也和生物多样性、遵守环境法规及其他相关信息(如环保开支、产品及服务的影响)有关(见表12)。

表12 社会责任报告评价指标体系五：环境责任

一级指标	编号	二级指标
管理方法	EN-1	环境方面的总体管理方法
	EN-2	环境保护方针、年度环境保护目标及成效
	EN-3	按类别说明总环保开支及总投资
	EN-4	公司环境管理体系
	EN-5	新建项目环境评估制度
	EN-6	环境事故应急机制
物料、能源和水的使用	EN-7	按种类说明年度资源消耗量
	EN-8	采用可更新、低影响资源补充或替代非可再生资源的情况
	EN-9	使用经循环再造的物料的百分比
	EN-10	年度能源消耗总量
	EN-11	减少、节约能源消耗和提高能效的方式及成效
	EN-12	按源头说明年度耗水量
	EN-13	节约水资源的措施及成效
	EN-14	循环及再利用水的百分比及总量
	EN-15	促进可持续采购和可持续消费的措施和行为
防治污染	EN-16	公司排放污染物的种类、数量、浓度和去向
	EN-17	公司在生产过程中产生的废物的处理、处置情况，以及废弃产品的回收、综合利用总体情况
	EN-18	化学危险品管理
	EN-19	按质量说明温室气体总排放量
	EN-20	温室气体减排计划和成效
	EN-21	按质量说明臭氧消耗性物质的排放量
	EN-22	按重量及排放目的地说明污水排放总量及其回收、处置情况
产品及服务	EN-23	公司绿色采购政策、措施及成效
	EN-24	降低产品及服务的环境影响的计划及其成效
	EN-25	环保产品的开发与销售
	EN-26	环保技术设备的研发与投入
	EN-27	按类别说明售出产品及回收售出产品包装物料的百分比
交通运输	EN-28	为运营目的而运输产品、其他货物及物料所产生的重大环境影响
	EN-29	公司员工交通所产生的重大环境影响
环保参与	EN-30	环保方面开展或参与的公益活动
	EN-31	公司遵守或参考采用各级环保法律法规的情况
	EN-32	倡导及践行绿色办公的措施及成效
	EN-33	与有关部门签订改善环境行为的自愿协议的情况
	EN-34	员工环保培训与宣教

（6）员工责任

上市公司员工责任方面主要包括员工的招聘和晋升、纪律和投诉程序、工人的转移和再安置、培训和技能开发，以及健康、安全和生产卫生等影响工作条件的任何政策和实践，特别是劳动时间和报酬，员工责任还包括承认工会组织及其代表性等。

创造就业并支付工资和其他劳动报酬，是上市公司最重要的经济和社会贡献之一。有意义和富有生产率的工作，是社会发展的基本要素。充分和有保障的就业可以提高生活标准，而缺乏就业会导致一系列社会问题。在研究员工责任指标体系设计中，除参考国内有关工人和劳动方面的法律法规基础上，也适当参考了国际上有关员工责任的倡议和指南工具，同时也考虑了中国上市公司在运营过程中的优秀实践，从管理方法，雇用，劳资关系，健康与安全，培训、教育与发展，多元化与机会平等，强迫与强制劳动，以及员工关爱与帮扶等方面设计指标（见表13）。

表13 社会责任报告评价指标体系六：员工责任

一级指标	编号	二级指标
管理方法	LA-1	公司在员工方面的管理方法
	LA-2	员工保障计划及职业发展支持计划
雇用	LA-3	按雇用类型、雇用合约及地区划分，并按照性别区分的劳动力总数（可用图表）
	LA-4	按年龄组别、性别及地区划分的新进员工和员工流失总数及比率
	LA-5	劳动合同签订率/集体合同覆盖率
	LA-6	社会保险覆盖率
	LA-7	每年平均带薪休假天数
	LA-8	平等雇用制度
	LA-9	男女员工工资比例
	LA-10	确保员工工作生活平衡的制度和措施
劳资关系	LA-11	遵守国家劳动的法律法规情况
	LA-12	建立工会、民主管理及公司事务公开制度情况
	LA-13	参加工会的员工比例
	LA-14	员工意见传递至高层的渠道
	LA-15	员工满意度调查结果
	LA-16	员工职业病防治制度

续表

一级指标	编号	二级指标
健康与安全	LA-17	职业健康安全风险的分析与控制
	LA-18	员工职业健康安全培训
	LA-19	体检及健康档案覆盖率
	LA-20	按地区和性别划分的工伤、职业病、误工人次及缺勤比率
	LA-21	所有职业健康安全事件的记录和调查情况
	LA-22	为协助员工及其家属或社区成员应对严重疾病而安排的教育、培训、辅导、预防与风险控制计划
	LA-23	员工心理健康的保障制度与措施
培训、教育与发展	LA-24	员工培训制度(比例、资金投入、时间、人均费用等)
	LA-25	按性别和员工类别划分,每名员工每年接受培训的平均时数(可用表格表示)
	LA-26	员工职业发展通道
	LA-27	加强员工持续就业能力及协助员工转职的技能管理及终生学习计划
多元化与机会平等	LA-28	按性别、年龄组别、少数族裔成员及其他多元化指标划分,公司成员和各类员工的组成
	LA-29	女性管理者比例
	LA-30	招聘、雇用残疾人员工的措施及比例(人数)
强迫与强制劳动	LA-31	有助于有效杜绝雇用童工的措施
	LA-32	消除一切形式的强迫与强制劳动的措施
员工关爱与帮扶	LA-33	公司对员工及其家庭的关爱(措施、行动、成效)
	LA-34	员工帮扶投入

(7) 市场责任

本次研究体系设计中的市场责任方面,综合了各类上市公司在经营中可能面临的市场关系和情况,如公司在供应链中的责任、对合作伙伴的责任、对消费者的责任,以及产品责任等。这种设计充分考虑了指标对各种类型的公司的普遍适用性。

上市公司在其与合作伙伴、供应商、承包商、顾客、竞争者、消费者及政府机构之间进行商业往来或其他类型交往的过程中,应具备良好的道德行为。公司的反腐败、公平竞争、对社会负责任的行为、尊重产权的行为,以及对待消费者过程中的公平的市场行为、健康和安全保护、促进可持续消费、争议解决和赔偿、信息和隐私保护、基本产品和服务的获取、消费者教育等行为,都属于市场责任。

公司在日常经营中,应尽力通过自身与其他组织的关系来推动对社会有利的结果产生,甚至可以通过在整个影响范围内发挥领导力来推动社会责任为更广泛的人群接受。公司也应进行消费者教育和提供准确信息,采用公平、透明和有益的市场信息和合同程序,推动可持续消费,以及设计每个人都能得到的产品与服务。公司还通过设计、制造、销售、信息提供、服务支持和撤回与召回等程序,最大限度地降低产品和服务的使用风险,保护个人信息安全和消费者隐私等。这些都是上市公司在经营中应该考虑的社会责任,本部分指标力求将以上诸方面纳入设计考虑(见表14)。

表14 社会责任报告评价指标体系七:市场责任

一级指标	编号	二级指标
管理方法披露	MK-1	公司在产品/服务责任方面的总体管理方法
	MK-2	公司的商业伦理准则及其包含的内容
产品生产与创新	MK-3	产品质量管理体系
	MK-4	产品合格率
	MK-5	产品研发与服务创新投入情况
	MK-6	新增专利数或重大产品创新情况
客户/消费者健康与安全	MK-7	为改进产品和服务在健康与安全上的影响而采取的措施
	MK-8	在发现产品或服务问题时,撤回并召回问题产品,中止服务并提供合理补偿
客户/消费者隐私权	MK-9	保护消费者隐私的措施和行动
遵守法规	MK-10	遵守有关市场推广(包括广告、推销及赞助)的法律、标准及自愿性准则的情况
责任经营	MK-11	公司对供应商、客户和消费者诚实守信的情况
	MK-12	监控和防范公司或职工与客户和供应商进行的各类商业贿赂活动的相关程序
	MK-13	合法使用合同的情况
	MK-14	责任采购制度及方针
尊重产权	MK-15	尊重产权或传统知识的制度和实践
	MK-16	是否发生侵犯产权的行为

续表

一级指标	编号	二级指标
可持续消费	MK-17	促进有效的消费者教育并提供实用性建议
	MK-18	提供对环境和社会有益的产品或服务并降低不利影响的情况
消费者服务与支持	MK-19	公司在消费者教育上采用的形式、内容和覆盖人次
	MK-20	售后服务体系
	MK-21	在出售或提供产品和服务之后才去满足消费者需求的机制,如正确安装、担保和保证、产品和服务应用的技术支持等
	MK-22	在出售或提供产品和服务之后的退货、修理及维护和具体规定
	MK-23	客户服务/消费者满意度的调查结果及改进措施
客户/消费者关系管理及投诉处理	MK-24	客户关系管理制度
	MK-25	客户投诉处理机制,以及回应和改进方式

(8) 社区责任

上市公司与其运营所在社区存在诸多联系,公司参与社区发展,有利于对社区建设做出贡献,同时还可以显示并增强其自身的民主价值观和公民价值观。社区责任主要包括社区参与和社区发展,这些都是社会责任的重要方面。

社区参与包括识别并参与社区中的利益相关方,还包括对社区的支持并与之建立关系,最重要的是要认同社区的价值。唯有这样,上市公司才能与社区共享利益。

社区发展是一个长期的过程,这当中难免出现不同的和相互冲突的利益。它是社会、政治、经济和文化特点相互作用的结果,并取决于牵涉其中的社会力量的具体特征。促进社区福利是共同的目标,因此需要社区内的上市公司共担责任。

上市公司可通过经济活动和技术发展的持续扩大和多样化来创造就业,还可以通过社会投资增进财富,通过地方经济发展创造收入,丰富教育和技能发展计划,促进和保护文化与艺术,以及提供和促进社区健康服务等。很多时候,仅仅依靠公益慈善等方式不能将社会责任融入公司战略和理念(见表15)。

表 15　社会责任报告评价指标体系八：社区责任

一级指标	编号	二级指标
管理方法	SO-1	在社区责任方面的总体管理方法
	SO-2	整体目标有助于或不利于当地社区行使集体权利的程度
	SO-3	为管理对当地社区影响,对管理层、员工及承包商(包括安保人员)的培训和提高认知的情况
	SO-4	负责协调公司与社区关系的部门和人员情况
服务当地经济	SO-5	解决当地就业的整体情况
	SO-6	本地化采购政策
	SO-7	员工本地化政策
	SO-8	在重要运营地点聘用当地社区员工的程序,以及在当地社区聘用高层管理人员所占的比例
社区参与	SO-9	在对当地社区具有重大潜在影响或实际负面影响的运营点及各自实施的预防和消除措施
	SO-10	带着有助于公益的目标和社区发展目标参加全国性的、当地的协会和各类地方性活动的情况
	SO-11	捐赠方针及制度、年度捐赠数额及资金去向
	SO-12	企业公益基金、基金会及其他公益投入
	SO-13	支持员工志愿者活动制度、措施和成效
	SO-14	年度员工志愿者活动的参与人次、总时间
	SO-15	年内启动或运营的公益项目情况
	SO-16	促进社区健康事业和医疗卫生水平提升的情况

（9）一般报告说明

此部分内容虽不是社会责任报告的主要内容,却是不可或缺的有机组成部分。此部分提供了针对报告本身的一些说明,如报告周期、发布形式、反馈方式、内容边界、是否进行第三方审验等,使阅读者对报告中的数据和内容等有了更清楚的认识和理解,极大地提升了报告的有效性（见表16）。

3. 可比性评价

上市公司社会责任报告所披露的信息应有助于利益相关方对公司的社会责任表现进行分析和比较。通常来讲,可比性主要体现在两方面,即纵向可比性及横向可比性。纵向可比性指上市公司在披露相关社会责任议题的绩效水平时

表 16 社会责任报告评价指标体系九：一般报告说明

一级指标	编号	二级指标
报告概况	DE-1	报告期
	DE-2	报告周期
	DE-3	报告可靠性保障
	DE-4	报告发布形式
	DE-5	查询报告或报告内容的联络方式
	DE-6	报告获取方式
报告范围及边界	DE-7	报告内容涉及范围的边界
	DE-8	任何有关报告范围及边界的限制
	DE-9	数据测量方法及计算基准
审验	DE-10	公司为报告寻求外部审验的政策和措施
	DE-11	第三方审验报告
展望	DE-12	公司对未来一段时期内社会责任工作的计划和期望取得成绩的陈述
报告评价	DE-13	相关领域专家或其他权威人士对该报告做出的评价
读者意见反馈	DE-14	报告反馈途径、联系人或部门等

应同时披露其历年在这一议题上的绩效；而横向可比性指上市公司在披露相关社会责任议题的绩效水平时应同时披露同行业、同地区或同类型、同规模的其他公司在此议题上的绩效。可比性的具体评价标准请参见表17。

表 17 可比性评价

得分	说明
80~100 分	披露大部分社会责任议题的历史数据及行业数据
60~80 分	仅披露大部分社会责任议题的历史数据，无行业数据，或仅披露大部分社会责任议题的行业数据，无历史数据
40~60 分	仅披露部分社会责任议题的历史数据，无行业数据
20~40 分	仅披露些许社会责任议题的历史数据，无行业数据
0~20 分	报告未披露任何社会责任议题的历史数据或行业数据

4. 平衡性评价

上市公司的社会责任报告应能够客观地反映上市公司在报告期内正面和负面的信息，从而使利益相关方能够对公司的整体社会责任情况有正确、无偏的评价。上市公司在编制社会责任报告的过程中应避免遗漏或隐瞒公司在经济、社会和环境等方面产生的负面影响，进而影响利益相关方对公司社会责任绩效的判断。平衡性的具体评价标准参见表18。

表 18　平衡性评价

得分	说明
80~100 分	披露公司在报告期内具有一定影响力的负面信息，并说明负面事件发生的原因和处理方案、措施
60~80 分	披露公司在报告期内发生的具有一定影响力的负面信息，但未说明原因和处理方案
40~60 分	报告披露部分有影响的负面信息，但某些已知的重大负面信息未涉及
20~40 分	报告仅有披露负面信息的意愿，但不具实质性
0~20 分	报告未涉及任何负面信息

5. 可读性评价

上市公司的社会责任报告披露信息的方式和表现形式上应易于读者理解和接受。一份可读性强的社会责任报告应至少具备如下特征：结构清晰，条理清楚，语言流畅，简单易懂，采用图表等直观表现手法，对术语和缩略词等进行解释，并采用方便阅读的排版设计，易于查找相关信息。可读性的具体评价标准参见表19。

表 19　可读性评价

得分	说明
80~100 分	结构清晰，逻辑清楚，行文流畅，用词简明，排版设计特色鲜明，能够吸引读者阅读，方便读者查找相关信息
60~80 分	结构清晰，逻辑清楚，行文较为流畅，用词简明，进行适当的排版设计，方便读者阅读和查找相关信息
40~60 分	结构基本清晰，逻辑基本清楚，用词简明，进行了简单排版，基本能够理解
20~40 分	结构与逻辑不清晰，行文不流畅，排版不合理，对理解造成一定影响
0~20 分	结构和逻辑较为混乱，未经排版，难以理解或查找相关信息

6. 创新性评价

上市公司的社会责任报告应力求在内容或形式上有所突破和创新。创新能够提高报告质量,也能引领行业内社会责任报告的发展。创新性的具体评价指标参见表20。

表20 创新性评价

得分	说明
80~100分	内容和呈现形式均有所创新,在本行业或本公司已有基础、有显著提升
60~80分	内容和呈现形式有所创新,在本行业或本公司已有基础、有一定程度的提升
40~60分	内容和呈现形式有新意,使报告较有特色
20~40分	内容和呈现形式未有创新,整体较为平淡
0~20分	内容和呈现形式未有创新,整体水平落后于行业平均水平

二 评价结果

社会责任报告排前100名的公司如表21所示(全部640份社会责任报告的排名参见本书B.4部分)。

表21 A股上市公司社会责任报告评价前100名

社会责任报告排名	证券代码	证券简称	行业	注册地	报告信息披露得分(调整后)
A级					
1	601919.SH	*ST远洋	交通运输、仓储	天津市	92.94
B级					
2	600018.SH	上港集团	交通运输、仓储	上海市	77.85
3	000825.SZ	太钢不锈	金属、非金属制造	山西省	72.56
4	000858.SZ	五粮液	食品、饮料	四川省	68.29
5	000528.SZ	柳工	机械、设备、仪表	广西壮族自治区	67.14
6	601618.SH	中国中冶	建筑	北京市	66.64
7	601628.SH	中国人寿	金融、保险	北京市	66.07
8	000001.SZ	平安银行	金融、保险	广东省	66.00

续表

社会责任报告排名	证券代码	证券简称	行业	注册地	报告信息披露得分(调整后)
9	000776.SZ	广发证券	金融、保险	广东省	65.93
10	000063.SZ	中兴通讯	信息技术	广东省	65.88
11	300077.SZ	国民技术	电子	广东省	64.00
12	601668.SH	中国建筑	建筑	北京市	63.69
13	002422.SZ	科伦药业	医药、生物制品	四川省	63.24
14	601601.SH	中国太保	金融、保险	上海市	62.50
15	000002.SZ	万科A	房地产	广东省	61.92
16	000960.SZ	锡业股份	金属、非金属制造	云南省	61.89
17	000024.SZ	招商地产	房地产	广东省	61.74
18	601088.SH	中国神华	采掘	北京市	61.70
19	002042.SZ	华孚色纺	纺织、服装、皮毛	安徽省	61.24
20	600019.SH	宝钢股份	金属、非金属制造	上海市	60.86
C级					
21	601398.SH	工商银行	金融、保险	北京市	59.58
22	600050.SH	中国联通	信息技术	上海市	59.43
23	600028.SH	中国石化	采掘	北京市	59.17
24	600196.SH	复星医药	医药、生物制品	上海市	58.37
25	601231.SH	环旭电子	电子	上海市	57.97
26	000725.SZ	京东方A	电子	北京市	57.68
27	601299.SH	中国北车	机械、设备、仪表制造	北京市	57.61
28	000028.SZ	国药一致	批发和零售贸易	广东省	57.59
29	600267.SH	海正药业	医药、生物制品	浙江省	57.45
30	600098.SH	广州发展	电力、煤气及水的生产和供应	广东省	56.74
31	002103.SZ	广博股份	造纸、印刷	浙江省	56.48
32	600284.SH	浦东建设	建筑	上海市	56.33
33	000807.SZ	云铝股份	金属、非金属制造	云南省	56.32
34	000527.SZ	美的电器	机械、设备、仪表制造	广东省	56.31
35	600761.SH	安徽合力	机械、设备、仪表制造	安徽省	55.74
36	601318.SH	中国平安	金融、保险	广东省	55.50
37	600824.SH	益民集团	批发和零售贸易	上海市	55.34
38	000726.SZ	鲁泰A	纺织、服装、皮毛	山东省	55.19
39	601288.SH	农业银行	金融、保险	北京市	54.83
40	600188.SH	兖州煤业	采掘	山东省	54.41

续表

社会责任报告排名	证券代码	证券简称	行业	注册地	报告信息披露得分(调整后)
41	600016.SH	民生银行	金融、保险	北京市	54.34
42	601800.SH	中国交建	建筑	北京市	53.75
43	002024.SZ	苏宁云商	批发和零售贸易	江苏省	53.72
44	600104.SH	上汽集团	机械、设备、仪表制造	上海市	53.52
45	002161.SZ	远望谷	信息技术	广东省	53.52
46	002069.SZ	獐子岛	农、林、牧、渔	辽宁省	53.46
47	002563.SZ	森马服饰	批发和零售贸易	浙江省	53.30
48	600015.SH	华夏银行	金融、保险	北京市	53.10
49	000009.SZ	中国宝安	综合类	广东省	52.35
50	002287.SZ	奇正藏药	医药、生物制品	西藏自治区	52.33
51	600792.SH	云煤能源	金属、非金属制造	云南省	51.81
52	601186.SH	中国铁建	建筑	北京市	51.78
53	601857.SH	中国石油	采掘	北京市	51.47
54	000729.SZ	燕京啤酒	食品、饮料	北京市	51.44
55	000539.SZ	粤电力A	电力、煤气及水的生产和供应	广东省	51.15
56	002372.SZ	伟星新材	石油、化学、塑胶、塑料	浙江省	51.09
57	601600.SH	中国铝业	金属、非金属制造	北京市	50.70
58	300146.SZ	汤臣倍健	食品、饮料	广东省	50.61
59	600055.SH	华润万东	机械、设备、仪表制造	北京市	50.60
60	601166.SH	兴业银行	金融、保险	福建省	50.53
61	600036.SH	招商银行	金融、保险	广东省	50.37
62	600000.SH	浦发银行	金融、保险	上海市	50.36
63	000423.SZ	东阿阿胶	医药、生物制品	山东省	50.33
64	600048.SH	保利地产	房地产	广东省	50.29
65	600160.SH	巨化股份	石油、化学、塑胶、塑料	浙江省	50.20
66	000550.SZ	江铃汽车	机械、设备、仪表制造	江西省	50.09
67	002419.SZ	天虹商场	批发和零售贸易	广东省	50.08
68	002470.SZ	金正大	石油、化学、塑胶、塑料	山东省	49.90
69	002054.SZ	德美化工	石油、化学、塑胶、塑料	广东省	49.68
70	600548.SH	深高速	交通运输、仓储	广东省	49.56
71	000050.SZ	深天马A	电子	广东省	49.44
72	002084.SZ	海鸥卫浴	金属、非金属制造	广东省	49.38
73	000538.SZ	云南白药	医药、生物制品	云南省	49.28

续表

社会责任报告排名	证券代码	证券简称	行业	注册地	报告信息披露得分（调整后）
74	000100.SZ	TCL集团	电子	广东省	49.01
75	000338.SZ	潍柴动力	机械、设备、仪表制造	山东省	48.94
76	002146.SZ	荣盛发展	房地产	河北省	48.89
77	002092.SZ	中泰化学	石油、化学、塑胶、塑料	新疆维吾尔自治区	48.55
78	600999.SH	招商证券	金融、保险	广东省	48.41
79	002569.SZ	步森股份	纺织、服装、皮毛	浙江省	47.69
80	000402.SZ	金融街	房地产	北京市	47.65
81	000826.SZ	桑德环境	社会服务	湖北省	47.41
82	002064.SZ	华峰氨纶	石油、化学、塑胶、塑料	浙江省	47.10
83	601898.SH	中煤能源	采掘	北京市	47.01
84	000876.SZ	新希望	食品、饮料	四川省	47.00
85	002121.SZ	科陆电子	电子	广东省	46.88
86	000039.SZ	中集集团	金属、非金属制造	广东省	46.87
87	000407.SZ	胜利股份	石油、化学、塑胶、塑料	山东省	46.72
88	601111.SH	中国国航	交通运输、仓储	北京市	46.38
89	000728.SZ	国元证券	金融、保险	安徽省	46.22
90	601390.SH	中国中铁	建筑	北京市	46.15
91	000031.SZ	中粮地产	房地产	广东省	45.96
92	601238.SH	广汽集团	机械、设备、仪表制造	广东省	45.86
93	300124.SZ	汇川技术	机械、设备、仪表制造	广东省	45.83
94	600029.SH	南方航空	交通运输、仓储	广东省	45.47
95	600497.SH	驰宏锌锗	采掘	云南省	45.45
96	002142.SZ	宁波银行	金融、保险	浙江省	45.30
97	300080.SZ	新大新材	金属、非金属制造	河南省	45.16
98	300022.SZ	吉峰农机	批发和零售贸易	四川省	45.04
99	000046.SZ	泛海建设	房地产	北京市	44.71
100	601139.SH	深圳燃气	电力、煤气及水的生产和供应	广东省	44.39

2. 情况分析

（1）报告发布整体水平一般

2013年，中国A股上市公司社会责任报告整体水平一般，得分在60分以上的报告数量为20份，仅占报告总数的3%。其中90分以上的报告仅有

*ST远洋（601919）1份，70~80分的报告有两份。得分数量最集中的区域是10~40分，可见当前上市公司社会责任发布水平一般（见图5）。

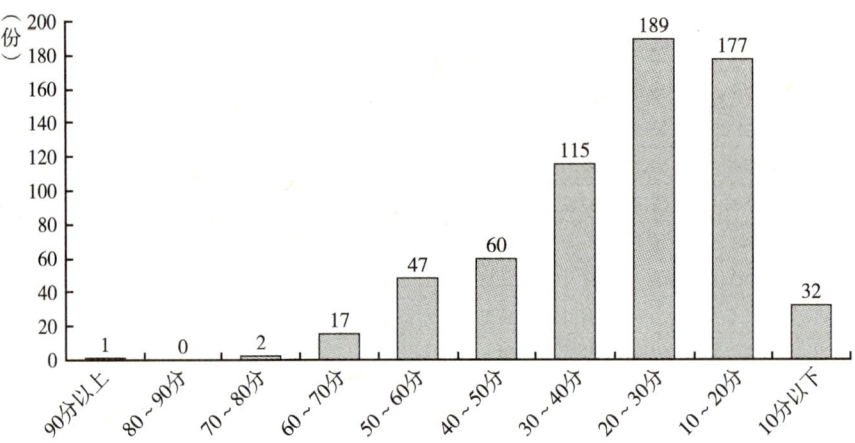

图5 社会责任报告综合得分分布

（2）深市主板报告整体水平较好，沪市主板整体水平较差

2013年，在各版块社会责任报告平均得分中，深市主板公司的得分最高，为34.08分，沪市主板公司的得分略差，为26.08分（见图6）。

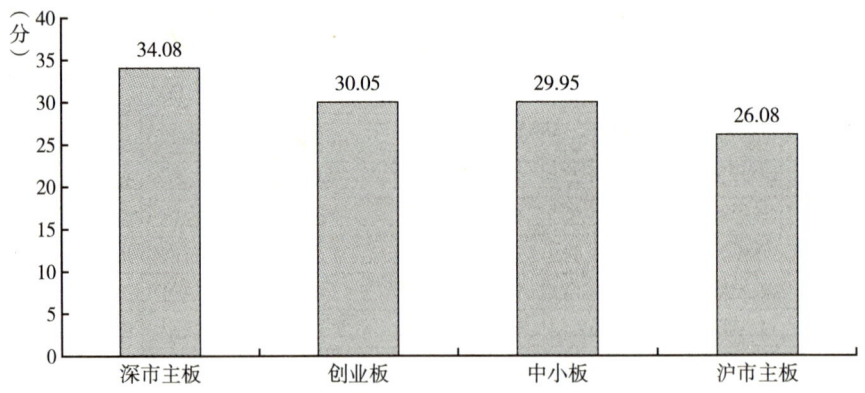

图6 社会责任报告评价得分各板块平均得分分布

（3）行业间存在一定差距

2013年，在各版块上市公司发布社会责任报告的平均得分中，金融、保

险业得分最高,达到37.61分,其次是建筑业(35.79分)和农、林、牧、渔业(34.24分);传播与文化产业和其他制造业报告得分较低,各行业间上市公司发布社会责任报告的水平存在差异(见图7)。

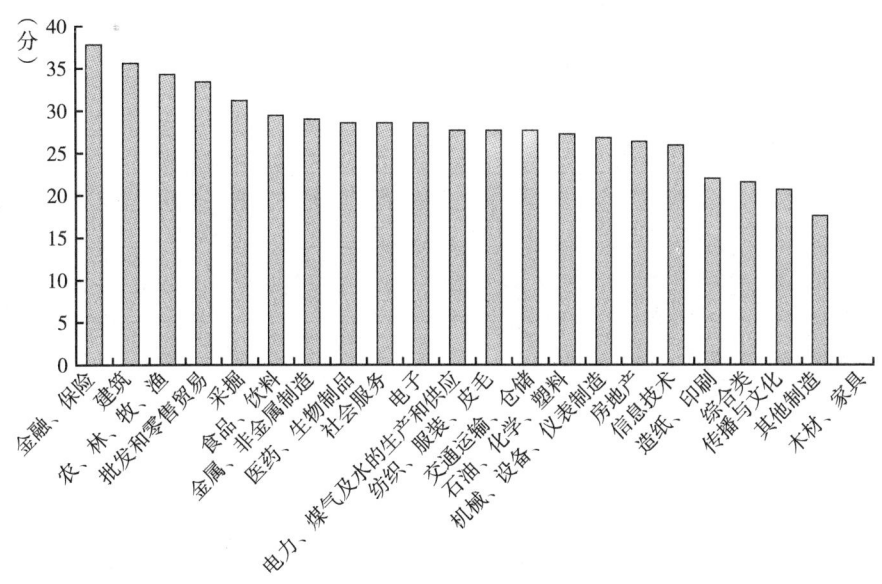

图7 社会责任报告评价各行业平均得分分布

三 分指标评价

(一)完整性评价结果

1. 评价结果

表22 社会责任报告完整性排名(80分以上)

证券代码	证券简称	行业	注册地	完整性得分
601919.SH	*ST远洋	交通运输、仓储	天津市	100
600018.SH	上港集团	交通运输、仓储	上海市	100
000825.SZ	太钢不锈	金属、非金属制造	山西省	100
000528.SZ	柳工	机械、设备、仪表制造	广西壮族自治区	100

续表

证券代码	证券简称	行业	注册地	完整性得分
601618.SH	中国中冶	建筑	北京市	100
601628.SH	中国人寿	金融、保险	北京市	100
000776.SZ	广发证券	金融、保险	广东省	100
300077.SZ	国民技术	电子	广东省	100
601668.SH	中国建筑	建筑	北京市	100
601601.SH	中国太保	金融、保险	上海市	100
000960.SZ	锡业股份	金属、非金属制造	云南省	100
000024.SZ	招商地产	房地产	广东省	100
601088.SH	中国神华	采掘	北京市	100
002042.SZ	华孚色纺	纺织、服装、皮毛	安徽省	100
601398.SH	工商银行	金融、保险	北京市	100
601299.SH	中国北车	机械、设备、仪表制造	北京市	100
600267.SH	海正药业	医药、生物制品	浙江省	100
600284.SH	浦东建设	建筑	上海市	100
000726.SZ	鲁泰A	纺织、服装、皮毛	山东省	100
002563.SZ	森马服饰	批发和零售贸易	浙江省	100
000729.SZ	燕京啤酒	食品、饮料	北京市	100
002372.SZ	伟星新材	石油、化学、塑胶、塑料	浙江省	100
002419.SZ	天虹商场	批发和零售贸易	广东省	100
002054.SZ	德美化工	石油、化学、塑胶、塑料	广东省	100
000338.SZ	潍柴动力	机械、设备、仪表制造	山东省	100
002146.SZ	荣盛发展	房地产	河北省	100
000826.SZ	桑德环境	社会服务	湖北省	100
000876.SZ	新希望	食品、饮料	四川省	100
002121.SZ	科陆电子	电子	广东省	100
000728.SZ	国元证券	金融、保险	安徽省	100
601390.SH	中国中铁	建筑	北京市	100
600644.SH	乐山电力	电力、煤气及水的生产和供应	四川省	100
002601.SZ	佰利联	石油、化学、塑胶、塑料	河南省	100
000839.SZ	中信国安	综合类	北京市	100
000878.SZ	云南铜业	金属、非金属制造	云南省	100
601688.SH	华泰证券	金融、保险	江苏省	100
600017.SH	日照港	交通运输、仓储	山东省	100
600063.SH	皖维高新	石油、化学、塑胶、塑料	安徽省	100
600755.SH	厦门国贸	批发和零售贸易	福建省	100

续表

证券代码	证券简称	行业	注册地	完整性得分
002128.SZ	露天煤业	采掘	内蒙古自治区	100
000540.SZ	中天城投	房地产	贵州省	100
000858.SZ	五粮液	食品、饮料	四川省	90
000001.SZ	平安银行	金融、保险	广东省	90
000063.SZ	中兴通讯	信息技术	广东省	90
002422.SZ	科伦药业	医药、生物制品	四川省	90
000002.SZ	万科A	房地产	广东省	90
600019.SH	宝钢股份	金属、非金属制造	上海市	90
600050.SH	中国联通	信息技术	上海市	90
600028.SH	中国石化	采掘	北京市	90
600196.SH	复星医药	医药、生物制品	上海市	90
000725.SZ	京东方A	电子	北京市	90
000028.SZ	国药一致	批发和零售贸易	广东省	90
600098.SH	广州发展	电力、煤气及水的生产和供应	广东省	90
002103.SZ	广博股份	造纸、印刷	浙江省	90
000807.SZ	云铝股份	金属、非金属制造	云南省	90
000527.SZ	美的电器	机械、设备、仪表制造	广东省	90
600761.SH	安徽合力	机械、设备、仪表制造	安徽省	90
600824.SH	益民集团	批发和零售贸易	上海市	90
600188.SH	兖州煤业	采掘	山东省	90
600016.SH	民生银行	金融、保险	北京市	90
601800.SH	中国交建	建筑	北京市	90
600104.SH	上汽集团	机械、设备、仪表制造	上海市	90
002069.SZ	獐子岛	农、林、牧、渔	辽宁省	90
002287.SZ	奇正藏药	医药、生物制品	西藏自治区	90
601186.SH	中国铁建	建筑	北京市	90
601857.SH	中国石油	采掘	北京市	90
000539.SZ	粤电力A	电力、煤气及水的生产和供应	广东省	90
601600.SH	中国铝业	金属、非金属制造	北京市	90
601166.SH	兴业银行	金融、保险	福建省	90
600048.SH	保利地产	房地产	广东省	90
600160.SH	巨化股份	石油、化学、塑胶、塑料	浙江省	90
000550.SZ	江铃汽车	机械、设备、仪表制造	江西省	90
002470.SZ	金正大	石油、化学、塑胶、塑料	山东省	90
600548.SH	深高速	交通运输、仓储	广东省	90

续表

证券代码	证券简称	行业	注册地	完整性得分
002084.SZ	海鸥卫浴	金属、非金属制造	广东省	90
000100.SZ	TCL集团	电子	广东省	90
002092.SZ	中泰化学	石油、化学、塑胶、塑料	新疆维吾尔自治区	90
600999.SH	招商证券	金融、保险	广东省	90
002569.SZ	步森股份	纺织、服装、皮毛	浙江省	90
000402.SZ	金融街	房地产	北京市	90
601898.SH	中煤能源	采掘	北京市	90
000039.SZ	中集集团	金属、非金属制造	广东省	90
000407.SZ	胜利股份	石油、化学、塑胶、塑料	山东省	90
000031.SZ	中粮地产	房地产	广东省	90
601238.SH	广汽集团	机械、设备、仪表制造	广东省	90
600497.SH	驰宏锌锗	采掘	云南省	90
002142.SZ	宁波银行	金融、保险	浙江省	90
300080.SZ	新大新材	金属、非金属制造	河南省	90
000046.SZ	泛海建设	房地产	北京市	90
000758.SZ	中色股份	采掘	北京市	90
000753.SZ	漳州发展	批发和零售贸易	福建省	90
002431.SZ	棕榈园林	建筑	广东省	90
002046.SZ	轴研科技	机械、设备、仪表制造	河南省	90
000793.SZ	华闻传媒	传播与文化	海南省	90
601168.SH	西部矿业	采掘	青海省	90
002063.SZ	远光软件	信息技术	广东省	90
601199.SH	江南水务	电力、煤气及水的生产和供应	江苏省	90
601899.SH	紫金矿业	采掘	福建省	90
601992.SH	金隅股份	金属、非金属制造	北京市	90
601988.SH	中国银行	金融、保险	北京市	90
600657.SH	信达地产	房地产	北京市	90
002144.SZ	宏达高科	纺织、服装、皮毛	浙江省	90
600845.SH	宝信软件	信息技术	上海市	90
002051.SZ	中工国际	建筑	北京市	90
000877.SZ	天山股份	金属、非金属制造	新疆维吾尔自治区	90
002438.SZ	江苏神通	机械、设备、仪表制造	江苏省	90
601333.SH	广深铁路	交通运输、仓储	广东省	90
600998.SH	九州通	批发和零售贸易	湖北省	90
600123.SH	兰花科创	采掘	山西省	90

续表

证券代码	证券简称	行业	注册地	完整性得分
000861.SZ	海印股份	批发和零售贸易	广东省	90
002056.SZ	横店东磁	电子	浙江省	90
000937.SZ	冀中能源	采掘	河北省	90
600993.SH	马应龙	医药、生物制品	湖北省	90
600062.SH	华润双鹤	医药、生物制品	北京市	90
000780.SZ	平庄能源	采掘	内蒙古自治区	90
600005.SH	武钢股份	金属、非金属制造	湖北省	90
600362.SH	江西铜业	金属、非金属制造	江西省	90
002122.SZ	天马股份	机械、设备、仪表制造	浙江省	90
600983.SH	合肥三洋	机械、设备、仪表制造	安徽省	90
000762.SZ	西藏矿业	采掘	西藏自治区	90
600059.SH	古越龙山	食品、饮料	浙江省	90
600377.SH	宁沪高速	交通运输、仓储	江苏省	90
600058.SH	五矿发展	批发和零售贸易	北京市	90
600153.SH	建发股份	批发和零售贸易	福建省	90
600748.SH	上实发展	房地产	上海市	90
600261.SH	阳光照明	机械、设备、仪表制造	浙江省	90
600310.SH	桂东电力	电力、煤气及水的生产和供应	广西壮族自治区	90
600970.SH	中材国际	建筑	江苏省	90
600323.SH	南海发展	电力、煤气及水的生产和供应	广东省	90
600872.SH	中炬高新	综合类	广东省	90
601231.SH	环旭电子	电子	上海市	80
601318.SH	中国平安	金融、保险	广东省	80
601288.SH	农业银行	金融、保险	北京市	80
002024.SZ	苏宁云商	批发和零售贸易	江苏省	80
002161.SZ	远望谷	信息技术	广东省	80
600015.SH	华夏银行	金融、保险	北京市	80
000009.SZ	中国宝安	综合类	广东省	80
600792.SH	云煤能源	金属、非金属制造	云南省	80
300146.SZ	汤臣倍健	食品、饮料	广东省	80
600055.SH	华润万东	机械、设备、仪表制造	北京市	80
600036.SH	招商银行	金融、保险	广东省	80
000423.SZ	东阿阿胶	医药、生物制品	山东省	80
000538.SZ	云南白药	医药、生物制品	云南省	80
002064.SZ	华峰氨纶	石油、化学、塑胶、塑料	浙江省	80

续表

证券代码	证券简称	行业	注册地	完整性得分
601877.SH	正泰电器	机械、设备、仪表制造	浙江省	80
300067.SZ	安诺其	石油、化学、塑胶、塑料	上海市	80
601933.SH	永辉超市	批发和零售贸易	福建省	80
600795.SH	国电电力	电力、煤气及水的生产和供应	辽宁省	80
601328.SH	交通银行	金融、保险	上海市	80
000783.SZ	长江证券	金融、保险	湖北省	80
600829.SH	三精制药	医药、生物制品	黑龙江省	80
601177.SH	杭齿前进	机械、设备、仪表制造	浙江省	80
300062.SZ	中能电气	机械、设备、仪表制造	福建省	80
600809.SH	山西汾酒	食品、饮料	山西省	80
300070.SZ	碧水源	社会服务	北京市	80
600115.SH	东方航空	交通运输、仓储	上海市	80
000680.SZ	山推股份	机械、设备、仪表制造	山东省	80
002246.SZ	北化股份	石油、化学、塑胶、塑料	四川省	80
000930.SZ	中粮生化	食品、饮料	安徽省	80
600685.SH	广船国际	机械、设备、仪表制造	广东省	80
601998.SH	中信银行	金融、保险	北京市	80
300132.SZ	青松股份	石油、化学、塑胶、塑料	福建省	80
002415.SZ	海康威视	电子	浙江省	80
002203.SZ	海亮股份	金属、非金属制造	浙江省	80
600528.SH	中铁二局	建筑	四川省	80
300015.SZ	爱尔眼科	社会服务	湖南省	80
000732.SZ	泰禾集团	房地产	福建省	80
002249.SZ	大洋电机	机械、设备、仪表制造	广东省	80
000069.SZ	华侨城A	社会服务	广东省	80
002527.SZ	新时达	机械、设备、仪表制造	上海市	80
002271.SZ	东方雨虹	金属、非金属制造	北京市	80
600639.SH	浦东金桥	房地产	上海市	80
002062.SZ	宏润建设	建筑	浙江省	80
000516.SZ	开元投资	批发和零售贸易	陕西省	80
600409.SH	三友化工	石油、化学、塑胶、塑料	河北省	80
600704.SH	物产中大	批发和零售贸易	浙江省	80
000562.SZ	宏源证券	金融、保险	新疆维吾尔自治区	80
600415.SH	小商品城	综合类	浙江省	80
002233.SZ	塔牌集团	金属、非金属制造	广东省	80

续表

证券代码	证券简称	行业	注册地	完整性得分
600501.SH	航天晨光	机械、设备、仪表制造	江苏省	80
600389.SH	江山股份	石油、化学、塑胶、塑料	江苏省	80
002250.SZ	联化科技	石油、化学、塑胶、塑料	浙江省	80
002038.SZ	双鹭药业	医药、生物制品	北京市	80
600271.SH	航天信息	信息技术	北京市	80
600990.SH	四创电子	信息技术	安徽省	80
600282.SH	南钢股份	金属、非金属制造	江苏省	80
601369.SH	陕鼓动力	机械、设备、仪表制造	陕西省	80
600166.SH	福田汽车	机械、设备、仪表制造	北京市	80
600487.SH	亨通光电	信息技术	江苏省	80
600525.SH	长园集团	电子	广东省	80
600056.SH	中国医药	批发和零售贸易	北京市	80
600308.SH	华泰股份	造纸、印刷	山东省	80
601633.SH	长城汽车	机械、设备、仪表制造	河北省	80
600660.SH	福耀玻璃	金属、非金属制造	福建省	80
601169.SH	北京市银行	金融、保险	北京市	80
600655.SH	豫园商城	批发和零售贸易	上海市	80
600561.SH	江西长运	交通运输、仓储	江西省	80
600116.SH	三峡水利	电力、煤气及水的生产和供应	重庆市	80
600138.SH	中青旅	社会服务	北京市	80
600376.SH	首开股份	房地产	北京市	80
600749.SH	西藏旅游	社会服务	西藏自治区	80
600064.SH	南京高科	房地产	江苏省	80

2. 情况分析

（1）社会责任报告完整性情况良好

2013年，上市公司社会责任报告完整性情况良好，在640份社会责任报告中，完整性得分在60分以上的报告近400份，占比62%。得分在90分和100分的社会责任报告数量达130份，这些报告基本覆盖了指标体系中所有主要社会责任方面，报告完整性表现优秀。完整性在20分和10分的报告数量很少，表明社会责任报告中仅涉及两三个社会责任方面的报告数量不多（见图8）。

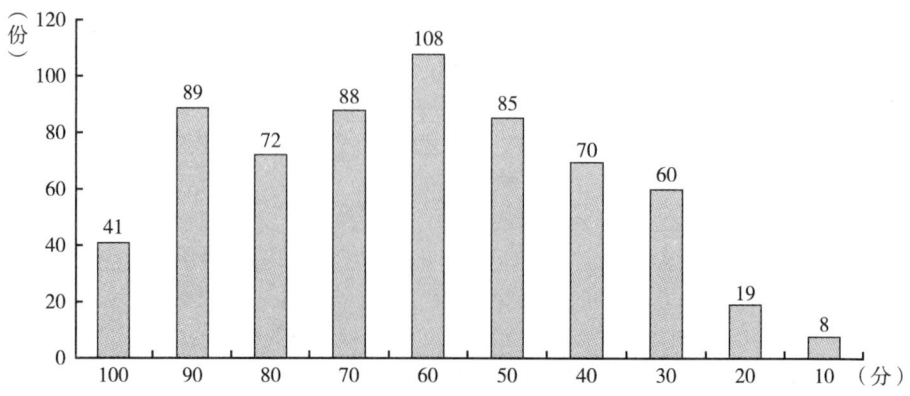

图 8　社会责任报告完整性得分分布

(2) 完整性得分各板块间差异不大

沪、深两市上市公司各版块间社会责任报告完整性差异不大，其中，深市主板社会责任报告完整性平均得分最高，为 68 分；其次是中小板，为 64.3 分；沪市主板和创业板报告完整性得分均为 60 分（见图 9）。

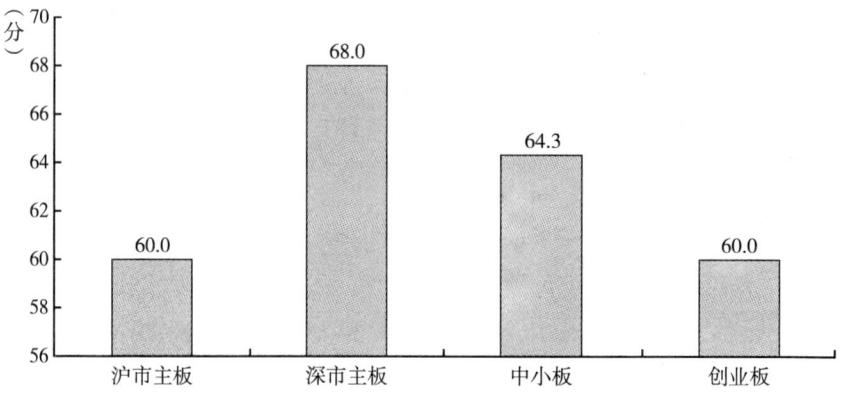

图 9　上市公司社会责任报告完整性各板块平均得分分布

(3) 完整性得分各行业间差异明显

2013 年，在各行业中，建筑业，金融、保险业及批发和零售贸易业上市公司社会责任报告的完整性平均得分超过 70 分，表现良好。在发布社会责任报告的 21 个行业中，有 10 个行业的上市公司社会责任报告完整性平均得分在

60~70分，8个行业的上市公司社会责任报告完整性平均得分在60分以下。各行业社会责任报告完整性平均得分见图10。

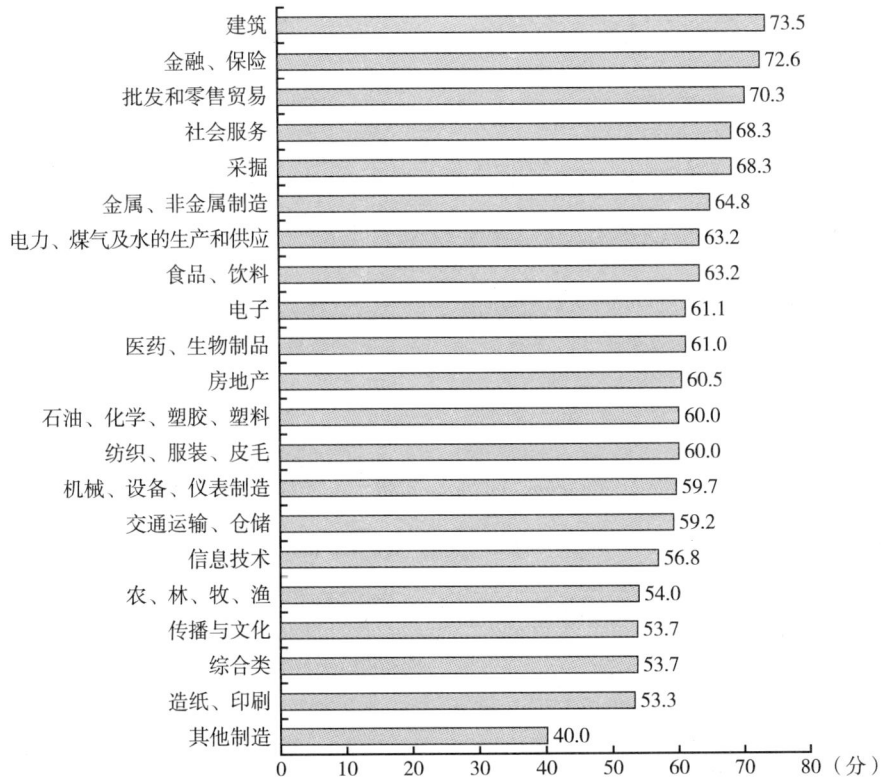

图10 上市公司社会责任报告完整性各行业平均得分情况

（二）充分性及实质性评价结果

1. 评价结果

表23 社会责任报告充分性和实质性前100名

证券代码	证券简称	行业	注册地	充分性和实质性得分
601919.SH	*ST远洋	交通运输、仓储	天津市	91.11111
600018.SH	上港集团	交通运输、仓储	上海市	60.31604
000858.SZ	五粮液	食品、饮料	四川省	58.54516
002422.SZ	科伦药业	医药、生物制品	四川省	54.98890

续表

证券代码	证券简称	行业	注册地	充分性和实质性得分
000960.SZ	锡业股份	金属、非金属制造	云南省	54.66985
000825.SZ	太钢不锈	金属、非金属制造	山西省	53.79051
000024.SZ	招商地产	房地产	广东省	50.08476
600160.SH	巨化股份	石油、化学、塑胶、塑料	浙江省	49.49607
002042.SZ	华孚色纺	纺织、服装、皮毛	安徽省	48.72705
600019.SH	宝钢股份	金属、非金属制造	上海市	47.67891
601668.SH	中国建筑	建筑	北京市	46.72223
600016.SH	民生银行	金融、保险	北京市	46.61279
600761.SH	安徽合力	机械、设备、仪表制造	安徽省	46.41335
600548.SH	深高速	交通运输、仓储	广东省	45.42458
601628.SH	中国人寿	金融、保险	北京市	44.53203
601601.SH	中国太保	金融、保险	上海市	44.28100
002569.SZ	步森股份	纺织、服装、皮毛	浙江省	44.09844
601299.SH	中国北车	机械、设备、仪表制造	北京市	44.09786
601618.SH	中国中冶	建筑	北京市	43.54893
000729.SZ	燕京啤酒	食品、饮料	北京市	43.13429
002563.SZ	森马服饰	批发和零售贸易	浙江省	42.55928
601231.SH	环旭电子	电子	上海市	42.25952
000528.SZ	柳工	机械、设备、仪表制造	广西壮族自治区	42.13173
600015.SH	华夏银行	金融、保险	北京市	41.63417
002142.SZ	宁波银行	金融、保险	浙江省	41.63030
000028.SZ	国药一致	批发和零售贸易	广东省	41.34187
002146.SZ	荣盛发展	房地产	河北省	40.99768
000063.SZ	中兴通讯	信息技术	广东省	40.76814
000001.SZ	平安银行	金融、保险	广东省	40.72344
000776.SZ	广发证券	金融、保险	广东省	39.95261
300067.SZ	安诺其	石油、化学、塑胶、塑料	上海市	39.19954
002372.SZ	伟星新材	石油、化学、塑胶、塑料	浙江省	39.07820
002054.SZ	德美化工	石油、化学、塑胶、塑料	广东省	38.28652
600497.SH	驰宏锌锗	采掘	云南省	38.25606
000002.SZ	万科A	房地产	广东省	38.20888
000550.SZ	江铃汽车	机械、设备、仪表制造	江西省	37.93345
000758.SZ	中色股份	采掘	北京市	37.43729
601288.SH	农业银行	金融、保险	北京市	37.20051

续表

证券代码	证券简称	行业	注册地	充分性和实质性得分
002419.SZ	天虹商场	批发和零售贸易	广东省	36.59455
601398.SH	工商银行	金融、保险	北京市	36.49622
000539.SZ	粤电力A	电力、煤气及水的生产和供应	广东省	36.43779
600098.SH	广州发展	电力、煤气及水的生产和供应	广东省	36.21252
000728.SZ	国元证券	金融、保险	安徽省	35.55448
601168.SH	西部矿业	采掘	青海省	35.40806
601177.SH	杭齿前进	机械、设备、仪表制造	浙江省	35.20731
601600.SH	中国铝业	金属、非金属制造	北京市	34.90581
601688.SH	华泰证券	金融、保险	江苏省	34.86909
601199.SH	江南水务	电力、煤气及水的生产和供应	江苏省	34.62317
000039.SZ	中集集团	金属、非金属制造	广东省	34.42106
601238.SH	广汽集团	机械、设备、仪表制造	广东省	34.19423
000876.SZ	新希望	食品、饮料	四川省	34.08755
601088.SH	中国神华	采掘	北京市	34.07903
601186.SH	中国铁建	建筑	北京市	34.04974
600644.SH	乐山电力	电力、煤气及水的生产和供应	四川省	33.96521
300077.SZ	国民技术	电子	广东省	33.95131
002046.SZ	轴研科技	机械、设备、仪表制造	河南省	33.65133
000726.SZ	鲁泰A	纺织、服装、皮毛	山东省	33.21403
600115.SH	东方航空	交通运输、仓储	上海市	33.21368
002121.SZ	科陆电子	电子	广东省	33.09763
300124.SZ	汇川技术	机械、设备、仪表制造	广东省	32.99521
002092.SZ	中泰化学	石油、化学、塑胶、塑料	新疆维吾尔自治区	32.96544
000878.SZ	云南铜业	金属、非金属制造	云南省	32.62135
600657.SH	信达地产	房地产	北京市	32.60278
000826.SZ	桑德环境	社会服务	湖北省	32.47226
600017.SH	日照港	交通运输、仓储	山东省	32.39736
000527.SZ	美的电器	机械、设备、仪表制造	广东省	32.27431
000839.SZ	中信国安	综合类	北京市	32.24834
002431.SZ	棕榈园林	建筑	广东省	32.02989
000338.SZ	潍柴动力	机械、设备、仪表制造	山东省	31.91658
000783.SZ	长江证券	金融、保险	湖北省	31.86050
600063.SH	皖维高新	石油、化学、塑胶、塑料	安徽省	31.78109
000050.SZ	深天马A	电子	广东省	31.71801

续表

证券代码	证券简称	行业	注册地	充分性和实质性得分
600619.SH	海立股份	机械、设备、仪表制造	上海市	31.55894
000877.SZ	天山股份	金属、非金属制造	新疆维吾尔自治区	31.31883
600050.SH	中国联通	信息技术	上海市	31.28291
002246.SZ	北化股份	石油、化学、塑胶、塑料	四川省	31.22416
002063.SZ	远光软件	信息技术	广东省	31.18576
000046.SZ	泛海建设	房地产	北京市	30.62516
601318.SH	中国平安	金融、保险	广东省	30.61970
601166.SH	兴业银行	金融、保险	福建省	30.51363
000753.SZ	漳州发展	批发和零售贸易	福建省	30.49576
600284.SH	浦东建设	建筑	上海市	30.46148
600845.SH	宝信软件	信息技术	上海市	30.34995
600267.SH	海正药业	医药、生物制品	浙江省	30.29734
000725.SZ	京东方A	电子	北京市	30.16239
002051.SZ	中工国际	建筑	北京市	30.09743
002287.SZ	奇正藏药	医药、生物制品	西藏自治区	30.04008
600409.SH	三友化工	石油、化学、塑胶、塑料	河北省	29.73536
600062.SH	华润双鹤	医药、生物制品	北京市	29.59846
000538.SZ	云南白药	医药、生物制品	云南省	29.55396
002103.SZ	广博股份	造纸、印刷	浙江省	29.47367
002203.SZ	海亮股份	金属、非金属制造	浙江省	29.15507
600188.SH	兖州煤业	采掘	山东省	29.00731
002144.SZ	宏达高科	纺织、服装、皮毛	浙江省	28.71136
600755.SH	厦门国贸	批发和零售贸易	福建省	28.70326
000402.SZ	金融街	房地产	北京市	28.66662
600123.SH	兰花科创	采掘	山西省	28.56970
000807.SZ	云铝股份	金属、非金属制造	云南省	28.56965
000407.SZ	胜利股份	石油、化学、塑胶、塑料	山东省	28.51276
002056.SZ	横店东磁	电子	浙江省	28.49875

2. 情况分析

（1）＊ST远洋（601919）一枝独秀，绝大多数公司处于及格线以下

2013年，在上市公司社会责任报告的充分性和实质性得分中，＊ST远洋（601919）的社会责任报告得分最高，超过90分，而除上港集团（600018）

得分在 60 分以上外，其余社会责任报告的充分性及实质性得分均不及格（见图 11）。

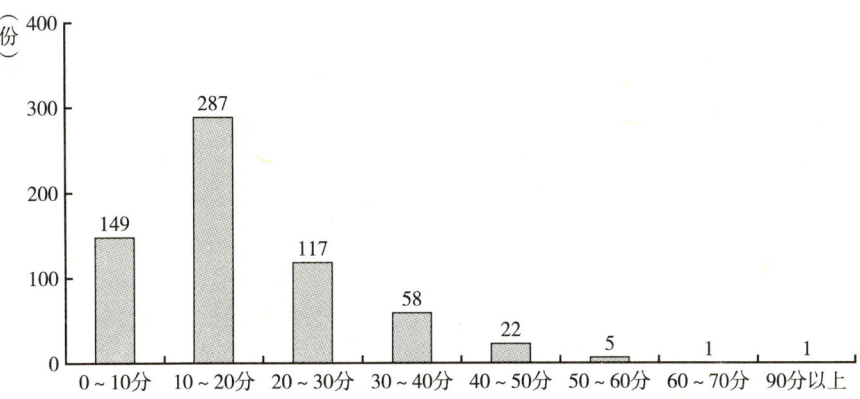

图 11　社会责任报告充分性和实质性得分分布情况

（2）深市主板表现最佳，沪市主板最弱

上市公司社会责任报告充分性和实质性表现具体见图 12。

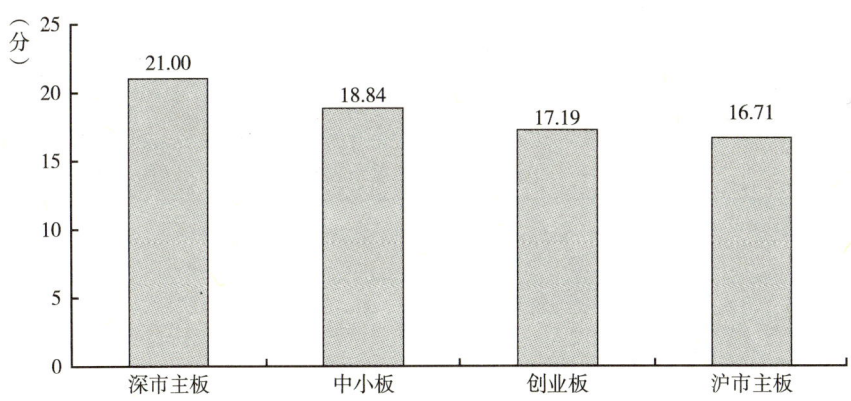

图 12　上市公司社会责任报告充分性和实质性各板块平均得分分布

（3）行业社会责任报告充分性和实质性得分整体水平偏低

2013 年，在上市公司社会责任报告内容充分性和实质性评价中，建筑业平均得分 22.5 分，居各行业之首，其余行业平均得分均在 20 分以下。社会责任报告内容充分性和实质性得分整体水平偏低（见图 13）。

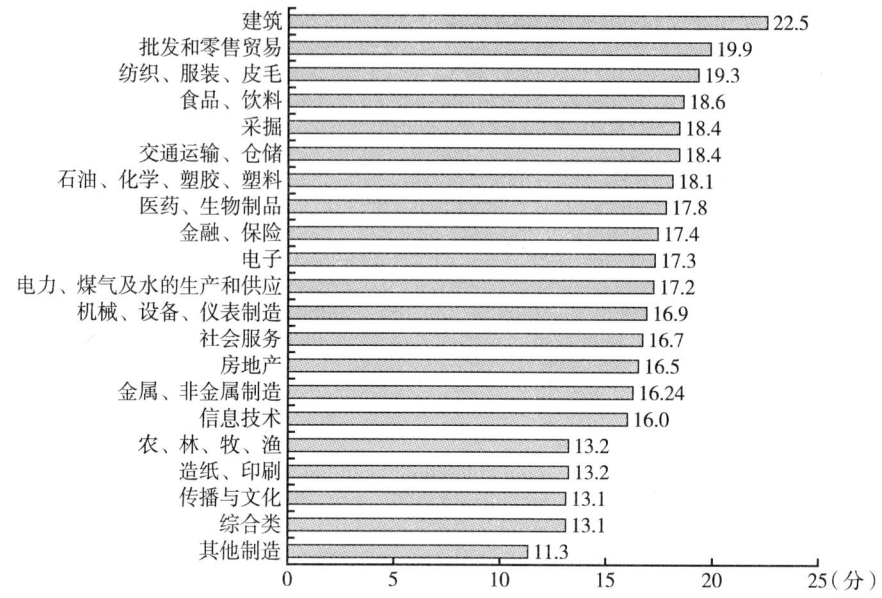

图 13 上市公司社会责任报告充分性和实质性各行业平均得分情况

（三）信息质量评价结果

1. 评价结果

表 24 社会责任报告信息质量前 100 名

证券代码	证券简称	行业	注册地	信息质量得分
600028.SH	中国石化	采掘	北京市	92
601919.SH	*ST远洋	交通运输、仓储	天津市	91
600018.SH	上港集团	交通运输、仓储	上海市	91
000001.SZ	平安银行	金融、保险	广东省	90.5
000063.SZ	中兴通讯	信息技术	广东省	90
600196.SH	复星医药	医药、生物制品	上海市	88.5
600000.SH	浦发银行	金融、保险	上海市	86
000528.SZ	柳工	机械、设备、仪表制造	广西壮族自治区	85
000776.SZ	广发证券	金融、保险	广东省	84.5
000825.SZ	太钢不锈	金属、非金属制造	山西省	84

续表

证券代码	证券简称	行业	注册地	信息质量得分
600050.SH	中国联通	信息技术	上海市	84
601618.SH	中国中冶	建筑	北京市	81
00002.SZ	万科A	房地产	广东省	81
601088.SH	中国神华	采掘	北京市	80
000725.SZ	京东方A	电子	北京市	80
000009.SZ	中国宝安	综合类	广东省	79.5
601318.SH	中国平安	金融、保险	广东省	79
002069.SZ	獐子岛	农、林、牧、渔	辽宁省	79
002024.SZ	苏宁云商	批发和零售贸易	江苏省	78.5
601628.SH	中国人寿	金融、保险	北京市	77.5
600824.SH	益民集团	批发和零售贸易	上海市	75
300022.SZ	吉峰农机	批发和零售贸易	四川省	73
600267.SH	海正药业	医药、生物制品	浙江省	72
000527.SZ	美的电器	机械、设备、仪表制造	广东省	72
600792.SH	云煤能源	金属、非金属制造	云南省	71.5
600188.SH	兖州煤业	采掘	山东省	71
600036.SH	招商银行	金融、保险	广东省	71
601800.SH	中国交建	建筑	北京市	70.5
600055.SH	华润万东	机械、设备、仪表制造	北京市	69.5
000422.SZ	湖北宜化	石油、化学、塑胶、塑料	湖北省	69.5
000858.SZ	五粮液	食品、饮料	四川省	69
601398.SH	工商银行	金融、保险	北京市	69
600104.SH	上汽集团	机械、设备、仪表制造	上海市	69
000423.SZ	东阿阿胶	医药、生物制品	山东省	69
300077.SZ	国民技术	电子	广东省	68.5
601111.SH	中国国航	交通运输、仓储	北京市	68.5
601231.SH	环旭电子	电子	上海市	68.2
600284.SH	浦东建设	建筑	上海市	68
000061.SZ	农产品	批发和零售贸易	广东省	67.5
600098.SH	广州发展	电力、煤气及水的生产和供应	广东省	67
600600.SH	青岛啤酒	食品、饮料	山东省	67

续表

证券代码	证券简称	行业	注册地	信息质量得分
601668.SH	中国建筑	建筑	北京市	66
601601.SH	中国太保	金融、保险	上海市	66
601288.SH	农业银行	金融、保险	北京市	66
002161.SZ	远望谷	信息技术	广东省	66
601857.SH	中国石油	采掘	北京市	63.8
600048.SH	保利地产	房地产	广东省	63
600019.SH	宝钢股份	金属、非金属制造	上海市	62
600029.SH	南方航空	交通运输、仓储	广东省	62
600795.SH	国电电力	电力、煤气及水的生产和供应	辽宁省	62
000807.SZ	云铝股份	金属、非金属制造	云南省	61
601898.SH	中煤能源	采掘	北京市	61
002103.SZ	广博股份	造纸、印刷	浙江省	60
000538.SZ	云南白药	医药、生物制品	云南省	60
002422.SZ	科伦药业	医药、生物制品	四川省	58
601139.SH	深圳燃气	电力、煤气及水的生产和供应	广东省	57.8
601166.SH	兴业银行	金融、保险	福建省	55.6
000100.SZ	TCL集团	电子	广东省	55
600096.SH	云天化	石油、化学、塑胶、塑料	云南省	55
000006.SZ	深振业A	房地产	广东省	55
000024.SZ	招商地产	房地产	广东省	54
601186.SH	中国铁建	建筑	北京市	54
601877.SH	正泰电器	机械、设备、仪表制造	浙江省	54
600015.SH	华夏银行	金融、保险	北京市	53
600999.SH	招商证券	金融、保险	广东省	53
300146.SZ	汤臣倍健	食品、饮料	广东省	51
601727.SH	上海市电气	机械、设备、仪表制造	上海市	51
601299.SH	中国北车	机械、设备、仪表制造	北京市	50
601600.SH	中国铝业	金属、非金属制造	北京市	49
000402.SZ	金融街	房地产	北京市	49
601390.SH	中国中铁	建筑	北京市	49
000050.SZ	深天马A	电子	广东省	49

续表

证券代码	证券简称	行业	注册地	信息质量得分
002008.SZ	大族激光	机械、设备、仪表制造	广东省	49
000539.SZ	粤电力A	电力、煤气及水的生产和供应	广东省	48
601328.SH	交通银行	金融、保险	上海市	48
600270.SH	外运发展	交通运输、仓储	北京市	48
000960.SZ	锡业股份	金属、非金属制造	云南省	47
600761.SH	安徽合力	机械、设备、仪表制造	安徽省	47
601933.SH	永辉超市	批发和零售贸易	福建省	47
002064.SZ	华峰氨纶	石油、化学、塑胶、塑料	浙江省	47
600809.SH	山西汾酒	食品、饮料	山西省	47
002287.SZ	奇正藏药	医药、生物制品	西藏自治区	46.5
002084.SZ	海鸥卫浴	金属、非金属制造	广东省	46
002092.SZ	中泰化学	石油、化学、塑胶、塑料	新疆维吾尔自治区	45
601699.SH	潞安环能	采掘	山西省	45
600717.SH	天津港	交通运输、仓储	天津市	44.5
000028.SZ	国药一致	批发和零售贸易	广东省	44
600829.SH	三精制药	医药、生物制品	黑龙江省	44
002470.SZ	金正大	石油、化学、塑胶、塑料	山东省	43.5
600725.SH	云维股份	石油、化学、塑胶、塑料	云南省	43.1
000726.SZ	鲁泰A	纺织、服装、皮毛	山东省	43
600016.SH	民生银行	金融、保险	北京市	42
000550.SZ	江铃汽车	机械、设备、仪表制造	江西省	42
601899.SH	紫金矿业	采掘	福建省	42
000338.SZ	潍柴动力	机械、设备、仪表制造	山东省	41
000598.SZ	兴蓉投资	社会服务	四川省	40
300070.SZ	碧水源	社会服务	北京市	39
000581.SZ	威孚高科	机械、设备、仪表制造	江苏省	39
002073.SZ	软控股份	机械、设备、仪表制造	山东省	38.5
601339.SH	百隆东方	纺织、服装、皮毛	浙江省	38
600690.SH	青岛海尔	机械、设备、仪表制造	山东省	38
000425.SZ	徐工机械	机械、设备、仪表制造	江苏省	38
600597.SH	光明乳业	食品、饮料	上海市	38

2. 情况分析

（1）社会责任报告信息质量较差

2013年，上市公司社会责任报告信息质量整体情况较差，得分在20分以下的数量占所有数量的近七成（67.7%），信息质量得分在80分及以上的社会责任报告仅有15份。

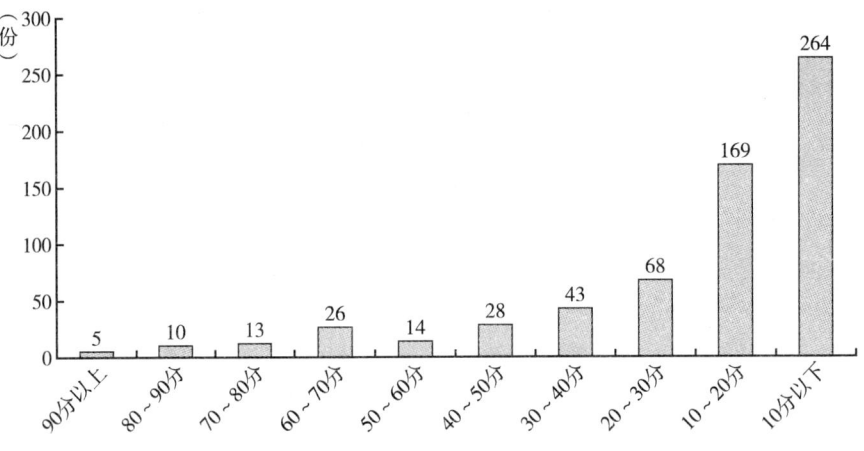

图14　上市公司社会责任报告信息质量得分分布

（2）深市主板公司社会责任报告信息质量最好，中小板公司社会责任报告信息质量最差

2013年，深市主板上市公司社会责任报告信息质量最高，其次是创业板，中小板报告信息质量最差（见图15）。

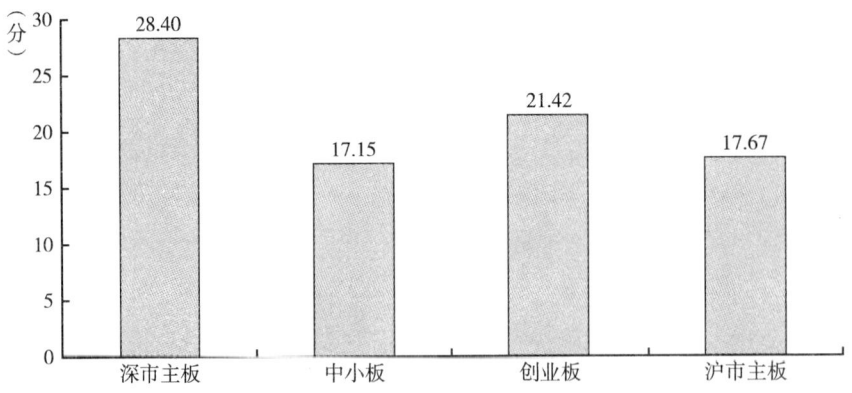

图15　上市公司社会责任报告信息质量各板块平均得分情况

Annual Social Responsibility Information Disclosure by Chinese Listed Companies (CSR Reports)

Abstract: On the basis of "SRST 7 + 1" Model, this report constructs the evaluation system, with which evaluates the 640 sample reports, and rates them by different dimensions. The study found that, the overall level of CSR reports is ordinary, while there are gaps between different industries. In overall, the integrity of reports is good, while the sufficiency and materiality are relatively worse. The quality of information disclosed is worst among all dimensions. As for the quality of information disclosed, main board of Shenzhen market is the best, while SME board is the worst.

Key Words: CSR Reports; CSR Information Disclosure

B.3 中国上市公司日常社会责任信息披露（官方网站）研究

摘　要：

　　本报告以"SRST"上市公司社会责任"7＋1"模型为基础，以此来评价2013年A股上市公司官方网站，并进行综合排名。研究发现，2013年A股上市公司官方网站社会责任信息披露情况较好，其中，创业板公司官方网站平均得分最高，而深市主板公司官方网站平均得分最低；但仍有200余家公司无独立的官方网站或网站无法正常访问，这些公司在网站建设方面还须进一步完善。

关键词：

　　上市公司官方网站　社会责任信息披露

一　评价体系

（一）技术路线

在本次对上市公司网站研究中，本报告采用了如图1的技术路线。

研究访问待评价上市公司的官方网站，从公司概况、完整性、时效性、互动性、友好性、易获取性、平衡性等方面进行综合评分，各维度权重见表1。

表1　上市公司官方网站评价维度及权重

单位：%

维度	公司概况	完整性	时效性	互动性	友好性	易获取性	平衡性
权重	10	50	15	5	5	10	5

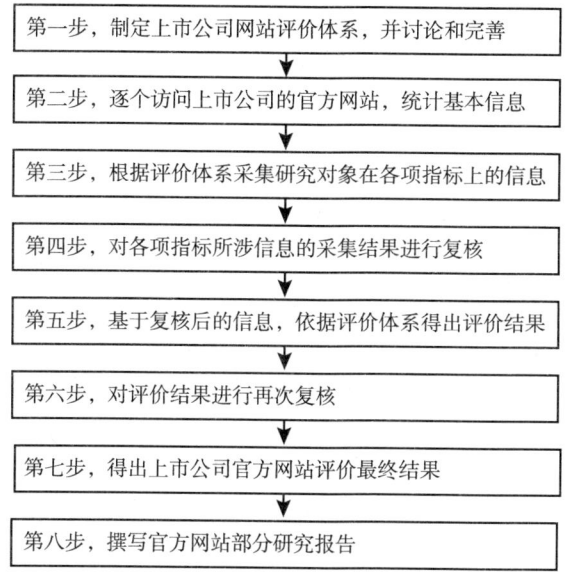

图1　上市公司官方网站评价技术路线

完整性，指公司网站内容对主要的社会责任议题均有涉及，可在一定程度上反映公司对经济、环境、社会的重要影响。考察公司网站整体结构及其所覆盖社会责任主题的全面性，如是否包括公司概况、投资者专栏、社会责任专栏等，以及是否包含伙伴、员工（招聘）、客户（产品和服务）、环境等内容。

时效性，指公司网站信息的新旧程度，及反映最新动态的及时性。考察网站新闻及其他内容的更新速度及频率。

互动性，指公司及其网站与访问者之间信息沟通的便捷性。考察公司网站是否提供联络方式和部门、联络人的详细信息，以及是否有留言板或论坛等方便与利益相关方沟通的方法和渠道。

友好性，指公司网站符合访问者的阅读浏览习惯，可以轻松找到相关信息。考察公司网站是否提供友好的界面，易于访问者获取并理解相关信息，如是否放置图片、表格、flash等元素。

平衡性，指公司网站对信息的传播无偏好，不会有意隐瞒负面信息。考察公司网站是否披露公司的负面信息，以及是否有改进或补救措施。

易获取性，指访问者从网站上获取信息的难易程度。考察公司网站是否设置

清晰的导航、信息检索功能,文件的下载是否方便,视频播放是否流畅,等等。

$$上市公司网站得分 = \sum (维度得分 \times 权重)$$

(二)评价指标

表2 上市公司官方网站综合评价指标

单位:%,分

一级指标	权重	二级指标	三级指标	权重得分
公司概况	10	公司的使命和战略	—	0~20
		公司的成立和发展历程	—	0~20
		公司的领导层和公司架构	—	0~20
		公司所在地和业务覆盖范围	—	0~20
		公司的主要产品或服务	—	0~20
完整性	50	政府/行业公司	总体管理理念和制度方针	0~4
			具体措施和行动	0~6
		证监会/交易所	总体管理理念和制度方针	0~4
			具体措施和行动	0~6
		投资者	投资者关系管理栏目的设置情况	0~10
			总体管理理念和制度方针	0~4
			具体措施和行动	0~6
		员工	总体管理理念和制度方针	0~4
			具体措施和行动	0~6
			员工招聘	0~4
		客户/消费者	总体管理理念和制度方针	0~6
			具体措施和行动	0~6
		环境	总体管理理念和制度方针	0~4
			具体措施和行动	0~6
		社区	总体管理理念和制度方针	0~6
			具体措施和行动	0~6
		供应商/合作伙伴	总体管理理念和制度方针	0~6
			具体措施和行动	0~6
信息及时性	15	3日以内	—	80~100
		一周以内	—	60~80
		两周以内	—	40~60
		两周至一个月	—	20~40
		一个月以上	—	0~20
网站互动性	5	联络方式和部门	—	0~40
		留言板、论坛、网上信箱或其他的互动形式	—	0~60

续表

一级指标	权重	二级指标	三级指标	权重得分
访问友好性	5	图片/表格	—	0~40
		视频或flash	—	0~40
		网页界面的清晰美观程度	—	0~20
信息可获取性	10	清晰的导航设计	—	0~40
		下载链接的有效性	—	0~30
		信息检索功能	—	0~30
内容平衡性	5	披露公司在报告期内公司社会责任方面的负面信息,并说明负面事件的发生原因、改进措施	—	70~100
		披露公司在报告期内公司社会责任方面的负面信息,并说明负面事件的发生原因,但无改进措施	—	50~70
		披露公司在报告期内公司社会责任方面的负面信息,但无负面事件的发生原因或改进措施	—	20~50
		披露的负面信息不具有实质性	—	5~20
		未披露任何社会责任方面的负面信息	—	0~5

(三)评价对象

本次研究选取2013年1月31日之前上市的A股上市公司官方网站为研究对象。若研究者多次查找某公司网站均未找到或无法登陆,则视为该公司无网站,此部分得分为零。

(四)等级水平

上市公司官方网站评价等级划分如表3所示。

表3 上市公司官方网站评价等级划分

单位:分

等级	得分区间
A	80以上
B	60~80
C	40~60
D	20~40
E	20以下

二 评价结果

1. 排名情况

表4 上市公司网站社会责任信息披露前100名

证券代码	证券简称	行业	注册地	网站得分
000825.SZ	太钢不锈	制造业	山西省	100
000029.SZ	深深房A	房地产业	广东省	97
000001.SZ	平安银行	金融、保险业	广东省	95
000021.SZ	长城开发	信息技术业	广东省	95
000027.SZ	深圳能源	电力、煤气及水的生产和供应业	广东省	95
000024.SZ	招商地产	房地产业	广东省	93
000039.SZ	中集集团	制造业	广东省	93
000006.SZ	深振业A	房地产业	广东省	93
000031.SZ	中粮地产	房地产业	广东省	92
000016.SZ	深康佳A	制造业	广东省	92
000037.SZ	深南电A	电力、煤气及水的生产和供应业	广东省	92
000042.SZ	深长城	房地产业	广东省	92
000009.SZ	中国宝安	综合类	广东省	91
000541.SZ	佛山照明	制造业	广东省	91
000063.SZ	中兴通讯	信息技术业	广东省	90
000527.SZ	美的电器	制造业	广东省	90
000078.SZ	海王生物	制造业	广东省	90
000061.SZ	农产品	批发和零售贸易业	广东省	89
000066.SZ	长城电脑	信息技术业	广东省	89
000012.SZ	南玻A	制造业	广东省	89
000019.SZ	深深宝A	制造业	广东省	89
000153.SZ	丰原药业	制造业	安徽省	89
000156.SZ	华数传媒	传播与文化产业	浙江省	89
000046.SZ	泛海建设	房地产业	北京市	87
000411.SZ	英特集团	批发和零售贸易业	浙江省	87
000858.SZ	五粮液	制造业	四川省	86
600585.SH	海螺水泥	制造业	安徽省	86
600360.SH	华微电子	制造业	吉林省	86
600688.SH	S上石化	制造业	上海市	86
300188.SZ	美亚柏科	信息技术业	福建省	86

续表

证券代码	证券简称	行业	注册地	网站得分
600126.SH	杭钢股份	制造业	浙江省	85
000002.SZ	万科A	房地产业	广东省	84
000758.SZ	中色股份	采掘业	北京市	84
000157.SZ	中联重科	制造业	湖南省	84
000417.SZ	合肥百货	批发和零售贸易业	安徽省	84
000748.SZ	长城信息	信息技术业	湖南省	84
300182.SZ	捷成股份	信息技术业	北京市	84
600336.SH	澳柯玛	制造业	山东省	84
000043.SZ	中航地产	房地产业	广东省	83
000151.SZ	中成股份	批发和零售贸易业	北京市	83
600410.SH	华胜天成	信息技术业	北京市	83
601186.SH	中国铁建	建筑业	北京市	82
600619.SH	海立股份	制造业	上海市	82
600187.SH	国中水务	电力、煤气及水的生产和供应业	黑龙江省	82
600495.SH	晋西车轴	制造业	山西省	82
600198.SH	大唐电信	信息技术业	北京市	82
300174.SZ	元力股份	制造业	福建省	82
002491.SZ	通鼎光电	信息技术业	江苏省	82
002666.SZ	德联集团	制造业	广东省	82
300051.SZ	三五互联	信息技术业	福建省	82
300162.SZ	雷曼光电	制造业	广东省	82
300203.SZ	聚光科技	制造业	浙江省	82
300229.SZ	拓尔思	信息技术业	北京市	82
300249.SZ	依米康	制造业	四川省	82
600571.SH	信雅达	信息技术业	浙江省	82
600664.SH	哈药股份	制造业	黑龙江省	82
601608.SH	中信重工	制造业	河南省	82
000028.SZ	国药一致	批发和零售贸易业	广东省	81
601857.SH	中国石油	采掘业	北京市	81
000070.SZ	特发信息	信息技术业	广东省	81
000584.SZ	友利控股	制造业	四川省	81
000756.SZ	新华制药	制造业	山东省	81
000906.SZ	物产中拓	批发和零售贸易业	湖南省	81
002187.SZ	广百股份	批发和零售贸易业	广东省	81
002697.SZ	红旗连锁	批发和零售贸易业	四川省	81
300072.SZ	三聚环保	制造业	北京市	81

续表

证券代码	证券简称	行业	注册地	网站得分
601899.SH	紫金矿业	采掘业	福建省	80
600389.SH	江山股份	制造业	江苏省	80
600030.SH	中信证券	金融、保险业	广东省	80
600518.SH	康美药业	制造业	广东省	80
600428.SH	中远航运	交通运输、仓储业	广东省	80
000301.SZ	东方市场	综合类	江苏省	80
000651.SZ	格力电器	制造业	广东省	80
600066.SH	宇通客车	制造业	河南省	80
600588.SH	用友软件	信息技术业	北京市	80
600006.SH	东风汽车	制造业	湖北省	80
000011.SZ	深物业A	房地产业	广东省	80
000025.SZ	特力A	批发和零售贸易业	广东省	80
002536.SZ	西泵股份	制造业	河南省	80
002646.SZ	青青稞酒	制造业	青海省	80
300010.SZ	立思辰	信息技术业	北京市	80
300079.SZ	数码视讯	信息技术业	北京市	80
300187.SZ	永清环保	社会服务业	湖南省	80
300213.SZ	佳讯飞鸿	信息技术业	北京市	80
300216.SZ	千山药机	制造业	湖南省	80
300228.SZ	富瑞特装	制造业	江苏省	80
300261.SZ	雅本化学	制造业	江苏省	80
600073.SH	上海梅林	制造业	上海市	80
600105.SH	永鼎股份	信息技术业	江苏省	80
600135.SH	乐凯胶片	制造业	河北省	80
600363.SH	联创光电	制造业	江西省	80
600433.SH	冠豪高新	制造业	广东省	80
600598.SH	北大荒	农、林、牧、渔业	黑龙江省	80
600729.SH	重庆百货	批发和零售贸易业	重庆市	80
601965.SH	中国汽研	社会服务业	重庆市	80
000423.SZ	东阿阿胶	制造业	山东省	79
600063.SH	皖维高新	制造业	安徽省	79
000026.SZ	飞亚达A	批发和零售贸易业	广东省	79
600797.SH	浙大网新	信息技术业	浙江省	79
000005.SZ	世纪星源	综合类	广东省	79
000531.SZ	穗恒运A	电力、煤气及水的生产和供应业	广东省	79
000911.SZ	南宁糖业	制造业	广西壮族自治区	79

续表

证券代码	证券简称	行业	注册地	网站得分
002404.SZ	嘉欣丝绸	制造业	浙江省	79
002629.SZ	仁智油服	采掘业	四川省	79
300190.SZ	维尔利	社会服务业	江苏省	79
600401.SH	海润光伏	制造业	江苏省	79
601100.SH	恒立油缸	制造业	江苏省	79

2. 情况分析

（1）得分处于 B 级水平的公司数量最多

2013 年，有一家公司（太钢不锈）的网站得分为满分。处于 A 级水平的公司数量为 95 家，处于 B 级水平的公司数量为 1059 家，处于 C 级水平的公司数量为 905 家，处于 D 级水平的公司数量为 126 家，处于 E 级水平的公司数量为 284 家（见图 2）。

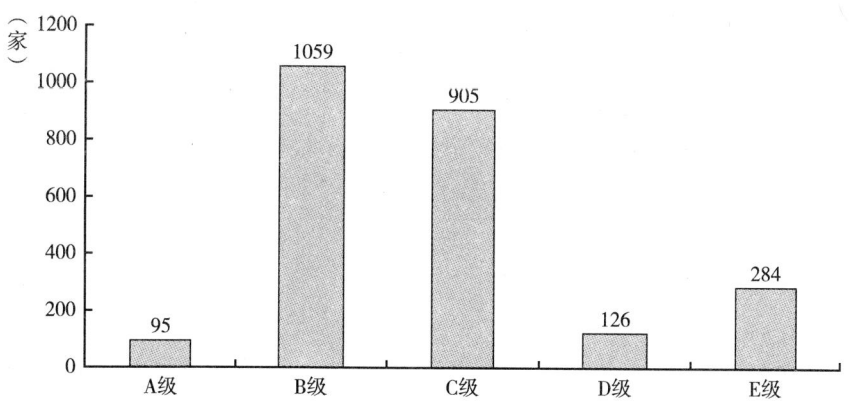

图 2　上市公司网站得分分布情况

（2）创业板公司官方网站平均得分最高，深市主板公司官方网站平均得分最低

从图 3 可知，创业板公司官方网站平均得分最高，其次是沪市主板，深市主板平均得分最低。可见，网站信息披露水平与公司规模之间关系不明显。

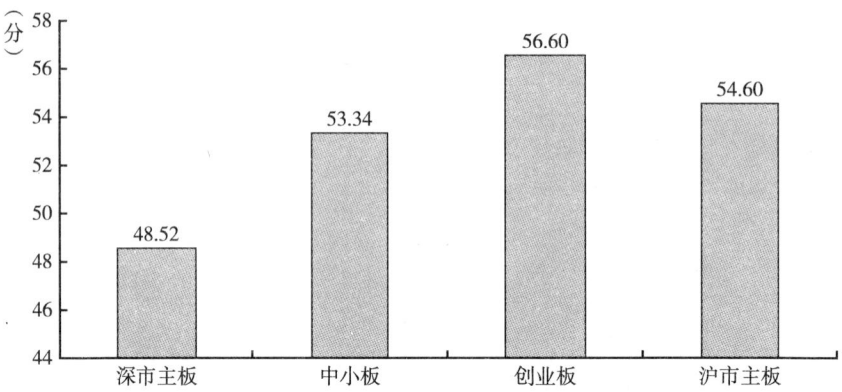

图3 各板块公司官网平均得分

(3) 有238家公司无独立的官方网站或网站无法访问

在本次研究的数据采集过程中,有238家公司无独立的官方网站或网站暂时无法访问,占全部公司数量的9.6%,这些公司在日常社会责任信息披露方面应加大力度。

Daily Social Responsibility Information Disclosure by Chinese Listed Companies (Official Websites)

Abstract:On the basis of SRST "7 +1" Model, and with the consideration of features and the experience of visitors of websites, this report evaluates and rates the websites of 2469 companies. The study found that, the general condition of websites is good. GME companies perform best in the websites, while main board of Shenzhen market is the worst; over two hundred companies have not constructed official websites or the websites cannot be visited successfully. Their official websites should be built or improved.

Key Words:Official Websites; CSR Information Disclosure

评价结果与排名

Evaluation Results and Rankings

中国上市公司社会责任信息披露综合评价结果与排名

排名	证券代码	证券简称	行业	注册地	社会责任报告得分	网站得分	信息披露得分	信息披露得分(调整后)
1	601919.SH	*ST 远洋	交通运输、仓储业	天津市	92.9444	69	85.7611	85.7611
2	000825.SZ	太钢不锈	制造业	山西省	72.5574	100	80.7901	80.7901
3	000001.SZ	平安银行	金融、保险业	广东省	66.0045	95	74.7031	74.7031
4	600018.SH	上港集团	交通运输、仓储业	上海市	77.8549	65	73.9984	73.9984
5	000858.SZ	五粮液	制造业	四川省	68.2871	86	73.6010	73.6010
6	000063.SZ	中兴通讯	信息技术业	广东省	65.8764	90	73.1135	73.1135
7	000024.SZ	招商地产	房地产业	广东省	61.7415	93	71.1191	71.1191
8	000528.SZ	柳工	制造业	广西壮族自治区	67.1445	78	70.4012	70.4012
9	000002.SZ	万科 A	房地产业	广东省	61.9224	84	68.5456	68.5456
10	601668.SH	中国建筑	建筑业	北京市	63.6939	76	67.3857	67.3857
11	601618.SH	中国中冶	建筑业	北京市	66.6390	69	67.3473	67.3473
12	000527.SZ	美的电器	制造业	广东省	56.3144	90	66.4201	66.4201

续表

排名	证券代码	证券简称	行业	注册地	社会责任报告得分	网站得分	信息披露得分	信息披露得分(调整后)
13	300077.SZ	国民技术	制造业	广东省	58.1861	71	62.0303	66.1033
14	600019.SH	宝钢股份	制造业	上海市	60.8627	76	65.4039	65.4039
15	000028.SZ	国药一致	批发和零售贸易业	广东省	52.3575	81	60.9503	64.6153
16	000776.SZ	广发证券	金融、保险业	广东省	65.9268	61	64.4487	64.4487
17	601601.SH	中国太保	金融、保险业	上海市	62.4977	69	64.4484	64.4484
18	002422.SZ	科伦药业	制造业	四川省	63.2446	67	64.3712	64.3712
19	600028.SH	中国石化	采掘业	北京市	59.1708	76	64.2196	64.2196
20	000009.SZ	中国宝安	综合类	广东省	52.3502	91	63.9451	63.9451
21	600196.SH	复星医药	制造业	上海市	58.3738	76	63.6617	63.6617
22	600050.SH	中国联通	信息技术业	上海市	59.4286	69	62.3000	62.3000
23	600284.SH	浦东建设	建筑业	上海市	56.3261	76	62.2283	62.2283
24	000726.SZ	鲁泰A	制造业	山东省	50.1749	78	58.5224	62.0347
25	600267.SH	海正药业	制造业	浙江省	57.4457	72	61.8120	61.8120
26	601318.SH	中国平安	金融、保险业	广东省	55.5037	76	61.6526	61.6526
27	601299.SH	中国北车	制造业	北京市	57.6080	71	61.6256	61.6256
28	601628.SH	中国人寿	金融、保险业	北京市	66.0707	51	61.5495	61.5495
29	601186.SH	中国铁建	建筑业	北京市	51.7844	82	60.8491	60.8491
30	000039.SZ	中集集团	制造业	广东省	46.8663	93	60.7064	60.7064
31	002042.SZ	华孚色纺	制造业	安徽省	55.6763	59	56.6734	60.5707
32	000725.SZ	京东方A	制造业	北京市	57.6796	67	60.4757	60.4757
33	601800.SH	中国交建	建筑业	北京市	53.7526	76	60.4268	60.4268
34	601857.SH	中国石油	采掘业	北京市	51.4718	81	60.3302	60.3302
35	600104.SH	上汽集团	制造业	上海市	53.5232	76	60.2662	60.2662
36	002287.SZ	奇正藏药	制造业	西藏自治区	47.5696	78	56.6987	60.0286
37	600015.SH	华夏银行	金融、保险业	北京市	53.1007	76	59.9705	59.9705
38	000031.SZ	中粮地产	房地产业	广东省	41.7806	92	56.8464	59.7710
39	002024.SZ	苏宁云商	批发和零售贸易业	江苏省	53.7235	72	59.2064	59.2064
40	600824.SH	益民集团	批发和零售贸易业	上海市	55.3394	68	59.1375	59.1375
41	002103.SZ	广博股份	制造业	浙江省	51.3421	65	55.4395	59.0334
42	000423.SZ	东阿阿胶	制造业	山东省	50.3268	79	58.9287	58.9287
43	601288.SH	农业银行	金融、保险业	北京市	54.8283	68	58.7798	58.7798
44	600792.SH	云煤能源	制造业	云南省	51.8097	75	58.7668	58.7668
45	002069.SZ	獐子岛	农、林、牧、渔业	辽宁省	53.4637	70	58.4246	58.4246

续表

排名	证券代码	证券简称	行业	注册地	社会责任报告得分	网站得分	信息披露得分	信息披露得分(调整后)
46	601088.SH	中国神华	采掘业	北京市	61.6987	50	58.1891	58.1891
47	300146.SZ	汤臣倍健	制造业	广东省	46.0049	74	54.4034	57.6237
48	002161.SZ	远望谷	信息技术业	广东省	48.6508	67	54.1555	57.5611
49	002419.SZ	天虹商场	批发和零售贸易业	广东省	45.5313	75	54.3719	57.5591
50	000046.SZ	泛海建设	房地产业	北京市	44.7063	87	57.3944	57.3944
51	601398.SH	工商银行	金融、保险业	北京市	59.5831	52	57.3082	57.3082
52	600048.SH	保利地产	房地产业	广东省	50.2945	73	57.1062	57.1062
53	600761.SH	安徽合力	制造业	安徽省	55.7425	60	57.0198	57.0198
54	000550.SZ	江铃汽车	制造业	江西省	50.0874	73	56.9612	56.9612
55	601166.SH	兴业银行	金融、保险业	福建省	50.5317	71	56.6722	56.6722
56	600036.SH	招商银行	金融、保险业	广东省	50.3728	71	56.5610	56.5610
57	000807.SZ	云铝股份	制造业	云南省	51.1991	57	52.9394	56.5233
58	000960.SZ	锡业股份	制造业	云南省	61.8882	43	56.2218	56.2218
59	000758.SZ	中色股份	采掘业	北京市	44.1443	84	56.1010	56.1010
60	600188.SH	兖州煤业	采掘业	山东省	54.4136	59	55.7895	55.7895
61	600055.SH	华润万东	制造业	北京市	50.5991	67	55.5194	55.5194
62	000729.SZ	燕京啤酒	制造业	北京市	51.4358	65	55.5051	55.5051
63	600016.SH	民生银行	金融、保险业	北京市	54.3403	58	55.4382	55.4382
64	601600.SH	中国铝业	制造业	北京市	50.7038	66	55.2927	55.2927
65	600999.SH	招商证券	金融、保险业	广东省	48.4098	71	55.1869	55.1869
66	601390.SH	中国中铁	建筑业	北京市	46.1543	75	54.8080	54.8080
67	601231.SH	环旭电子	制造业	上海市	57.9672	47	54.6770	54.6770
68	601111.SH	中国国航	交通运输、仓储业	北京市	46.3787	74	54.6651	54.6651
69	000100.SZ	TCL集团	制造业	广东省	49.0084	67	54.4059	54.4059
70	002372.SZ	伟星新材	制造业	浙江省	46.4483	62	51.1138	54.3652
71	000338.SZ	潍柴动力	制造业	山东省	48.9391	67	54.3574	54.3574
72	600000.SH	浦发银行	金融、保险业	上海市	50.3568	63	54.1498	54.1498
73	002470.SZ	金正大	制造业	山东省	45.3646	64	50.9552	54.1307
74	000539.SZ	粤电力A	电力、煤气及水的生产和供应业	广东省	51.1545	61	54.1082	54.1082
75	000402.SZ	金融街	房地产业	北京市	47.6466	69	54.0527	54.0527
76	002563.SZ	森马服饰	批发和零售贸易业	浙江省	48.4511	53	49.8158	53.2074
77	002084.SZ	海鸥卫浴	制造业	广东省	44.8902	61	49.7231	52.8654
78	600497.SH	驰宏锌锗	采掘业	云南省	45.4455	70	52.8118	52.8118

续表

排名	证券代码	证券简称	行业	注册地	社会责任报告得分	网站得分	信息披露得分	信息披露得分（调整后）
79	600644.SH	乐山电力	电力、煤气及水的生产和供应业	四川省	43.9430	73	52.6601	52.6601
80	600098.SH	广州发展	电力、煤气及水的生产和供应业	广东省	56.7441	43	52.6209	52.6209
81	002092.SZ	中泰化学	制造业	新疆维吾尔自治区	48.5531	62	52.5871	52.5871
82	600160.SH	巨化股份	制造业	浙江省	50.2031	57	52.2422	52.2422
83	601899.SH	紫金矿业	采掘业	福建省	40.0627	80	52.0439	52.0439
84	002121.SZ	科陆电子	制造业	广东省	42.6178	64	49.0325	52.0157
85	000006.SZ	深振业A	房地产业	广东省	31.2893	93	49.8025	51.9927
86	002431.SZ	棕榈园林	建筑业	广东省	38.6746	74	49.2723	51.9795
87	000728.SZ	国元证券	金融、保险业	安徽省	46.2217	65	51.8552	51.8552
88	601933.SH	永辉超市	批发和零售贸易业	福建省	43.2531	71	51.5771	51.5771
89	601238.SH	广汽集团	制造业	广东省	45.8552	64	51.2986	51.2986
90	002054.SZ	德美化工	制造业	广东省	45.1604	55	48.1123	51.2735
91	002064.SZ	华峰氨纶	制造业	浙江省	42.8222	61	48.2756	51.2731
92	000021.SZ	长城开发	信息技术业	广东省	32.4551	95	51.2186	51.2186
93	600795.SH	国电电力	电力、煤气及水的生产和供应业	辽宁省	42.6103	71	51.1272	51.1272
94	601177.SH	杭齿前进	制造业	浙江省	41.2516	74	51.0761	51.0761
95	002142.SZ	宁波银行	金融、保险业	浙江省	45.2988	64	50.9092	50.9092
96	600063.SH	皖维高新	制造业	安徽省	38.8527	79	50.8969	50.8969
97	600548.SH	深高速	交通运输、仓储业	广东省	49.5580	54	50.8906	50.8906
98	300080.SZ	新大新材	制造业	河南省	41.0530	64	47.9371	50.8108
99	000061.SZ	农产品	批发和零售贸易业	广东省	34.1699	89	50.6189	50.6189
100	000050.SZ	深天马A	制造业	广东省	44.9418	53	47.3593	50.5052
101	002601.SZ	佰利联	制造业	河南省	38.6984	69	47.7889	50.4977
102	600115.SH	东方航空	交通运输、仓储业	上海市	39.3747	76	50.3623	50.3623
103	601139.SH	深圳燃气	电力、煤气及水的生产和供应业	广东省	44.3894	63	49.9726	49.9726
104	600600.SH	青岛啤酒	制造业	山东省	39.4746	74	49.8322	49.8322
105	002146.SZ	荣盛发展	房地产业	河北省	48.8889	52	49.8222	49.8222
106	600096.SH	云天化	制造业	云南省	39.7689	73	49.7382	49.7382
107	600270.SH	外运发展	交通运输、仓储业	北京市	37.9093	77	49.6365	49.6365
108	601688.SH	华泰证券	金融、保险业	江苏省	41.3259	69	49.6281	49.6281

续表

排名	证券代码	证券简称	行业	注册地	社会责任报告得分	网站得分	信息披露得分	信息披露得分（调整后）
109	600619.SH	海立股份	制造业	上海市	35.7139	82	49.5997	49.5997
110	000066.SZ	长城电脑	信息技术业	广东省	29.4726	89	47.3308	49.3939
111	000878.SZ	云南铜业	制造业	云南省	42.0845	65	48.9591	48.9591
112	600998.SH	九州通	批发和零售贸易业	湖北省	37.1662	76	48.8164	48.8164
113	600829.SH	三精制药	制造业	黑龙江省	41.4408	66	48.8086	48.8086
114	002462.SZ	嘉事堂	批发和零售贸易业	北京市	34.4536	74	46.3175	48.7293
115	600123.SH	兰花科创	采掘业	山西省	37.0092	76	48.7064	48.7064
116	002246.SZ	北化股份	制造业	四川省	35.5498	71	46.1849	48.6734
117	002438.SZ	江苏神通	制造业	江苏省	33.9901	75	46.2931	48.6724
118	600685.SH	广船国际	制造业	广东省	38.3835	72	48.4685	48.4685
119	002051.SZ	中工国际	建筑业	北京市	37.8477	73	48.3934	48.3934
120	002063.SZ	远光软件	信息技术业	广东省	36.5810	67	45.7067	48.2674
121	601998.SH	中信银行	金融、保险业	北京市	38.1871	71	48.0310	48.0310
122	300022.SZ	吉峰农机	批发和零售贸易业	四川省	40.9421	55	45.1595	48.0254
123	000407.SZ	胜利股份	制造业	山东省	42.4713	51	45.0299	48.0029
124	601898.SH	中煤能源	采掘业	北京市	47.0068	50	47.9047	47.9047
125	600845.SH	宝信软件	信息技术业	上海市	37.9715	71	47.8800	47.8800
126	000793.SZ	华闻传媒	传播与文化产业	海南省	42.1169	61	47.7818	47.7818
127	000680.SZ	山推股份	制造业	山东省	35.7779	67	45.1445	47.6489
128	601168.SH	西部矿业	采掘业	青海省	40.4500	63	47.2150	47.2150
129	601988.SH	中国银行	金融、保险业	北京市	38.5995	67	47.1197	47.1197
130	600690.SH	青岛海尔	制造业	山东省	36.7830	71	47.0481	47.0481
131	002415.SZ	海康威视	制造业	浙江省	37.0071	70	46.9050	46.9050
132	600029.SH	南方航空	交通运输、仓储业	广东省	45.4689	50	46.8282	46.8282
133	601877.SH	正泰电器	制造业	浙江省	43.7422	54	46.8195	46.8195
134	300062.SZ	中能电气	制造业	福建省	36.6172	62	44.2321	46.7953
135	300070.SZ	碧水源	社会服务业	北京市	40.2101	62	46.7471	46.7471
136	000930.SZ	中粮生化	制造业	安徽省	34.9810	66	44.2867	46.7354
137	600389.SH	江山股份	制造业	江苏省	32.2991	80	46.6094	46.6094
138	300067.SZ	安诺其	制造业	上海市	39.4578	54	43.8204	46.5825
139	000732.SZ	泰禾集团	房地产业	福建省	33.1193	70	44.1835	46.5019
140	002062.SZ	宏润建设	建筑业	浙江省	31.9176	73	44.2423	46.4765
141	600005.SH	武钢股份	制造业	湖北省	34.0909	75	46.3636	46.3636
142	601699.SH	潞安环能	采掘业	山西省	36.3630	69	46.1541	46.1541
143	600993.SH	马应龙	制造业	湖北省	35.8854	70	46.1198	46.1198

续表

排名	证券代码	证券简称	行业	注册地	社会责任报告得分	网站得分	信息披露得分	信息披露得分(调整后)
144	000027.SZ	深圳能源	电力、煤气及水的生产和供应业	广东省	24.8237	95	45.8766	45.8766
145	600017.SH	日照港	交通运输、仓储业	山东省	41.0747	57	45.8523	45.8523
146	600657.SH	信达地产	房地产业	北京市	38.4754	63	45.8328	45.8328
147	000876.SZ	新希望	制造业	四川省	47.0029	43	45.8020	45.8020
148	600062.SH	华润双鹤	制造业	北京市	35.6832	69	45.6783	45.6783
149	600983.SH	合肥三洋	制造业	安徽省	33.8541	73	45.5978	45.5978
150	002271.SZ	东方雨虹	制造业	北京市	32.1671	69	43.2170	45.4687
151	000937.SZ	冀中能源	采掘业	河北省	36.1658	67	45.4161	45.4161
152	000839.SZ	中信国安	综合类	北京市	42.5017	52	45.3512	45.3512
153	002122.SZ	天马股份	制造业	浙江省	33.9035	72	45.3324	45.3324
154	600415.SH	小商品城	综合类	浙江省	33.3611	73	45.2528	45.2528
155	000783.SZ	长江证券	金融、保险业	湖北省	42.3116	52	45.2182	45.2182
156	600585.SH	海螺水泥	制造业	安徽省	27.5758	86	45.1031	45.1031
157	601989.SH	中国重工	制造业	北京市	36.0350	66	45.0245	45.0245
158	601333.SH	广深铁路	交通运输、仓储业	广东省	37.2175	63	44.9522	44.9522
159	600597.SH	光明乳业	制造业	上海市	31.5883	76	44.9118	44.9118
160	002073.SZ	软控股份	制造业	山东省	34.9405	68	44.8583	44.8583
161	600171.SH	上海贝岭	制造业	上海市	36.1699	65	44.8189	44.8189
162	000877.SZ	天山股份	制造业	新疆维吾尔自治区	37.8462	61	44.7924	44.7924
163	300132.SZ	青松股份	制造业	福建省	34.3954	61	42.3768	44.7845
164	000800.SZ	一汽轿车	制造业	吉林省	33.9282	70	44.7498	44.7498
165	002056.SZ	横店东磁	制造业	浙江省	36.4644	64	44.7251	44.7251
166	300110.SZ	华仁药业	制造业	山东省	30.5537	70	42.3876	44.5263
167	002203.SZ	海亮股份	制造业	浙江省	33.4860	62	42.0402	44.3842
168	600187.SH	国中水务	电力、煤气及水的生产和供应业	黑龙江省	28.2562	82	44.3793	44.3793
169	600498.SH	烽火通信	信息技术业	湖北省	30.7772	76	44.3440	44.3440
170	601818.SH	光大银行	金融、保险业	北京市	32.6640	71	44.1648	44.1648
171	600323.SH	南海发展	电力、煤气及水的生产和供应业	广东省	30.5144	76	44.1601	44.1601
172	000598.SZ	兴蓉投资	社会服务业	四川省	34.3549	59	41.7484	44.1533
173	600755.SH	厦门国贸	批发和零售贸易业	福建省	38.5446	57	44.0812	44.0812
174	600704.SH	物产中大	批发和零售贸易业	浙江省	33.7869	68	44.0508	44.0508

续表

排名	证券代码	证券简称	行业	注册地	社会责任报告得分	网站得分	信息披露得分	信息披露得分(调整后)
175	600030.SH	中信证券	金融、保险业	广东省	28.5047	80	43.9533	43.9533
176	000401.SZ	冀东水泥	制造业	河北省	30.0253	76	43.8177	43.8177
177	000753.SZ	漳州发展	批发和零售贸易业	福建省	39.2429	45	40.9700	43.7171
178	002046.SZ	轴研科技	制造业	河南省	38.3892	47	40.9724	43.6596
179	600970.SH	中材国际	建筑业	江苏省	31.0779	73	43.6545	43.6545
180	000157.SZ	中联重科	制造业	湖南省	26.1792	84	43.5255	43.5255
181	000778.SZ	新兴铸管	制造业	河北省	33.4601	67	43.5221	43.5221
182	300015.SZ	爱尔眼科	社会服务业	湖南省	33.1409	60	41.1986	43.5185
183	601992.SH	金隅股份	制造业	北京市	39.8811	52	43.5168	43.5168
184	600271.SH	航天信息	信息技术业	北京市	31.6296	71	43.4407	43.4407
185	601328.SH	交通银行	金融、保险业	上海市	42.6054	45	43.3238	43.3238
186	002144.SZ	宏达高科	制造业	浙江省	34.7686	55	40.8380	43.2718
187	600500.SH	中化国际	批发和零售贸易业	上海市	30.5095	73	43.2567	43.2567
188	600528.SH	中铁二局	建筑业	四川省	36.4889	59	43.2423	43.2423
189	002544.SZ	杰赛科技	信息技术业	广东省	29.5665	68	41.0965	43.1662
190	600518.SH	康美药业	制造业	广东省	27.3276	80	43.1293	43.1293
191	600525.SH	长园集团	制造业	广东省	28.8636	76	43.0045	43.0045
192	600428.SH	中远航运	交通运输、仓储业	广东省	27.1059	80	42.9742	42.9742
193	600166.SH	福田汽车	制造业	北京市	29.6084	74	42.9259	42.9259
194	600717.SH	天津港	交通运输、仓储业	天津市	39.0350	52	42.9245	42.9245
195	601939.SH	建设银行	金融、保险业	北京市	32.5355	67	42.8748	42.8748
196	600261.SH	阳光照明	制造业	浙江省	31.9734	68	42.7814	42.7814
197	000301.SZ	东方市场	综合类	江苏省	24.1809	80	40.9266	42.6193
198	601118.SH	海南橡胶	农、林、牧、渔业	海南省	28.2858	76	42.6001	42.6001
199	601369.SH	陕鼓动力	制造业	陕西省	30.3761	71	42.5632	42.5632
200	600409.SH	三友化工	制造业	河北省	34.2203	62	42.5542	42.5542
201	000540.SZ	中天城投	房地产业	贵州省	35.7205	58	42.4044	42.4044
202	600809.SH	山西汾酒	制造业	山西省	40.2372	47	42.2660	42.2660
203	000563.SZ	陕国投A	金融、保险业	陕西省	26.3126	73	40.3188	42.1607
204	600058.SH	五矿发展	批发和零售贸易业	北京市	32.7880	64	42.1516	42.1516
205	000026.SZ	飞亚达A	批发和零售贸易业	广东省	23.7560	79	40.3292	41.9921
206	601727.SH	上海电气	制造业	上海市	37.6326	52	41.9428	41.9428
207	002039.SZ	黔源电力	电力、煤气及水的生产和供应业	贵州省	33.0212	55	39.6149	41.9263
208	000516.SZ	开元投资	批发和零售贸易业	陕西省	31.3866	59	39.6706	41.8677

续表

排名	证券代码	证券简称	行业	注册地	社会责任报告得分	网站得分	信息披露得分	信息披露得分(调整后)
209	600056.SH	中国医药	批发和零售贸易业	北京市	28.0843	74	41.8590	41.8590
210	300124.SZ	汇川技术	制造业	广东省	41.6677	32	38.7674	41.6841
211	600990.SH	四创电子	信息技术业	安徽省	31.0912	66	41.5638	41.5638
212	600362.SH	江西铜业	制造业	江西省	33.9127	59	41.4389	41.4389
213	000999.SZ	华润三九	制造业	广东省	27.9282	66	39.3497	41.3047
214	000012.SZ	南玻A	制造业	广东省	20.8632	89	41.3042	41.3042
215	600893.SH	航空动力	制造业	陕西省	31.9661	63	41.2762	41.2762
216	600655.SH	豫园商城	批发和零售贸易业	上海市	27.2447	74	41.2713	41.2713
217	600350.SH	山东高速	交通运输、仓储业	山东省	26.0449	76	41.0314	41.0314
218	002006.SZ	精功科技	制造业	浙江省	26.5920	68	39.0144	40.8758
219	600153.SH	建发股份	批发和零售贸易业	福建省	32.5786	60	40.8050	40.8050
220	600377.SH	宁沪高速	交通运输、仓储业	江苏省	32.9564	59	40.7695	40.7695
221	300016.SZ	北陆药业	制造业	北京市	25.6561	70	38.9593	40.7552
222	600495.SH	晋西车轴	制造业	山西省	23.0560	82	40.7392	40.7392
223	601107.SH	四川成渝	交通运输、仓储业	四川省	28.5160	69	40.6612	40.6612
224	600198.SH	大唐电信	信息技术业	北京市	22.9413	82	40.6589	40.6589
225	600487.SH	亨通光电	信息技术业	江苏省	28.9373	68	40.6561	40.6561
226	000562.SZ	宏源证券	金融、保险业	新疆维吾尔自治区	33.4825	57	40.5377	40.5377
227	002162.SZ	*ST上控	制造业	上海市	30.3031	57	38.3122	40.4334
228	600501.SH	航天晨光	制造业	江苏省	32.3956	59	40.3769	40.3769
229	600360.SH	华微电子	制造业	吉林省	20.7305	86	40.3114	40.3114
230	600064.SH	南京高科	房地产业	江苏省	25.0003	76	40.3002	40.3002
231	600748.SH	上实发展	房地产业	上海市	32.2212	59	40.2549	40.2549
232	000651.SZ	格力电器	制造业	广东省	23.1818	80	40.2273	40.2273
233	000861.SZ	海印股份	批发和零售贸易业	广东省	33.4410	48	37.8087	40.1496
234	002527.SZ	新时达	制造业	上海市	32.2589	51	37.8812	40.1394
235	000069.SZ	华侨城A	社会服务业	广东省	35.7603	50	40.0322	40.0322
236	300047.SZ	天源迪科	信息技术业	广东省	21.1775	78	38.2242	39.7067
237	002417.SZ	三元达	信息技术业	福建省	23.4399	72	38.0079	39.6487
238	600797.SH	浙大网新	信息技术业	浙江省	22.7536	79	39.6275	39.6275
239	000422.SZ	湖北宜化	制造业	湖北省	42.6205	32	39.4344	39.4344
240	600900.SH	长江电力	电力、煤气及水的生产和供应业	北京市	27.1820	68	39.4274	39.4274
241	600549.SH	厦门钨业	制造业	福建省	27.1819	68	39.4273	39.4273

续表

排名	证券代码	证券简称	行业	注册地	社会责任报告得分	网站得分	信息披露得分	信息披露得分(调整后)
242	600718.SH	东软集团	信息技术业	辽宁省	27.9581	66	39.3707	39.3707
243	000425.SZ	徐工机械	制造业	江苏省	32.6323	55	39.3426	39.3426
244	000667.SZ	名流置业	房地产业	云南省	20.6896	78	37.8827	39.3310
245	300181.SZ	佐力药业	制造业	浙江省	26.9079	62	37.4355	39.3191
246	002081.SZ	金螳螂	建筑业	江苏省	24.0004	75	39.3003	39.3003
247	600068.SH	葛洲坝	建筑业	湖北省	27.8400	66	39.2880	39.2880
248	002041.SZ	登海种业	农、林、牧、渔业	山东省	28.2661	65	39.2862	39.2862
249	600604.SH	市北高新	制造业	上海市	24.1291	69	37.5904	39.2794
250	601377.SH	兴业证券	金融、保险业	福建省	24.7975	73	39.2582	39.2582
251	600066.SH	宇通客车	制造业	河南省	21.6719	80	39.1703	39.1703
252	601808.SH	中海油服	采掘业	天津市	25.4316	71	39.1021	39.1021
253	002635.SZ	安洁科技	信息技术业	江苏省	29.6125	54	36.9288	39.0016
254	600979.SH	广安爱众	电力、煤气及水的生产和供应业	四川省	26.5291	68	38.9704	38.9704
255	000652.SZ	泰达股份	综合类	天津市	23.6059	69	37.2241	38.8765
256	600837.SH	海通证券	金融、保险业	上海市	26.1558	68	38.7090	38.7090
257	000686.SZ	东北证券	金融、保险业	吉林省	23.9728	73	38.6810	38.6810
258	600089.SH	特变电工	制造业	新疆维吾尔自治区	26.0692	68	38.6485	38.6485
259	600580.SH	卧龙电气	制造业	浙江省	21.7484	78	38.6239	38.6239
260	600815.SH	厦工股份	制造业	福建省	26.8398	66	38.5879	38.5879
261	002080.SZ	中材科技	制造业	江苏省	27.0786	59	36.6550	38.5505
262	601199.SH	江南水务	电力、煤气及水的生产和供应业	江苏省	40.0654	35	38.5457	38.5457
263	002543.SZ	万和电气	制造业	广东省	21.9696	72	36.9787	38.5166
264	300095.SZ	华伍股份	制造业	江西省	27.8030	57	36.5621	38.5083
265	600511.SH	国药股份	批发和零售贸易业	北京市	29.7156	59	38.5009	38.5009
266	601991.SH	大唐发电	电力、煤气及水的生产和供应业	北京市	24.9486	70	38.4640	38.4640
267	600688.SH	S上石化	制造业	上海市	18.0205	86	38.4143	38.4143
268	300174.SZ	元力股份	制造业	福建省	17.9405	82	37.1584	38.4142
269	000538.SZ	云南白药	制造业	云南省	49.2814	13	38.3970	38.3970
270	600406.SH	国电南瑞	信息技术业	江苏省	23.3947	73	38.2763	38.2763
271	002529.SZ	海源机械	制造业	福建省	20.8684	74	36.8079	38.2687
272	002008.SZ	大族激光	制造业	广东省	33.1562	50	38.2094	38.2094

续表

排名	证券代码	证券简称	行业	注册地	社会责任报告得分	网站得分	信息披露得分	信息披露得分(调整后)
273	600725.SH	云维股份	制造业	云南省	32.7247	51	38.2073	38.2073
274	002229.SZ	鸿博股份	制造业	福建省	19.5505	77	36.7854	38.1539
275	600251.SH	冠农股份	制造业	新疆维吾尔自治区	25.2063	68	38.0444	38.0444
276	600310.SH	桂东电力	电力、煤气及水的生产和供应业	广西壮族自治区	31.1295	54	37.9907	37.9907
277	601000.SH	唐山港	交通运输、仓储业	河北省	26.4107	65	37.9875	37.9875
278	300019.SZ	硅宝科技	制造业	四川省	19.5974	76	36.5182	37.8900
279	002003.SZ	伟星股份	制造业	浙江省	26.1800	59	36.0260	37.8586
280	601336.SH	新华保险	金融、保险业	北京市	31.6975	52	37.7882	37.7882
281	600308.SH	华泰股份	制造业	山东省	27.8371	61	37.7860	37.7860
282	002578.SZ	闽发铝业	制造业	福建省	26.0508	59	35.9356	37.7591
283	002474.SZ	榕基软件	信息技术业	福建省	21.7414	70	36.2190	37.7409
284	002070.SZ	众和股份	制造业	福建省	26.7626	57	35.8338	37.7072
285	600117.SH	西宁特钢	制造业	青海省	22.4698	73	37.6289	37.6289
286	002582.SZ	好想你	制造业	河南省	24.6897	62	35.8828	37.6111
287	000895.SZ	双汇发展	制造业	河南省	29.1600	57	37.5120	37.5120
288	000568.SZ	泸州老窖	制造业	四川省	24.8497	67	37.4948	37.4948
289	600499.SH	科达机电	制造业	广东省	26.9918	62	37.4943	37.4943
290	002508.SZ	老板电器	制造业	浙江省	27.9933	53	35.4953	37.4548
291	002423.SZ	中原特钢	制造业	河南省	20.5262	72	35.9684	37.4052
292	600997.SH	开滦股份	采掘业	河北省	20.8589	76	37.4012	37.4012
293	600765.SH	中航重机	制造业	贵州省	20.8549	76	37.3984	37.3984
294	600456.SH	宝钛股份	制造业	陕西省	21.2547	75	37.3783	37.3783
295	600510.SH	黑牡丹	综合类	江苏省	22.0450	73	37.3315	37.3315
296	600422.SH	昆明制药	制造业	云南省	23.2634	70	37.2844	37.2844
297	600618.SH	氯碱化工	制造业	上海市	31.7869	50	37.2508	37.2508
298	002368.SZ	太极股份	信息技术业	北京市	25.7728	58	35.4409	37.2450
299	601555.SH	东吴证券	金融、保险业	江苏省	26.1642	63	37.2149	37.2149
300	600573.SH	惠泉啤酒	制造业	福建省	23.1017	70	37.1712	37.1712
301	000780.SZ	平庄能源	采掘业	内蒙古自治区	35.0133	42	37.1093	37.1093
302	600223.SH	鲁商置业	房地产业	山东省	23.4216	69	37.0951	37.0951
303	600369.SH	西南证券	金融、保险业	重庆市	24.6183	66	37.0328	37.0328
304	601339.SH	百隆东方	制造业	浙江省	37.8950	35	37.0265	37.0265

续表

排名	证券代码	证券简称	行业	注册地	社会责任报告得分	网站得分	信息披露得分	信息披露得分(调整后)
305	000630.SZ	铜陵有色	制造业	安徽省	22.0315	72	37.0221	37.0221
306	000869.SZ	张裕A	制造业	山东省	24.1174	67	36.9821	36.9821
307	601588.SH	北辰实业	房地产业	北京市	25.8093	63	36.9665	36.9665
308	600798.SH	宁波海运	交通运输、仓储业	浙江省	20.1873	76	36.9311	36.9311
309	002517.SZ	泰亚股份	制造业	福建省	24.9523	59	35.1666	36.9133
310	600561.SH	江西长运	交通运输、仓储业	江西省	26.9554	60	36.8688	36.8688
311	600158.SH	中体产业	社会服务业	天津市	20.4165	75	36.7916	36.7916
312	000592.SZ	中福实业	农、林、牧、渔业	福建省	21.9508	66	35.1656	36.7021
313	601669.SH	中国水电	建筑业	北京市	22.4007	70	36.6805	36.6805
314	600872.SH	中炬高新	综合类	广东省	30.3581	51	36.5507	36.5507
315	600141.SH	兴发集团	制造业	湖北省	22.9219	68	36.4453	36.4453
316	600551.SH	时代出版	传播与文化产业	安徽省	21.6259	71	36.4382	36.4382
317	600649.SH	城投控股	综合类	上海市	26.3189	60	36.4232	36.4232
318	600787.SH	中储股份	交通运输、仓储业	天津市	22.8785	68	36.4149	36.4149
319	002236.SZ	大华股份	制造业	浙江省	19.3749	76	36.3624	36.3624
320	601636.SH	旗滨集团	制造业	湖南省	25.2976	62	36.3083	36.3083
321	000596.SZ	古井贡酒	制造业	安徽省	28.2491	55	36.2743	36.2743
322	002250.SZ	联化科技	制造业	浙江省	29.1769	46	34.2238	36.2662
323	601099.SH	太平洋	金融、保险业	云南省	19.2261	76	36.2583	36.2583
324	002340.SZ	格林美	采掘业	广东省	26.0381	54	34.4267	36.2493
325	600550.SH	天威保变	制造业	河北省	23.4249	66	36.1975	36.1975
326	600218.SH	全柴动力	制造业	安徽省	19.9628	74	36.1740	36.1740
327	601958.SH	金钼股份	采掘业	陕西省	20.9811	71	35.9868	35.9868
328	601633.SH	长城汽车	制造业	河北省	27.3961	56	35.9773	35.9773
329	000671.SZ	阳光城	房地产业	福建省	22.9541	61	34.3679	35.9747
330	600660.SH	福耀玻璃	制造业	福建省	27.2655	56	35.8858	35.8858
331	600111.SH	包钢稀土	制造业	内蒙古自治区	21.6681	69	35.8676	35.8676
332	002155.SZ	辰州矿业	采掘业	湖南省	25.0717	61	35.8502	35.8502
333	600307.SH	酒钢宏兴	制造业	甘肃省	19.9080	73	35.8356	35.8356
334	002548.SZ	金新农	制造业	广东省	22.3473	62	34.2431	35.8074
335	000709.SZ	河北钢铁	制造业	河北省	25.8187	59	35.7731	35.7731
336	002110.SZ	三钢闽光	制造业	福建省	19.5581	69	34.3906	35.7597
337	603993.SH	洛阳钼业	采掘业	河南省	24.0359	63	35.7251	35.7251
338	002038.SZ	双鹭药业	制造业	北京市	32.0009	44	35.6006	35.6006

续表

排名	证券代码	证券简称	行业	注册地	社会责任报告得分	网站得分	信息披露得分	信息披露得分(调整后)
339	600376.SH	首开股份	房地产业	北京市	25.4846	59	35.5392	35.5392
340	002233.SZ	塔牌集团	制造业	广东省	29.7879	42	33.4515	35.5367
341	601313.SH	江南嘉捷	交通运输、仓储业	江苏省	28.4034	52	35.4824	35.4824
342	002007.SZ	华兰生物	制造业	河南省	21.9639	67	35.4748	35.4748
343	002033.SZ	丽江旅游	社会服务业	云南省	25.6796	52	33.5757	35.3733
344	600888.SH	新疆众和	制造业	新疆维吾尔自治区	25.1680	59	35.3176	35.3176
345	601169.SH	北京银行	金融、保险业	北京市	27.2464	54	35.2725	35.2725
346	600022.SH	山东钢铁	制造业	山东省	25.9498	57	35.2648	35.2648
347	600806.SH	昆明机床	制造业	云南省	31.7855	43	35.1498	35.1498
348	002102.SZ	冠福家用	制造业	福建省	24.6053	54	33.4237	35.1461
349	600496.SH	精工钢构	建筑业	安徽省	25.7536	57	35.1275	35.1275
350	600962.SH	国投中鲁	农、林、牧、渔业	北京市	27.8900	52	35.1230	35.1230
351	600995.SH	文山电力	电力、煤气及水的生产和供应业	云南省	30.4614	46	35.1230	35.1230
352	600839.SH	四川长虹	制造业	四川省	20.4050	69	34.9835	34.9835
353	600227.SH	赤天化	制造业	贵州省	26.7398	54	34.9179	34.9179
354	000969.SZ	安泰科技	制造业	北京市	20.7370	68	34.9159	34.9159
355	600190.SH	锦州港	交通运输、仓储业	辽宁省	19.4418	71	34.9092	34.9092
356	002082.SZ	栋梁新材	制造业	浙江省	21.5610	61	33.3927	34.9020
357	000797.SZ	中国武夷	房地产业	福建省	20.7576	63	33.4303	34.8833
358	600197.SH	伊力特	制造业	新疆维吾尔自治区	17.0916	76	34.7641	34.7641
359	600653.SH	申华控股	综合类	上海市	22.6486	63	34.7540	34.7540
360	600118.SH	中国卫星	信息技术业	北京市	18.3073	73	34.7151	34.7151
361	600802.SH	福建水泥	制造业	福建省	22.4653	63	34.6257	34.6257
362	600027.SH	华电国际	电力、煤气及水的生产和供应业	山东省	16.8731	76	34.6112	34.6112
363	000900.SZ	现代投资	交通运输、仓储业	湖南省	17.6480	70	33.3536	34.5890
364	600161.SH	天坛生物	制造业	北京市	26.2449	54	34.5714	34.5714
365	000690.SZ	宝新能源	电力、煤气及水的生产和供应业	广东省	25.3307	50	32.7315	34.5046
366	600052.SH	浙江广厦	房地产业	浙江省	26.1113	54	34.4779	34.4779
367	601188.SH	龙江交通	交通运输、仓储业	黑龙江省	22.5964	62	34.4175	34.4175
368	002560.SZ	通达股份	制造业	河南省	18.1342	68	33.0940	34.3634

续表

排名	证券代码	证券简称	行业	注册地	社会责任报告得分	网站得分	信息披露得分	信息披露得分(调整后)
369	600031.SH	三一重工	制造业	湖南省	16.8009	75	34.2607	34.2607
370	300034.SZ	钢研高纳	制造业	北京市	21.1099	60	32.7769	34.2546
371	600177.SH	雅戈尔	制造业	浙江省	17.2147	74	34.2503	34.2503
372	600503.SH	华丽家族	房地产业	上海市	16.3574	76	34.2502	34.2502
373	600588.SH	用友软件	信息技术业	北京市	14.5543	80	34.1880	34.1880
374	300248.SZ	新开普	信息技术业	河南省	22.5332	56	32.5732	34.1506
375	000065.SZ	北方国际	建筑业	北京市	24.4568	51	32.4198	34.1317
376	600183.SH	生益科技	制造业	广东省	23.4423	59	34.1096	34.1096
377	002663.SZ	普邦园林	建筑业	广东省	16.5793	71	32.9055	34.0661
378	300007.SZ	汉威电子	制造业	河南省	22.0088	57	32.5062	34.0468
379	600113.SH	浙江东日	房地产业	浙江省	25.4633	54	34.0243	34.0243
380	002154.SZ	报喜鸟	制造业	浙江省	25.3951	48	32.1766	33.9543
381	002179.SZ	中航光电	制造业	河南省	24.9548	49	32.1684	33.9152
382	600103.SH	青山纸业	制造业	福建省	20.9771	64	33.8839	33.8839
383	002641.SZ	永高股份	制造业	浙江省	16.2580	71	32.6806	33.8186
384	600269.SH	赣粤高速	交通运输、仓储业	江西省	18.7230	69	33.8061	33.8061
385	002093.SZ	国脉科技	信息技术业	福建省	16.5784	70	32.6049	33.7654
386	002018.SZ	华星化工	制造业	安徽省	25.0227	48	31.9159	33.6674
387	600533.SH	栖霞建设	房地产业	江苏省	29.5930	43	33.6151	33.6151
388	600266.SH	北京城建	房地产业	北京市	18.3712	69	33.5598	33.5598
389	600674.SH	川投能源	电力、煤气及水的生产和供应业	四川省	18.2820	69	33.4974	33.4974
390	600743.SH	华远地产	房地产业	湖北省	22.9654	58	33.4758	33.4758
391	000635.SZ	英力特	制造业	宁夏回族自治区	20.0974	60	32.0682	33.4750
392	300259.SZ	新天科技	制造业	河南省	14.9781	73	32.3846	33.4331
393	002569.SZ	步森股份	制造业	浙江省	43.3582	0	30.3508	33.3858
394	300003.SZ	乐普医疗	制造业	北京市	19.5719	61	32.0003	33.3703
395	000060.SZ	中金岭南	制造业	广东省	28.8120	44	33.3684	33.3684
396	002557.SZ	洽洽食品	制造业	安徽省	25.4094	46	31.5866	33.3652
397	600841.SH	上柴股份	制造业	上海市	21.5092	61	33.3564	33.3564
398	002300.SZ	太阳电缆	制造业	福建省	17.9928	65	32.0949	33.3544
399	002304.SZ	洋河股份	制造业	江苏省	27.4862	47	33.3403	33.3403
400	000632.SZ	三木集团	综合类	福建省	21.4423	56	31.8096	33.3106
401	002396.SZ	星网锐捷	信息技术业	福建省	13.2519	77	32.3764	33.3040

续表

排名	证券代码	证券简称	行业	注册地	社会责任报告得分	网站得分	信息披露得分	信息披露得分(调整后)
402	002078.SZ	太阳纸业	制造业	山东省	16.7221	68	32.1055	33.2760
403	002702.SZ	腾新食品	制造业	福建省	15.5340	71	32.1738	33.2612
404	600775.SH	南京熊猫	信息技术业	江苏省	24.7747	53	33.2423	33.2423
405	600546.SH	山煤国际	采掘业	山西省	21.3398	61	33.2378	33.2378
406	600469.SH	风神股份	制造业	河南省	18.2793	68	33.1955	33.1955
407	000826.SZ	桑德环境	社会服务业	湖北省	47.4114	0	33.1880	33.1880
408	002216.SZ	三全食品	制造业	河南省	17.9784	64	31.7849	33.0434
409	002477.SZ	雏鹰农牧	农、林、牧、渔业	河南省	22.9981	51	31.3987	33.0085
410	002595.SZ	豪迈科技	制造业	山东省	19.4904	60	31.6432	33.0076
411	600432.SH	吉恩镍业	制造业	吉林省	14.9624	75	32.9737	32.9737
412	600352.SH	浙江龙盛	制造业	浙江省	17.9481	68	32.9637	32.9637
413	002222.SZ	福晶科技	制造业	福建省	18.9786	61	31.5850	32.9135
414	300064.SZ	豫金刚石	制造业	河南省	27.5390	39	30.9773	32.9050
415	000498.SZ	山东路桥	建筑业	山东省	26.1075	42	30.8752	32.7028
416	600317.SH	营口港	交通运输、仓储业	辽宁省	23.5728	54	32.7010	32.7010
417	000981.SZ	银亿股份	房地产业	甘肃省	12.7769	76	31.7438	32.6382
418	600067.SH	冠城大通	制造业	福建省	14.0050	76	32.6035	32.6035
419	002230.SZ	科大讯飞	信息技术业	安徽省	18.2407	66	32.5685	32.5685
420	601901.SH	方正证券	金融、保险业	湖南省	14.8114	74	32.5680	32.5680
421	600325.SH	华发股份	房地产业	广东省	13.9514	76	32.5660	32.5660
422	000581.SZ	威孚高科	制造业	江苏省	31.4991	35	32.5493	32.5493
423	002106.SZ	莱宝高科	制造业	广东省	24.0677	52	32.4474	32.4474
424	000559.SZ	万向钱潮	制造业	浙江省	22.3519	56	32.4463	32.4463
425	600208.SH	新湖中宝	房地产业	浙江省	17.9966	66	32.3976	32.3976
426	600502.SH	安徽水利	建筑业	安徽省	14.9921	73	32.3945	32.3945
427	601007.SH	金陵饭店	社会服务业	江苏省	19.2408	63	32.3686	32.3686
428	600483.SH	福建南纺	制造业	福建省	18.8066	64	32.3646	32.3646
429	000983.SZ	西山煤电	采掘业	山西省	18.3288	65	32.3302	32.3302
430	600596.SH	新安股份	制造业	浙江省	21.6728	57	32.2710	32.2710
431	600569.SH	安阳钢铁	制造业	河南省	19.4619	62	32.2233	32.2233
432	600741.SH	华域汽车	制造业	上海市	19.4413	62	32.2089	32.2089
433	601566.SH	九牧王	制造业	福建省	25.7692	47	32.1384	32.1384
434	002296.SZ	辉煌科技	信息技术业	河南省	16.7767	64	30.9437	32.1180
435	600020.SH	中原高速	交通运输、仓储业	河南省	20.4794	59	32.0356	32.0356
436	600601.SH	方正科技	信息技术业	上海市	17.4657	66	32.0260	32.0260

续表

排名	证券代码	证券简称	行业	注册地	社会责任报告得分	网站得分	信息披露得分	信息披露得分(调整后)
437	000629.SZ	攀钢钒钛	制造业	四川省	19.1492	62	32.0044	32.0044
438	600418.SH	江淮汽车	制造业	安徽省	14.3563	73	31.9494	31.9494
439	300198.SZ	纳川股份	制造业	福建省	13.8113	71	30.9679	31.9347
440	601766.SH	中国南车	制造业	北京市	14.1562	73	31.8093	31.8093
441	000536.SZ	华映科技	制造业	福建省	19.4445	56	30.4111	31.7723
442	000792.SZ	盐湖股份	制造业	青海省	16.6724	67	31.7707	31.7707
443	600060.SH	海信电器	制造业	山东省	12.6999	76	31.6899	31.6899
444	600526.SH	菲达环保	制造业	浙江省	17.4045	65	31.6831	31.6831
445	600780.SH	通宝能源	电力、煤气及水的生产和供应业	山西省	18.2238	63	31.6567	31.6567
446	000623.SZ	吉林敖东	制造业	吉林省	19.4482	60	31.6138	31.6138
447	600309.SH	烟台万华	制造业	山东省	15.4149	69	31.4904	31.4904
448	002656.SZ	卡奴迪路	批发和零售贸易业	广东省	17.0205	61	30.2144	31.4058
449	601607.SH	上海医药	制造业	上海市	15.2848	69	31.3994	31.3994
450	600836.SH	界龙实业	制造业	上海市	15.7041	68	31.3929	31.3929
451	000625.SZ	长安汽车	制造业	重庆市	17.2756	64	31.2929	31.2929
452	600383.SH	金地集团	房地产业	广东省	12.0928	76	31.2650	31.2650
453	600517.SH	置信电气	制造业	上海市	20.4885	56	31.1419	31.1419
454	002331.SZ	皖通科技	信息技术业	安徽省	14.3335	67	30.1335	31.1368
455	600163.SH	福建南纸	制造业	福建省	21.3276	54	31.1293	31.1293
456	600176.SH	中国玻纤	制造业	北京市	16.5338	65	31.0736	31.0736
457	600303.SH	曙光股份	制造业	辽宁省	18.2280	61	31.0596	31.0596
458	600026.SH	中海发展	交通运输、仓储业	上海市	22.0806	52	31.0564	31.0564
459	002500.SZ	山西证券	金融、保险业	山西省	28.9255	36	31.0479	31.0479
460	002165.SZ	红宝丽	制造业	江苏省	18.8030	55	29.6621	30.9783
461	600486.SH	扬农化工	制造业	江苏省	11.6660	76	30.9662	30.9662
462	600702.SH	沱牌舍得	制造业	四川省	20.2308	56	30.9615	30.9615
463	600468.SH	百利电气	制造业	天津市	15.4219	67	30.8953	30.8953
464	600881.SH	亚泰集团	综合类	吉林省	15.2856	67	30.7999	30.7999
465	002286.SZ	保龄宝	制造业	山东省	18.1103	56	29.4772	30.7449
466	601098.SH	中南传媒	传播与文化产业	湖南省	11.3327	76	30.7329	30.7329
467	600616.SH	金枫酒业	制造业	上海市	21.6069	52	30.7248	30.7248
468	600219.SH	南山铝业	制造业	山东省	21.5447	52	30.6813	30.6813
469	600436.SH	片仔癀	制造业	福建省	17.6154	61	30.6308	30.6308
470	600835.SH	上海机电	制造业	上海市	21.4574	52	30.6202	30.6202

续表

排名	证券代码	证券简称	行业	注册地	社会责任报告得分	网站得分	信息披露得分	信息披露得分(调整后)
471	600642.SH	申能股份	电力、煤气及水的生产和供应业	上海市	22.2982	50	30.6088	30.6088
472	600560.SH	金自天正	制造业	北京市	11.4554	75	30.5188	30.5188
473	600256.SH	广汇能源	房地产业	新疆维吾尔自治区	14.0224	69	30.5157	30.5157
474	600006.SH	东风汽车	制造业	湖北省	9.2472	80	30.4730	30.4730
475	002589.SZ	瑞康医药	批发和零售贸易业	山东省	20.4361	49	29.0053	30.4358
476	600460.SH	士兰微	制造业	浙江省	9.9671	78	30.3770	30.3770
477	600109.SH	国金证券	金融、保险业	四川省	13.7741	69	30.3419	30.3419
478	600739.SH	辽宁成大	批发和零售贸易业	辽宁省	16.2822	63	30.2975	30.2975
479	600243.SH	青海华鼎	制造业	青海省	17.9748	59	30.2824	30.2824
480	600535.SH	天士力	制造业	天津市	18.7886	57	30.2520	30.2520
481	600886.SH	国投电力	电力、煤气及水的生产和供应业	甘肃省	15.7570	64	30.2299	30.2299
482	601880.SH	大连港	交通运输、仓储业	辽宁省	13.5496	69	30.1847	30.1847
483	600011.SH	华能国际	电力、煤气及水的生产和供应业	北京市	11.3710	74	30.1597	30.1597
484	600282.SH	南钢股份	制造业	江苏省	30.8100	28	29.9670	29.9670
485	600987.SH	航民股份	制造业	浙江省	17.6964	58	29.7875	29.7875
486	600210.SH	紫江企业	制造业	上海市	14.2538	66	29.7776	29.7776
487	000927.SZ	一汽夏利	制造业	天津市	21.9176	48	29.7423	29.7423
488	600595.SH	中孚实业	制造业	河南省	17.1081	59	29.6756	29.6756
489	600388.SH	龙净环保	制造业	福建省	15.8079	62	29.6655	29.6655
490	002509.SZ	天广消防	制造业	福建省	17.3202	54	28.3241	29.5365
491	600085.SH	同仁堂	制造业	北京市	10.8247	73	29.4773	29.4773
492	601866.SH	中海集运	交通运输、仓储业	上海市	10.8182	73	29.4727	29.4727
493	600458.SH	时代新材	制造业	湖南省	13.3595	67	29.4516	29.4516
494	002498.SZ	汉缆股份	制造业	山东省	20.6883	45	27.9818	29.4300
495	600583.SH	海油工程	采掘业	天津市	10.7199	73	29.4039	29.4039
496	002029.SZ	七匹狼	制造业	福建省	15.8505	57	28.1954	29.3049
497	600693.SH	东百集团	批发和零售贸易业	福建省	10.0911	74	29.2638	29.2638
498	002224.SZ	三力士	制造业	浙江省	13.3957	63	28.2770	29.2147
499	000962.SZ	东方钽业	制造业	宁夏回族自治区	18.0329	51	27.9231	29.1854
500	600332.SH	广州药业	制造业	广东省	13.8257	65	29.1780	29.1780

续表

排名	证券代码	证券简称	行业	注册地	社会责任报告得分	网站得分	信息披露得分	信息披露得分（调整后）
501	600493.SH	凤竹纺织	制造业	福建省	18.4886	54	29.1420	29.1420
502	600255.SH	鑫科材料	制造业	安徽省	18.4310	54	29.1017	29.1017
503	000029.SZ	深深房A	房地产业	广东省	0.0000	97	29.1000	29.1000
504	600356.SH	恒丰纸业	制造业	黑龙江省	14.9539	62	29.0677	29.0677
505	601005.SH	重庆钢铁	制造业	重庆市	17.4570	56	29.0199	29.0199
506	600203.SH	福日电子	制造业	福建省	16.0343	59	28.9240	28.9240
507	600860.SH	北人股份	制造业	北京市	17.7199	55	28.9039	28.9039
508	002180.SZ	万力达	制造业	广东省	18.0293	50	27.6205	28.8826
509	601038.SH	一拖股份	制造业	河南省	12.8519	66	28.7964	28.7964
510	000997.SZ	新大陆	信息技术业	福建省	18.9303	47	27.3512	28.6763
511	601717.SH	郑煤机	制造业	河南省	10.8823	70	28.6176	28.6176
512	000547.SZ	闽福发A	信息技术业	福建省	25.8460	29	26.7922	28.6014
513	000898.SZ	*ST鞍钢	制造业	辽宁省	28.9378	21	26.5564	28.5821
514	600246.SH	万通地产	房地产业	北京市	11.2589	69	28.5813	28.5813
515	600329.SH	中新药业	制造业	天津市	11.6242	68	28.5369	28.5369
516	600992.SH	贵绳股份	制造业	贵州省	15.7419	58	28.4193	28.4193
517	600260.SH	凯乐科技	制造业	湖北省	17.4495	54	28.4147	28.4147
518	600195.SH	中牧股份	制造业	北京市	7.8526	76	28.2968	28.2968
519	600125.SH	铁龙物流	交通运输、仓储业	辽宁省	15.1189	59	28.2832	28.2832
520	600874.SH	创业环保	社会服务业	天津市	14.2172	61	28.2521	28.2521
521	600151.SH	航天机电	制造业	上海市	14.5907	60	28.2135	28.2135
522	002202.SZ	金风科技	制造业	新疆维吾尔自治区	9.4198	72	28.1939	28.1939
523	600367.SH	红星发展	制造业	贵州省	16.6532	55	28.1572	28.1572
524	600623.SH	双钱股份	制造业	上海市	10.5723	69	28.1006	28.1006
525	601009.SH	南京银行	金融、保险业	江苏省	13.0134	63	28.0094	28.0094
526	002241.SZ	歌尔声学	制造业	山东省	16.8676	54	28.0073	28.0073
527	002153.SZ	石基信息	信息技术业	北京市	25.8140	27	26.1698	27.9768
528	601788.SH	光大证券	金融、保险业	上海市	18.4694	50	27.9286	27.9286
529	600896.SH	中海海盛	交通运输、仓储业	海南省	7.3129	76	27.9190	27.9190
530	600980.SH	*ST北磁	制造业	北京市	12.0151	65	27.9106	27.9106
531	600116.SH	三峡水利	电力、煤气及水的生产和供应业	重庆市	26.7701	30	27.7390	27.7390
532	601018.SH	宁波港	交通运输、仓储业	浙江省	17.1857	52	27.6300	27.6300

续表

排名	证券代码	证券简称	行业	注册地	社会责任报告得分	网站得分	信息披露得分	信息披露得分(调整后)
533	600252.SH	中恒集团	制造业	广西壮族自治区	15.0286	57	27.6200	27.6200
534	600680.SH	上海普天	信息技术业	上海市	12.0282	64	27.6197	27.6197
535	000016.SZ	深康佳A	制造业	广东省	0.0000	92	27.6000	27.6000
536	000037.SZ	深南电A	电力、煤气及水的生产和供应业	广东省	0.0000	92	27.6000	27.6000
537	000042.SZ	深长城	房地产业	广东省	0.0000	92	27.6000	27.6000
538	300299.SZ	富春通信	信息技术业	福建省	9.8179	66	26.6725	27.3598
539	000541.SZ	佛山照明	制造业	广东省	0.0000	91	27.3000	27.3000
540	300179.SZ	四方达	制造业	河南省	11.2663	62	26.4864	27.2750
541	600508.SH	上海能源	采掘业	上海市	16.6150	52	27.2305	27.2305
542	601515.SH	东风股份	制造业	广东省	18.2741	48	27.1919	27.1919
543	002674.SZ	兴业科技	制造业	福建省	13.0703	57	26.2492	27.1641
544	600711.SH	盛屯矿业	综合类	福建省	8.7424	70	27.1197	27.1197
545	002001.SZ	新和成	制造业	浙江省	11.2536	64	27.0775	27.0775
546	600351.SH	亚宝药业	制造业	山西省	6.0235	76	27.0164	27.0164
547	000078.SZ	海王生物	制造业	广东省	0.0000	90	27.0000	27.0000
548	600037.SH	歌华有线	传播与文化产业	北京市	20.1303	43	26.9912	26.9912
549	600435.SH	北方导航	制造业	北京市	16.1509	52	26.9056	26.9056
550	600582.SH	天地科技	制造业	北京市	10.9831	64	26.8882	26.8882
551	600973.SH	宝胜股份	制造业	江苏省	7.1137	73	26.8796	26.8796
552	600439.SH	瑞贝卡	制造业	河南省	6.6796	74	26.8757	26.8757
553	600298.SH	安琪酵母	制造业	湖北省	23.6461	34	26.7523	26.7523
554	603000.SH	人民网	综合类	北京市	10.3068	65	26.7147	26.7147
555	600170.SH	上海建工	建筑业	上海市	5.5901	76	26.7131	26.7131
556	000019.SZ	深深宝A	制造业	广东省	0.0000	89	26.7000	26.7000
557	000153.SZ	丰原药业	制造业	安徽省	0.0000	89	26.7000	26.7000
558	000156.SZ	华数传媒	传播与文化产业	浙江省	0.0000	89	26.7000	26.7000
559	601008.SH	连云港	交通运输、仓储业	江苏省	16.1314	51	26.5920	26.5920
560	000885.SZ	同力水泥	制造业	河南省	13.0663	55	25.6464	26.5611
561	600816.SH	安信信托	金融、保险业	上海市	13.5912	56	26.3138	26.3138
562	600858.SH	银座股份	批发和零售贸易业	山东省	14.0176	55	26.3123	26.3123
563	600592.SH	龙溪股份	制造业	福建省	14.4370	54	26.3059	26.3059
564	601101.SH	昊华能源	采掘业	北京市	11.6288	60	26.1402	26.1402
565	000411.SZ	英特集团	批发和零售贸易业	浙江省	0.0000	87	26.1000	26.1000

续表

排名	证券代码	证券简称	行业	注册地	社会责任报告得分	网站得分	信息披露得分	信息披露得分(调整后)
566	600611.SH	大众交通	社会服务业	上海市	10.6012	62	26.0209	26.0209
567	002174.SZ	梅花伞	制造业	福建省	14.2673	50	24.9871	25.9858
568	600071.SH	凤凰光学	制造业	江西省	8.7244	66	25.9071	25.9071
569	000663.SZ	永安林业	农、林、牧、渔业	福建省	13.3574	52	24.9502	25.8852
570	002281.SZ	光迅科技	信息技术业	湖北省	9.7982	61	25.1587	25.8446
571	300188.SZ	美亚柏科	信息技术业	福建省	0.0000	86	25.8000	25.8000
572	300004.SZ	南风股份	制造业	广东省	12.4499	54	24.9149	25.7864
573	600876.SH	洛阳玻璃	制造业	河南省	10.5312	61	25.6718	25.6718
574	601518.SH	吉林高速	交通运输、仓储业	吉林省	15.6502	49	25.6551	25.6551
575	000819.SZ	岳阳兴长	制造业	湖南省	11.8623	55	24.8036	25.6340
576	000718.SZ	苏宁环球	房地产业	吉林省	9.6021	63	25.6214	25.6214
577	000881.SZ	大连国际	综合类	辽宁省	14.8339	47	24.4837	25.5221
578	600126.SH	杭钢股份	制造业	浙江省	0.0000	85	25.5000	25.5000
579	600895.SH	张江高科	综合类	上海市	12.3233	56	25.4263	25.4263
580	002249.SZ	大洋电机	制造业	广东省	32.6172	1	23.1321	25.4153
581	002128.SZ	露天煤业	采掘业	内蒙古自治区	36.2581	0	25.3807	25.3807
582	600467.SH	好当家	农、林、牧、渔业	山东省	4.9552	73	25.3687	25.3687
583	600507.SH	方大特钢	制造业	江西省	14.1651	51	25.2156	25.2156
584	000417.SZ	合肥百货	批发和零售贸易业	安徽省	0.0000	84	25.2000	25.2000
585	000748.SZ	长城信息	信息技术业	湖南省	0.0000	84	25.2000	25.2000
586	300182.SZ	捷成股份	信息技术业	北京市	0.0000	84	25.2000	25.2000
587	600336.SH	澳柯玛	制造业	山东省	0.0000	84	25.2000	25.2000
588	600873.SH	梅花集团	制造业	西藏自治区	7.8475	65	24.9932	24.9932
589	300336.SZ	新文化	传播与文化产业	上海市	12.0829	52	24.0580	24.9038
590	000043.SZ	中航地产	房地产业	广东省	0.0000	83	24.9000	24.9000
591	000151.SZ	中成股份	批发和零售贸易业	北京市	0.0000	83	24.9000	24.9000
592	600410.SH	华胜天成	信息技术业	北京市	0.0000	83	24.9000	24.9000
593	600110.SH	中科英华	制造业	吉林省	12.1582	54	24.7107	24.7107
594	002491.SZ	通鼎光电	信息技术业	江苏省	0.0000	82	24.6000	24.6000
595	002666.SZ	德联集团	制造业	广东省	0.0000	82	24.6000	24.6000
596	300051.SZ	三五互联	信息技术业	福建省	0.0000	82	24.6000	24.6000
597	300162.SZ	雷曼光电	制造业	广东省	0.0000	82	24.6000	24.6000
598	300203.SZ	聚光科技	制造业	浙江省	0.0000	82	24.6000	24.6000
599	300229.SZ	拓尔思	信息技术业	北京市	0.0000	82	24.6000	24.6000

续表

排名	证券代码	证券简称	行业	注册地	社会责任报告得分	网站得分	信息披露得分	信息披露得分(调整后)
600	300249.SZ	依米康	制造业	四川省	0.0000	82	24.6000	24.6000
601	600571.SH	信雅达	信息技术业	浙江省	0.0000	82	24.6000	24.6000
602	600664.SH	哈药股份	制造业	黑龙江省	0.0000	82	24.6000	24.6000
603	601608.SH	中信重工	制造业	河南省	0.0000	82	24.6000	24.6000
604	600639.SH	浦东金桥	房地产业	上海市	35.1165	0	24.5815	24.5815
605	600889.SH	南京化纤	制造业	江苏省	11.0766	56	24.5536	24.5536
606	600750.SH	江中药业	制造业	江西省	22.2170	30	24.5519	24.5519
607	000815.SZ	*ST美利	制造业	宁夏回族自治区	12.7166	49	23.6016	24.4918
608	600322.SH	天房发展	房地产业	天津市	10.4044	57	24.3831	24.3831
609	000088.SZ	盐田港	交通运输、仓储业	广东省	17.1543	37	23.1080	24.3088
610	000070.SZ	特发信息	信息技术业	广东省	0.0000	81	24.3000	24.3000
611	000584.SZ	友利控股	制造业	四川省	0.0000	81	24.3000	24.3000
612	000756.SZ	新华制药	制造业	山东省	0.0000	81	24.3000	24.3000
613	000906.SZ	物产中拓	批发和零售贸易业	湖南省	0.0000	81	24.3000	24.3000
614	002187.SZ	广百股份	批发和零售贸易业	广东省	0.0000	81	24.3000	24.3000
615	002697.SZ	红旗连锁	批发和零售贸易业	四川省	0.0000	81	24.3000	24.3000
616	300072.SZ	三聚环保	制造业	北京市	0.0000	81	24.3000	24.3000
617	000011.SZ	深物业A	房地产业	广东省	0.0000	80	24.0000	24.0000
618	000025.SZ	特力A	批发和零售贸易业	广东省	0.0000	80	24.0000	24.0000
619	002536.SZ	西泵股份	制造业	河南省	0.0000	80	24.0000	24.0000
620	002646.SZ	青青稞酒	制造业	青海省	0.0000	80	24.0000	24.0000
621	300010.SZ	立思辰	信息技术业	北京市	0.0000	80	24.0000	24.0000
622	300079.SZ	数码视讯	信息技术业	北京市	0.0000	80	24.0000	24.0000
623	300187.SZ	永清环保	社会服务业	湖南省	0.0000	80	24.0000	24.0000
624	300213.SZ	佳讯飞鸿	信息技术业	北京市	0.0000	80	24.0000	24.0000
625	300216.SZ	千山药机	制造业	湖南省	0.0000	80	24.0000	24.0000
626	300228.SZ	富瑞特装	制造业	江苏省	0.0000	80	24.0000	24.0000
627	300261.SZ	雅本化学	制造业	江苏省	0.0000	80	24.0000	24.0000
628	600073.SH	上海梅林	制造业	上海市	0.0000	80	24.0000	24.0000
629	600105.SH	永鼎股份	信息技术业	江苏省	0.0000	80	24.0000	24.0000
630	600135.SH	乐凯胶片	制造业	河北省	0.0000	80	24.0000	24.0000
631	600363.SH	联创光电	制造业	江西省	0.0000	80	24.0000	24.0000
632	600433.SH	冠豪高新	制造业	广东省	0.0000	80	24.0000	24.0000
633	600598.SH	北大荒	农、林、牧、渔业	黑龙江省	0.0000	80	24.0000	24.0000

中国上市公司社会责任信息披露综合评价结果与排名

续表

排名	证券代码	证券简称	行业	注册地	社会责任报告得分	网站得分	信息披露得分	信息披露得分(调整后)
634	600729.SH	重庆百货	批发和零售贸易业	重庆市	0.0000	80	24.0000	24.0000
635	601965.SH	中国汽研	社会服务业	重庆市	0.0000	80	24.0000	24.0000
636	600463.SH	空港股份	房地产业	北京市	10.2770	56	23.9939	23.9939
637	600100.SH	同方股份	信息技术业	北京市	5.5331	67	23.9732	23.9732
638	600059.SH	古越龙山	制造业	浙江省	33.6448	1	23.8514	23.8514
639	600808.SH	马钢股份	制造业	安徽省	8.7299	59	23.8109	23.8109
640	000005.SZ	世纪星源	综合类	广东省	0.0000	79	23.7000	23.7000
641	000531.SZ	穗恒运A	电力、煤气及水的生产和供应业	广东省	0.0000	79	23.7000	23.7000
642	000911.SZ	南宁糖业	制造业	广西壮族自治区	0.0000	79	23.7000	23.7000
643	002404.SZ	嘉欣丝绸	制造业	浙江省	0.0000	79	23.7000	23.7000
644	002629.SZ	仁智油服	采掘业	四川省	0.0000	79	23.7000	23.7000
645	300190.SZ	维尔利	社会服务业	江苏省	0.0000	79	23.7000	23.7000
646	600401.SH	海润光伏	制造业	江苏省	0.0000	79	23.7000	23.7000
647	601100.SH	恒立油缸	制造业	江苏省	0.0000	79	23.7000	23.7000
648	601003.SH	柳钢股份	制造业	广西壮族自治区	8.0912	60	23.6638	23.6638
649	000762.SZ	西藏矿业	采掘业	西藏自治区	33.7992	0	23.6594	23.6594
650	600173.SH	卧龙地产	房地产业	浙江省	9.3028	57	23.6120	23.6120
651	000993.SZ	闽东电力	电力、煤气及水的生产和供应业	福建省	11.5332	49	22.7732	23.5805
652	600658.SH	电子城	房地产业	北京市	16.5173	40	23.5621	23.5621
653	600012.SH	皖通高速	交通运输、仓储业	安徽省	11.2895	52	23.5026	23.5026
654	002079.SZ	苏州固锝	制造业	江苏省	24.6365	15	21.7456	23.4701
655	000099.SZ	中信海直	交通运输、仓储业	广东省	0.0000	78	23.4000	23.4000
656	000582.SZ	北海港	交通运输、仓储业	广西壮族自治区	0.0000	78	23.4000	23.4000
657	000863.SZ	三湘股份	房地产业	广东省	0.0000	78	23.4000	23.4000
658	002065.SZ	东华软件	信息技术业	北京市	0.0000	78	23.4000	23.4000
659	002226.SZ	江南化工	制造业	安徽省	0.0000	78	23.4000	23.4000
660	002588.SZ	史丹利	制造业	山东省	0.0000	78	23.4000	23.4000
661	002614.SZ	蒙发利	制造业	福建省	0.0000	78	23.4000	23.4000
662	002622.SZ	永大集团	制造业	吉林省	0.0000	78	23.4000	23.4000
663	002653.SZ	海思科	制造业	西藏自治区	0.0000	78	23.4000	23.4000

续表

排名	证券代码	证券简称	行业	注册地	社会责任报告得分	网站得分	信息披露得分	信息披露得分(调整后)
664	300085.SZ	银之杰	信息技术业	广东省	0.0000	78	23.4000	23.4000
665	300235.SZ	方直科技	传播与文化产业	广东省	0.0000	78	23.4000	23.4000
666	300268.SZ	万福生科	制造业	湖南省	0.0000	78	23.4000	23.4000
667	300348.SZ	长亮科技	信息技术业	广东省	0.0000	78	23.4000	23.4000
668	600127.SH	金健米业	制造业	湖南省	0.0000	78	23.4000	23.4000
669	600185.SH	格力地产	房地产业	广东省	0.0000	78	23.4000	23.4000
670	600248.SH	延长化建	建筑业	陕西省	0.0000	78	23.4000	23.4000
671	600330.SH	天通股份	制造业	浙江省	0.0000	78	23.4000	23.4000
672	600459.SH	贵研铂业	制造业	云南省	0.0000	78	23.4000	23.4000
673	600637.SH	百视通	传播与文化产业	上海市	0.0000	78	23.4000	23.4000
674	600635.SH	大众公用	综合类	上海市	19.6250	32	23.3375	23.3375
675	000032.SZ	深桑达A	制造业	广东省	0.0000	77	23.1000	23.1000
676	000158.SZ	常山股份	制造业	河北省	0.0000	77	23.1000	23.1000
677	002045.SZ	国光电器	制造业	广东省	0.0000	77	23.1000	23.1000
678	002129.SZ	中环股份	制造业	天津市	0.0000	77	23.1000	23.1000
679	002205.SZ	国统股份	制造业	新疆维吾尔自治区	0.0000	77	23.1000	23.1000
680	002215.SZ	诺普信	制造业	广东省	0.0000	77	23.1000	23.1000
681	002410.SZ	广联达	信息技术业	北京市	0.0000	77	23.1000	23.1000
682	002437.SZ	誉衡药业	制造业	黑龙江省	0.0000	77	23.1000	23.1000
683	002439.SZ	启明星辰	信息技术业	北京市	0.0000	77	23.1000	23.1000
684	002454.SZ	松芝股份	制造业	上海市	0.0000	77	23.1000	23.1000
685	002483.SZ	润邦股份	制造业	江苏省	0.0000	77	23.1000	23.1000
686	300001.SZ	特锐德	制造业	山东省	0.0000	77	23.1000	23.1000
687	300037.SZ	新宙邦	制造业	广东省	0.0000	77	23.1000	23.1000
688	300260.SZ	新莱应材	制造业	江苏省	0.0000	77	23.1000	23.1000
689	002535.SZ	林州重机	制造业	河南省	20.2151	25	21.6506	23.0656
690	002201.SZ	九鼎新材	制造业	江苏省	0.0000	76	22.8000	22.8000
691	002266.SZ	浙富股份	制造业	浙江省	0.0000	76	22.8000	22.8000
692	002364.SZ	中恒电气	制造业	浙江省	0.0000	76	22.8000	22.8000
693	002518.SZ	科士达	制造业	广东省	0.0000	76	22.8000	22.8000
694	002526.SZ	山东矿机	制造业	山东省	0.0000	76	22.8000	22.8000
695	002610.SZ	爱康科技	制造业	江苏省	0.0000	76	22.8000	22.8000
696	300075.SZ	数字政通	信息技术业	北京市	0.0000	76	22.8000	22.8000
697	300093.SZ	金刚玻璃	制造业	广东省	0.0000	76	22.8000	22.8000

续表

排名	证券代码	证券简称	行业	注册地	社会责任报告得分	网站得分	信息披露得分	信息披露得分(调整后)
698	300161.SZ	华中数控	制造业	湖北省	0.0000	76	22.8000	22.8000
699	300170.SZ	汉得信息	信息技术业	上海市	0.0000	76	22.8000	22.8000
700	300208.SZ	恒顺电气	制造业	山东省	0.0000	76	22.8000	22.8000
701	300239.SZ	东宝生物	制造业	内蒙古自治区	0.0000	76	22.8000	22.8000
702	600086.SH	东方金钰	制造业	湖北省	0.0000	76	22.8000	22.8000
703	600088.SH	中视传媒	传播与文化产业	上海市	0.0000	76	22.8000	22.8000
704	600133.SH	东湖高新	综合类	湖北省	0.0000	76	22.8000	22.8000
705	600189.SH	吉林森工	农、林、牧、渔业	吉林省	0.0000	76	22.8000	22.8000
706	600192.SH	长城电工	制造业	甘肃省	0.0000	76	22.8000	22.8000
707	600199.SH	金种子酒	制造业	安徽省	0.0000	76	22.8000	22.8000
708	600200.SH	江苏吴中	制造业	江苏省	0.0000	76	22.8000	22.8000
709	600212.SH	江泉实业	电力、煤气及水的生产和供应业	山东省	0.0000	76	22.8000	22.8000
710	600213.SH	亚星客车	制造业	江苏省	0.0000	76	22.8000	22.8000
711	600216.SH	浙江医药	制造业	浙江省	0.0000	76	22.8000	22.8000
712	600249.SH	两面针	制造业	广西壮族自治区	0.0000	76	22.8000	22.8000
713	600359.SH	新农开发	农、林、牧、渔业	新疆维吾尔自治区	0.0000	76	22.8000	22.8000
714	600375.SH	华菱星马	制造业	安徽省	0.0000	76	22.8000	22.8000
715	600379.SH	宝光股份	制造业	陕西省	0.0000	76	22.8000	22.8000
716	600391.SH	成发科技	制造业	四川省	0.0000	76	22.8000	22.8000
717	600420.SH	现代制药	制造业	上海市	0.0000	76	22.8000	22.8000
718	600446.SH	金证股份	信息技术业	广东省	0.0000	76	22.8000	22.8000
719	600448.SH	华纺股份	制造业	山东省	0.0000	76	22.8000	22.8000
720	600477.SH	杭萧钢构	建筑业	浙江省	0.0000	76	22.8000	22.8000
721	600491.SH	龙元建设	建筑业	浙江省	0.0000	76	22.8000	22.8000
722	600512.SH	腾达建设	建筑业	浙江省	0.0000	76	22.8000	22.8000
723	600521.SH	华海药业	制造业	浙江省	0.0000	76	22.8000	22.8000
724	600570.SH	恒生电子	信息技术业	浙江省	0.0000	76	22.8000	22.8000
725	600665.SH	天地源	房地产业	上海市	0.0000	76	22.8000	22.8000
726	600686.SH	金龙汽车	制造业	福建省	0.0000	76	22.8000	22.8000
727	600698.SH	*ST轻骑	制造业	山东省	0.0000	76	22.8000	22.8000
728	600708.SH	海博股份	交通运输、仓储业	上海市	0.0000	76	22.8000	22.8000

续表

排名	证券代码	证券简称	行业	注册地	社会责任报告得分	网站得分	信息披露得分	信息披露得分（调整后）
729	601106.SH	中国一重	制造业	黑龙江省	0.0000	76	22.8000	22.8000
730	601268.SH	*ST二重	制造业	四川省	0.0000	76	22.8000	22.8000
731	603366.SH	日出东方	制造业	江苏省	0.0000	76	22.8000	22.8000
732	000655.SZ	金岭矿业	采掘业	山东省	10.7003	48	21.8902	22.6392
733	000410.SZ	沈阳机床	制造业	辽宁省	0.0000	75	22.5000	22.5000
734	000553.SZ	沙隆达A	制造业	湖北省	0.0000	75	22.5000	22.5000
735	000788.SZ	北大医药	制造业	重庆市	0.0000	75	22.5000	22.5000
736	002253.SZ	川大智胜	信息技术业	四川省	0.0000	75	22.5000	22.5000
737	002455.SZ	百川股份	制造业	江苏省	0.0000	75	22.5000	22.5000
738	002472.SZ	双环传动	制造业	浙江省	0.0000	75	22.5000	22.5000
739	002590.SZ	万安科技	制造业	浙江省	0.0000	75	22.5000	22.5000
740	002606.SZ	大连电瓷	制造业	辽宁省	0.0000	75	22.5000	22.5000
741	002628.SZ	成都路桥	建筑业	四川省	0.0000	75	22.5000	22.5000
742	002683.SZ	宏大爆破	采掘业	广东省	0.0000	75	22.5000	22.5000
743	300177.SZ	中海达	信息技术业	广东省	0.0000	75	22.5000	22.5000
744	300186.SZ	大华农	农、林、牧、渔业	广东省	0.0000	75	22.5000	22.5000
745	300245.SZ	天玑科技	信息技术业	上海市	0.0000	75	22.5000	22.5000
746	300277.SZ	海联讯	信息技术业	广东省	0.0000	75	22.5000	22.5000
747	300307.SZ	慈星股份	制造业	浙江省	0.0000	75	22.5000	22.5000
748	300318.SZ	博晖创新	制造业	北京市	0.0000	75	22.5000	22.5000
749	600179.SH	黑化股份	制造业	黑龙江省	0.0000	75	22.5000	22.5000
750	600862.SH	南通科技	制造业	江苏省	0.0000	75	22.5000	22.5000
751	600866.SH	星湖科技	制造业	广东省	0.0000	75	22.5000	22.5000
752	601700.SH	风范股份	制造业	江苏省	0.0000	75	22.5000	22.5000
753	000020.SZ	深华发A	制造业	广东省	0.0000	74	22.2000	22.2000
754	002058.SZ	威尔泰	制造业	上海市	0.0000	74	22.2000	22.2000
755	002243.SZ	通产丽星	制造业	广东省	0.0000	74	22.2000	22.2000
756	002306.SZ	湘鄂情	社会服务业	北京市	0.0000	74	22.2000	22.2000
757	002406.SZ	远东传动	制造业	河南省	0.0000	74	22.2000	22.2000
758	002613.SZ	北玻股份	制造业	河南省	0.0000	74	22.2000	22.2000
759	002650.SZ	加加食品	制造业	湖南省	0.0000	74	22.2000	22.2000
760	300048.SZ	合康变频	制造业	北京市	0.0000	74	22.2000	22.2000
761	300073.SZ	当升科技	制造业	北京市	0.0000	74	22.2000	22.2000
762	300098.SZ	高新兴	信息技术业	广东省	0.0000	74	22.2000	22.2000
763	300104.SZ	乐视网	传播与文化产业	北京市	0.0000	74	22.2000	22.2000

排名	证券代码	证券简称	行业	注册地	社会责任报告得分	网站得分	信息披露得分	信息披露得分(调整后)
764	300227.SZ	光韵达	制造业	广东省	0.0000	74	22.2000	22.2000
765	300270.SZ	中威电子	信息技术业	浙江省	0.0000	74	22.2000	22.2000
766	300315.SZ	掌趣科技	信息技术业	北京市	0.0000	74	22.2000	22.2000
767	300323.SZ	华灿光电	制造业	湖北省	0.0000	74	22.2000	22.2000
768	300324.SZ	旋极信息	信息技术业	北京市	0.0000	74	22.2000	22.2000
769	600128.SH	弘业股份	批发和零售贸易业	江苏省	0.0000	74	22.2000	22.2000
770	600399.SH	抚顺特钢	制造业	辽宁省	0.0000	74	22.2000	22.2000
771	600461.SH	洪城水业	电力、煤气及水的生产和供应业	江西省	0.0000	74	22.2000	22.2000
772	600513.SH	联环药业	制造业	江苏省	0.0000	74	22.2000	22.2000
773	600602.SH	仪电电子	制造业	上海市	0.0000	74	22.2000	22.2000
774	600699.SH	均胜电子	制造业	吉林省	0.0000	74	22.2000	22.2000
775	600706.SH	曲江文旅	信息技术业	陕西省	0.0000	74	22.2000	22.2000
776	601011.SH	宝泰隆	制造业	黑龙江省	0.0000	74	22.2000	22.2000
777	600734.SH	实达集团	房地产业	福建省	9.4278	52	22.1994	22.1994
778	600884.SH	杉杉股份	制造业	浙江省	11.7348	46	22.0144	22.0144
779	002639.SZ	雪人股份	制造业	福建省	8.3285	52	21.4300	22.0130
780	600736.SH	苏州高新	房地产业	江苏省	9.9870	50	21.9909	21.9909
781	000737.SZ	南风化工	制造业	山西省	0.0000	73	21.9000	21.9000
782	002005.SZ	德豪润达	制造业	广东省	0.0000	73	21.9000	21.9000
783	002022.SZ	科华生物	制造业	上海市	0.0000	73	21.9000	21.9000
784	002099.SZ	海翔药业	制造业	浙江省	0.0000	73	21.9000	21.9000
785	002242.SZ	九阳股份	制造业	山东省	0.0000	73	21.9000	21.9000
786	002277.SZ	友阿股份	批发和零售贸易业	湖南省	0.0000	73	21.9000	21.9000
787	002336.SZ	人人乐	批发和零售贸易业	广东省	0.0000	73	21.9000	21.9000
788	002380.SZ	科远股份	制造业	江苏省	0.0000	73	21.9000	21.9000
789	002445.SZ	中南重工	制造业	江苏省	0.0000	73	21.9000	21.9000
790	002673.SZ	西部证券	金融、保险业	陕西省	0.0000	73	21.9000	21.9000
791	300021.SZ	大禹节水	制造业	甘肃省	0.0000	73	21.9000	21.9000
792	300040.SZ	九洲电气	制造业	黑龙江省	0.0000	73	21.9000	21.9000
793	300050.SZ	世纪鼎利	信息技术业	广东省	0.0000	73	21.9000	21.9000
794	300133.SZ	华策影视	传播与文化产业	浙江省	0.0000	73	21.9000	21.9000
795	300145.SZ	南方泵业	制造业	浙江省	0.0000	73	21.9000	21.9000
796	300154.SZ	瑞凌股份	制造业	广东省	0.0000	73	21.9000	21.9000
797	300273.SZ	和佳股份	制造业	广东省	0.0000	73	21.9000	21.9000

续表

排名	证券代码	证券简称	行业	注册地	社会责任报告得分	网站得分	信息披露得分	信息披露得分(调整后)
798	300296.SZ	利亚德	制造业	北京市	0.0000	73	21.9000	21.9000
799	600122.SH	宏图高科	批发和零售贸易业	江苏省	0.0000	73	21.9000	21.9000
800	600157.SH	永泰能源	采掘业	山西省	0.0000	73	21.9000	21.9000
801	600478.SH	科力远	制造业	湖南省	0.0000	73	21.9000	21.9000
802	600489.SH	中金黄金	采掘业	北京市	0.0000	73	21.9000	21.9000
803	600509.SH	天富热电	电力、煤气及水的生产和供应业	新疆维吾尔自治区	0.0000	73	21.9000	21.9000
804	600531.SH	豫光金铅	制造业	河南省	0.0000	73	21.9000	21.9000
805	600545.SH	新疆城建	建筑业	新疆维吾尔自治区	0.0000	73	21.9000	21.9000
806	600668.SH	尖峰集团	制造业	浙江省	0.0000	73	21.9000	21.9000
807	600673.SH	东阳光铝	制造业	广东省	0.0000	73	21.9000	21.9000
808	600707.SH	*ST彩虹	制造业	陕西省	0.0000	73	21.9000	21.9000
809	600727.SH	鲁北化工	制造业	山东省	0.0000	73	21.9000	21.9000
810	600728.SH	佳都新太	信息技术业	广东省	0.0000	73	21.9000	21.9000
811	600960.SH	渤海活塞	制造业	山东省	0.0000	73	21.9000	21.9000
812	601233.SH	桐昆股份	制造业	浙江省	0.0000	73	21.9000	21.9000
813	600423.SH	柳化股份	制造业	广西壮族自治区	13.1771	42	21.8239	21.8239
814	600004.SH	白云机场	交通运输、仓储业	广东省	7.8286	54	21.6800	21.6800
815	600505.SH	西昌电力	电力、煤气及水的生产和供应业	四川省	30.8955	0	21.6269	21.6269
816	000056.SZ	*ST国商	房地产业	广东省	0.0000	72	21.6000	21.6000
817	000096.SZ	广聚能源	批发和零售贸易业	广东省	0.0000	72	21.6000	21.6000
818	000666.SZ	经纬纺机	制造业	北京市	0.0000	72	21.6000	21.6000
819	000811.SZ	烟台冰轮	制造业	山东省	0.0000	72	21.6000	21.6000
820	000958.SZ	*ST东热	电力、煤气及水的生产和供应业	河北省	0.0000	72	21.6000	21.6000
821	002059.SZ	云南旅游	社会服务业	云南省	0.0000	72	21.6000	21.6000
822	002091.SZ	江苏国泰	批发和零售贸易业	江苏省	0.0000	72	21.6000	21.6000
823	002265.SZ	*ST西仪	制造业	云南省	0.0000	72	21.6000	21.6000
824	002285.SZ	世联地产	房地产业	广东省	0.0000	72	21.6000	21.6000
825	002301.SZ	齐心文具	制造业	广东省	0.0000	72	21.6000	21.6000
826	002338.SZ	奥普光电	制造业	吉林省	0.0000	72	21.6000	21.6000
827	002367.SZ	康力电梯	制造业	江苏省	0.0000	72	21.6000	21.6000

续表

排名	证券代码	证券简称	行业	注册地	社会责任报告得分	网站得分	信息披露得分	信息披露得分(调整后)
828	002383.SZ	合众思壮	信息技术业	北京市	0.0000	72	21.6000	21.6000
829	002389.SZ	南洋科技	制造业	浙江省	0.0000	72	21.6000	21.6000
830	002401.SZ	中海科技	信息技术业	上海市	0.0000	72	21.6000	21.6000
831	002416.SZ	爱施德	批发和零售贸易业	广东省	0.0000	72	21.6000	21.6000
832	002546.SZ	新联电子	制造业	江苏省	0.0000	72	21.6000	21.6000
833	002556.SZ	辉隆股份	批发和零售贸易业	安徽省	0.0000	72	21.6000	21.6000
834	300006.SZ	莱美药业	制造业	重庆市	0.0000	72	21.6000	21.6000
835	300036.SZ	超图软件	信息技术业	北京市	0.0000	72	21.6000	21.6000
836	300068.SZ	南都电源	制造业	浙江省	0.0000	72	21.6000	21.6000
837	300105.SZ	龙源技术	制造业	山东省	0.0000	72	21.6000	21.6000
838	300147.SZ	香雪制药	制造业	广东省	0.0000	72	21.6000	21.6000
839	300166.SZ	东方国信	信息技术业	北京市	0.0000	72	21.6000	21.6000
840	300185.SZ	通裕重工	制造业	山东省	0.0000	72	21.6000	21.6000
841	300311.SZ	任子行	信息技术业	广东省	0.0000	72	21.6000	21.6000
842	300338.SZ	开元仪器	制造业	湖南省	0.0000	72	21.6000	21.6000
843	300356.SZ	光一科技	制造业	江苏省	0.0000	72	21.6000	21.6000
844	600112.SH	长征电气	制造业	贵州省	0.0000	72	21.6000	21.6000
845	600405.SH	动力源	制造业	北京市	0.0000	72	21.6000	21.6000
846	600537.SH	亿晶光电	制造业	浙江省	0.0000	72	21.6000	21.6000
847	600594.SH	益佰制药	制造业	贵州省	0.0000	72	21.6000	21.6000
848	600832.SH	东方明珠	综合类	上海市	0.0000	72	21.6000	21.6000
849	002244.SZ	滨江集团	房地产业	浙江省	14.0163	36	20.6114	21.5925
850	600966.SH	博汇纸业	制造业	山东省	10.2451	48	21.5716	21.5716
851	002189.SZ	利达光电	制造业	河南省	15.8529	31	20.3970	21.5067
852	600206.SH	有研硅股	制造业	北京市	5.3558	59	21.4491	21.4491
853	000036.SZ	华联控股	房地产业	广东省	0.0000	71	21.3000	21.3000
854	000593.SZ	大通燃气	批发和零售贸易业	四川省	0.0000	71	21.3000	21.3000
855	000665.SZ	湖北广电	传播与文化产业	湖北省	0.0000	71	21.3000	21.3000
856	002020.SZ	京新药业	制造业	浙江省	0.0000	71	21.3000	21.3000
857	002086.SZ	东方海洋	农、林、牧、渔业	山东省	0.0000	71	21.3000	21.3000
858	002090.SZ	金智科技	制造业	江苏省	0.0000	71	21.3000	21.3000
859	002123.SZ	荣信股份	制造业	辽宁省	0.0000	71	21.3000	21.3000
860	002212.SZ	南洋股份	制造业	广东省	0.0000	71	21.3000	21.3000
861	002217.SZ	联合化工	制造业	山东省	0.0000	71	21.3000	21.3000
862	002221.SZ	东华能源	批发和零售贸易业	江苏省	0.0000	71	21.3000	21.3000

续表

排名	证券代码	证券简称	行业	注册地	社会责任报告得分	网站得分	信息披露得分	信息披露得分(调整后)
863	002232.SZ	启明信息	信息技术业	吉林省	0.0000	71	21.3000	21.3000
864	002251.SZ	步步高	批发和零售贸易业	湖南省	0.0000	71	21.3000	21.3000
865	002280.SZ	新世纪	信息技术业	浙江省	0.0000	71	21.3000	21.3000
866	002318.SZ	久立特材	制造业	浙江省	0.0000	71	21.3000	21.3000
867	002580.SZ	圣阳股份	制造业	山东省	0.0000	71	21.3000	21.3000
868	002682.SZ	龙洲股份	交通运输、仓储业	福建省	0.0000	71	21.3000	21.3000
869	300012.SZ	华测检测	社会服务业	广东省	0.0000	71	21.3000	21.3000
870	300025.SZ	华星创业	信息技术业	浙江省	0.0000	71	21.3000	21.3000
871	300119.SZ	瑞普生物	制造业	天津市	0.0000	71	21.3000	21.3000
872	300283.SZ	温州宏丰	制造业	浙江省	0.0000	71	21.3000	21.3000
873	600097.SH	开创国际	农、林、牧、渔业	上海市	0.0000	71	21.3000	21.3000
874	600230.SH	沧州大化	制造业	河北省	0.0000	71	21.3000	21.3000
875	600268.SH	国电南自	制造业	江苏省	0.0000	71	21.3000	21.3000
876	600283.SH	钱江水利	电力、煤气及水的生产和供应业	浙江省	0.0000	71	21.3000	21.3000
877	600315.SH	上海家化	制造业	上海市	0.0000	71	21.3000	21.3000
878	600333.SH	长春燃气	电力、煤气及水的生产和供应业	吉林省	0.0000	71	21.3000	21.3000
879	600339.SH	天利高新	制造业	新疆维吾尔自治区	0.0000	71	21.3000	21.3000
880	600343.SH	航天动力	制造业	陕西省	0.0000	71	21.3000	21.3000
881	600348.SH	阳泉煤业	采掘业	山西省	0.0000	71	21.3000	21.3000
882	600408.SH	安泰集团	制造业	山西省	0.0000	71	21.3000	21.3000
883	600563.SH	法拉电子	制造业	福建省	0.0000	71	21.3000	21.3000
884	600579.SH	*ST黄海	制造业	山东省	0.0000	71	21.3000	21.3000
885	600663.SH	陆家嘴	房地产业	上海市	0.0000	71	21.3000	21.3000
886	600724.SH	宁波富达	房地产业	浙江省	0.0000	71	21.3000	21.3000
887	600789.SH	鲁抗医药	制造业	山东省	0.0000	71	21.3000	21.3000
888	600848.SH	自仪股份	制造业	上海市	0.0000	71	21.3000	21.3000
889	600880.SH	博瑞传播	传播与文化产业	四川省	0.0000	71	21.3000	21.3000
890	601126.SH	四方股份	制造业	北京市	0.0000	71	21.3000	21.3000
891	601216.SH	内蒙君正	制造业	内蒙古自治区	0.0000	71	21.3000	21.3000
892	601718.SH	际华集团	综合类	北京市	0.0000	71	21.3000	21.3000
893	601928.SH	凤凰传媒	传播与文化产业	江苏省	0.0000	71	21.3000	21.3000

续表

排名	证券代码	证券简称	行业	注册地	社会责任报告得分	网站得分	信息披露得分	信息披露得分(调整后)
894	000059.SZ	辽通化工	制造业	辽宁省	30.4074	0	21.2852	21.2852
895	600488.SH	天药股份	制造业	天津市	19.9033	24	21.1323	21.1323
896	600033.SH	福建高速	交通运输、仓储业	福建省	14.6823	36	21.0776	21.0776
897	000419.SZ	通程控股	批发和零售贸易业	湖南省	0.0000	70	21.0000	21.0000
898	000543.SZ	皖能电力	电力、煤气及水的生产和供应业	安徽省	0.0000	70	21.0000	21.0000
899	000976.SZ	春晖股份	制造业	广东省	0.0000	70	21.0000	21.0000
900	002055.SZ	得润电子	制造业	广东省	0.0000	70	21.0000	21.0000
901	002098.SZ	浔兴股份	制造业	福建省	0.0000	70	21.0000	21.0000
902	002197.SZ	证通电子	制造业	广东省	0.0000	70	21.0000	21.0000
903	002256.SZ	彩虹精化	制造业	广东省	0.0000	70	21.0000	21.0000
904	002279.SZ	久其软件	信息技术业	北京市	0.0000	70	21.0000	21.0000
905	002316.SZ	键桥通讯	信息技术业	广东省	0.0000	70	21.0000	21.0000
906	002408.SZ	齐翔腾达	制造业	山东省	0.0000	70	21.0000	21.0000
907	002411.SZ	九九久	制造业	江苏省	0.0000	70	21.0000	21.0000
908	002414.SZ	高德红外	制造业	湖北省	0.0000	70	21.0000	21.0000
909	002424.SZ	贵州百灵	制造业	贵州省	0.0000	70	21.0000	21.0000
910	002482.SZ	广田股份	建筑业	广东省	0.0000	70	21.0000	21.0000
911	002583.SZ	海能达	信息技术业	广东省	0.0000	70	21.0000	21.0000
912	002604.SZ	龙力生物	制造业	山东省	0.0000	70	21.0000	21.0000
913	300026.SZ	红日药业	制造业	天津市	0.0000	70	21.0000	21.0000
914	300090.SZ	盛运股份	制造业	安徽省	0.0000	70	21.0000	21.0000
915	300143.SZ	星河生物	农、林、牧、渔业	广东省	0.0000	70	21.0000	21.0000
916	300171.SZ	东富龙	制造业	上海市	0.0000	70	21.0000	21.0000
917	300287.SZ	飞利信	信息技术业	北京市	0.0000	70	21.0000	21.0000
918	600057.SH	象屿股份	社会服务业	福建省	0.0000	70	21.0000	21.0000
919	600143.SH	金发科技	制造业	广东省	0.0000	70	21.0000	21.0000
920	600354.SH	敦煌种业	农、林、牧、渔业	甘肃省	0.0000	70	21.0000	21.0000
921	600386.SH	北巴传媒	传播与文化产业	北京市	0.0000	70	21.0000	21.0000
922	600721.SH	百花村	批发和零售贸易业	新疆维吾尔自治区	0.0000	70	21.0000	21.0000
923	600784.SH	鲁银投资	制造业	山东省	0.0000	70	21.0000	21.0000
924	600790.SH	轻纺城	综合类	浙江省	0.0000	70	21.0000	21.0000
925	600801.SH	华新水泥	制造业	湖北省	0.0000	70	21.0000	21.0000
926	600828.SH	成商集团	批发和零售贸易业	四川省	0.0000	70	21.0000	21.0000

续表

排名	证券代码	证券简称	行业	注册地	社会责任报告得分	网站得分	信息披露得分	信息披露得分(调整后)
927	600986.SH	科达股份	建筑业	山东省	0.0000	70	21.0000	21.0000
928	601113.SH	华鼎锦纶	制造业	浙江省	0.0000	70	21.0000	21.0000
929	603399.SH	新华龙	制造业	辽宁省	0.0000	70	21.0000	21.0000
930	600051.SH	宁波联合	综合类	浙江省	4.7025	59	20.9917	20.9917
931	000933.SZ	神火股份	采掘业	河南省	11.8703	42	20.9092	20.9092
932	000014.SZ	沙河股份	房地产业	广东省	0.0000	69	20.7000	20.7000
933	000022.SZ	深赤湾A	交通运输、仓储业	广东省	0.0000	69	20.7000	20.7000
934	000668.SZ	荣丰控股	房地产业	上海市	0.0000	69	20.7000	20.7000
935	000691.SZ	亚太实业	房地产业	海南省	0.0000	69	20.7000	20.7000
936	000735.SZ	罗牛山	农、林、牧、渔业	海南省	0.0000	69	20.7000	20.7000
937	000790.SZ	华神集团	制造业	四川省	0.0000	69	20.7000	20.7000
938	002021.SZ	中捷股份	制造业	浙江省	0.0000	69	20.7000	20.7000
939	002196.SZ	方正电机	制造业	浙江省	0.0000	69	20.7000	20.7000
940	002278.SZ	神开股份	制造业	上海市	0.0000	69	20.7000	20.7000
941	002392.SZ	北京利尔	制造业	北京市	0.0000	69	20.7000	20.7000
942	002504.SZ	东光微电	制造业	江苏省	0.0000	69	20.7000	20.7000
943	002512.SZ	达华智能	制造业	广东省	0.0000	69	20.7000	20.7000
944	002549.SZ	凯美特气	制造业	湖南省	0.0000	69	20.7000	20.7000
945	002567.SZ	唐人神	制造业	湖南省	0.0000	69	20.7000	20.7000
946	002607.SZ	亚夏汽车	批发和零售贸易业	安徽省	0.0000	69	20.7000	20.7000
947	002627.SZ	宜昌交运	交通运输、仓储业	湖北省	0.0000	69	20.7000	20.7000
948	002638.SZ	勤上光电	制造业	广东省	0.0000	69	20.7000	20.7000
949	002678.SZ	珠江钢琴	制造业	广东省	0.0000	69	20.7000	20.7000
950	002681.SZ	奋达科技	制造业	广东省	0.0000	69	20.7000	20.7000
951	300045.SZ	华力创通	信息技术业	北京市	0.0000	69	20.7000	20.7000
952	300121.SZ	阳谷华泰	制造业	山东省	0.0000	69	20.7000	20.7000
953	300184.SZ	力源信息	信息技术业	湖北省	0.0000	69	20.7000	20.7000
954	300195.SZ	长荣股份	制造业	天津市	0.0000	69	20.7000	20.7000
955	300222.SZ	科大智能	制造业	上海市	0.0000	69	20.7000	20.7000
956	300269.SZ	联建光电	制造业	广东省	0.0000	69	20.7000	20.7000
957	300327.SZ	中颖电子	制造业	上海市	0.0000	69	20.7000	20.7000
958	600021.SH	上海电力	电力、煤气及水的生产和供应业	上海市	0.0000	69	20.7000	20.7000
959	600101.SH	明星电力	电力、煤气及水的生产和供应业	四川省	0.0000	69	20.7000	20.7000

续表

排名	证券代码	证券简称	行业	注册地	社会责任报告得分	网站得分	信息披露得分	信息披露得分(调整后)
960	600131.SH	岷江水电	电力、煤气及水的生产和供应业	四川省	0.0000	69	20.7000	20.7000
961	600225.SH	天津松江	房地产业	天津市	0.0000	69	20.7000	20.7000
962	600278.SH	东方创业	批发和零售贸易业	上海市	0.0000	69	20.7000	20.7000
963	600395.SH	盘江股份	采掘业	贵州省	0.0000	69	20.7000	20.7000
964	600476.SH	湘邮科技	信息技术业	湖南省	0.0000	69	20.7000	20.7000
965	600810.SH	神马股份	制造业	河南省	0.0000	69	20.7000	20.7000
966	600831.SH	广电网络	传播与文化产业	陕西省	0.0000	69	20.7000	20.7000
967	600620.SH	天宸股份	综合类	上海市	6.3842	54	20.6689	20.6689
968	000155.SZ	*ST川化	制造业	四川省	0.0000	68	20.4000	20.4000
969	000159.SZ	国际实业	批发和零售贸易业	新疆维吾尔自治区	0.0000	68	20.4000	20.4000
970	000517.SZ	荣安地产	房地产业	浙江省	0.0000	68	20.4000	20.4000
971	000521.SZ	美菱电器	制造业	安徽省	0.0000	68	20.4000	20.4000
972	002032.SZ	苏泊尔	制造业	浙江省	0.0000	68	20.4000	20.4000
973	002248.SZ	华东数控	制造业	山东省	0.0000	68	20.4000	20.4000
974	002254.SZ	泰和新材	制造业	山东省	0.0000	68	20.4000	20.4000
975	002313.SZ	日海通讯	信息技术业	广东省	0.0000	68	20.4000	20.4000
976	002492.SZ	恒基达鑫	交通运输、仓储业	广东省	0.0000	68	20.4000	20.4000
977	002571.SZ	德力股份	制造业	安徽省	0.0000	68	20.4000	20.4000
978	300011.SZ	鼎汉技术	制造业	北京市	0.0000	68	20.4000	20.4000
979	300066.SZ	三川股份	制造业	江西省	0.0000	68	20.4000	20.4000
980	300101.SZ	国腾电子	信息技术业	四川省	0.0000	68	20.4000	20.4000
981	300123.SZ	太阳鸟	制造业	湖南省	0.0000	68	20.4000	20.4000
982	300137.SZ	先河环保	制造业	河北省	0.0000	68	20.4000	20.4000
983	300148.SZ	天舟文化	传播与文化产业	湖南省	0.0000	68	20.4000	20.4000
984	300158.SZ	振东制药	制造业	山西省	0.0000	68	20.4000	20.4000
985	300219.SZ	鸿利光电	制造业	广东省	0.0000	68	20.4000	20.4000
986	300233.SZ	金城医药	制造业	山东省	0.0000	68	20.4000	20.4000
987	300272.SZ	开能环保	制造业	上海市	0.0000	68	20.4000	20.4000
988	300290.SZ	荣科科技	信息技术业	辽宁省	0.0000	68	20.4000	20.4000
989	300300.SZ	汉鼎股份	信息技术业	浙江省	0.0000	68	20.4000	20.4000
990	600070.SH	浙江富润	制造业	浙江省	0.0000	68	20.4000	20.4000
991	600079.SH	人福医药	制造业	湖北省	0.0000	68	20.4000	20.4000
992	600159.SH	大龙地产	房地产业	北京市	0.0000	68	20.4000	20.4000

续表

排名	证券代码	证券简称	行业	注册地	社会责任报告得分	网站得分	信息披露得分	信息披露得分(调整后)
993	600226.SH	升华拜克	制造业	浙江省	0.0000	68	20.4000	20.4000
994	600290.SH	华仪电气	制造业	浙江省	0.0000	68	20.4000	20.4000
995	600299.SH	蓝星新材	制造业	北京市	0.0000	68	20.4000	20.4000
996	600312.SH	平高电气	制造业	河南省	0.0000	68	20.4000	20.4000
997	600366.SH	宁波韵升	制造业	浙江省	0.0000	68	20.4000	20.4000
998	600482.SH	风帆股份	制造业	河北省	0.0000	68	20.4000	20.4000
999	600581.SH	八一钢铁	制造业	新疆维吾尔自治区	0.0000	68	20.4000	20.4000
1000	600636.SH	三爱富	制造业	上海市	0.0000	68	20.4000	20.4000
1001	600638.SH	新黄浦	房地产业	上海市	0.0000	68	20.4000	20.4000
1002	600645.SH	中源协和	社会服务业	天津市	0.0000	68	20.4000	20.4000
1003	600703.SH	三安光电	制造业	湖北省	0.0000	68	20.4000	20.4000
1004	600705.SH	中航投资	综合类	黑龙江省	0.0000	68	20.4000	20.4000
1005	600723.SH	首商股份	批发和零售贸易业	北京市	0.0000	68	20.4000	20.4000
1006	600785.SH	新华百货	批发和零售贸易业	宁夏回族自治区	0.0000	68	20.4000	20.4000
1007	600825.SH	新华传媒	批发和零售贸易业	上海市	0.0000	68	20.4000	20.4000
1008	600877.SH	中国嘉陵	制造业	重庆市	0.0000	68	20.4000	20.4000
1009	601179.SH	中国西电	电力、煤气及水的生产和供应业	陕西省	0.0000	68	20.4000	20.4000
1010	603766.SH	隆鑫通用	制造业	重庆市	0.0000	68	20.4000	20.4000
1011	600138.SH	中青旅	社会服务业	北京市	25.8857	7	20.2200	20.2200
1012	000570.SZ	苏常柴A	制造业	江苏省	0.0000	67	20.1000	20.1000
1013	000576.SZ	广东甘化	综合类	广东省	0.0000	67	20.1000	20.1000
1014	000682.SZ	东方电子	信息技术业	山东省	0.0000	67	20.1000	20.1000
1015	000698.SZ	沈阳化工	制造业	辽宁省	0.0000	67	20.1000	20.1000
1016	000830.SZ	鲁西化工	制造业	山东省	0.0000	67	20.1000	20.1000
1017	000859.SZ	国风塑业	制造业	安徽省	0.0000	67	20.1000	20.1000
1018	000903.SZ	云内动力	制造业	云南省	0.0000	67	20.1000	20.1000
1019	000915.SZ	山大华特	制造业	山东省	0.0000	67	20.1000	20.1000
1020	000939.SZ	凯迪电力	电力、煤气及水的生产和供应业	湖北省	0.0000	67	20.1000	20.1000
1021	000973.SZ	佛塑科技	制造业	广东省	0.0000	67	20.1000	20.1000
1022	000998.SZ	隆平高科	农、林、牧、渔业	湖南省	0.0000	67	20.1000	20.1000
1023	001696.SZ	宗申动力	制造业	重庆市	0.0000	67	20.1000	20.1000

续表

排名	证券代码	证券简称	行业	注册地	社会责任报告得分	网站得分	信息披露得分	信息披露得分(调整后)
1024	002031.SZ	巨轮股份	制造业	广东省	0.0000	67	20.1000	20.1000
1025	002116.SZ	中国海诚	社会服务业	上海市	0.0000	67	20.1000	20.1000
1026	002157.SZ	正邦科技	制造业	江西省	0.0000	67	20.1000	20.1000
1027	002219.SZ	独一味	制造业	甘肃省	0.0000	67	20.1000	20.1000
1028	002264.SZ	新华都	批发和零售贸易业	福建省	0.0000	67	20.1000	20.1000
1029	002268.SZ	卫士通	信息技术业	四川省	0.0000	67	20.1000	20.1000
1030	002275.SZ	桂林三金	制造业	广西壮族自治区	0.0000	67	20.1000	20.1000
1031	002284.SZ	亚太股份	制造业	浙江省	0.0000	67	20.1000	20.1000
1032	002311.SZ	海大集团	制造业	广东省	0.0000	67	20.1000	20.1000
1033	002337.SZ	赛象科技	制造业	天津市	0.0000	67	20.1000	20.1000
1034	002339.SZ	积成电子	信息技术业	山东省	0.0000	67	20.1000	20.1000
1035	002357.SZ	富临运业	交通运输、仓储业	四川省	0.0000	67	20.1000	20.1000
1036	002385.SZ	大北农	制造业	北京市	0.0000	67	20.1000	20.1000
1037	002390.SZ	信邦制药	制造业	贵州省	0.0000	67	20.1000	20.1000
1038	002403.SZ	爱仕达	制造业	浙江省	0.0000	67	20.1000	20.1000
1039	002426.SZ	胜利精密	制造业	江苏省	0.0000	67	20.1000	20.1000
1040	002430.SZ	杭氧股份	制造业	浙江省	0.0000	67	20.1000	20.1000
1041	002447.SZ	壹桥苗业	农、林、牧、渔业	辽宁省	0.0000	67	20.1000	20.1000
1042	002511.SZ	中顺洁柔	制造业	广东省	0.0000	67	20.1000	20.1000
1043	002538.SZ	司尔特	制造业	安徽省	0.0000	67	20.1000	20.1000
1044	002539.SZ	新都化工	制造业	四川省	0.0000	67	20.1000	20.1000
1045	002554.SZ	惠博普	采掘业	北京市	0.0000	67	20.1000	20.1000
1046	002573.SZ	国电清新	社会服务业	北京市	0.0000	67	20.1000	20.1000
1047	002676.SZ	顺威股份	制造业	广东省	0.0000	67	20.1000	20.1000
1048	300035.SZ	中科电气	制造业	湖南省	0.0000	67	20.1000	20.1000
1049	300074.SZ	华平股份	信息技术业	上海市	0.0000	67	20.1000	20.1000
1050	300091.SZ	金通灵	制造业	江苏省	0.0000	67	20.1000	20.1000
1051	300157.SZ	恒泰艾普	采掘业	北京市	0.0000	67	20.1000	20.1000
1052	300178.SZ	腾邦国际	社会服务业	广东省	0.0000	67	20.1000	20.1000
1053	300201.SZ	海伦哲	制造业	江苏省	0.0000	67	20.1000	20.1000
1054	300253.SZ	卫宁软件	信息技术业	上海市	0.0000	67	20.1000	20.1000
1055	300286.SZ	安科瑞	制造业	上海市	0.0000	67	20.1000	20.1000
1056	300353.SZ	东土科技	信息技术业	北京市	0.0000	67	20.1000	20.1000
1057	600038.SH	哈飞股份	制造业	黑龙江省	0.0000	67	20.1000	20.1000

续表

排名	证券代码	证券简称	行业	注册地	社会责任报告得分	网站得分	信息披露得分	信息披露得分(调整后)
1058	600069.SH	银鸽投资	制造业	河南省	0.0000	67	20.1000	20.1000
1059	600180.SH	瑞茂通	农、林、牧、渔业	山东省	0.0000	67	20.1000	20.1000
1060	600633.SH	浙报传媒	传播与文化产业	浙江省	0.0000	67	20.1000	20.1000
1061	601137.SH	博威合金	制造业	浙江省	0.0000	67	20.1000	20.1000
1062	601258.SH	庞大集团	批发和零售贸易业	河北省	0.0000	67	20.1000	20.1000
1063	000532.SZ	力合股份	综合类	广东省	0.0000	66	19.8000	19.8000
1064	000608.SZ	阳光股份	房地产业	广西壮族自治区	0.0000	66	19.8000	19.8000
1065	000860.SZ	顺鑫农业	农、林、牧、渔业	北京市	0.0000	66	19.8000	19.8000
1066	002143.SZ	高金食品	制造业	四川省	0.0000	66	19.8000	19.8000
1067	002329.SZ	皇氏乳业	制造业	广西壮族自治区	0.0000	66	19.8000	19.8000
1068	002407.SZ	多氟多	制造业	河南省	0.0000	66	19.8000	19.8000
1069	002471.SZ	中超电缆	制造业	江苏省	0.0000	66	19.8000	19.8000
1070	002476.SZ	宝莫股份	制造业	山东省	0.0000	66	19.8000	19.8000
1071	002530.SZ	丰东股份	制造业	江苏省	0.0000	66	19.8000	19.8000
1072	002616.SZ	长青集团	制造业	广东省	0.0000	66	19.8000	19.8000
1073	002618.SZ	丹邦科技	制造业	广东省	0.0000	66	19.8000	19.8000
1074	002637.SZ	赞宇科技	制造业	浙江省	0.0000	66	19.8000	19.8000
1075	002654.SZ	万润科技	制造业	广东省	0.0000	66	19.8000	19.8000
1076	300002.SZ	神州泰岳	信息技术业	北京市	0.0000	66	19.8000	19.8000
1077	300017.SZ	网宿科技	信息技术业	上海市	0.0000	66	19.8000	19.8000
1078	300024.SZ	机器人	制造业	辽宁省	0.0000	66	19.8000	19.8000
1079	300084.SZ	海默科技	采掘业	甘肃省	0.0000	66	19.8000	19.8000
1080	300226.SZ	上海钢联	传播与文化产业	上海市	0.0000	66	19.8000	19.8000
1081	300241.SZ	瑞丰光电	制造业	广东省	0.0000	66	19.8000	19.8000
1082	300244.SZ	迪安诊断	社会服务业	浙江省	0.0000	66	19.8000	19.8000
1083	300284.SZ	苏交科	社会服务业	江苏省	0.0000	66	19.8000	19.8000
1084	600087.SH	*ST长油	交通运输、仓储业	江苏省	0.0000	66	19.8000	19.8000
1085	600184.SH	光电股份	制造业	湖北省	0.0000	66	19.8000	19.8000
1086	600262.SH	北方股份	制造业	内蒙古自治区	0.0000	66	19.8000	19.8000
1087	600390.SH	金瑞科技	制造业	湖南省	0.0000	66	19.8000	19.8000
1088	600392.SH	盛和资源	信息技术业	山西省	0.0000	66	19.8000	19.8000

续表

排名	证券代码	证券简称	行业	注册地	社会责任报告得分	网站得分	信息披露得分	信息披露得分(调整后)
1089	600425.SH	青松建化	制造业	新疆维吾尔自治区	0.0000	66	19.8000	19.8000
1090	600575.SH	芜湖港	交通运输、仓储业	安徽省	0.0000	66	19.8000	19.8000
1091	600605.SH	汇通能源	制造业	上海市	0.0000	66	19.8000	19.8000
1092	600694.SH	大商股份	批发和零售贸易业	辽宁省	0.0000	66	19.8000	19.8000
1093	600726.SH	华电能源	电力、煤气及水的生产和供应业	黑龙江省	0.0000	66	19.8000	19.8000
1094	600738.SH	兰州民百	批发和零售贸易业	甘肃省	0.0000	66	19.8000	19.8000
1095	601117.SH	中国化学	社会服务业	北京市	0.0000	66	19.8000	19.8000
1096	601222.SH	林洋电子	制造业	江苏省	0.0000	66	19.8000	19.8000
1097	601888.SH	中国国旅	社会服务业	北京市	0.0000	66	19.8000	19.8000
1098	000768.SZ	中航飞机	制造业	陕西省	28.0046	0	19.6032	19.6032
1099	000421.SZ	南京中北	社会服务业	江苏省	0.0000	65	19.5000	19.5000
1100	000520.SZ	*ST凤凰	交通运输、仓储业	湖北省	0.0000	65	19.5000	19.5000
1101	000672.SZ	上峰水泥	批发和零售贸易业	甘肃省	0.0000	65	19.5000	19.5000
1102	000719.SZ	大地传媒	传播与文化产业	河南省	0.0000	65	19.5000	19.5000
1103	000750.SZ	国海证券	金融、保险业	广西壮族自治区	0.0000	65	19.5000	19.5000
1104	000837.SZ	秦川发展	制造业	陕西省	0.0000	65	19.5000	19.5000
1105	000905.SZ	厦门港务	交通运输、仓储业	福建省	0.0000	65	19.5000	19.5000
1106	002097.SZ	山河智能	制造业	湖南省	0.0000	65	19.5000	19.5000
1107	002163.SZ	中航三鑫	建筑业	广东省	0.0000	65	19.5000	19.5000
1108	002185.SZ	华天科技	制造业	甘肃省	0.0000	65	19.5000	19.5000
1109	002317.SZ	众生药业	制造业	广东省	0.0000	65	19.5000	19.5000
1110	002327.SZ	富安娜	制造业	广东省	0.0000	65	19.5000	19.5000
1111	002351.SZ	漫步者	制造业	广东省	0.0000	65	19.5000	19.5000
1112	002356.SZ	浩宁达	制造业	广东省	0.0000	65	19.5000	19.5000
1113	002358.SZ	森源电气	制造业	河南省	0.0000	65	19.5000	19.5000
1114	002446.SZ	盛路通信	信息技术业	广东省	0.0000	65	19.5000	19.5000
1115	002449.SZ	国星光电	制造业	广东省	0.0000	65	19.5000	19.5000
1116	002473.SZ	圣莱达	制造业	浙江省	0.0000	65	19.5000	19.5000
1117	002487.SZ	大金重工	制造业	辽宁省	0.0000	65	19.5000	19.5000
1118	002490.SZ	山东墨龙	制造业	山东省	0.0000	65	19.5000	19.5000
1119	002532.SZ	新界泵业	制造业	浙江省	0.0000	65	19.5000	19.5000
1120	002579.SZ	中京电子	制造业	广东省	0.0000	65	19.5000	19.5000

续表

排名	证券代码	证券简称	行业	注册地	社会责任报告得分	网站得分	信息披露得分	信息披露得分(调整后)
1121	002642.SZ	荣之联	信息技术业	北京市	0.0000	65	19.5000	19.5000
1122	300020.SZ	银江股份	信息技术业	浙江省	0.0000	65	19.5000	19.5000
1123	300165.SZ	天瑞仪器	制造业	江苏省	0.0000	65	19.5000	19.5000
1124	300173.SZ	松德股份	制造业	广东省	0.0000	65	19.5000	19.5000
1125	300217.SZ	东方电热	制造业	江苏省	0.0000	65	19.5000	19.5000
1126	300232.SZ	洲明科技	制造业	广东省	0.0000	65	19.5000	19.5000
1127	300316.SZ	晶盛机电	制造业	浙江省	0.0000	65	19.5000	19.5000
1128	300328.SZ	宜安科技	制造业	广东省	0.0000	65	19.5000	19.5000
1129	600035.SH	楚天高速	交通运输、仓储业	湖北省	0.0000	65	19.5000	19.5000
1130	600132.SH	重庆啤酒	制造业	重庆市	0.0000	65	19.5000	19.5000
1131	600152.SH	维科精华	制造业	浙江省	0.0000	65	19.5000	19.5000
1132	600165.SH	新日恒力	制造业	宁夏回族自治区	0.0000	65	19.5000	19.5000
1133	600201.SH	金宇集团	制造业	内蒙古自治区	0.0000	65	19.5000	19.5000
1134	600237.SH	铜峰电子	制造业	安徽省	0.0000	65	19.5000	19.5000
1135	600306.SH	商业城	批发和零售贸易业	辽宁省	0.0000	65	19.5000	19.5000
1136	600358.SH	*ST联合	社会服务业	江苏省	0.0000	65	19.5000	19.5000
1137	600370.SH	三房巷	制造业	江苏省	0.0000	65	19.5000	19.5000
1138	600557.SH	康缘药业	制造业	江苏省	0.0000	65	19.5000	19.5000
1139	600678.SH	四川金顶	制造业	四川省	0.0000	65	19.5000	19.5000
1140	600689.SH	上海三毛	制造业	上海市	0.0000	65	19.5000	19.5000
1141	600763.SH	通策医疗	社会服务业	浙江省	0.0000	65	19.5000	19.5000
1142	600819.SH	耀皮玻璃	制造业	上海市	0.0000	65	19.5000	19.5000
1143	601388.SH	怡球资源	制造业	江苏省	0.0000	65	19.5000	19.5000
1144	601616.SH	广电电气	制造业	上海市	0.0000	65	19.5000	19.5000
1145	601929.SH	吉视传媒	传播与文化产业	吉林省	0.0000	65	19.5000	19.5000
1146	000612.SZ	焦作万方	制造业	河南省	25.0971	0	17.5680	19.3248
1147	601519.SH	大智慧	信息技术业	上海市	17.2877	24	19.3014	19.3014
1148	000045.SZ	深纺织A	综合类	广东省	0.0000	64	19.2000	19.2000
1149	000688.SZ	朝华集团	信息技术业	重庆市	0.0000	64	19.2000	19.2000
1150	000700.SZ	模塑科技	制造业	江苏省	0.0000	64	19.2000	19.2000
1151	000722.SZ	湖南发展	电力、煤气及水的生产和供应业	湖南省	0.0000	64	19.2000	19.2000
1152	000803.SZ	金宇车城	房地产业	四川省	0.0000	64	19.2000	19.2000

续表

排名	证券代码	证券简称	行业	注册地	社会责任报告得分	网站得分	信息披露得分	信息披露得分(调整后)
1153	000812.SZ	陕西金叶	制造业	陕西省	0.0000	64	19.2000	19.2000
1154	000916.SZ	华北高速	交通运输、仓储业	北京市	0.0000	64	19.2000	19.2000
1155	000921.SZ	海信科龙	制造业	广东省	0.0000	64	19.2000	19.2000
1156	000979.SZ	中弘股份	房地产业	安徽省	0.0000	64	19.2000	19.2000
1157	000988.SZ	华工科技	制造业	湖北省	0.0000	64	19.2000	19.2000
1158	000990.SZ	诚志股份	制造业	江西省	0.0000	64	19.2000	19.2000
1159	000996.SZ	中国中期	交通运输、仓储业	北京市	0.0000	64	19.2000	19.2000
1160	002010.SZ	传化股份	制造业	浙江省	0.0000	64	19.2000	19.2000
1161	002067.SZ	景兴纸业	制造业	浙江省	0.0000	64	19.2000	19.2000
1162	002127.SZ	新民科技	制造业	江苏省	0.0000	64	19.2000	19.2000
1163	002148.SZ	北纬通信	信息技术业	北京市	0.0000	64	19.2000	19.2000
1164	002170.SZ	芭田股份	制造业	广东省	0.0000	64	19.2000	19.2000
1165	002199.SZ	东晶电子	制造业	浙江省	0.0000	64	19.2000	19.2000
1166	002206.SZ	海利得	制造业	浙江省	0.0000	64	19.2000	19.2000
1167	002211.SZ	宏达新材	制造业	江苏省	0.0000	64	19.2000	19.2000
1168	002262.SZ	恩华药业	批发和零售贸易业	江苏省	0.0000	64	19.2000	19.2000
1169	002335.SZ	科华恒盛	制造业	福建省	0.0000	64	19.2000	19.2000
1170	002468.SZ	艾迪西	制造业	浙江省	0.0000	64	19.2000	19.2000
1171	002481.SZ	双塔食品	制造业	山东省	0.0000	64	19.2000	19.2000
1172	002493.SZ	荣盛石化	制造业	浙江省	0.0000	64	19.2000	19.2000
1173	002552.SZ	宝鼎重工	制造业	浙江省	0.0000	64	19.2000	19.2000
1174	002587.SZ	奥拓电子	制造业	广东省	0.0000	64	19.2000	19.2000
1175	002603.SZ	以岭药业	制造业	河北省	0.0000	64	19.2000	19.2000
1176	002605.SZ	姚记扑克	制造业	上海市	0.0000	64	19.2000	19.2000
1177	002689.SZ	博林特	制造业	辽宁省	0.0000	64	19.2000	19.2000
1178	300086.SZ	康芝药业	制造业	海南省	0.0000	64	19.2000	19.2000
1179	300103.SZ	达刚路机	制造业	陕西省	0.0000	64	19.2000	19.2000
1180	300125.SZ	易世达	社会服务业	辽宁省	0.0000	64	19.2000	19.2000
1181	300149.SZ	量子高科	制造业	广东省	0.0000	64	19.2000	19.2000
1182	300155.SZ	安居宝	制造业	广东省	0.0000	64	19.2000	19.2000
1183	300205.SZ	天喻信息	制造业	湖北省	0.0000	64	19.2000	19.2000
1184	300351.SZ	永贵电器	制造业	浙江省	0.0000	64	19.2000	19.2000
1185	600084.SH	中葡股份	制造业	新疆维吾尔自治区	0.0000	64	19.2000	19.2000
1186	600335.SH	国机汽车	批发和零售贸易业	天津市	0.0000	64	19.2000	19.2000

续表

排名	证券代码	证券简称	行业	注册地	社会责任报告得分	网站得分	信息披露得分	信息披露得分(调整后)
1187	600385.SH	*ST金泰	制造业	山东省	0.0000	64	19.2000	19.2000
1188	600387.SH	海越股份	交通运输、仓储业	浙江省	0.0000	64	19.2000	19.2000
1189	600438.SH	通威股份	制造业	四川省	0.0000	64	19.2000	19.2000
1190	600490.SH	中科合臣	制造业	上海市	0.0000	64	19.2000	19.2000
1191	600558.SH	大西洋	制造业	四川省	0.0000	64	19.2000	19.2000
1192	600634.SH	ST澄海	批发和零售贸易业	上海市	0.0000	64	19.2000	19.2000
1193	600683.SH	京投银泰	房地产业	浙江省	0.0000	64	19.2000	19.2000
1194	600868.SH	梅雁吉祥	综合类	广东省	0.0000	64	19.2000	19.2000
1195	600898.SH	三联商社	批发和零售贸易业	山东省	0.0000	64	19.2000	19.2000
1196	600971.SH	恒源煤电	采掘业	安徽省	0.0000	64	19.2000	19.2000
1197	600984.SH	建设机械	制造业	陕西省	0.0000	64	19.2000	19.2000
1198	603001.SH	奥康国际	制造业	浙江省	0.0000	64	19.2000	19.2000
1199	000595.SZ	西北轴承	制造业	宁夏回族自治区	0.0000	63	18.9000	18.9000
1200	000620.SZ	新华联	房地产业	北京市	0.0000	63	18.9000	18.9000
1201	000633.SZ	ST合金	综合类	辽宁省	0.0000	63	18.9000	18.9000
1202	000685.SZ	中山公用	电力、煤气及水的生产和供应业	广东省	0.0000	63	18.9000	18.9000
1203	000736.SZ	中房地产	房地产业	重庆市	0.0000	63	18.9000	18.9000
1204	000936.SZ	华西股份	制造业	江苏省	0.0000	63	18.9000	18.9000
1205	002013.SZ	中航精机	制造业	湖北省	0.0000	63	18.9000	18.9000
1206	002044.SZ	江苏三友	制造业	江苏省	0.0000	63	18.9000	18.9000
1207	002133.SZ	广宇集团	房地产业	浙江省	0.0000	63	18.9000	18.9000
1208	002156.SZ	通富微电	制造业	江苏省	0.0000	63	18.9000	18.9000
1209	002235.SZ	安妮股份	制造业	福建省	0.0000	63	18.9000	18.9000
1210	002238.SZ	天威视讯	传播与文化产业	广东省	0.0000	63	18.9000	18.9000
1211	002440.SZ	闰土股份	制造业	浙江省	0.0000	63	18.9000	18.9000
1212	002496.SZ	辉丰股份	制造业	江苏省	0.0000	63	18.9000	18.9000
1213	002523.SZ	天桥起重	制造业	湖南省	0.0000	63	18.9000	18.9000
1214	002531.SZ	天顺风能	制造业	江苏省	0.0000	63	18.9000	18.9000
1215	002586.SZ	围海股份	建筑业	浙江省	0.0000	63	18.9000	18.9000
1216	002591.SZ	恒大高新	制造业	江西省	0.0000	63	18.9000	18.9000
1217	002609.SZ	捷顺科技	信息技术业	广东省	0.0000	63	18.9000	18.9000
1218	002647.SZ	宏磊股份	制造业	浙江省	0.0000	63	18.9000	18.9000
1219	002649.SZ	博彦科技	信息技术业	北京市	0.0000	63	18.9000	18.9000

续表

排名	证券代码	证券简称	行业	注册地	社会责任报告得分	网站得分	信息披露得分	信息披露得分(调整后)
1220	002679.SZ	福建金森	农、林、牧、渔业	福建省	0.0000	63	18.9000	18.9000
1221	300052.SZ	中青宝	信息技术业	广东省	0.0000	63	18.9000	18.9000
1222	300054.SZ	鼎龙股份	制造业	湖北省	0.0000	63	18.9000	18.9000
1223	300076.SZ	宁波GQY	信息技术业	浙江省	0.0000	63	18.9000	18.9000
1224	300081.SZ	恒信移动	信息技术业	河北省	0.0000	63	18.9000	18.9000
1225	300117.SZ	嘉寓股份	建筑业	北京市	0.0000	63	18.9000	18.9000
1226	300214.SZ	日科化学	制造业	山东省	0.0000	63	18.9000	18.9000
1227	300236.SZ	上海新阳	制造业	上海市	0.0000	63	18.9000	18.9000
1228	300247.SZ	桑乐金	制造业	安徽省	0.0000	63	18.9000	18.9000
1229	300251.SZ	光线传媒	传播与文化产业	北京市	0.0000	63	18.9000	18.9000
1230	300254.SZ	仟源制药	制造业	山西省	0.0000	63	18.9000	18.9000
1231	600008.SH	首创股份	电力、煤气及水的生产和供应业	北京市	0.0000	63	18.9000	18.9000
1232	600077.SH	宋都股份	房地产业	浙江省	0.0000	63	18.9000	18.9000
1233	600235.SH	民丰特纸	制造业	浙江省	0.0000	63	18.9000	18.9000
1234	600297.SH	美罗药业	制造业	辽宁省	0.0000	63	18.9000	18.9000
1235	600340.SH	华夏幸福	房地产业	河北省	0.0000	63	18.9000	18.9000
1236	600522.SH	中天科技	信息技术业	江苏省	0.0000	63	18.9000	18.9000
1237	600530.SH	交大昂立	制造业	上海市	0.0000	63	18.9000	18.9000
1238	600536.SH	中国软件	信息技术业	北京市	0.0000	63	18.9000	18.9000
1239	600586.SH	金晶科技	制造业	山东省	0.0000	63	18.9000	18.9000
1240	600661.SH	新南洋	综合类	上海市	0.0000	63	18.9000	18.9000
1241	600745.SH	中茵股份	房地产业	湖北省	0.0000	63	18.9000	18.9000
1242	600803.SH	威远生化	制造业	河北省	0.0000	63	18.9000	18.9000
1243	601677.SH	明泰铝业	制造业	河南省	0.0000	63	18.9000	18.9000
1244	601908.SH	京运通	制造业	北京市	0.0000	63	18.9000	18.9000
1245	603003.SH	龙宇燃油	批发和零售贸易业	上海市	0.0000	63	18.9000	18.9000
1246	600372.SH	中航电子	制造业	江西省	13.3380	31	18.6366	18.6366
1247	000004.SZ	国农科技	制造业	广东省	0.0000	62	18.6000	18.6000
1248	000507.SZ	珠海港	综合类	广东省	0.0000	62	18.6000	18.6000
1249	000533.SZ	万家乐	制造业	广东省	0.0000	62	18.6000	18.6000
1250	000555.SZ	*ST太光	信息技术业	广东省	0.0000	62	18.6000	18.6000
1251	000589.SZ	黔轮胎A	制造业	贵州省	0.0000	62	18.6000	18.6000
1252	000677.SZ	*ST海龙	制造业	山东省	0.0000	62	18.6000	18.6000
1253	000687.SZ	保定天鹅	制造业	河北省	0.0000	62	18.6000	18.6000

续表

排名	证券代码	证券简称	行业	注册地	社会责任报告得分	网站得分	信息披露得分	信息披露得分(调整后)
1254	000731.SZ	四川美丰	制造业	四川省	0.0000	62	18.6000	18.6000
1255	000789.SZ	江西水泥	制造业	江西省	0.0000	62	18.6000	18.6000
1256	000868.SZ	安凯客车	制造业	安徽省	0.0000	62	18.6000	18.6000
1257	000893.SZ	东凌粮油	制造业	广东省	0.0000	62	18.6000	18.6000
1258	000913.SZ	钱江摩托	制造业	浙江省	0.0000	62	18.6000	18.6000
1259	000938.SZ	紫光股份	信息技术业	北京市	0.0000	62	18.6000	18.6000
1260	000957.SZ	中通客车	制造业	山东省	0.0000	62	18.6000	18.6000
1261	000972.SZ	*ST 中基	制造业	新疆维吾尔自治区	0.0000	62	18.6000	18.6000
1262	001896.SZ	豫能控股	电力、煤气及水的生产和供应业	河南省	0.0000	62	18.6000	18.6000
1263	002009.SZ	天奇股份	制造业	江苏省	0.0000	62	18.6000	18.6000
1264	002085.SZ	万丰奥威	制造业	浙江省	0.0000	62	18.6000	18.6000
1265	002111.SZ	威海广泰	制造业	山东省	0.0000	62	18.6000	18.6000
1266	002130.SZ	沃尔核材	制造业	广东省	0.0000	62	18.6000	18.6000
1267	002184.SZ	海得控制	信息技术业	上海市	0.0000	62	18.6000	18.6000
1268	002195.SZ	海隆软件	信息技术业	上海市	0.0000	62	18.6000	18.6000
1269	002213.SZ	特尔佳	制造业	广东省	0.0000	62	18.6000	18.6000
1270	002334.SZ	英威腾	制造业	广东省	0.0000	62	18.6000	18.6000
1271	002376.SZ	新北洋	信息技术业	山东省	0.0000	62	18.6000	18.6000
1272	002378.SZ	章源钨业	制造业	江西省	0.0000	62	18.6000	18.6000
1273	002458.SZ	益生股份	农、林、牧、渔业	山东省	0.0000	62	18.6000	18.6000
1274	002497.SZ	雅化集团	制造业	四川省	0.0000	62	18.6000	18.6000
1275	002521.SZ	齐峰股份	制造业	山东省	0.0000	62	18.6000	18.6000
1276	002528.SZ	英飞拓	制造业	广东省	0.0000	62	18.6000	18.6000
1277	002550.SZ	千红制药	制造业	江苏省	0.0000	62	18.6000	18.6000
1278	002581.SZ	万昌科技	制造业	山东省	0.0000	62	18.6000	18.6000
1279	002611.SZ	东方精工	制造业	广东省	0.0000	62	18.6000	18.6000
1280	002625.SZ	龙生股份	制造业	浙江省	0.0000	62	18.6000	18.6000
1281	002636.SZ	金安国纪	制造业	上海市	0.0000	62	18.6000	18.6000
1282	300039.SZ	上海凯宝	制造业	上海市	0.0000	62	18.6000	18.6000
1283	300065.SZ	海兰信	信息技术业	北京市	0.0000	62	18.6000	18.6000
1284	300120.SZ	经纬电材	制造业	天津市	0.0000	62	18.6000	18.6000
1285	300144.SZ	宋城股份	社会服务业	浙江省	0.0000	62	18.6000	18.6000
1286	300211.SZ	亿通科技	信息技术业	江苏省	0.0000	62	18.6000	18.6000

续表

排名	证券代码	证券简称	行业	注册地	社会责任报告得分	网站得分	信息披露得分	信息披露得分(调整后)
1287	300218.SZ	安利股份	制造业	安徽省	0.0000	62	18.6000	18.6000
1288	300281.SZ	金明精机	制造业	广东省	0.0000	62	18.6000	18.6000
1289	300309.SZ	吉艾科技	采掘业	北京市	0.0000	62	18.6000	18.6000
1290	600061.SH	中纺投资	制造业	上海市	0.0000	62	18.6000	18.6000
1291	600178.SH	东安动力	制造业	黑龙江省	0.0000	62	18.6000	18.6000
1292	600186.SH	莲花味精	制造业	河南省	0.0000	62	18.6000	18.6000
1293	600328.SH	兰太实业	制造业	内蒙古自治区	0.0000	62	18.6000	18.6000
1294	600466.SH	迪康药业	制造业	四川省	0.0000	62	18.6000	18.6000
1295	600480.SH	凌云股份	制造业	河北省	0.0000	62	18.6000	18.6000
1296	600540.SH	新赛股份	农、林、牧、渔业	新疆维吾尔自治区	0.0000	62	18.6000	18.6000
1297	600776.SH	东方通信	信息技术业	浙江省	0.0000	62	18.6000	18.6000
1298	600804.SH	鹏博士	信息技术业	四川省	0.0000	62	18.6000	18.6000
1299	600870.SH	厦华电子	制造业	福建省	0.0000	62	18.6000	18.6000
1300	601010.SH	文峰股份	批发和零售贸易业	江苏省	0.0000	62	18.6000	18.6000
1301	601798.SH	蓝科高新	制造业	甘肃省	0.0000	62	18.6000	18.6000
1302	000058.SZ	深赛格	社会服务业	广东省	0.0000	61	18.3000	18.3000
1303	000506.SZ	中润资源	房地产业	山东省	0.0000	61	18.3000	18.3000
1304	000510.SZ	金路集团	制造业	四川省	0.0000	61	18.3000	18.3000
1305	000679.SZ	大连友谊	批发和零售贸易业	辽宁省	0.0000	61	18.3000	18.3000
1306	000831.SZ	五矿稀土	制造业	山西省	0.0000	61	18.3000	18.3000
1307	000901.SZ	航天科技	制造业	黑龙江省	0.0000	61	18.3000	18.3000
1308	002037.SZ	久联发展	制造业	贵州省	0.0000	61	18.3000	18.3000
1309	002050.SZ	三花股份	制造业	浙江省	0.0000	61	18.3000	18.3000
1310	002053.SZ	云南盐化	制造业	云南省	0.0000	61	18.3000	18.3000
1311	002066.SZ	瑞泰科技	制造业	北京市	0.0000	61	18.3000	18.3000
1312	002077.SZ	大港股份	综合类	江苏省	0.0000	61	18.3000	18.3000
1313	002107.SZ	沃华医药	制造业	山东省	0.0000	61	18.3000	18.3000
1314	002145.SZ	中核钛白	制造业	甘肃省	0.0000	61	18.3000	18.3000
1315	002147.SZ	方圆支承	制造业	安徽省	0.0000	61	18.3000	18.3000
1316	002177.SZ	御银股份	制造业	广东省	0.0000	61	18.3000	18.3000
1317	002178.SZ	延华智能	社会服务业	上海市	0.0000	61	18.3000	18.3000
1318	002231.SZ	奥维通信	信息技术业	辽宁省	0.0000	61	18.3000	18.3000

续表

排名	证券代码	证券简称	行业	注册地	社会责任报告得分	网站得分	信息披露得分	信息披露得分(调整后)
1319	002267.SZ	陕天然气	电力、煤气及水的生产和供应业	陕西省	0.0000	61	18.3000	18.3000
1320	002292.SZ	奥飞动漫	制造业	广东省	0.0000	61	18.3000	18.3000
1321	002303.SZ	美盈森	制造业	广东省	0.0000	61	18.3000	18.3000
1322	002309.SZ	中利科技	制造业	江苏省	0.0000	61	18.3000	18.3000
1323	002323.SZ	中联电气	制造业	江苏省	0.0000	61	18.3000	18.3000
1324	002342.SZ	巨力索具	制造业	河北省	0.0000	61	18.3000	18.3000
1325	002349.SZ	精华制药	制造业	江苏省	0.0000	61	18.3000	18.3000
1326	002353.SZ	杰瑞股份	采掘业	山东省	0.0000	61	18.3000	18.3000
1327	002442.SZ	龙星化工	制造业	河北省	0.0000	61	18.3000	18.3000
1328	002450.SZ	康得新	制造业	北京市	0.0000	61	18.3000	18.3000
1329	002480.SZ	新筑股份	制造业	四川省	0.0000	61	18.3000	18.3000
1330	002533.SZ	金杯电工	制造业	湖南省	0.0000	61	18.3000	18.3000
1331	002651.SZ	利君股份	制造业	四川省	0.0000	61	18.3000	18.3000
1332	300033.SZ	同花顺	信息技术业	浙江省	0.0000	61	18.3000	18.3000
1333	300096.SZ	易联众	信息技术业	福建省	0.0000	61	18.3000	18.3000
1334	300153.SZ	科泰电源	制造业	上海市	0.0000	61	18.3000	18.3000
1335	300199.SZ	翰宇药业	制造业	广东省	0.0000	61	18.3000	18.3000
1336	300221.SZ	银禧科技	制造业	广东省	0.0000	61	18.3000	18.3000
1337	300278.SZ	华昌达	制造业	湖北省	0.0000	61	18.3000	18.3000
1338	300294.SZ	博雅生物	制造业	江西省	0.0000	61	18.3000	18.3000
1339	300331.SZ	苏大维格	制造业	江苏省	0.0000	61	18.3000	18.3000
1340	600007.SH	中国国贸	社会服务业	北京市	0.0000	61	18.3000	18.3000
1341	600220.SH	江苏阳光	制造业	江苏省	0.0000	61	18.3000	18.3000
1342	600345.SH	长江通信	信息技术业	湖北省	0.0000	61	18.3000	18.3000
1343	600426.SH	华鲁恒升	制造业	山东省	0.0000	61	18.3000	18.3000
1344	600455.SH	博通股份	信息技术业	陕西省	0.0000	61	18.3000	18.3000
1345	600470.SH	六国化工	制造业	安徽省	0.0000	61	18.3000	18.3000
1346	600614.SH	鼎立股份	房地产业	上海市	0.0000	61	18.3000	18.3000
1347	600640.SH	号百控股	信息技术业	上海市	0.0000	61	18.3000	18.3000
1348	600650.SH	锦江投资	交通运输、仓储业	上海市	0.0000	61	18.3000	18.3000
1349	600695.SH	大江股份	制造业	上海市	0.0000	61	18.3000	18.3000
1350	600830.SH	香溢融通	批发和零售贸易业	浙江省	0.0000	61	18.3000	18.3000
1351	600869.SH	三普药业	制造业	青海省	0.0000	61	18.3000	18.3000
1352	600897.SH	厦门空港	交通运输、仓储业	福建省	0.0000	61	18.3000	18.3000

续表

排名	证券代码	证券简称	行业	注册地	社会责任报告得分	网站得分	信息披露得分	信息披露得分(调整后)
1353	000049.SZ	德赛电池	制造业	广东省	0.0000	60	18.0000	18.0000
1354	000089.SZ	深圳机场	交通运输、仓储业	广东省	0.0000	60	18.0000	18.0000
1355	000090.SZ	深天健	建筑业	广东省	0.0000	60	18.0000	18.0000
1356	000415.SZ	渤海租赁	社会服务业	新疆维吾尔自治区	0.0000	60	18.0000	18.0000
1357	000513.SZ	丽珠集团	制造业	广东省	0.0000	60	18.0000	18.0000
1358	000585.SZ	东北电气	制造业	辽宁省	0.0000	60	18.0000	18.0000
1359	000662.SZ	*ST索芙	制造业	广西壮族自治区	0.0000	60	18.0000	18.0000
1360	000701.SZ	厦门信达	批发和零售贸易业	福建省	0.0000	60	18.0000	18.0000
1361	000759.SZ	中百集团	批发和零售贸易业	湖北省	0.0000	60	18.0000	18.0000
1362	000786.SZ	北新建材	制造业	北京市	0.0000	60	18.0000	18.0000
1363	000852.SZ	江钻股份	制造业	湖北省	0.0000	60	18.0000	18.0000
1364	000886.SZ	海南高速	交通运输、仓储业	海南省	0.0000	60	18.0000	18.0000
1365	000918.SZ	嘉凯城	房地产业	湖南省	0.0000	60	18.0000	18.0000
1366	002048.SZ	宁波华翔	制造业	浙江省	0.0000	60	18.0000	18.0000
1367	002061.SZ	江山化工	制造业	浙江省	0.0000	60	18.0000	18.0000
1368	002083.SZ	孚日股份	制造业	山东省	0.0000	60	18.0000	18.0000
1369	002191.SZ	劲嘉股份	制造业	广东省	0.0000	60	18.0000	18.0000
1370	002434.SZ	万里扬	制造业	浙江省	0.0000	60	18.0000	18.0000
1371	002541.SZ	鸿路钢构	制造业	安徽省	0.0000	60	18.0000	18.0000
1372	002633.SZ	申科股份	制造业	浙江省	0.0000	60	18.0000	18.0000
1373	300042.SZ	朗科科技	信息技术业	广东省	0.0000	60	18.0000	18.0000
1374	300049.SZ	福瑞股份	制造业	内蒙古自治区	0.0000	60	18.0000	18.0000
1375	300274.SZ	阳光电源	制造业	安徽省	0.0000	60	18.0000	18.0000
1376	300334.SZ	津膜科技	制造业	天津市	0.0000	60	18.0000	18.0000
1377	600094.SH	大名城	房地产业	上海市	0.0000	60	18.0000	18.0000
1378	600287.SH	江苏舜天	批发和零售贸易业	江苏省	0.0000	60	18.0000	18.0000
1379	600740.SH	山西焦化	制造业	山西省	0.0000	60	18.0000	18.0000
1380	600805.SH	悦达投资	综合类	江苏省	0.0000	60	18.0000	18.0000
1381	600887.SH	伊利股份	制造业	内蒙古自治区	0.0000	60	18.0000	18.0000
1382	603123.SH	翠微股份	批发和零售贸易业	北京市	0.0000	60	18.0000	18.0000
1383	000606.SZ	青海明胶	制造业	青海省	0.0000	59	17.7000	17.7000

续表

排名	证券代码	证券简称	行业	注册地	社会责任报告得分	网站得分	信息披露得分	信息披露得分(调整后)
1384	000611.SZ	四海股份	制造业	内蒙古自治区	0.0000	59	17.7000	17.7000
1385	000615.SZ	湖北金环	制造业	湖北省	0.0000	59	17.7000	17.7000
1386	000777.SZ	中核科技	制造业	江苏省	0.0000	59	17.7000	17.7000
1387	000912.SZ	泸天化	制造业	四川省	0.0000	59	17.7000	17.7000
1388	000952.SZ	广济药业	制造业	湖北省	0.0000	59	17.7000	17.7000
1389	002052.SZ	同洲电子	信息技术业	广东省	0.0000	59	17.7000	17.7000
1390	002120.SZ	新海股份	制造业	浙江省	0.0000	59	17.7000	17.7000
1391	002151.SZ	北斗星通	信息技术业	北京市	0.0000	59	17.7000	17.7000
1392	002194.SZ	武汉凡谷	信息技术业	湖北省	0.0000	59	17.7000	17.7000
1393	002214.SZ	大立科技	制造业	浙江省	0.0000	59	17.7000	17.7000
1394	002288.SZ	超华科技	制造业	广东省	0.0000	59	17.7000	17.7000
1395	002314.SZ	雅致股份	制造业	广东省	0.0000	59	17.7000	17.7000
1396	002330.SZ	得利斯	制造业	山东省	0.0000	59	17.7000	17.7000
1397	002343.SZ	禾欣股份	制造业	浙江省	0.0000	59	17.7000	17.7000
1398	002387.SZ	黑牛食品	制造业	广东省	0.0000	59	17.7000	17.7000
1399	002399.SZ	海普瑞	制造业	广东省	0.0000	59	17.7000	17.7000
1400	002413.SZ	常发股份	制造业	江苏省	0.0000	59	17.7000	17.7000
1401	002436.SZ	兴森科技	制造业	广东省	0.0000	59	17.7000	17.7000
1402	002443.SZ	金洲管道	制造业	浙江省	0.0000	59	17.7000	17.7000
1403	002545.SZ	东方铁塔	制造业	山东省	0.0000	59	17.7000	17.7000
1404	002596.SZ	海南瑞泽	制造业	海南省	0.0000	59	17.7000	17.7000
1405	002598.SZ	山东章鼓	制造业	山东省	0.0000	59	17.7000	17.7000
1406	002657.SZ	中科金财	信息技术业	北京市	0.0000	59	17.7000	17.7000
1407	002660.SZ	茂硕电源	制造业	广东省	0.0000	59	17.7000	17.7000
1408	002665.SZ	首航节能	制造业	北京市	0.0000	59	17.7000	17.7000
1409	002672.SZ	东江环保	社会服务业	广东省	0.0000	59	17.7000	17.7000
1410	300055.SZ	万邦达	社会服务业	北京市	0.0000	59	17.7000	17.7000
1411	300089.SZ	长城集团	制造业	广东省	0.0000	59	17.7000	17.7000
1412	300134.SZ	大富科技	信息技术业	广东省	0.0000	59	17.7000	17.7000
1413	300256.SZ	星星科技	制造业	浙江省	0.0000	59	17.7000	17.7000
1414	300263.SZ	隆华节能	制造业	河南省	0.0000	59	17.7000	17.7000
1415	300319.SZ	麦捷科技	制造业	广东省	0.0000	59	17.7000	17.7000
1416	300341.SZ	麦迪电气	制造业	福建省	0.0000	59	17.7000	17.7000
1417	600080.SH	金花股份	制造业	陕西省	0.0000	59	17.7000	17.7000

中国上市公司社会责任信息披露综合评价结果与排名

续表

排名	证券代码	证券简称	行业	注册地	社会责任报告得分	网站得分	信息披露得分	信息披露得分(调整后)
1418	600114.SH	东睦股份	制造业	浙江省	0.0000	59	17.7000	17.7000
1419	600139.SH	西部资源	采掘业	四川省	0.0000	59	17.7000	17.7000
1420	600168.SH	武汉控股	电力、煤气及水的生产和供应业	湖北省	0.0000	59	17.7000	17.7000
1421	600172.SH	黄河旋风	制造业	河南省	0.0000	59	17.7000	17.7000
1422	600175.SH	美都控股	综合类	浙江省	0.0000	59	17.7000	17.7000
1423	600202.SH	哈空调	制造业	黑龙江省	0.0000	59	17.7000	17.7000
1424	600215.SH	长春经开	房地产业	吉林省	0.0000	59	17.7000	17.7000
1425	600217.SH	秦岭水泥	制造业	陕西省	0.0000	59	17.7000	17.7000
1426	600228.SH	昌九生化	制造业	江西省	0.0000	59	17.7000	17.7000
1427	600353.SH	旭光股份	制造业	四川省	0.0000	59	17.7000	17.7000
1428	600378.SH	天科股份	制造业	四川省	0.0000	59	17.7000	17.7000
1429	600380.SH	健康元	制造业	广东省	0.0000	59	17.7000	17.7000
1430	600481.SH	双良节能	制造业	江苏省	0.0000	59	17.7000	17.7000
1431	600485.SH	中创信测	信息技术业	北京市	0.0000	59	17.7000	17.7000
1432	600529.SH	山东药玻	制造业	山东省	0.0000	59	17.7000	17.7000
1433	600568.SH	中珠控股	制造业	湖北省	0.0000	59	17.7000	17.7000
1434	600572.SH	康恩贝	制造业	浙江省	0.0000	59	17.7000	17.7000
1435	600599.SH	熊猫烟花	制造业	湖南省	0.0000	59	17.7000	17.7000
1436	600606.SH	金丰投资	房地产业	上海市	0.0000	59	17.7000	17.7000
1437	600613.SH	永生投资	制造业	上海市	0.0000	59	17.7000	17.7000
1438	600622.SH	嘉宝集团	综合类	上海市	0.0000	59	17.7000	17.7000
1439	600624.SH	复旦复华	综合类	上海市	0.0000	59	17.7000	17.7000
1440	600647.SH	同达创业	综合类	上海市	0.0000	59	17.7000	17.7000
1441	600654.SH	飞乐股份	制造业	上海市	0.0000	59	17.7000	17.7000
1442	600662.SH	强生控股	社会服务业	上海市	0.0000	59	17.7000	17.7000
1443	600684.SH	珠江实业	房地产业	广东省	0.0000	59	17.7000	17.7000
1444	600713.SH	南京医药	批发和零售贸易业	江苏省	0.0000	59	17.7000	17.7000
1445	600730.SH	中国高科	批发和零售贸易业	北京市	0.0000	59	17.7000	17.7000
1446	600759.SH	正和股份	房地产业	海南省	0.0000	59	17.7000	17.7000
1447	600767.SH	运盛实业	房地产业	上海市	0.0000	59	17.7000	17.7000
1448	600773.SH	西藏城投	房地产业	西藏自治区	0.0000	59	17.7000	17.7000
1449	600812.SH	华北制药	制造业	河北省	0.0000	59	17.7000	17.7000
1450	600822.SH	上海物贸	批发和零售贸易业	上海市	0.0000	59	17.7000	17.7000
1451	601799.SH	星宇股份	制造业	江苏省	0.0000	59	17.7000	17.7000

续表

排名	证券代码	证券简称	行业	注册地	社会责任报告得分	网站得分	信息披露得分	信息披露得分(调整后)
1452	601801.SH	皖新传媒	传播与文化产业	安徽省	0.0000	59	17.7000	17.7000
1453	603002.SH	宏昌电子	制造业	广东省	0.0000	59	17.7000	17.7000
1454	603128.SH	华贸物流	社会服务业	上海市	0.0000	59	17.7000	17.7000
1455	600749.SH	西藏旅游	社会服务业	西藏自治区	25.2529	0	17.6770	17.6770
1456	601006.SH	大秦铁路	交通运输、仓储业	山西省	8.3485	39	17.5440	17.5440
1457	000514.SZ	渝开发	房地产业	重庆市	0.0000	58	17.4000	17.4000
1458	000530.SZ	大冷股份	制造业	辽宁省	0.0000	58	17.4000	17.4000
1459	000785.SZ	武汉中商	批发和零售贸易业	湖北省	0.0000	58	17.4000	17.4000
1460	000851.SZ	高鸿股份	信息技术业	贵州省	0.0000	58	17.4000	17.4000
1461	002089.SZ	新海宜	信息技术业	江苏省	0.0000	58	17.4000	17.4000
1462	002101.SZ	广东鸿图	制造业	广东省	0.0000	58	17.4000	17.4000
1463	002117.SZ	东港股份	制造业	山东省	0.0000	58	17.4000	17.4000
1464	002239.SZ	金飞达	制造业	江苏省	0.0000	58	17.4000	17.4000
1465	002258.SZ	利尔化学	制造业	四川省	0.0000	58	17.4000	17.4000
1466	002276.SZ	万马电缆	制造业	浙江省	0.0000	58	17.4000	17.4000
1467	002435.SZ	长江润发	制造业	江苏省	0.0000	58	17.4000	17.4000
1468	002448.SZ	中原内配	制造业	河南省	0.0000	58	17.4000	17.4000
1469	002465.SZ	海格通信	信息技术业	广东省	0.0000	58	17.4000	17.4000
1470	002466.SZ	天齐锂业	制造业	四川省	0.0000	58	17.4000	17.4000
1471	002467.SZ	二六三	信息技术业	北京市	0.0000	58	17.4000	17.4000
1472	002507.SZ	涪陵榨菜	制造业	重庆市	0.0000	58	17.4000	17.4000
1473	002677.SZ	浙江美大	制造业	浙江省	0.0000	58	17.4000	17.4000
1474	002684.SZ	猛狮科技	制造业	广东省	0.0000	58	17.4000	17.4000
1475	002688.SZ	金河生物	制造业	内蒙古自治区	0.0000	58	17.4000	17.4000
1476	002701.SZ	奥瑞金	制造业	北京市	0.0000	58	17.4000	17.4000
1477	300058.SZ	蓝色光标	传播与文化产业	北京市	0.0000	58	17.4000	17.4000
1478	300063.SZ	天龙集团	制造业	广东省	0.0000	58	17.4000	17.4000
1479	300180.SZ	华峰超纤	制造业	上海市	0.0000	58	17.4000	17.4000
1480	300231.SZ	银信科技	信息技术业	北京市	0.0000	58	17.4000	17.4000
1481	300264.SZ	佳创视讯	信息技术业	广东省	0.0000	58	17.4000	17.4000
1482	300288.SZ	朗玛信息	信息技术业	贵州省	0.0000	58	17.4000	17.4000
1483	300291.SZ	华录百纳	传播与文化产业	北京市	0.0000	58	17.4000	17.4000
1484	300298.SZ	三诺生物	制造业	湖南省	0.0000	58	17.4000	17.4000
1485	300305.SZ	裕兴股份	制造业	江苏省	0.0000	58	17.4000	17.4000

中国上市公司社会责任信息披露综合评价结果与排名

续表

排名	证券代码	证券简称	行业	注册地	社会责任报告得分	网站得分	信息披露得分	信息披露得分(调整后)
1486	300310.SZ	宜通世纪	信息技术业	广东省	0.0000	58	17.4000	17.4000
1487	300317.SZ	珈伟股份	制造业	广东省	0.0000	58	17.4000	17.4000
1488	600130.SH	波导股份	信息技术业	浙江省	0.0000	58	17.4000	17.4000
1489	600207.SH	安彩高科	制造业	河南省	0.0000	58	17.4000	17.4000
1490	600239.SH	云南城投	房地产业	云南省	0.0000	58	17.4000	17.4000
1491	600302.SH	标准股份	制造业	陕西省	0.0000	58	17.4000	17.4000
1492	600449.SH	宁夏建材	制造业	宁夏回族自治区	0.0000	58	17.4000	17.4000
1493	600516.SH	方大炭素	制造业	甘肃省	0.0000	58	17.4000	17.4000
1494	600543.SH	莫高股份	制造业	甘肃省	0.0000	58	17.4000	17.4000
1495	600576.SH	万好万家	房地产业	浙江省	0.0000	58	17.4000	17.4000
1496	600589.SH	广东榕泰	制造业	广东省	0.0000	58	17.4000	17.4000
1497	600710.SH	常林股份	制造业	江苏省	0.0000	58	17.4000	17.4000
1498	600891.SH	秋林集团	批发和零售贸易业	黑龙江省	0.0000	58	17.4000	17.4000
1499	601567.SH	三星电气	制造业	浙江省	0.0000	58	17.4000	17.4000
2414	600519.SH	贵州茅台	制造业	贵州省	0.0000	58	17.4000	17.4000
1500	600875.SH	东方电气	制造业	四川省	24.3782	1	17.3648	17.3648
1501	002348.SZ	高乐股份	制造业	广东省	22.2655	0	15.5858	17.1444
1502	000413.SZ	宝石A	制造业	河北省	0.0000	57	17.1000	17.1000
1503	000590.SZ	紫光古汉	制造业	湖南省	0.0000	57	17.1000	17.1000
1504	000703.SZ	恒逸石化	制造业	广西壮族自治区	0.0000	57	17.1000	17.1000
1505	000707.SZ	双环科技	制造业	湖北省	0.0000	57	17.1000	17.1000
1506	000710.SZ	天兴仪表	制造业	四川省	0.0000	57	17.1000	17.1000
1507	000712.SZ	锦龙股份	电力、煤气及水的生产和供应业	广东省	0.0000	57	17.1000	17.1000
1508	000717.SZ	*ST韶钢	制造业	广东省	0.0000	57	17.1000	17.1000
1509	000779.SZ	三毛派神	制造业	甘肃省	0.0000	57	17.1000	17.1000
1510	000850.SZ	华茂股份	制造业	安徽省	0.0000	57	17.1000	17.1000
1511	000908.SZ	*ST天一	制造业	湖南省	0.0000	57	17.1000	17.1000
1512	000931.SZ	中关村	房地产业	北京市	0.0000	57	17.1000	17.1000
1513	000963.SZ	华东医药	批发和零售贸易业	浙江省	0.0000	57	17.1000	17.1000
1514	000985.SZ	大庆华科	制造业	黑龙江省	0.0000	57	17.1000	17.1000
1515	002011.SZ	盾安环境	制造业	浙江省	0.0000	57	17.1000	17.1000
1516	002014.SZ	永新股份	制造业	安徽省	0.0000	57	17.1000	17.1000

139

续表

排名	证券代码	证券简称	行业	注册地	社会责任报告得分	网站得分	信息披露得分	信息披露得分(调整后)
1517	002016.SZ	世荣兆业	房地产业	广东省	0.0000	57	17.1000	17.1000
1518	002043.SZ	兔宝宝	制造业	浙江省	0.0000	57	17.1000	17.1000
1519	002141.SZ	蓉胜超微	制造业	广东省	0.0000	57	17.1000	17.1000
1520	002150.SZ	江苏通润	制造业	江苏省	0.0000	57	17.1000	17.1000
1521	002181.SZ	粤传媒	传播与文化产业	广东省	0.0000	57	17.1000	17.1000
1522	002274.SZ	华昌化工	制造业	江苏省	0.0000	57	17.1000	17.1000
1523	002441.SZ	众业达	批发和零售贸易业	广东省	0.0000	57	17.1000	17.1000
1524	002457.SZ	青龙管业	制造业	宁夏回族自治区	0.0000	57	17.1000	17.1000
1525	002499.SZ	科林环保	制造业	江苏省	0.0000	57	17.1000	17.1000
1526	002594.SZ	比亚迪	制造业	广东省	0.0000	57	17.1000	17.1000
1527	002620.SZ	瑞和股份	建筑业	广东省	0.0000	57	17.1000	17.1000
1528	002643.SZ	烟台万润	制造业	山东省	0.0000	57	17.1000	17.1000
1529	002658.SZ	雪迪龙	制造业	北京市	0.0000	57	17.1000	17.1000
1530	002670.SZ	华声股份	制造业	广东省	0.0000	57	17.1000	17.1000
1531	002693.SZ	双成药业	制造业	海南省	0.0000	57	17.1000	17.1000
1532	002696.SZ	百洋股份	农、林、牧、渔业	广西壮族自治区	0.0000	57	17.1000	17.1000
1533	300009.SZ	安科生物	制造业	安徽省	0.0000	57	17.1000	17.1000
1534	300013.SZ	新宁物流	交通运输、仓储业	江苏省	0.0000	57	17.1000	17.1000
1535	300082.SZ	奥克股份	制造业	辽宁省	0.0000	57	17.1000	17.1000
1536	300087.SZ	荃银高科	农、林、牧、渔业	安徽省	0.0000	57	17.1000	17.1000
1537	300094.SZ	国联水产	农、林、牧、渔业	广东省	0.0000	57	17.1000	17.1000
1538	300183.SZ	东软载波	信息技术业	山东省	0.0000	57	17.1000	17.1000
1539	300209.SZ	天泽信息	信息技术业	江苏省	0.0000	57	17.1000	17.1000
1540	300255.SZ	常山药业	制造业	河北省	0.0000	57	17.1000	17.1000
1541	300262.SZ	巴安水务	社会服务业	上海市	0.0000	57	17.1000	17.1000
1542	300314.SZ	戴维医疗	制造业	浙江省	0.0000	57	17.1000	17.1000
1543	600119.SH	长江投资	综合类	上海市	0.0000	57	17.1000	17.1000
1544	600229.SH	青岛碱业	制造业	山东省	0.0000	57	17.1000	17.1000
1545	600238.SH	海南椰岛	制造业	海南省	0.0000	57	17.1000	17.1000
1546	600285.SH	羚锐制药	制造业	河南省	0.0000	57	17.1000	17.1000
1547	600355.SH	精伦电子	制造业	湖北省	0.0000	57	17.1000	17.1000
1548	600400.SH	红豆股份	制造业	江苏省	0.0000	57	17.1000	17.1000
1549	600515.SH	海岛建设	批发和零售贸易业	海南省	0.0000	57	17.1000	17.1000

续表

排名	证券代码	证券简称	行业	注册地	社会责任报告得分	网站得分	信息披露得分	信息披露得分(调整后)
1550	600652.SH	爱使股份	综合类	上海市	0.0000	57	17.1000	17.1000
1551	600671.SH	天目药业	制造业	浙江省	0.0000	57	17.1000	17.1000
1552	600720.SH	祁连山	制造业	甘肃省	0.0000	57	17.1000	17.1000
1553	600742.SH	一汽富维	制造业	吉林省	0.0000	57	17.1000	17.1000
1554	603077.SH	和邦股份	制造业	四川省	0.0000	57	17.1000	17.1000
1555	000678.SZ	襄阳轴承	制造业	湖北省	0.0000	56	16.8000	16.8000
1556	000795.SZ	太原刚玉	制造业	山西省	0.0000	56	16.8000	16.8000
1557	000888.SZ	峨眉山A	社会服务业	四川省	0.0000	56	16.8000	16.8000
1558	000922.SZ	佳电股份	制造业	黑龙江省	0.0000	56	16.8000	16.8000
1559	002114.SZ	罗平锌电	制造业	云南省	0.0000	56	16.8000	16.8000
1560	002134.SZ	天津普林	制造业	天津市	0.0000	56	16.8000	16.8000
1561	002208.SZ	合肥城建	房地产业	安徽省	0.0000	56	16.8000	16.8000
1562	002260.SZ	伊立浦	制造业	广东省	0.0000	56	16.8000	16.8000
1563	002298.SZ	鑫龙电器	制造业	安徽省	0.0000	56	16.8000	16.8000
1564	002315.SZ	焦点科技	信息技术业	江苏省	0.0000	56	16.8000	16.8000
1565	002332.SZ	仙琚制药	制造业	浙江省	0.0000	56	16.8000	16.8000
1566	002373.SZ	联信永益	信息技术业	北京市	0.0000	56	16.8000	16.8000
1567	002398.SZ	建研集团	社会服务业	福建省	0.0000	56	16.8000	16.8000
1568	002405.SZ	四维图新	信息技术业	北京市	0.0000	56	16.8000	16.8000
1569	002429.SZ	兆驰股份	制造业	广东省	0.0000	56	16.8000	16.8000
1570	002553.SZ	南方轴承	制造业	江苏省	0.0000	56	16.8000	16.8000
1571	002564.SZ	张化机	制造业	江苏省	0.0000	56	16.8000	16.8000
1572	002667.SZ	鞍重股份	制造业	辽宁省	0.0000	56	16.8000	16.8000
1573	300027.SZ	华谊兄弟	传播与文化产业	浙江省	0.0000	56	16.8000	16.8000
1574	300057.SZ	万顺股份	制造业	广东省	0.0000	56	16.8000	16.8000
1575	300078.SZ	中瑞思创	制造业	浙江省	0.0000	56	16.8000	16.8000
1576	300156.SZ	天立环保	制造业	北京市	0.0000	56	16.8000	16.8000
1577	300189.SZ	神农大丰	农、林、牧、渔业	海南省	0.0000	56	16.8000	16.8000
1578	300210.SZ	森远股份	制造业	辽宁省	0.0000	56	16.8000	16.8000
1579	300295.SZ	三六五网	信息技术业	江苏省	0.0000	56	16.8000	16.8000
1580	300312.SZ	邦讯技术	信息技术业	北京市	0.0000	56	16.8000	16.8000
1581	600136.SH	道博股份	批发和零售贸易业	湖北省	0.0000	56	16.8000	16.8000
1582	600292.SH	九龙电力	电力、煤气及水的生产和供应业	重庆市	0.0000	56	16.8000	16.8000
1583	600373.SH	中文传媒	传播与文化产业	江西省	0.0000	56	16.8000	16.8000

续表

排名	证券代码	证券简称	行业	注册地	社会责任报告得分	网站得分	信息披露得分	信息披露得分(调整后)
1584	600794.SH	保税科技	交通运输、仓储业	江苏省	0.0000	56	16.8000	16.8000
1585	600800.SH	天津磁卡	制造业	天津市	0.0000	56	16.8000	16.8000
1586	600823.SH	世茂股份	房地产业	上海市	0.0000	56	16.8000	16.8000
1587	601058.SH	赛轮股份	制造业	山东省	0.0000	56	16.8000	16.8000
1588	601116.SH	三江购物	批发和零售贸易业	浙江省	0.0000	56	16.8000	16.8000
1589	601872.SH	招商轮船	交通运输、仓储业	上海市	0.0000	56	16.8000	16.8000
1590	000150.SZ	宜华地产	房地产业	广东省	0.0000	55	16.5000	16.5000
1591	000558.SZ	莱茵置业	房地产业	浙江省	0.0000	55	16.5000	16.5000
1592	000571.SZ	新大洲A	制造业	海南省	0.0000	55	16.5000	16.5000
1593	000572.SZ	海马汽车	制造业	海南省	0.0000	55	16.5000	16.5000
1594	000695.SZ	滨海能源	电力、煤气及水的生产和供应业	天津市	0.0000	55	16.5000	16.5000
1595	000713.SZ	丰乐种业	农、林、牧、渔业	安徽省	0.0000	55	16.5000	16.5000
1596	000822.SZ	山东海化	制造业	山东省	0.0000	55	16.5000	16.5000
1597	000875.SZ	吉电股份	电力、煤气及水的生产和供应业	吉林省	0.0000	55	16.5000	16.5000
1598	000910.SZ	大亚科技	制造业	江苏省	0.0000	55	16.5000	16.5000
1599	000965.SZ	天保基建	房地产业	天津市	0.0000	55	16.5000	16.5000
1600	000977.SZ	浪潮信息	信息技术业	山东省	0.0000	55	16.5000	16.5000
1601	002012.SZ	凯恩股份	制造业	浙江省	0.0000	55	16.5000	16.5000
1602	002019.SZ	鑫富药业	制造业	浙江省	0.0000	55	16.5000	16.5000
1603	002023.SZ	海特高新	交通运输、仓储业	四川省	0.0000	55	16.5000	16.5000
1604	002028.SZ	思源电气	制造业	上海市	0.0000	55	16.5000	16.5000
1605	002075.SZ	沙钢股份	制造业	江苏省	0.0000	55	16.5000	16.5000
1606	002094.SZ	青岛金王	制造业	山东省	0.0000	55	16.5000	16.5000
1607	002160.SZ	常铝股份	制造业	江苏省	0.0000	55	16.5000	16.5000
1608	002188.SZ	新嘉联	制造业	浙江省	0.0000	55	16.5000	16.5000
1609	002270.SZ	法因数控	制造业	山东省	0.0000	55	16.5000	16.5000
1610	002294.SZ	信立泰	制造业	广东省	0.0000	55	16.5000	16.5000
1611	002333.SZ	罗普斯金	制造业	江苏省	0.0000	55	16.5000	16.5000
1612	002347.SZ	泰尔重工	制造业	安徽省	0.0000	55	16.5000	16.5000
1613	002397.SZ	梦洁家纺	制造业	湖南省	0.0000	55	16.5000	16.5000
1614	002428.SZ	云南锗业	制造业	云南省	0.0000	55	16.5000	16.5000
1615	002456.SZ	欧菲光	制造业	广东省	0.0000	55	16.5000	16.5000
1616	002463.SZ	沪电股份	制造业	江苏省	0.0000	55	16.5000	16.5000

续表

排名	证券代码	证券简称	行业	注册地	社会责任报告得分	网站得分	信息披露得分	信息披露得分(调整后)
1617	002510.SZ	天汽模	制造业	天津市	0.0000	55	16.5000	16.5000
1618	002515.SZ	金字火腿	制造业	浙江省	0.0000	55	16.5000	16.5000
1619	002652.SZ	扬子新材	制造业	江苏省	0.0000	55	16.5000	16.5000
1620	002664.SZ	信质电机	制造业	浙江省	0.0000	55	16.5000	16.5000
1621	002680.SZ	黄海机械	制造业	江苏省	0.0000	55	16.5000	16.5000
1622	002694.SZ	顾地科技	制造业	湖北省	0.0000	55	16.5000	16.5000
1623	300008.SZ	上海佳豪	社会服务业	上海市	0.0000	55	16.5000	16.5000
1624	300266.SZ	兴源过滤	制造业	浙江省	0.0000	55	16.5000	16.5000
1625	300297.SZ	蓝盾股份	信息技术业	广东省	0.0000	55	16.5000	16.5000
1626	300322.SZ	硕贝德	信息技术业	广东省	0.0000	55	16.5000	16.5000
1627	300335.SZ	迪森股份	社会服务业	广东省	0.0000	55	16.5000	16.5000
1628	600162.SH	香江控股	房地产业	广东省	0.0000	55	16.5000	16.5000
1629	600236.SH	桂冠电力	电力、煤气及水的生产和供应业	广西壮族自治区	0.0000	55	16.5000	16.5000
1630	600677.SH	航天通信	制造业	浙江省	0.0000	55	16.5000	16.5000
1631	600854.SH	春兰股份	制造业	江苏省	0.0000	55	16.5000	16.5000
1632	600969.SH	郴电国际	电力、煤气及水的生产和供应业	湖南省	0.0000	55	16.5000	16.5000
1633	601001.SH	大同煤业	采掘业	山西省	0.0000	55	16.5000	16.5000
1634	601777.SH	力帆股份	制造业	重庆市	0.0000	55	16.5000	16.5000
1635	601789.SH	宁波建工	建筑业	浙江省	0.0000	55	16.5000	16.5000
1636	601886.SH	江河幕墙	建筑业	北京市	0.0000	55	16.5000	16.5000
1637	603167.SH	渤海轮渡	交通运输、仓储业	山东省	0.0000	55	16.5000	16.5000
1638	000544.SZ	中原环保	社会服务业	河南省	0.0000	54	16.2000	16.2000
1639	000594.SZ	*ST国恒	批发和零售贸易业	天津市	0.0000	54	16.2000	16.2000
1640	000670.SZ	S*ST天发	房地产业	湖北省	0.0000	54	16.2000	16.2000
1641	000702.SZ	正虹科技	制造业	湖南省	0.0000	54	16.2000	16.2000
1642	000829.SZ	天音控股	批发和零售贸易业	江西省	0.0000	54	16.2000	16.2000
1643	000928.SZ	中钢吉炭	制造业	吉林省	0.0000	54	16.2000	16.2000
1644	002295.SZ	精艺股份	制造业	广东省	0.0000	54	16.2000	16.2000
1645	002322.SZ	理工监测	制造业	浙江省	0.0000	54	16.2000	16.2000
1646	002427.SZ	尤夫股份	制造业	浙江省	0.0000	54	16.2000	16.2000
1647	002469.SZ	三维工程	社会服务业	山东省	0.0000	54	16.2000	16.2000
1648	002486.SZ	嘉麟杰	制造业	上海市	0.0000	54	16.2000	16.2000
1649	002506.SZ	*ST超日	制造业	上海市	0.0000	54	16.2000	16.2000

续表

排名	证券代码	证券简称	行业	注册地	社会责任报告得分	网站得分	信息披露得分	信息披露得分(调整后)
1650	002514.SZ	宝馨科技	制造业	江苏省	0.0000	54	16.2000	16.2000
1651	002519.SZ	银河电子	信息技术业	江苏省	0.0000	54	16.2000	16.2000
1652	002559.SZ	亚威股份	制造业	江苏省	0.0000	54	16.2000	16.2000
1653	002576.SZ	通达动力	制造业	江苏省	0.0000	54	16.2000	16.2000
1654	002597.SZ	金禾实业	制造业	安徽省	0.0000	54	16.2000	16.2000
1655	002632.SZ	道明光学	制造业	浙江省	0.0000	54	16.2000	16.2000
1656	002675.SZ	东诚生化	制造业	山东省	0.0000	54	16.2000	16.2000
1657	002703.SZ	浙江世宝	制造业	浙江省	0.0000	54	16.2000	16.2000
1658	300031.SZ	宝通带业	制造业	江苏省	0.0000	54	16.2000	16.2000
1659	300135.SZ	宝利沥青	制造业	江苏省	0.0000	54	16.2000	16.2000
1660	300151.SZ	昌红科技	制造业	广东省	0.0000	54	16.2000	16.2000
1661	300159.SZ	新研股份	制造业	新疆维吾尔自治区	0.0000	54	16.2000	16.2000
1662	300160.SZ	秀强股份	制造业	江苏省	0.0000	54	16.2000	16.2000
1663	300176.SZ	鸿特精密	制造业	广东省	0.0000	54	16.2000	16.2000
1664	300250.SZ	初灵信息	信息技术业	浙江省	0.0000	54	16.2000	16.2000
1665	300267.SZ	尔康制药	制造业	湖南省	0.0000	54	16.2000	16.2000
1666	300279.SZ	和晶科技	制造业	江苏省	0.0000	54	16.2000	16.2000
1667	300280.SZ	南通锻压	制造业	江苏省	0.0000	54	16.2000	16.2000
1668	300282.SZ	汇冠股份	信息技术业	北京市	0.0000	54	16.2000	16.2000
1669	300285.SZ	国瓷材料	制造业	山东省	0.0000	54	16.2000	16.2000
1670	300332.SZ	天壕节能	社会服务业	北京市	0.0000	54	16.2000	16.2000
1671	600009.SH	上海机场	交通运输、仓储业	上海市	0.0000	54	16.2000	16.2000
1672	600106.SH	重庆路桥	交通运输、仓储业	重庆市	0.0000	54	16.2000	16.2000
1673	600107.SH	美尔雅	制造业	湖北省	0.0000	54	16.2000	16.2000
1674	600129.SH	太极集团	制造业	重庆市	0.0000	54	16.2000	16.2000
1675	600211.SH	西藏药业	制造业	西藏自治区	0.0000	54	16.2000	16.2000
1676	600222.SH	太龙药业	制造业	河南省	0.0000	54	16.2000	16.2000
1677	600242.SH	中昌海运	农、林、牧、渔业	广东省	0.0000	54	16.2000	16.2000
1678	600253.SH	天方药业	制造业	河南省	0.0000	54	16.2000	16.2000
1679	600276.SH	恒瑞医药	制造业	江苏省	0.0000	54	16.2000	16.2000
1680	600279.SH	重庆港九	交通运输、仓储业	重庆市	0.0000	54	16.2000	16.2000
1681	600289.SH	亿阳信通	信息技术业	黑龙江省	0.0000	54	16.2000	16.2000
1682	600295.SH	鄂尔多斯	制造业	内蒙古自治区	0.0000	54	16.2000	16.2000

续表

排名	证券代码	证券简称	行业	注册地	社会责任报告得分	网站得分	信息披露得分	信息披露得分(调整后)
1683	600393.SH	东华实业	房地产业	广东省	0.0000	54	16.2000	16.2000
1684	600587.SH	新华医疗	制造业	山东省	0.0000	54	16.2000	16.2000
1685	600811.SH	东方集团	综合类	黑龙江省	0.0000	54	16.2000	16.2000
1686	600814.SH	杭州解百	批发和零售贸易业	浙江省	0.0000	54	16.2000	16.2000
1687	600826.SH	兰生股份	批发和零售贸易业	上海市	0.0000	54	16.2000	16.2000
1688	600846.SH	同济科技	综合类	上海市	0.0000	54	16.2000	16.2000
1689	600737.SH	中粮屯河	制造业	新疆维吾尔自治区	10.0561	30	16.0393	16.0393
1690	000418.SZ	小天鹅A	制造业	江苏省	0.0000	53	15.9000	15.9000
1691	000676.SZ	*ST思达	制造业	河南省	0.0000	53	15.9000	15.9000
1692	000705.SZ	浙江震元	批发和零售贸易业	浙江省	0.0000	53	15.9000	15.9000
1693	000782.SZ	美达股份	制造业	广东省	0.0000	53	15.9000	15.9000
1694	000950.SZ	建峰化工	制造业	重庆市	0.0000	53	15.9000	15.9000
1695	002017.SZ	东信和平	信息技术业	广东省	0.0000	53	15.9000	15.9000
1696	002035.SZ	华帝股份	制造业	广东省	0.0000	53	15.9000	15.9000
1697	002076.SZ	雪莱特	制造业	广东省	0.0000	53	15.9000	15.9000
1698	002131.SZ	利欧股份	制造业	浙江省	0.0000	53	15.9000	15.9000
1699	002136.SZ	安纳达	制造业	安徽省	0.0000	53	15.9000	15.9000
1700	002158.SZ	汉钟精机	制造业	上海市	0.0000	53	15.9000	15.9000
1701	002237.SZ	恒邦股份	制造业	山东省	0.0000	53	15.9000	15.9000
1702	002283.SZ	天润曲轴	制造业	山东省	0.0000	53	15.9000	15.9000
1703	002312.SZ	三泰电子	信息技术业	四川省	0.0000	53	15.9000	15.9000
1704	002341.SZ	新纶科技	制造业	广东省	0.0000	53	15.9000	15.9000
1705	002394.SZ	联发股份	制造业	江苏省	0.0000	53	15.9000	15.9000
1706	002418.SZ	康盛股份	制造业	浙江省	0.0000	53	15.9000	15.9000
1707	002478.SZ	常宝股份	制造业	江苏省	0.0000	53	15.9000	15.9000
1708	002623.SZ	亚玛顿	制造业	江苏省	0.0000	53	15.9000	15.9000
1709	002626.SZ	金达威	制造业	福建省	0.0000	53	15.9000	15.9000
1710	002630.SZ	华西能源	制造业	四川省	0.0000	53	15.9000	15.9000
1711	300029.SZ	天龙光电	制造业	江苏省	0.0000	53	15.9000	15.9000
1712	300044.SZ	赛为智能	信息技术业	广东省	0.0000	53	15.9000	15.9000
1713	300053.SZ	欧比特	制造业	广东省	0.0000	53	15.9000	15.9000
1714	300129.SZ	泰胜风能	制造业	上海市	0.0000	53	15.9000	15.9000
1715	300141.SZ	和顺电气	制造业	江苏省	0.0000	53	15.9000	15.9000
1716	300191.SZ	潜能恒信	采掘业	北京市	0.0000	53	15.9000	15.9000

续表

排名	证券代码	证券简称	行业	注册地	社会责任报告得分	网站得分	信息披露得分	信息披露得分(调整后)
1717	300207.SZ	欣旺达	制造业	广东省	0.0000	53	15.9000	15.9000
1718	300320.SZ	海达股份	制造业	江苏省	0.0000	53	15.9000	15.9000
1719	600099.SH	林海股份	制造业	江苏省	0.0000	53	15.9000	15.9000
1720	600429.SH	三元股份	制造业	北京市	0.0000	53	15.9000	15.9000
1721	600444.SH	*ST国通	制造业	安徽省	0.0000	53	15.9000	15.9000
1722	600856.SH	长百集团	批发和零售贸易业	吉林省	0.0000	53	15.9000	15.9000
1723	600371.SH	万向德农	农、林、牧、渔业	黑龙江省	22.3775	0	15.6643	15.6643
1724	000007.SZ	零七股份	社会服务业	广东省	0.0000	52	15.6000	15.6000
1725	000404.SZ	华意压缩	制造业	江西省	0.0000	52	15.6000	15.6000
1726	000429.SZ	粤高速A	交通运输、仓储业	广东省	0.0000	52	15.6000	15.6000
1727	000529.SZ	广弘控股	制造业	广东省	0.0000	52	15.6000	15.6000
1728	000573.SZ	粤宏远A	房地产业	广东省	0.0000	52	15.6000	15.6000
1729	000616.SZ	亿城股份	房地产业	辽宁省	0.0000	52	15.6000	15.6000
1730	000739.SZ	普洛药业	制造业	山东省	0.0000	52	15.6000	15.6000
1731	000798.SZ	中水渔业	农、林、牧、渔业	北京市	0.0000	52	15.6000	15.6000
1732	000802.SZ	北京旅游	社会服务业	北京市	0.0000	52	15.6000	15.6000
1733	000835.SZ	四川圣达	制造业	四川省	0.0000	52	15.6000	15.6000
1734	000838.SZ	国兴地产	房地产业	北京市	0.0000	52	15.6000	15.6000
1735	000856.SZ	冀东装备	制造业	河北省	0.0000	52	15.6000	15.6000
1736	000923.SZ	河北宣工	制造业	河北省	0.0000	52	15.6000	15.6000
1737	000982.SZ	中银绒业	制造业	宁夏回族自治区	0.0000	52	15.6000	15.6000
1738	000989.SZ	九芝堂	制造业	湖南省	0.0000	52	15.6000	15.6000
1739	002025.SZ	航天电器	制造业	贵州省	0.0000	52	15.6000	15.6000
1740	002026.SZ	山东威达	制造业	山东省	0.0000	52	15.6000	15.6000
1741	002027.SZ	七喜控股	信息技术业	广东省	0.0000	52	15.6000	15.6000
1742	002030.SZ	达安基因	制造业	广东省	0.0000	52	15.6000	15.6000
1743	002100.SZ	天康生物	制造业	新疆维吾尔自治区	0.0000	52	15.6000	15.6000
1744	002108.SZ	沧州明珠	制造业	河北省	0.0000	52	15.6000	15.6000
1745	002118.SZ	紫鑫药业	制造业	吉林省	0.0000	52	15.6000	15.6000
1746	002119.SZ	康强电子	制造业	浙江省	0.0000	52	15.6000	15.6000
1747	002124.SZ	天邦股份	制造业	浙江省	0.0000	52	15.6000	15.6000
1748	002132.SZ	恒星科技	制造业	河南省	0.0000	52	15.6000	15.6000
1749	002149.SZ	西部材料	制造业	陕西省	0.0000	52	15.6000	15.6000

排名	证券代码	证券简称	行业	注册地	社会责任报告得分	网站得分	信息披露得分	信息披露得分(调整后)
1750	002169.SZ	智光电气	制造业	广东省	0.0000	52	15.6000	15.6000
1751	002171.SZ	精诚铜业	制造业	安徽省	0.0000	52	15.6000	15.6000
1752	002172.SZ	澳洋科技	制造业	江苏省	0.0000	52	15.6000	15.6000
1753	002186.SZ	全聚德	社会服务业	北京市	0.0000	52	15.6000	15.6000
1754	002200.SZ	*ST大地	社会服务业	云南省	0.0000	52	15.6000	15.6000
1755	002272.SZ	川润股份	制造业	四川省	0.0000	52	15.6000	15.6000
1756	002297.SZ	博云新材	制造业	湖南省	0.0000	52	15.6000	15.6000
1757	002371.SZ	七星电子	制造业	北京市	0.0000	52	15.6000	15.6000
1758	002409.SZ	雅克科技	制造业	江苏省	0.0000	52	15.6000	15.6000
1759	002475.SZ	立讯精密	制造业	广东省	0.0000	52	15.6000	15.6000
1760	002484.SZ	江海股份	制造业	江苏省	0.0000	52	15.6000	15.6000
1761	002534.SZ	杭锅股份	制造业	浙江省	0.0000	52	15.6000	15.6000
1762	002575.SZ	群兴玩具	制造业	广东省	0.0000	52	15.6000	15.6000
1763	002593.SZ	日上集团	制造业	福建省	0.0000	52	15.6000	15.6000
1764	002634.SZ	棒杰股份	制造业	浙江省	0.0000	52	15.6000	15.6000
1765	002655.SZ	共达电声	制造业	山东省	0.0000	52	15.6000	15.6000
1766	002671.SZ	龙泉股份	制造业	山东省	0.0000	52	15.6000	15.6000
1767	300014.SZ	亿纬锂能	制造业	广东省	0.0000	52	15.6000	15.6000
1768	300038.SZ	梅泰诺	信息技术业	北京市	0.0000	52	15.6000	15.6000
1769	300041.SZ	回天胶业	制造业	湖北省	0.0000	52	15.6000	15.6000
1770	300088.SZ	长信科技	制造业	安徽省	0.0000	52	15.6000	15.6000
1771	300112.SZ	万讯自控	制造业	广东省	0.0000	52	15.6000	15.6000
1772	300142.SZ	沃森生物	制造业	云南省	0.0000	52	15.6000	15.6000
1773	300225.SZ	金力泰	制造业	上海市	0.0000	52	15.6000	15.6000
1774	300240.SZ	飞力达	交通运输、仓储业	江苏省	0.0000	52	15.6000	15.6000
1775	300275.SZ	梅安森	信息技术业	重庆市	0.0000	52	15.6000	15.6000
1776	300293.SZ	蓝英装备	制造业	辽宁省	0.0000	52	15.6000	15.6000
1777	300301.SZ	长方照明	制造业	广东省	0.0000	52	15.6000	15.6000
1778	300347.SZ	泰格医药	社会服务业	浙江省	0.0000	52	15.6000	15.6000
1779	600095.SH	哈高科	制造业	黑龙江省	0.0000	52	15.6000	15.6000
1780	600145.SH	国创能源	建筑业	贵州省	0.0000	52	15.6000	15.6000
1781	600169.SH	太原重工	制造业	山西省	0.0000	52	15.6000	15.6000
1782	600182.SH	S佳通	制造业	黑龙江省	0.0000	52	15.6000	15.6000
1783	600250.SH	南纺股份	批发和零售贸易业	江苏省	0.0000	52	15.6000	15.6000
1784	600257.SH	大湖股份	农、林、牧、渔业	湖南省	0.0000	52	15.6000	15.6000

续表

排名	证券代码	证券简称	行业	注册地	社会责任报告得分	网站得分	信息披露得分	信息披露得分(调整后)
1785	600326.SH	西藏天路	建筑业	西藏自治区	0.0000	52	15.6000	15.6000
1786	600346.SH	大橡塑	制造业	辽宁省	0.0000	52	15.6000	15.6000
1787	600479.SH	千金药业	制造业	湖南省	0.0000	52	15.6000	15.6000
1788	600648.SH	外高桥	房地产业	上海市	0.0000	52	15.6000	15.6000
1789	600675.SH	中华企业	房地产业	上海市	0.0000	52	15.6000	15.6000
1790	600731.SH	湖南海利	制造业	湖南省	0.0000	52	15.6000	15.6000
1791	600732.SH	上海新梅	房地产业	上海市	0.0000	52	15.6000	15.6000
1792	600853.SH	龙建股份	建筑业	黑龙江省	0.0000	52	15.6000	15.6000
1793	601028.SH	玉龙股份	制造业	江苏省	0.0000	52	15.6000	15.6000
1794	601311.SH	骆驼股份	制造业	湖北省	0.0000	52	15.6000	15.6000
1795	601558.SH	华锐风电	制造业	北京市	0.0000	52	15.6000	15.6000
1796	601996.SH	丰林集团	制造业	广西壮族自治区	0.0000	52	15.6000	15.6000
1797	000551.SZ	创元科技	综合类	江苏省	0.0000	51	15.3000	15.3000
1798	000609.SZ	绵世股份	房地产业	北京市	0.0000	51	15.3000	15.3000
1799	000813.SZ	天山纺织	制造业	新疆维吾尔自治区	0.0000	51	15.3000	15.3000
1800	000848.SZ	承德露露	制造业	河北省	0.0000	51	15.3000	15.3000
1801	000995.SZ	皇台酒业	制造业	甘肃省	0.0000	51	15.3000	15.3000
1802	002015.SZ	霞客环保	制造业	江苏省	0.0000	51	15.3000	15.3000
1803	002168.SZ	深圳惠程	制造业	广东省	0.0000	51	15.3000	15.3000
1804	002176.SZ	江特电机	制造业	江西省	0.0000	51	15.3000	15.3000
1805	002245.SZ	澳洋顺昌	社会服务业	江苏省	0.0000	51	15.3000	15.3000
1806	002247.SZ	帝龙新材	制造业	浙江省	0.0000	51	15.3000	15.3000
1807	002363.SZ	隆基机械	制造业	山东省	0.0000	51	15.3000	15.3000
1808	002377.SZ	国创高新	制造业	湖北省	0.0000	51	15.3000	15.3000
1809	002502.SZ	骅威股份	制造业	广东省	0.0000	51	15.3000	15.3000
1810	002570.SZ	贝因美	制造业	浙江省	0.0000	51	15.3000	15.3000
1811	002699.SZ	美盛文化	制造业	浙江省	0.0000	51	15.3000	15.3000
1812	300018.SZ	中元华电	制造业	湖北省	0.0000	51	15.3000	15.3000
1813	300023.SZ	宝德股份	制造业	陕西省	0.0000	51	15.3000	15.3000
1814	300030.SZ	阳普医疗	制造业	广东省	0.0000	51	15.3000	15.3000
1815	300111.SZ	向日葵	制造业	浙江省	0.0000	51	15.3000	15.3000
1816	300116.SZ	坚瑞消防	制造业	陕西省	0.0000	51	15.3000	15.3000
1817	300140.SZ	启源装备	制造业	陕西省	0.0000	51	15.3000	15.3000

续表

排名	证券代码	证券简称	行业	注册地	社会责任报告得分	网站得分	信息披露得分	信息披露得分(调整后)
1818	300167.SZ	迪威视讯	信息技术业	广东省	0.0000	51	15.3000	15.3000
1819	300175.SZ	朗源股份	制造业	山东省	0.0000	51	15.3000	15.3000
1820	300350.SZ	华鹏飞	交通运输、仓储业	广东省	0.0000	51	15.3000	15.3000
1821	600075.SH	新疆天业	制造业	新疆维吾尔自治区	0.0000	51	15.3000	15.3000
1822	600361.SH	华联综超	批发和零售贸易业	北京市	0.0000	51	15.3000	15.3000
1823	600746.SH	江苏索普	制造业	江苏省	0.0000	51	15.3000	15.3000
1824	600778.SH	友好集团	批发和零售贸易业	新疆维吾尔自治区	0.0000	51	15.3000	15.3000
1825	600855.SH	航天长峰	制造业	北京市	0.0000	51	15.3000	15.3000
1826	600885.SH	宏发股份	制造业	湖北省	0.0000	51	15.3000	15.3000
1827	600961.SH	*ST株冶	制造业	湖南省	0.0000	51	15.3000	15.3000
1828	601218.SH	吉鑫科技	制造业	江苏省	0.0000	51	15.3000	15.3000
1829	601678.SH	滨化股份	综合类	山东省	0.0000	51	15.3000	15.3000
1830	000564.SZ	西安民生	批发和零售贸易业	陕西省	0.0000	50	15.0000	15.0000
1831	000601.SZ	韶能股份	电力、煤气及水的生产和供应业	广东省	0.0000	50	15.0000	15.0000
1832	000650.SZ	仁和药业	制造业	江西省	0.0000	50	15.0000	15.0000
1833	000656.SZ	金科股份	房地产业	重庆市	0.0000	50	15.0000	15.0000
1834	000659.SZ	珠海中富	制造业	广东省	0.0000	50	15.0000	15.0000
1835	000683.SZ	远兴能源	制造业	内蒙古自治区	0.0000	50	15.0000	15.0000
1836	000801.SZ	四川九洲	信息技术业	四川省	0.0000	50	15.0000	15.0000
1837	000823.SZ	超声电子	制造业	广东省	0.0000	50	15.0000	15.0000
1838	000948.SZ	南天信息	信息技术业	云南省	0.0000	50	15.0000	15.0000
1839	000980.SZ	金马股份	制造业	安徽省	0.0000	50	15.0000	15.0000
1840	002088.SZ	鲁阳股份	制造业	山东省	0.0000	50	15.0000	15.0000
1841	002096.SZ	南岭民爆	制造业	湖南省	0.0000	50	15.0000	15.0000
1842	002104.SZ	恒宝股份	制造业	江苏省	0.0000	50	15.0000	15.0000
1843	002105.SZ	信隆实业	制造业	广东省	0.0000	50	15.0000	15.0000
1844	002126.SZ	银轮股份	制造业	浙江省	0.0000	50	15.0000	15.0000
1845	002159.SZ	三特索道	社会服务业	湖北省	0.0000	50	15.0000	15.0000
1846	002164.SZ	东力传动	制造业	浙江省	0.0000	50	15.0000	15.0000
1847	002167.SZ	东方锆业	制造业	广东省	0.0000	50	15.0000	15.0000
1848	002173.SZ	千足珍珠	制造业	浙江省	0.0000	50	15.0000	15.0000

续表

排名	证券代码	证券简称	行业	注册地	社会责任报告得分	网站得分	信息披露得分	信息披露得分(调整后)
1849	002192.SZ	路翔股份	制造业	广东省	0.0000	50	15.0000	15.0000
1850	002198.SZ	嘉应制药	制造业	广东省	0.0000	50	15.0000	15.0000
1851	002305.SZ	南国置业	房地产业	湖北省	0.0000	50	15.0000	15.0000
1852	002325.SZ	洪涛股份	建筑业	广东省	0.0000	50	15.0000	15.0000
1853	002350.SZ	北京科锐	制造业	北京市	0.0000	50	15.0000	15.0000
1854	002360.SZ	同德化工	制造业	山西省	0.0000	50	15.0000	15.0000
1855	002420.SZ	毅昌股份	制造业	广东省	0.0000	50	15.0000	15.0000
1856	002452.SZ	长高集团	制造业	湖南省	0.0000	50	15.0000	15.0000
1857	002460.SZ	赣锋锂业	制造业	江西省	0.0000	50	15.0000	15.0000
1858	002479.SZ	富春环保	电力、煤气及水的生产和供应业	浙江省	0.0000	50	15.0000	15.0000
1859	002485.SZ	希努尔	制造业	山东省	0.0000	50	15.0000	15.0000
1860	002494.SZ	华斯股份	制造业	河北省	0.0000	50	15.0000	15.0000
1861	002542.SZ	中化岩土	建筑业	北京市	0.0000	50	15.0000	15.0000
1862	002640.SZ	百圆裤业	批发和零售贸易业	山西省	0.0000	50	15.0000	15.0000
1863	002645.SZ	华宏科技	制造业	江苏省	0.0000	50	15.0000	15.0000
1864	002661.SZ	克明面业	制造业	湖南省	0.0000	50	15.0000	15.0000
1865	300097.SZ	智云股份	制造业	辽宁省	0.0000	50	15.0000	15.0000
1866	300136.SZ	信维通信	制造业	广东省	0.0000	50	15.0000	15.0000
1867	300139.SZ	福星晓程	制造业	北京市	0.0000	50	15.0000	15.0000
1868	300172.SZ	中电环保	社会服务业	江苏省	0.0000	50	15.0000	15.0000
1869	300234.SZ	开尔新材	制造业	浙江省	0.0000	50	15.0000	15.0000
1870	300252.SZ	金信诺	制造业	广东省	0.0000	50	15.0000	15.0000
1871	300276.SZ	三丰智能	制造业	湖北省	0.0000	50	15.0000	15.0000
1872	300303.SZ	聚飞光电	制造业	广东省	0.0000	50	15.0000	15.0000
1873	300304.SZ	云意电气	制造业	江苏省	0.0000	50	15.0000	15.0000
1874	300308.SZ	中际装备	制造业	山东省	0.0000	50	15.0000	15.0000
1875	600146.SH	大元股份	制造业	宁夏回族自治区	0.0000	50	15.0000	15.0000
1876	600233.SH	大杨创世	制造业	辽宁省	0.0000	50	15.0000	15.0000
1877	600313.SH	中农资源	农、林、牧、渔业	北京市	0.0000	50	15.0000	15.0000
1878	600365.SH	通葡股份	制造业	吉林省	0.0000	50	15.0000	15.0000
1879	600382.SH	广东明珠	批发和零售贸易业	广东省	0.0000	50	15.0000	15.0000
1880	600590.SH	泰豪科技	制造业	江西省	0.0000	50	15.0000	15.0000
1881	600754.SH	锦江股份	社会服务业	上海市	0.0000	50	15.0000	15.0000

续表

排名	证券代码	证券简称	行业	注册地	社会责任报告得分	网站得分	信息披露得分	信息披露得分(调整后)
1882	600756.SH	浪潮软件	信息技术业	山东省	0.0000	50	15.0000	15.0000
1883	600764.SH	中电广通	信息技术业	北京市	0.0000	50	15.0000	15.0000
1884	600838.SH	上海九百	批发和零售贸易业	上海市	0.0000	50	15.0000	15.0000
1885	600850.SH	华东电脑	信息技术业	上海市	0.0000	50	15.0000	15.0000
1886	600890.SH	中房股份	房地产业	北京市	0.0000	50	15.0000	15.0000
1887	600975.SH	新五丰	农、林、牧、渔业	湖南省	0.0000	50	15.0000	15.0000
1888	600976.SH	武汉健民	制造业	湖北省	0.0000	50	15.0000	15.0000
1889	601890.SH	亚星锚链	制造业	江苏省	0.0000	50	15.0000	15.0000
1890	000627.SZ	天茂集团	制造业	湖北省	19.2745	0	13.4922	14.8414
1891	000631.SZ	顺发恒业	房地产业	吉林省	0.0000	49	14.7000	14.7000
1892	000637.SZ	茂化实华	制造业	广东省	0.0000	49	14.7000	14.7000
1893	000711.SZ	天伦置业	房地产业	黑龙江省	0.0000	49	14.7000	14.7000
1894	000932.SZ	华菱钢铁	制造业	湖南省	0.0000	49	14.7000	14.7000
1895	002135.SZ	东南网架	建筑业	浙江省	0.0000	49	14.7000	14.7000
1896	002166.SZ	莱茵生物	制造业	广西壮族自治区	0.0000	49	14.7000	14.7000
1897	002175.SZ	广陆数测	制造业	广西壮族自治区	0.0000	49	14.7000	14.7000
1898	002234.SZ	民和股份	农、林、牧、渔业	山东省	0.0000	49	14.7000	14.7000
1899	002273.SZ	水晶光电	制造业	浙江省	0.0000	49	14.7000	14.7000
1900	002366.SZ	丹甫股份	制造业	四川省	0.0000	49	14.7000	14.7000
1901	002388.SZ	新亚制程	制造业	广东省	0.0000	49	14.7000	14.7000
1902	002402.SZ	和而泰	制造业	广东省	0.0000	49	14.7000	14.7000
1903	002600.SZ	江粉磁材	制造业	广东省	0.0000	49	14.7000	14.7000
1904	002621.SZ	大连三垒	制造业	辽宁省	0.0000	49	14.7000	14.7000
1905	002698.SZ	博实股份	制造业	黑龙江省	0.0000	49	14.7000	14.7000
1906	300061.SZ	康耐特	制造业	上海市	0.0000	49	14.7000	14.7000
1907	300100.SZ	双林股份	制造业	浙江省	0.0000	49	14.7000	14.7000
1908	300138.SZ	晨光生物	制造业	河北省	0.0000	49	14.7000	14.7000
1909	300152.SZ	燃控科技	制造业	江苏省	0.0000	49	14.7000	14.7000
1910	300164.SZ	通源石油	采掘业	陕西省	0.0000	49	14.7000	14.7000
1911	300194.SZ	福安药业	制造业	重庆市	0.0000	49	14.7000	14.7000
1912	300197.SZ	铁汉生态	建筑业	广东省	0.0000	49	14.7000	14.7000
1913	300302.SZ	同有科技	信息技术业	北京市	0.0000	49	14.7000	14.7000
1914	300326.SZ	凯利泰	制造业	上海市	0.0000	49	14.7000	14.7000

续表

排名	证券代码	证券简称	行业	注册地	社会责任报告得分	网站得分	信息披露得分	信息披露得分(调整后)
1915	300329.SZ	海伦钢琴	制造业	浙江省	0.0000	49	14.7000	14.7000
1916	600072.SH	中船股份	制造业	上海市	0.0000	49	14.7000	14.7000
1917	600076.SH	青鸟华光	信息技术业	山东省	0.0000	49	14.7000	14.7000
1918	600221.SH	海南航空	交通运输、仓储业	海南省	0.0000	49	14.7000	14.7000
1919	600319.SH	*ST亚星	制造业	山东省	0.0000	49	14.7000	14.7000
1920	600320.SH	振华重工	制造业	上海市	0.0000	49	14.7000	14.7000
1921	600520.SH	中发科技	制造业	安徽省	0.0000	49	14.7000	14.7000
1922	600608.SH	上海科技	信息技术业	上海市	0.0000	49	14.7000	14.7000
1923	600615.SH	丰华股份	房地产业	上海市	0.0000	49	14.7000	14.7000
1924	600651.SH	飞乐音响	制造业	上海市	0.0000	49	14.7000	14.7000
1925	600735.SH	新华锦	制造业	山东省	0.0000	49	14.7000	14.7000
1926	600757.SH	长江传媒	传播与文化产业	湖北省	0.0000	49	14.7000	14.7000
1927	600857.SH	工大首创	批发和零售贸易业	浙江省	0.0000	49	14.7000	14.7000
1928	600965.SH	福成五丰	农、林、牧、渔业	河北省	0.0000	49	14.7000	14.7000
1929	000919.SZ	金陵药业	制造业	江苏省	0.0000	48	14.4000	14.4000
1930	002137.SZ	实益达	制造业	广东省	0.0000	48	14.4000	14.4000
1931	002261.SZ	拓维信息	信息技术业	湖南省	0.0000	48	14.4000	14.4000
1932	002282.SZ	博深工具	制造业	河北省	0.0000	48	14.4000	14.4000
1933	002374.SZ	丽鹏股份	制造业	山东省	0.0000	48	14.4000	14.4000
1934	002459.SZ	天业通联	制造业	河北省	0.0000	48	14.4000	14.4000
1935	002489.SZ	浙江永强	制造业	浙江省	0.0000	48	14.4000	14.4000
1936	002566.SZ	益盛药业	制造业	吉林省	0.0000	48	14.4000	14.4000
1937	002568.SZ	百润股份	制造业	上海市	0.0000	48	14.4000	14.4000
1938	002624.SZ	金磊股份	制造业	浙江省	0.0000	48	14.4000	14.4000
1939	002648.SZ	卫星石化	制造业	浙江省	0.0000	48	14.4000	14.4000
1940	002690.SZ	美亚光电	制造业	安徽省	0.0000	48	14.4000	14.4000
1941	300046.SZ	台基股份	制造业	湖北省	0.0000	48	14.4000	14.4000
1942	300102.SZ	乾照光电	制造业	福建省	0.0000	48	14.4000	14.4000
1943	300128.SZ	锦富新材	制造业	江苏省	0.0000	48	14.4000	14.4000
1944	300196.SZ	长海股份	制造业	江苏省	0.0000	48	14.4000	14.4000
1945	300349.SZ	金卡股份	信息技术业	浙江省	0.0000	48	14.4000	14.4000
1946	600258.SH	首旅股份	社会服务业	北京市	0.0000	48	14.4000	14.4000
1947	600321.SH	国栋建设	制造业	四川省	0.0000	48	14.4000	14.4000
1948	600562.SH	高淳陶瓷	制造业	江苏省	0.0000	48	14.4000	14.4000
1949	600722.SH	金牛化工	制造业	河北省	0.0000	48	14.4000	14.4000

续表

排名	证券代码	证券简称	行业	注册地	社会责任报告得分	网站得分	信息披露得分	信息披露得分(调整后)
1950	600796.SH	钱江生化	制造业	浙江省	0.0000	48	14.4000	14.4000
1951	600894.SH	广日股份	制造业	广东省	0.0000	48	14.4000	14.4000
1952	601208.SH	东材科技	制造业	四川省	0.0000	48	14.4000	14.4000
1953	000055.SZ	方大集团	制造业	广东省	0.0000	47	14.1000	14.1000
1954	000523.SZ	广州浪奇	制造业	广东省	0.0000	47	14.1000	14.1000
1955	000561.SZ	烽火电子	信息技术业	陕西省	0.0000	47	14.1000	14.1000
1956	000617.SZ	*ST济柴	制造业	山东省	0.0000	47	14.1000	14.1000
1957	000902.SZ	中国服装	制造业	北京市	0.0000	47	14.1000	14.1000
1958	000935.SZ	四川双马	制造业	四川省	0.0000	47	14.1000	14.1000
1959	002252.SZ	上海莱士	制造业	上海市	0.0000	47	14.1000	14.1000
1960	002328.SZ	新朋股份	制造业	上海市	0.0000	47	14.1000	14.1000
1961	002444.SZ	巨星科技	制造业	浙江省	0.0000	47	14.1000	14.1000
1962	300056.SZ	三维丝	制造业	福建省	0.0000	47	14.1000	14.1000
1963	300127.SZ	银河磁体	制造业	四川省	0.0000	47	14.1000	14.1000
1964	300258.SZ	精锻科技	制造业	江苏省	0.0000	47	14.1000	14.1000
1965	300292.SZ	吴通通讯	信息技术业	江苏省	0.0000	47	14.1000	14.1000
1966	300313.SZ	天山生物	农、林、牧、渔业	新疆维吾尔自治区	0.0000	47	14.1000	14.1000
1967	300337.SZ	银邦股份	制造业	江苏省	0.0000	47	14.1000	14.1000
1968	300340.SZ	科恒股份	制造业	广东省	0.0000	47	14.1000	14.1000
1969	300354.SZ	东华测试	制造业	江苏省	0.0000	47	14.1000	14.1000
1970	600082.SH	海泰发展	房地产业	天津市	0.0000	47	14.1000	14.1000
1971	600538.SH	*ST国发	制造业	广西壮族自治区	0.0000	47	14.1000	14.1000
1972	600577.SH	精达股份	制造业	安徽省	0.0000	47	14.1000	14.1000
1973	600667.SH	太极实业	制造业	江苏省	0.0000	47	14.1000	14.1000
1974	600682.SH	南京新百	批发和零售贸易业	江苏省	0.0000	47	14.1000	14.1000
1975	600782.SH	新钢股份	制造业	江西省	0.0000	47	14.1000	14.1000
1976	600859.SH	王府井	批发和零售贸易业	北京市	0.0000	47	14.1000	14.1000
1977	600879.SH	航天电子	制造业	湖北省	4.6630	36	14.0641	14.0641
1978	601918.SH	国投新集	采掘业	安徽省	19.8934	0	13.9254	13.9254
1979	600337.SH	美克股份	批发和零售贸易业	新疆维吾尔自治区	11.3195	20	13.9237	13.9237
1980	000511.SZ	银基发展	房地产业	辽宁省	0.0000	46	13.8000	13.8000
1981	000597.SZ	东北制药	制造业	辽宁省	0.0000	46	13.8000	13.8000

续表

排名	证券代码	证券简称	行业	注册地	社会责任报告得分	网站得分	信息披露得分	信息披露得分(调整后)
1982	000708.SZ	大冶特钢	制造业	湖北省	0.0000	46	13.8000	13.8000
1983	000925.SZ	众合机电	制造业	浙江省	0.0000	46	13.8000	13.8000
1984	000955.SZ	欣龙控股	制造业	海南省	0.0000	46	13.8000	13.8000
1985	000966.SZ	长源电力	电力、煤气及水的生产和供应业	湖北省	0.0000	46	13.8000	13.8000
1986	002040.SZ	南京港	交通运输、仓储业	江苏省	0.0000	46	13.8000	13.8000
1987	002183.SZ	怡亚通	社会服务业	广东省	0.0000	46	13.8000	13.8000
1988	002370.SZ	亚太药业	制造业	浙江省	0.0000	46	13.8000	13.8000
1989	300032.SZ	金龙机电	制造业	浙江省	0.0000	46	13.8000	13.8000
1990	300193.SZ	佳士科技	制造业	广东省	0.0000	46	13.8000	13.8000
1991	300202.SZ	聚龙股份	制造业	辽宁省	0.0000	46	13.8000	13.8000
1992	300230.SZ	永利带业	制造业	上海市	0.0000	46	13.8000	13.8000
1993	300246.SZ	宝莱特	制造业	广东省	0.0000	46	13.8000	13.8000
1994	300271.SZ	华宇软件	信息技术业	北京市	0.0000	46	13.8000	13.8000
1995	300306.SZ	远方光电	制造业	浙江省	0.0000	46	13.8000	13.8000
1996	300325.SZ	德威新材	制造业	江苏省	0.0000	46	13.8000	13.8000
1997	600150.SH	中国船舶	制造业	上海市	0.0000	46	13.8000	13.8000
1998	600293.SH	三峡新材	制造业	湖北省	0.0000	46	13.8000	13.8000
1999	600301.SH	*ST 南化	制造业	广西壮族自治区	0.0000	46	13.8000	13.8000
2000	600769.SH	*ST 祥龙	制造业	湖北省	0.0000	46	13.8000	13.8000
2001	600967.SH	北方创业	制造业	内蒙古自治区	0.0000	46	13.8000	13.8000
2002	600978.SH	宜华木业	制造业	广东省	0.0000	46	13.8000	13.8000
2003	000862.SZ	银星能源	制造业	宁夏回族自治区	0.0000	45	13.5000	13.5000
2004	000926.SZ	福星股份	房地产业	湖北省	0.0000	45	13.5000	13.5000
2005	002002.SZ	金材股份	制造业	江苏省	0.0000	45	13.5000	13.5000
2006	002047.SZ	*ST 成霖	制造业	广东省	0.0000	45	13.5000	13.5000
2007	002074.SZ	东源电器	制造业	江苏省	0.0000	45	13.5000	13.5000
2008	002320.SZ	海峡股份	交通运输、仓储业	海南省	0.0000	45	13.5000	13.5000
2009	002326.SZ	永太科技	制造业	浙江省	0.0000	45	13.5000	13.5000
2010	002352.SZ	鼎泰新材	制造业	安徽省	0.0000	45	13.5000	13.5000
2011	002359.SZ	齐星铁塔	制造业	山东省	0.0000	45	13.5000	13.5000
2012	002464.SZ	金利科技	制造业	江苏省	0.0000	45	13.5000	13.5000

续表

排名	证券代码	证券简称	行业	注册地	社会责任报告得分	网站得分	信息披露得分	信息披露得分(调整后)
2013	002501.SZ	利源铝业	制造业	吉林省	0.0000	45	13.5000	13.5000
2014	002520.SZ	日发精机	制造业	浙江省	0.0000	45	13.5000	13.5000
2015	002691.SZ	石煤装备	制造业	河北省	0.0000	45	13.5000	13.5000
2016	300059.SZ	东方财富	信息技术业	上海市	0.0000	45	13.5000	13.5000
2017	300099.SZ	尤洛卡	制造业	山东省	0.0000	45	13.5000	13.5000
2018	300150.SZ	世纪瑞尔	信息技术业	北京市	0.0000	45	13.5000	13.5000
2019	300223.SZ	北京君正	制造业	北京市	0.0000	45	13.5000	13.5000
2020	300330.SZ	华虹计通	信息技术业	上海市	0.0000	45	13.5000	13.5000
2021	600462.SH	石岘纸业	制造业	吉林省	0.0000	45	13.5000	13.5000
2022	600475.SH	华光股份	制造业	江苏省	0.0000	45	13.5000	13.5000
2023	600771.SH	东盛科技	制造业	青海省	0.0000	45	13.5000	13.5000
2024	600865.SH	百大集团	批发和零售贸易业	浙江省	0.0000	45	13.5000	13.5000
2025	000040.SZ	宝安地产	房地产业	广东省	0.0000	44	13.2000	13.2000
2026	000897.SZ	津滨发展	房地产业	天津市	0.0000	44	13.2000	13.2000
2027	000961.SZ	中南建设	建筑业	江苏省	0.0000	44	13.2000	13.2000
2028	002259.SZ	升达林业	制造业	四川省	0.0000	44	13.2000	13.2000
2029	002354.SZ	科冕木业	制造业	辽宁省	0.0000	44	13.2000	13.2000
2030	002379.SZ	鲁丰股份	制造业	山东省	0.0000	44	13.2000	13.2000
2031	002384.SZ	东山精密	制造业	江苏省	0.0000	44	13.2000	13.2000
2032	002395.SZ	双象股份	制造业	江苏省	0.0000	44	13.2000	13.2000
2033	002584.SZ	西陇化工	制造业	广东省	0.0000	44	13.2000	13.2000
2034	002644.SZ	佛慈制药	制造业	甘肃省	0.0000	44	13.2000	13.2000
2035	300069.SZ	金利华电	制造业	浙江省	0.0000	44	13.2000	13.2000
2036	300131.SZ	英唐智控	制造业	广东省	0.0000	44	13.2000	13.2000
2037	300168.SZ	万达信息	信息技术业	上海市	0.0000	44	13.2000	13.2000
2038	300346.SZ	南大光电	制造业	江苏省	0.0000	44	13.2000	13.2000
2039	600265.SH	*ST景谷	农、林、牧、渔业	云南省	0.0000	44	13.2000	13.2000
2040	600300.SH	维维股份	制造业	江苏省	0.0000	44	13.2000	13.2000
2041	600567.SH	山鹰纸业	制造业	安徽省	0.0000	44	13.2000	13.2000
2042	600630.SH	龙头股份	制造业	上海市	0.0000	44	13.2000	13.2000
2043	600818.SH	中路股份	制造业	上海市	0.0000	44	13.2000	13.2000
2044	600843.SH	上工申贝	制造业	上海市	0.0000	44	13.2000	13.2000
2045	600982.SH	宁波热电	电力、煤气及水的生产和供应业	浙江省	0.0000	44	13.2000	13.2000
2046	000504.SZ	ST传媒	传播与文化产业	北京市	0.0000	43	12.9000	12.9000

续表

排名	证券代码	证券简称	行业	注册地	社会责任报告得分	网站得分	信息披露得分	信息披露得分(调整后)
2047	000566.SZ	海南海药	制造业	海南省	0.0000	43	12.9000	12.9000
2048	000587.SZ	金叶珠宝	制造业	黑龙江省	0.0000	43	12.9000	12.9000
2049	000661.SZ	长春高新	制造业	吉林省	0.0000	43	12.9000	12.9000
2050	000882.SZ	华联股份	批发和零售贸易业	北京市	0.0000	43	12.9000	12.9000
2051	000899.SZ	赣能股份	电力、煤气及水的生产和供应业	江西省	0.0000	43	12.9000	12.9000
2052	002223.SZ	鱼跃医疗	制造业	江苏省	0.0000	43	12.9000	12.9000
2053	002382.SZ	蓝帆股份	制造业	山东省	0.0000	43	12.9000	12.9000
2054	002391.SZ	长青股份	制造业	江苏省	0.0000	43	12.9000	12.9000
2055	300237.SZ	美晨科技	制造业	山东省	0.0000	43	12.9000	12.9000
2056	300243.SZ	瑞丰高材	制造业	山东省	0.0000	43	12.9000	12.9000
2057	300339.SZ	润和软件	信息技术业	江苏省	0.0000	43	12.9000	12.9000
2058	600083.SH	博信股份	制造业	广东省	0.0000	43	12.9000	12.9000
2059	600148.SH	长春一东	制造业	吉林省	0.0000	43	12.9000	12.9000
2060	000565.SZ	渝三峡A	制造业	重庆市	0.0000	42	12.6000	12.6000
2061	000697.SZ	炼石有色	采掘业	陕西省	0.0000	42	12.6000	12.6000
2062	000766.SZ	通化金马	制造业	吉林省	0.0000	42	12.6000	12.6000
2063	002324.SZ	普利特	制造业	上海市	0.0000	42	12.6000	12.6000
2064	300344.SZ	太空板业	制造业	北京市	0.0000	42	12.6000	12.6000
2065	600039.SH	四川路桥	建筑业	四川省	0.0000	42	12.6000	12.6000
2066	600054.SH	黄山旅游	社会服务业	安徽省	0.0000	42	12.6000	12.6000
2067	600090.SH	啤酒花	制造业	新疆维吾尔自治区	0.0000	42	12.6000	12.6000
2068	600209.SH	罗顿发展	综合类	海南省	0.0000	42	12.6000	12.6000
2069	600231.SH	凌钢股份	制造业	辽宁省	0.0000	42	12.6000	12.6000
2070	600259.SH	广晟有色	采掘业	海南省	0.0000	42	12.6000	12.6000
2071	600327.SH	大东方	批发和零售贸易业	江苏省	0.0000	42	12.6000	12.6000
2072	600626.SH	申达股份	制造业	上海市	0.0000	42	12.6000	12.6000
2073	600744.SH	华银电力	电力、煤气及水的生产和供应业	湖南省	0.0000	42	12.6000	12.6000
2074	600747.SH	大连控股	制造业	辽宁省	0.0000	42	12.6000	12.6000
2075	000503.SZ	海虹控股	综合类	海南省	0.0000	41	12.3000	12.3000
2076	000567.SZ	海德股份	房地产业	海南省	0.0000	41	12.3000	12.3000
2077	000767.SZ	漳泽电力	电力、煤气及水的生产和供应业	山西省	0.0000	41	12.3000	12.3000

续表

排名	证券代码	证券简称	行业	注册地	社会责任报告得分	网站得分	信息披露得分	信息披露得分(调整后)
2078	000953.SZ	*ST河化	制造业	广西壮族自治区	0.0000	41	12.3000	12.3000
2079	002036.SZ	宜科科技	制造业	浙江省	0.0000	41	12.3000	12.3000
2080	002140.SZ	东华科技	建筑业	安徽省	0.0000	41	12.3000	12.3000
2081	002393.SZ	力生制药	制造业	天津市	0.0000	41	12.3000	12.3000
2082	002400.SZ	省广股份	社会服务业	广东省	0.0000	41	12.3000	12.3000
2083	002659.SZ	中泰桥梁	建筑业	江苏省	0.0000	41	12.3000	12.3000
2084	002692.SZ	远程电缆	制造业	江苏省	0.0000	41	12.3000	12.3000
2085	300113.SZ	顺网科技	信息技术业	浙江省	0.0000	41	12.3000	12.3000
2086	300114.SZ	中航电测	制造业	陕西省	0.0000	41	12.3000	12.3000
2087	300238.SZ	冠昊生物	制造业	广东省	0.0000	41	12.3000	12.3000
2088	300321.SZ	同大股份	制造业	山东省	0.0000	41	12.3000	12.3000
2089	300333.SZ	兆日科技	信息技术业	广东省	0.0000	41	12.3000	12.3000
2090	002034.SZ	美欣达	制造业	浙江省	0.0000	40	12.0000	12.0000
2091	002109.SZ	兴化股份	制造业	陕西省	0.0000	40	12.0000	12.0000
2092	002220.SZ	天宝股份	制造业	辽宁省	0.0000	40	12.0000	12.0000
2093	002516.SZ	江苏旷达	制造业	江苏省	0.0000	40	12.0000	12.0000
2094	002695.SZ	煌上煌	制造业	江西省	0.0000	40	12.0000	12.0000
2095	600137.SH	浪莎股份	制造业	四川省	0.0000	40	12.0000	12.0000
2096	600272.SH	开开实业	制造业	上海市	0.0000	40	12.0000	12.0000
2097	600305.SH	恒顺醋业	制造业	江苏省	0.0000	40	12.0000	12.0000
2098	600398.SH	凯诺科技	制造业	江苏省	0.0000	40	12.0000	12.0000
2099	600539.SH	ST狮头	制造业	山西省	0.0000	40	12.0000	12.0000
2100	600559.SH	老白干酒	制造业	河北省	0.0000	40	12.0000	12.0000
2101	600566.SH	洪城股份	制造业	湖北省	0.0000	40	12.0000	12.0000
2102	600612.SH	老凤祥	制造业	上海市	0.0000	40	12.0000	12.0000
2103	600781.SH	上海辅仁	制造业	上海市	0.0000	40	12.0000	12.0000
2104	600851.SH	海欣股份	制造业	上海市	0.0000	40	12.0000	12.0000
2326	000959.SZ	首钢股份	制造业	北京市	0.0000	40	12.0000	12.0000
2105	000501.SZ	鄂武商A	批发和零售贸易业	湖北省	0.0000	39	11.7000	11.7000
2106	000727.SZ	华东科技	制造业	江苏省	0.0000	39	11.7000	11.7000
2107	002686.SZ	亿利达	制造业	浙江省	0.0000	39	11.7000	11.7000
2108	300109.SZ	新开源	制造业	河南省	0.0000	39	11.7000	11.7000
2109	300204.SZ	舒泰神	制造业	北京市	0.0000	39	11.7000	11.7000
2110	600770.SH	综艺股份	综合类	江苏省	0.0000	39	11.7000	11.7000

续表

排名	证券代码	证券简称	行业	注册地	社会责任报告得分	网站得分	信息披露得分	信息披露得分(调整后)
2111	601599.SH	鹿港科技	制造业	江苏省	0.0000	39	11.7000	11.7000
2112	000917.SZ	电广传媒	传播与文化产业	湖南省	16.2277	1	11.6594	11.6594
2113	000610.SZ	西安旅游	社会服务业	陕西省	0.0000	38	11.4000	11.4000
2114	000639.SZ	西王食品	制造业	山东省	0.0000	38	11.4000	11.4000
2115	000720.SZ	*ST能山	电力、煤气及水的生产和供应业	山东省	0.0000	38	11.4000	11.4000
2116	000721.SZ	西安饮食	社会服务业	陕西省	0.0000	38	11.4000	11.4000
2117	000821.SZ	京山轻机	制造业	湖北省	0.0000	38	11.4000	11.4000
2118	000929.SZ	兰州黄河	制造业	甘肃省	0.0000	38	11.4000	11.4000
2119	002125.SZ	湘潭电化	制造业	湖南省	0.0000	38	11.4000	11.4000
2120	002139.SZ	拓邦股份	制造业	广东省	0.0000	38	11.4000	11.4000
2121	002152.SZ	广电运通	制造业	广东省	0.0000	38	11.4000	11.4000
2122	002290.SZ	禾盛新材	制造业	江苏省	0.0000	38	11.4000	11.4000
2123	002503.SZ	搜于特	批发和零售贸易业	广东省	0.0000	38	11.4000	11.4000
2124	002513.SZ	蓝丰生化	制造业	江苏省	0.0000	38	11.4000	11.4000
2125	002551.SZ	尚荣医疗	制造业	广东省	0.0000	38	11.4000	11.4000
2126	300071.SZ	华谊嘉信	传播与文化产业	北京市	0.0000	38	11.4000	11.4000
2127	600416.SH	湘电股份	制造业	湖南省	0.0000	38	11.4000	11.4000
2128	600821.SH	津劝业	批发和零售贸易业	天津市	0.0000	38	11.4000	11.4000
2129	600578.SH	京能热电	电力、煤气及水的生产和供应业	北京市	15.9290	0	11.1503	11.1503
2130	000603.SZ	盛达矿业	采掘业	北京市	0.0000	37	11.1000	11.1000
2131	002204.SZ	大连重工	制造业	辽宁省	0.0000	37	11.1000	11.1000
2132	002362.SZ	汉王科技	信息技术业	北京市	0.0000	37	11.1000	11.1000
2133	002433.SZ	太安堂	制造业	广东省	0.0000	37	11.1000	11.1000
2134	002547.SZ	春兴精工	制造业	江苏省	0.0000	37	11.1000	11.1000
2135	002592.SZ	八菱科技	制造业	广西壮族自治区	0.0000	37	11.1000	11.1000
2136	002602.SZ	世纪华通	制造业	浙江省	0.0000	37	11.1000	11.1000
2137	300224.SZ	正海磁材	制造业	山东省	0.0000	37	11.1000	11.1000
2138	600687.SH	刚泰控股	综合类	浙江省	0.0000	37	11.1000	11.1000
2139	600820.SH	隧道股份	建筑业	上海市	0.0000	37	11.1000	11.1000
2140	600833.SH	第一医药	批发和零售贸易业	上海市	0.0000	37	11.1000	11.1000
2141	600396.SH	金山股份	电力、煤气及水的生产和供应业	辽宁省	15.8474	0	11.0932	11.0932

续表

排名	证券代码	证券简称	行业	注册地	社会责任报告得分	网站得分	信息披露得分	信息披露得分(调整后)
2142	000889.SZ	渤海物流	批发和零售贸易业	河北省	0.0000	36	10.8000	10.8000
2143	000909.SZ	数源科技	信息技术业	浙江省	0.0000	36	10.8000	10.8000
2144	002346.SZ	柘中建设	制造业	上海市	0.0000	36	10.8000	10.8000
2145	002369.SZ	卓翼科技	信息技术业	广东省	0.0000	36	10.8000	10.8000
2146	300200.SZ	高盟新材	制造业	北京市	0.0000	36	10.8000	10.8000
2147	600861.SH	北京城乡	批发和零售贸易业	北京市	0.0000	36	10.8000	10.8000
2148	600863.SH	内蒙华电	电力、煤气及水的生产和供应业	内蒙古自治区	0.0000	36	10.8000	10.8000
2149	000949.SZ	新乡化纤	制造业	河南省	0.0000	35	10.5000	10.5000
2150	002049.SZ	同方国芯	制造业	河北省	0.0000	35	10.5000	10.5000
2151	002669.SZ	康达新材	制造业	上海市	0.0000	35	10.5000	10.5000
2152	300342.SZ	天银机电	制造业	江苏省	0.0000	35	10.5000	10.5000
2153	600240.SH	华业地产	房地产业	北京市	0.0000	35	10.5000	10.5000
2154	600311.SH	荣华实业	制造业	甘肃省	0.0000	35	10.5000	10.5000
2155	600506.SH	香梨股份	农、林、牧、渔业	新疆维吾尔自治区	0.0000	35	10.5000	10.5000
2156	000887.SZ	中鼎股份	制造业	安徽省	0.0000	34	10.2000	10.2000
2157	002240.SZ	威华股份	制造业	广东省	0.0000	34	10.2000	10.2000
2158	002461.SZ	珠江啤酒	制造业	广东省	0.0000	34	10.2000	10.2000
2159	300192.SZ	科斯伍德	制造业	江苏省	0.0000	34	10.2000	10.2000
2160	300257.SZ	开山股份	制造业	浙江省	0.0000	34	10.2000	10.2000
2161	000968.SZ	煤气化	采掘业	山西省	12.0621	5	9.9434	9.9434
2162	000062.SZ	深圳华强	社会服务业	广东省	0.0000	33	9.9000	9.9000
2163	000628.SZ	高新发展	房地产业	四川省	0.0000	33	9.9000	9.9000
2164	000880.SZ	潍柴重机	制造业	山东省	0.0000	33	9.9000	9.9000
2165	002565.SZ	上海绿新	制造业	上海市	0.0000	33	9.9000	9.9000
2166	002631.SZ	德尔家居	制造业	江苏省	0.0000	33	9.9000	9.9000
2167	002662.SZ	京威股份	制造业	北京市	0.0000	33	9.9000	9.9000
2168	601158.SH	重庆水务	电力、煤气及水的生产和供应业	重庆市	0.0000	33	9.9000	9.9000
2169	002291.SZ	星期六	制造业	广东省	0.0000	32	9.6000	9.6000
2170	002540.SZ	亚太科技	制造业	江苏省	0.0000	32	9.6000	9.6000
2171	002574.SZ	明牌珠宝	制造业	浙江省	0.0000	32	9.6000	9.6000
2172	300107.SZ	建新股份	制造业	河北省	0.0000	32	9.6000	9.6000
2173	300115.SZ	长盈精密	制造业	广东省	0.0000	32	9.6000	9.6000

续表

排名	证券代码	证券简称	行业	注册地	社会责任报告得分	网站得分	信息披露得分	信息披露得分(调整后)
2174	600555.SH	*ST九龙	社会服务业	上海市	0.0000	32	9.6000	9.6000
2175	000622.SZ	*ST恒立	制造业	湖南省	0.0000	31	9.3000	9.3000
2176	000833.SZ	贵糖股份	制造业	广西壮族自治区	0.0000	31	9.3000	9.3000
2177	002319.SZ	乐通股份	制造业	广东省	0.0000	31	9.3000	9.3000
2178	002321.SZ	华英农业	农、林、牧、渔业	河南省	0.0000	31	9.3000	9.3000
2179	300005.SZ	探路者	批发和零售贸易业	北京市	0.0000	31	9.3000	9.3000
2180	002269.SZ	美邦服饰	批发和零售贸易业	上海市	11.9614	3	9.2730	9.2730
2181	002299.SZ	圣农发展	农、林、牧、渔业	福建省	11.8388	0	8.2872	9.1159
2182	002182.SZ	云海金属	制造业	江苏省	0.0000	30	9.0000	9.0000
2183	600419.SH	新疆天宏	制造业	新疆维吾尔自治区	0.0000	30	9.0000	9.0000
2184	600584.SH	长电科技	制造业	江苏省	0.0000	30	9.0000	9.0000
2185	600871.SH	S仪化	制造业	江苏省	12.7188	0	8.9031	8.9031
2186	600609.SH	金杯汽车	制造业	辽宁省	8.2150	10	8.7505	8.7505
2187	000524.SZ	东方宾馆	社会服务业	广东省	0.0000	29	8.7000	8.7000
2188	000607.SZ	华智控股	制造业	浙江省	0.0000	29	8.7000	8.7000
2189	002068.SZ	黑猫股份	制造业	江西省	0.0000	29	8.7000	8.7000
2190	002685.SZ	华东重机	制造业	江苏省	0.0000	29	8.7000	8.7000
2191	300343.SZ	联创节能	制造业	山东省	0.0000	29	8.7000	8.7000
2192	000971.SZ	蓝鼎控股	制造业	湖北省	0.0000	28	8.4000	8.4000
2193	600807.SH	天业股份	房地产业	山东省	0.0000	28	8.4000	8.4000
2194	600193.SH	创兴资源	综合类	上海市	11.7565	0	8.2295	8.2295
2195	600288.SH	大恒科技	信息技术业	北京市	11.4741	0	8.0319	8.0319
2196	000048.SZ	康达尔	制造业	广东省	0.0000	26	7.8000	7.8000
2197	000755.SZ	山西三维	制造业	山西省	0.0000	26	7.8000	7.8000
2198	002425.SZ	凯撒股份	制造业	广东省	0.0000	26	7.8000	7.8000
2199	002495.SZ	佳隆股份	制造业	广东省	0.0000	26	7.8000	7.8000
2200	002558.SZ	世纪游轮	社会服务业	重庆市	0.0000	26	7.8000	7.8000
2201	002561.SZ	徐家汇	批发和零售贸易业	上海市	0.0000	26	7.8000	7.8000
2202	300130.SZ	新国都	制造业	广东省	0.0000	26	7.8000	7.8000
2203	002209.SZ	达意隆	制造业	广东省	0.0000	25	7.5000	7.5000
2204	002218.SZ	拓日新能	制造业	广东省	0.0000	25	7.5000	7.5000
2205	600565.SH	迪马股份	制造业	重庆市	0.0000	25	7.5000	7.5000
2206	000715.SZ	中兴商业	批发和零售贸易业	辽宁省	0.0000	24	7.2000	7.2000

续表

排名	证券代码	证券简称	行业	注册地	社会责任报告得分	网站得分	信息披露得分	信息披露得分(调整后)
2207	002263.SZ	大东南	制造业	浙江省	0.0000	24	7.2000	7.2000
2208	000978.SZ	桂林旅游	社会服务业	广西壮族自治区	0.0000	23	6.9000	6.9000
2209	002522.SZ	浙江众成	制造业	浙江省	0.0000	23	6.9000	6.9000
2210	600053.SH	中江地产	房地产业	江西省	0.0000	23	6.9000	6.9000
2211	600656.SH	博元投资	制造业	广东省	9.8404	0	6.8883	6.8883
2212	600643.SH	爱建股份	金融、保险业	上海市	9.5261	0	6.6683	6.6683
2213	600081.SH	东风科技	制造业	上海市	0.0000	22	6.6000	6.6000
2214	600452.SH	涪陵电力	电力、煤气及水的生产和供应业	重庆市	9.0521	0	6.3365	6.3365
2215	000626.SZ	如意集团	批发和零售贸易业	江苏省	0.0000	21	6.3000	6.3000
2216	600751.SH	S天海	交通运输、仓储业	天津市	0.0000	21	6.3000	6.3000
2217	000970.SZ	中科三环	制造业	北京市	8.5509	0	5.9856	5.9856
2218	000038.SZ	*ST大通	房地产业	广东省	0.0000	19	5.7000	5.7000
2219	002344.SZ	海宁皮城	批发和零售贸易业	浙江省	0.0000	19	5.7000	5.7000
2220	002687.SZ	乔治白	制造业	浙江省	0.0000	19	5.7000	5.7000
2221	300092.SZ	科新机电	制造业	四川省	0.0000	19	5.7000	5.7000
2222	300108.SZ	双龙股份	制造业	吉林省	0.0000	18	5.4000	5.4000
2223	000033.SZ	新都酒店	社会服务业	广东省	0.0000	17	5.1000	5.1000
2224	002572.SZ	索菲亚	制造业	广东省	0.0000	17	5.1000	5.1000
2225	002293.SZ	罗莱家纺	制造业	江苏省	0.0000	15	4.5000	4.5000
2226	002345.SZ	潮宏基	制造业	广东省	0.0000	15	4.5000	4.5000
2227	300126.SZ	锐奇股份	制造业	上海市	0.0000	15	4.5000	4.5000
2228	000791.SZ	甘肃电投	电力、煤气及水的生产和供应业	甘肃省	0.0000	13	3.9000	3.9000
2229	600779.SH	水井坊	制造业	四川省	0.0000	12	3.6000	3.6000
2230	002190.SZ	成飞集成	制造业	四川省	0.0000	10	3.0000	3.0000
2231	600719.SH	大连热电	电力、煤气及水的生产和供应业	辽宁省	0.0000	10	3.0000	3.0000
2232	000428.SZ	华天酒店	社会服务业	湖南省	0.0000	9	2.7000	2.7000
2233	002488.SZ	金固股份	制造业	浙江省	0.0000	9	2.7000	2.7000
2234	300106.SZ	西部牧业	农、林、牧、渔业	新疆维吾尔自治区	0.0000	9	2.7000	2.7000
2235	000586.SZ	汇源通信	信息技术业	四川省	0.0000	7	2.1000	2.1000
2236	002619.SZ	巨龙管业	制造业	浙江省	0.0000	4	1.2000	1.2000

续表

排名	证券代码	证券简称	行业	注册地	社会责任报告得分	网站得分	信息披露得分	信息披露得分(调整后)
2237	300212.SZ	易华录	信息技术业	北京市	0.0000	3	0.9000	0.9000
2238	000890.SZ	法尔胜	制造业	江苏省	0.0000	1	0.3000	0.3000
2239	000920.SZ	南方汇通	制造业	贵州省	0.0000	1	0.3000	0.3000
2240	002112.SZ	三变科技	制造业	浙江省	0.0000	1	0.3000	0.3000
2241	002115.SZ	三维通信	信息技术业	浙江省	0.0000	1	0.3000	0.3000
2242	002228.SZ	合兴包装	制造业	福建省	0.0000	1	0.3000	0.3000
2243	002310.SZ	东方园林	建筑业	北京市	0.0000	1	0.3000	0.3000
2244	002432.SZ	九安医疗	制造业	天津市	0.0000	1	0.3000	0.3000
2245	002451.SZ	摩恩电气	制造业	上海市	0.0000	1	0.3000	0.3000
2246	002555.SZ	顺荣股份	制造业	安徽省	0.0000	1	0.3000	0.3000
2247	300028.SZ	金亚科技	信息技术业	四川省	0.0000	1	0.3000	0.3000
2248	300206.SZ	理邦仪器	制造业	广东省	0.0000	1	0.3000	0.3000
2249	300220.SZ	金运激光	制造业	湖北省	0.0000	1	0.3000	0.3000
2250	600280.SH	南京中商	批发和零售贸易业	江苏省	0.0000	1	0.3000	0.3000
2251	600697.SH	欧亚集团	批发和零售贸易业	吉林省	0.0000	1	0.3000	0.3000
2252	600712.SH	南宁百货	批发和零售贸易业	广西壮族自治区	0.0000	1	0.3000	0.3000
2253	600963.SH	岳阳林纸	制造业	湖南省	0.0000	1	0.3000	0.3000
2254	000591.SZ	桐君阁	批发和零售贸易业	重庆市	0.0000	0	0.0000	0.0000
2255	000599.SZ	青岛双星	制造业	山东省	0.0000	0	0.0000	0.0000
2256	600232.SH	金鹰股份	制造业	浙江省	0.0000	0	0.0000	0.0000
2257	000008.SZ	宝利来	社会服务业	广东省	0.0000	0	0.0000	0.0000
2258	000010.SZ	SST华新	制造业	北京市	0.0000	0	0.0000	0.0000
2259	000017.SZ	*ST中华A	制造业	广东省	0.0000	0	0.0000	0.0000
2260	000018.SZ	*ST中冠A	制造业	广东省	0.0000	0	0.0000	0.0000
2261	000023.SZ	深天地A	制造业	广东省	0.0000	0	0.0000	0.0000
2262	000030.SZ	富奥股份	制造业	吉林省	0.0000	0	0.0000	0.0000
2263	000034.SZ	深信泰丰	综合类	广东省	0.0000	0	0.0000	0.0000
2264	000035.SZ	*ST科健	信息技术业	广东省	0.0000	0	0.0000	0.0000
2265	000068.SZ	ST华赛	制造业	广东省	0.0000	0	0.0000	0.0000
2266	000400.SZ	许继电气	制造业	河南省	0.0000	0	0.0000	0.0000
2267	000403.SZ	*ST生化	制造业	山西省	0.0000	0	0.0000	0.0000
2268	000408.SZ	金谷源	制造业	河北省	0.0000	0	0.0000	0.0000
2269	000409.SZ	泰复实业	采掘业	安徽省	0.0000	0	0.0000	0.0000
2270	000416.SZ	民生投资	批发和零售贸易业	山东省	0.0000	0	0.0000	0.0000

中国上市公司社会责任信息披露综合评价结果与排名

续表

排名	证券代码	证券简称	行业	注册地	社会责任报告得分	网站得分	信息披露得分	信息披露得分(调整后)
2271	000420.SZ	吉林化纤	制造业	吉林省	0.0000	0	0.0000	0.0000
2272	000426.SZ	兴业矿业	采掘业	内蒙古自治区	0.0000	0	0.0000	0.0000
2273	000430.SZ	张家界	社会服务业	湖南省	0.0000	0	0.0000	0.0000
2274	000488.SZ	晨鸣纸业	制造业	山东省	0.0000	0	0.0000	0.0000
2275	000502.SZ	绿景控股	房地产业	广东省	0.0000	0	0.0000	0.0000
2276	000505.SZ	*ST珠江	房地产业	海南省	0.0000	0	0.0000	0.0000
2277	000509.SZ	S*ST华塑	制造业	四川省	0.0000	0	0.0000	0.0000
2278	000518.SZ	四环生物	制造业	江苏省	0.0000	0	0.0000	0.0000
2279	000519.SZ	江南红箭	制造业	湖南省	0.0000	0	0.0000	0.0000
2280	000525.SZ	红太阳	制造业	江苏省	0.0000	0	0.0000	0.0000
2281	000526.SZ	银润投资	综合类	福建省	0.0000	0	0.0000	0.0000
2282	000534.SZ	万泽股份	房地产业	广东省	0.0000	0	0.0000	0.0000
2283	000537.SZ	广宇发展	房地产业	天津市	0.0000	0	0.0000	0.0000
2284	000545.SZ	*ST吉药	制造业	吉林省	0.0000	0	0.0000	0.0000
2285	000546.SZ	光华控股	房地产业	吉林省	0.0000	0	0.0000	0.0000
2286	000548.SZ	湖南投资	交通运输、仓储业	湖南省	0.0000	0	0.0000	0.0000
2287	000552.SZ	靖远煤电	采掘业	甘肃省	0.0000	0	0.0000	0.0000
2288	000554.SZ	泰山石油	批发和零售贸易业	山东省	0.0000	0	0.0000	0.0000
2289	000557.SZ	*ST广夏	制造业	宁夏回族自治区	0.0000	0	0.0000	0.0000
2290	000560.SZ	昆百大A	批发和零售贸易业	云南省	0.0000	0	0.0000	0.0000
2291	000600.SZ	建投能源	电力、煤气及水的生产和供应业	河北省	0.0000	0	0.0000	0.0000
2292	000602.SZ	金马集团	电力、煤气及水的生产和供应业	广东省	0.0000	0	0.0000	0.0000
2293	000605.SZ	四环药业	制造业	北京市	0.0000	0	0.0000	0.0000
2294	000613.SZ	ST东海A	社会服务业	海南省	0.0000	0	0.0000	0.0000
2295	000619.SZ	海螺型材	制造业	安徽省	0.0000	0	0.0000	0.0000
2296	000636.SZ	风华高科	制造业	广东省	0.0000	0	0.0000	0.0000
2297	000638.SZ	万方发展	批发和零售贸易业	辽宁省	0.0000	0	0.0000	0.0000
2298	000657.SZ	*ST中钨	制造业	海南省	0.0000	0	0.0000	0.0000
2299	000669.SZ	领先科技	电力、煤气及水的生产和供应业	吉林省	0.0000	0	0.0000	0.0000
2300	000673.SZ	ST当代	制造业	山西省	0.0000	0	0.0000	0.0000

续表

排名	证券代码	证券简称	行业	注册地	社会责任报告得分	网站得分	信息披露得分	信息披露得分(调整后)
2301	000681.SZ	*ST远东	制造业	江苏省	0.0000	0	0.0000	0.0000
2302	000692.SZ	惠天热电	电力、煤气及水的生产和供应业	辽宁省	0.0000	0	0.0000	0.0000
2303	000693.SZ	S*ST聚友	传播与文化产业	四川省	0.0000	0	0.0000	0.0000
2304	000716.SZ	南方食品	制造业	广西壮族自治区	0.0000	0	0.0000	0.0000
2305	000723.SZ	美锦能源	制造业	山西省	0.0000	0	0.0000	0.0000
2306	000733.SZ	振华科技	制造业	贵州省	0.0000	0	0.0000	0.0000
2307	000738.SZ	中航动控	制造业	湖南省	0.0000	0	0.0000	0.0000
2308	000751.SZ	*ST锌业	制造业	辽宁省	0.0000	0	0.0000	0.0000
2309	000752.SZ	西藏发展	制造业	西藏自治区	0.0000	0	0.0000	0.0000
2310	000757.SZ	浩物股份	制造业	四川省	0.0000	0	0.0000	0.0000
2311	000760.SZ	博盈投资	制造业	湖北省	0.0000	0	0.0000	0.0000
2312	000761.SZ	本钢板材	制造业	辽宁省	0.0000	0	0.0000	0.0000
2313	000796.SZ	易食股份	制造业	陕西省	0.0000	0	0.0000	0.0000
2314	000799.SZ	酒鬼酒	制造业	湖南省	0.0000	0	0.0000	0.0000
2315	000806.SZ	银河投资	制造业	广西壮族自治区	0.0000	0	0.0000	0.0000
2316	000809.SZ	铁岭新城	社会服务业	辽宁省	0.0000	0	0.0000	0.0000
2317	000810.SZ	华润锦华	制造业	四川省	0.0000	0	0.0000	0.0000
2318	000816.SZ	江淮动力	制造业	江苏省	0.0000	0	0.0000	0.0000
2319	000818.SZ	方大化工	制造业	辽宁省	0.0000	0	0.0000	0.0000
2320	000820.SZ	*ST金城	制造业	辽宁省	0.0000	0	0.0000	0.0000
2321	000828.SZ	东莞控股	交通运输、仓储业	广东省	0.0000	0	0.0000	0.0000
2322	000836.SZ	鑫茂科技	信息技术业	天津市	0.0000	0	0.0000	0.0000
2323	000883.SZ	湖北能源	电力、煤气及水的生产和供应业	湖北省	0.0000	0	0.0000	0.0000
2324	000892.SZ	星美联合	信息技术业	重庆市	0.0000	0	0.0000	0.0000
2325	000951.SZ	中国重汽	制造业	山东省	0.0000	0	0.0000	0.0000
2327	000967.SZ	上风高科	制造业	浙江省	0.0000	0	0.0000	0.0000
2328	000975.SZ	银泰资源	采掘业	广东省	0.0000	0	0.0000	0.0000
2329	000987.SZ	广州友谊	批发和零售贸易业	广东省	0.0000	0	0.0000	0.0000
2330	002004.SZ	华邦颖泰	制造业	重庆市	0.0000	0	0.0000	0.0000
2331	002057.SZ	中钢天源	制造业	安徽省	0.0000	0	0.0000	0.0000
2332	002060.SZ	粤水电	建筑业	广东省	0.0000	0	0.0000	0.0000

续表

排名	证券代码	证券简称	行业	注册地	社会责任报告得分	网站得分	信息披露得分	信息披露得分(调整后)
2333	002071.SZ	江苏宏宝	制造业	江苏省	0.0000	0	0.0000	0.0000
2334	002072.SZ	ST德棉	制造业	山东省	0.0000	0	0.0000	0.0000
2335	002087.SZ	新野纺织	制造业	河南省	0.0000	0	0.0000	0.0000
2336	002095.SZ	生意宝	信息技术业	浙江省	0.0000	0	0.0000	0.0000
2337	002113.SZ	天润控股	制造业	湖南省	0.0000	0	0.0000	0.0000
2338	002138.SZ	顺络电子	制造业	广东省	0.0000	0	0.0000	0.0000
2339	002193.SZ	山东如意	制造业	山东省	0.0000	0	0.0000	0.0000
2340	002207.SZ	准油股份	采掘业	新疆维吾尔自治区	0.0000	0	0.0000	0.0000
2341	002210.SZ	飞马国际	社会服务业	广东省	0.0000	0	0.0000	0.0000
2342	002225.SZ	濮耐股份	制造业	河南省	0.0000	0	0.0000	0.0000
2343	002227.SZ	奥特迅	制造业	广东省	0.0000	0	0.0000	0.0000
2344	002255.SZ	海陆重工	制造业	江苏省	0.0000	0	0.0000	0.0000
2345	002289.SZ	宇顺电子	制造业	广东省	0.0000	0	0.0000	0.0000
2346	002302.SZ	西部建设	制造业	新疆维吾尔自治区	0.0000	0	0.0000	0.0000
2347	002307.SZ	北新路桥	建筑业	新疆维吾尔自治区	0.0000	0	0.0000	0.0000
2348	002308.SZ	威创股份	信息技术业	广东省	0.0000	0	0.0000	0.0000
2349	002355.SZ	兴民钢圈	制造业	山东省	0.0000	0	0.0000	0.0000
2350	002361.SZ	神剑股份	制造业	安徽省	0.0000	0	0.0000	0.0000
2351	002365.SZ	永安药业	制造业	湖北省	0.0000	0	0.0000	0.0000
2352	002375.SZ	亚厦股份	建筑业	浙江省	0.0000	0	0.0000	0.0000
2353	002381.SZ	双箭股份	制造业	浙江省	0.0000	0	0.0000	0.0000
2354	002386.SZ	天原集团	制造业	四川省	0.0000	0	0.0000	0.0000
2355	002412.SZ	汉森制药	制造业	湖南省	0.0000	0	0.0000	0.0000
2356	002421.SZ	达实智能	信息技术业	广东省	0.0000	0	0.0000	0.0000
2357	002453.SZ	天马精化	制造业	江苏省	0.0000	0	0.0000	0.0000
2358	002505.SZ	大康牧业	农、林、牧、渔业	湖南省	0.0000	0	0.0000	0.0000
2359	002524.SZ	光正钢构	制造业	新疆维吾尔自治区	0.0000	0	0.0000	0.0000
2360	002537.SZ	海立美达	制造业	山东省	0.0000	0	0.0000	0.0000
2361	002562.SZ	兄弟科技	制造业	浙江省	0.0000	0	0.0000	0.0000
2362	002577.SZ	雷柏科技	信息技术业	广东省	0.0000	0	0.0000	0.0000
2363	002585.SZ	双星新材	制造业	江苏省	0.0000	0	0.0000	0.0000

续表

排名	证券代码	证券简称	行业	注册地	社会责任报告得分	网站得分	信息披露得分	信息披露得分(调整后)
2364	002599.SZ	盛通股份	制造业	北京市	0.0000	0	0.0000	0.0000
2365	002608.SZ	舜天船舶	制造业	江苏省	0.0000	0	0.0000	0.0000
2366	002612.SZ	朗姿股份	制造业	北京市	0.0000	0	0.0000	0.0000
2367	002615.SZ	哈尔斯	制造业	浙江省	0.0000	0	0.0000	0.0000
2368	002617.SZ	露笑科技	制造业	浙江省	0.0000	0	0.0000	0.0000
2369	002668.SZ	奥马电器	制造业	广东省	0.0000	0	0.0000	0.0000
2370	002700.SZ	新疆浩源	电力、煤气及水的生产和供应业	新疆维吾尔自治区	0.0000	0	0.0000	0.0000
2371	300043.SZ	星辉车模	制造业	广东省	0.0000	0	0.0000	0.0000
2372	300083.SZ	劲胜股份	制造业	广东省	0.0000	0	0.0000	0.0000
2373	300118.SZ	东方日升	制造业	浙江省	0.0000	0	0.0000	0.0000
2374	300122.SZ	智飞生物	制造业	重庆市	0.0000	0	0.0000	0.0000
2375	300163.SZ	先锋新材	制造业	浙江省	0.0000	0	0.0000	0.0000
2376	300169.SZ	天晟新材	制造业	江苏省	0.0000	0	0.0000	0.0000
2377	300215.SZ	电科院	社会服务业	江苏省	0.0000	0	0.0000	0.0000
2378	300242.SZ	明家科技	制造业	广东省	0.0000	0	0.0000	0.0000
2379	300265.SZ	通光线缆	制造业	江苏省	0.0000	0	0.0000	0.0000
2380	300289.SZ	利德曼	制造业	北京市	0.0000	0	0.0000	0.0000
2381	300345.SZ	红宇新材	制造业	湖南省	0.0000	0	0.0000	0.0000
2382	300352.SZ	北信源	信息技术业	北京市	0.0000	0	0.0000	0.0000
2383	300355.SZ	蒙草抗旱	建筑业	内蒙古自治区	0.0000	0	0.0000	0.0000
2384	600010.SH	包钢股份	制造业	内蒙古自治区	0.0000	0	0.0000	0.0000
2385	600074.SH	*ST中达	制造业	江苏省	0.0000	0	0.0000	0.0000
2386	600078.SH	澄星股份	制造业	江苏省	0.0000	0	0.0000	0.0000
2387	600091.SH	ST明科	制造业	内蒙古自治区	0.0000	0	0.0000	0.0000
2388	600093.SH	禾嘉股份	制造业	四川省	0.0000	0	0.0000	0.0000
2389	600108.SH	亚盛集团	农、林、牧、渔业	甘肃省	0.0000	0	0.0000	0.0000
2390	600120.SH	浙江东方	批发和零售贸易业	浙江省	0.0000	0	0.0000	0.0000
2391	600121.SH	郑州煤电	采掘业	河南省	0.0000	0	0.0000	0.0000
2392	600149.SH	廊坊发展	制造业	河北省	0.0000	0	0.0000	0.0000
2393	600155.SH	*ST宝硕	制造业	河北省	0.0000	0	0.0000	0.0000
2394	600156.SH	华升股份	制造业	湖南省	0.0000	0	0.0000	0.0000

续表

排名	证券代码	证券简称	行业	注册地	社会责任报告得分	网站得分	信息披露得分	信息披露得分(调整后)
2395	600167.SH	联美控股	电力、煤气及水的生产和供应业	辽宁省	0.0000	0	0.0000	0.0000
2396	600191.SH	华资实业	制造业	内蒙古自治区	0.0000	0	0.0000	0.0000
2397	600234.SH	*ST天龙	批发和零售贸易业	山西省	0.0000	0	0.0000	0.0000
2398	600241.SH	时代万恒	制造业	辽宁省	0.0000	0	0.0000	0.0000
2399	600247.SH	成城股份	批发和零售贸易业	吉林省	0.0000	0	0.0000	0.0000
2400	600273.SH	华芳纺织	制造业	江苏省	0.0000	0	0.0000	0.0000
2401	600275.SH	武昌鱼	农、林、牧、渔业	湖北省	0.0000	0	0.0000	0.0000
2402	600277.SH	亿利能源	制造业	内蒙古自治区	0.0000	0	0.0000	0.0000
2403	600281.SH	太化股份	制造业	山西省	0.0000	0	0.0000	0.0000
2404	600291.SH	西水股份	制造业	内蒙古自治区	0.0000	0	0.0000	0.0000
2405	600316.SH	洪都航空	制造业	江西省	0.0000	0	0.0000	0.0000
2406	600318.SH	巢东股份	制造业	安徽省	0.0000	0	0.0000	0.0000
2407	600331.SH	宏达股份	制造业	四川省	0.0000	0	0.0000	0.0000
2408	600338.SH	西藏珠峰	制造业	西藏自治区	0.0000	0	0.0000	0.0000
2409	600368.SH	五洲交通	交通运输、仓储业	广西壮族自治区	0.0000	0	0.0000	0.0000
2410	600381.SH	*ST贤成	制造业	青海省	0.0000	0	0.0000	0.0000
2411	600397.SH	安源煤业	采掘业	江西省	0.0000	0	0.0000	0.0000
2412	600403.SH	大有能源	采掘业	河南省	0.0000	0	0.0000	0.0000
2413	600421.SH	*ST国药	制造业	湖北省	0.0000	0	0.0000	0.0000
2415	600523.SH	贵航股份	制造业	贵州省	0.0000	0	0.0000	0.0000
2416	600527.SH	江南高纤	制造业	江苏省	0.0000	0	0.0000	0.0000
2417	600532.SH	宏达矿业	制造业	山东省	0.0000	0	0.0000	0.0000
2418	600547.SH	山东黄金	采掘业	山东省	0.0000	0	0.0000	0.0000
2419	600552.SH	方兴科技	制造业	安徽省	0.0000	0	0.0000	0.0000
2420	600556.SH	*ST北生	制造业	广西壮族自治区	0.0000	0	0.0000	0.0000
2421	600593.SH	大连圣亚	社会服务业	辽宁省	0.0000	0	0.0000	0.0000
2422	600603.SH	*ST兴业	综合类	上海市	0.0000	0	0.0000	0.0000
2423	600610.SH	S中纺机	制造业	上海市	0.0000	0	0.0000	0.0000
2424	600617.SH	*ST联华	制造业	上海市	0.0000	0	0.0000	0.0000

续表

排名	证券代码	证券简称	行业	注册地	社会责任报告得分	网站得分	信息披露得分	信息披露得分（调整后）
2425	600621.SH	华鑫股份	制造业	上海市	0.0000	0	0.0000	0.0000
2426	600628.SH	新世界	批发和零售贸易业	上海市	0.0000	0	0.0000	0.0000
2427	600629.SH	棱光实业	制造业	上海市	0.0000	0	0.0000	0.0000
2428	600641.SH	万业企业	房地产业	上海市	0.0000	0	0.0000	0.0000
2429	600666.SH	西南药业	制造业	重庆市	0.0000	0	0.0000	0.0000
2430	600676.SH	交运股份	制造业	上海市	0.0000	0	0.0000	0.0000
2431	600679.SH	金山开发	制造业	上海市	0.0000	0	0.0000	0.0000
2432	600681.SH	万鸿集团	传播与文化产业	湖北省	0.0000	0	0.0000	0.0000
2433	600691.SH	阳煤化工	制造业	四川省	0.0000	0	0.0000	0.0000
2434	600692.SH	亚通股份	交通运输、仓储业	上海市	0.0000	0	0.0000	0.0000
2435	600696.SH	多伦股份	房地产业	上海市	0.0000	0	0.0000	0.0000
2436	600701.SH	工大高新	综合类	黑龙江省	0.0000	0	0.0000	0.0000
2437	600714.SH	金瑞矿业	采掘业	青海省	0.0000	0	0.0000	0.0000
2438	600715.SH	松辽汽车	制造业	辽宁省	0.0000	0	0.0000	0.0000
2439	600716.SH	凤凰股份	房地产业	江苏省	0.0000	0	0.0000	0.0000
2440	600733.SH	S前锋	房地产业	四川省	0.0000	0	0.0000	0.0000
2441	600753.SH	东方银星	批发和零售贸易业	河南省	0.0000	0	0.0000	0.0000
2442	600758.SH	红阳能源	电力、煤气及水的生产和供应业	辽宁省	0.0000	0	0.0000	0.0000
2443	600760.SH	*ST黑豹	制造业	山东省	0.0000	0	0.0000	0.0000
2444	600766.SH	园城黄金	房地产业	山东省	0.0000	0	0.0000	0.0000
2445	600768.SH	宁波富邦	制造业	浙江省	0.0000	0	0.0000	0.0000
2446	600774.SH	汉商集团	批发和零售贸易业	湖北省	0.0000	0	0.0000	0.0000
2447	600777.SH	新潮实业	综合类	山东省	0.0000	0	0.0000	0.0000
2448	600783.SH	鲁信创投	制造业	山东省	0.0000	0	0.0000	0.0000
2449	600791.SH	京能置业	房地产业	北京市	0.0000	0	0.0000	0.0000
2450	600793.SH	ST宜纸	制造业	四川省	0.0000	0	0.0000	0.0000
2451	600817.SH	ST宏盛	综合类	陕西省	0.0000	0	0.0000	0.0000
2452	600827.SH	友谊股份	批发和零售贸易业	上海市	0.0000	0	0.0000	0.0000
2453	600834.SH	申通地铁	社会服务业	上海市	0.0000	0	0.0000	0.0000
2454	600844.SH	丹化科技	制造业	上海市	0.0000	0	0.0000	0.0000
2455	600847.SH	万里股份	制造业	重庆市	0.0000	0	0.0000	0.0000
2456	600864.SH	哈投股份	电力、煤气及水的生产和供应业	黑龙江省	0.0000	0	0.0000	0.0000
2457	600867.SH	通化东宝	制造业	吉林省	0.0000	0	0.0000	0.0000

续表

排名	证券代码	证券简称	行业	注册地	社会责任报告得分	网站得分	信息披露得分	信息披露得分(调整后)
2458	600882.SH	华联矿业	制造业	山东省	0.0000	0	0.0000	0.0000
2459	600883.SH	博闻科技	制造业	云南省	0.0000	0	0.0000	0.0000
2460	600892.SH	宝诚股份	批发和零售贸易业	北京市	0.0000	0	0.0000	0.0000
2461	600981.SH	汇鸿股份	批发和零售贸易业	江苏省	0.0000	0	0.0000	0.0000
2462	600985.SH	雷鸣科化	制造业	安徽省	0.0000	0	0.0000	0.0000
2463	600988.SH	赤峰黄金	制造业	内蒙古自治区	0.0000	0	0.0000	0.0000
2464	601002.SH	晋亿实业	制造业	浙江省	0.0000	0	0.0000	0.0000
2465	601012.SH	隆基股份	制造业	陕西省	0.0000	0	0.0000	0.0000
2466	601666.SH	平煤股份	采掘业	河南省	0.0000	0	0.0000	0.0000
2467	601999.SH	出版传媒	传播与文化产业	辽宁省	0.0000	0	0.0000	0.0000
2468	603008.SH	喜临门	制造业	浙江省	0.0000	0	0.0000	0.0000
2469	603333.SH	明星电缆	制造业	四川省	0.0000	0	0.0000	0.0000

B.5 中国上市公司定期社会责任信息披露评价结果与排名

证券代码	证券简称	行业	省份	完整性	信息质量	充分性和实质性	内容得分	信息披露得分	信息披露得分（调整后）
601919.SH	*ST 远洋	交通运输、仓储	天津市	100	91	91.1111	93.7778	92.9444	92.9444
600018.SH	上港集团	交通运输、仓储	上海市	100	91	60.3160	72.2212	77.8549	77.8549
000825.SZ	太钢不锈	金属、非金属制造	山西省	100	84	53.7905	67.6534	72.5574	72.5574
000858.SZ	五粮液	食品、饮料	四川省	90	69	58.5452	67.9816	68.2871	68.2871
000528.SZ	柳工	机械、设备、仪表制造	广西壮族自治区	100	85	42.1317	59.4922	67.1445	67.1445
601618.SH	中国中冶	建筑	北京市	100	81	43.5489	60.4842	66.6390	66.6390
601628.SH	中国人寿	金融、保险	北京市	100	77.5	44.5320	61.1724	66.0707	66.0707
000001.SZ	平安银行	金融、保险	广东省	90	90.5	40.7234	55.5064	66.0045	66.0045
000776.SZ	广发证券	金融、保险	广东省	100	84.5	39.9526	57.9668	65.9268	65.9268
000063.SZ	中兴通讯	信息技术	广东省	90	90	40.7681	55.5377	65.8764	65.8764
300077.SZ	国民技术	电子	广东省	100	68.5	33.9513	53.7659	58.1861	64.0048
601668.SH	中国建筑	建筑	北京市	100	66	46.7222	62.7056	63.6939	63.6939
002422.SZ	科伦药业	医药、生物制品	四川省	90	58	54.9889	65.4922	63.2446	63.2446
601601.SH	中国太保	金融、保险	上海市	100	66	44.2810	60.9967	62.4977	62.4977
000002.SZ	万科 A	房地产	广东省	90	81	38.2089	53.7462	61.9224	61.9224
000960.SZ	锡业股份	金属、非金属制造	云南省	100	47	54.6699	68.2689	61.8882	61.8882
000024.SZ	招商地产	房地产	广东省	100	54	50.0848	65.0593	61.7415	61.7415
601088.SH	中国神华	采掘	北京市	100	80	34.0790	53.8553	61.6987	61.6987
002042.SZ	华孚色纺	纺织、服装、皮毛	安徽省	100	36	48.7271	64.1089	55.6763	61.2439
600019.SH	宝钢股份	金属、非金属制造	上海市	90	62	47.6789	60.3752	60.8627	60.8627
601398.SH	工商银行	金融、保险	北京市	100	69	36.4962	55.5474	59.5831	59.5831
600050.SH	中国联通	信息技术	上海市	90	84	31.2829	48.8980	59.4286	59.4286
600028.SH	中国石化	采掘	北京市	90	92	25.8589	45.1012	59.1708	59.1708
600196.SH	复星医药	医药、生物制品	上海市	90	88.5	26.3751	45.4626	58.3738	58.3738

中国上市公司定期社会责任信息披露评价结果与排名

续表

证券代码	证券简称	行业	省份	完整性	信息质量	充分性和实质性	内容得分	信息披露得分	信息披露得分（调整后）
601231.SH	环旭电子	电子	上海市	80	68.2	42.2595	53.5817	57.9672	57.9672
000725.SZ	京东方A	电子	北京市	90	80	30.1624	48.1137	57.6796	57.6796
601299.SH	中国北车	机械、设备、仪表制造	北京市	100	50	44.0979	60.8685	57.6080	57.6080
000028.SZ	国药一致	批发和零售贸易	广东省	90	44	41.3419	55.9393	52.3575	57.5933
600267.SH	海正药业	医药、生物制品	浙江省	100	72	30.2973	51.2081	57.4457	57.4457
600098.SH	广州发展	电力、煤气及水的生产和供应	广东省	90	67	36.2125	52.3488	56.7441	56.7441
002103.SZ	广博股份	造纸、印刷	浙江省	90	60	29.4737	47.6316	51.3421	56.4763
600284.SH	浦东建设	建筑	上海市	100	68	30.4615	51.3230	56.3261	56.3261
000807.SZ	云铝股份	金属、非金属制造	云南省	90	61	28.5697	46.9988	51.1991	56.3190
000527.SZ	美的电器	机械、设备、仪表制造	广东省	90	72	32.2743	49.5920	56.3144	56.3144
600761.SH	安徽合力	机械、设备、仪表制造	安徽省	90	47	46.4134	59.4893	55.7425	55.7425
601318.SH	中国平安	金融、保险	广东省	80	79	30.6197	45.4338	55.5037	55.5037
600824.SH	益民集团	批发和零售贸易	上海市	90	75	28.4477	46.9134	55.3394	55.3394
000726.SZ	鲁泰A	纺织、服装、皮毛	山东省	100	43	33.2140	53.2498	50.1749	55.1924
601288.SH	农业银行	金融、保险	北京市	80	66	37.2005	50.0404	54.8283	54.8283
600188.SH	兖州煤业	采掘	山东省	90	71	29.0073	47.3051	54.4136	54.4136
600016.SH	民生银行	金融、保险	北京市	90	42	46.6128	59.6290	54.3403	54.3403
601800.SH	中国交建	建筑	北京市	90	70.5	27.9644	46.5751	53.7526	53.7526
002024.SZ	苏宁云商	批发和零售贸易	江苏省	80	78.5	27.2928	43.1050	53.7235	53.7235
600104.SH	上汽集团	机械、设备、仪表制造	上海市	90	69	28.4147	46.8903	53.5232	53.5232
002161.SZ	远望谷	信息技术	广东省	80	66	24.5934	41.2154	48.6508	53.5159
002069.SZ	獐子岛	农、林、牧、渔	辽宁省	90	79	22.1707	42.5195	53.4637	53.4637
002563.SZ	森马服饰	批发和零售贸易	浙江省	100	22	42.5533	59.7873	48.4511	53.2962
600015.SH	华夏银行	金融、保险	北京市	80	53	41.6342	53.1439	53.1007	53.1007
000009.SZ	中国宝安	综合类	广东省	80	79.5	23.8780	40.7146	53.3502	52.3502
002287.SZ	奇正藏药	医药、生物制品	西藏自治区	90	46.5	30.0401	48.0281	47.5696	52.3266
600792.SH	云煤能源	金属、非金属制造	云南省	80	71.5	27.6729	43.3710	51.8097	51.8097
601186.SH	中国铁建	建筑	北京市	90	54	34.0497	50.8348	51.7844	51.7844
601857.SH	中国石油	采掘	北京市	90	63.8	27.4117	46.1882	51.4718	51.4718

171

续表

证券代码	证券简称	行业	省份	完整性	信息质量	充分性和实质性	内容得分	信息披露得分	信息披露得分（调整后）
000729.SZ	燕京啤酒	食品、饮料	北京市	100	31	43.1343	60.1940	51.4358	51.4358
000539.SZ	粤电力A	电力、煤气及水的生产和供应	广东省	90	48	36.4378	52.5065	51.1545	51.1545
002372.SZ	伟星新材	石油、化学、塑胶、塑料	浙江省	100	21	39.0782	57.3547	46.4483	51.0931
601600.SH	中国铝业	金属、非金属制造	北京市	90	49	34.9058	51.4341	50.7038	50.7038
300146.SZ	汤臣倍健	食品、饮料	广东省	80	51	28.3773	43.8641	46.0049	50.6054
600055.SH	华润万东	机械、设备、仪表制造	北京市	80	69.5	26.4267	42.4987	50.5991	50.5991
601166.SH	兴业银行	金融、保险	福建省	90	55.6	30.5136	48.3595	50.5317	50.5317
600036.SH	招商银行	金融、保险	广东省	80	71	25.0465	41.5326	50.3728	50.3728
600000.SH	浦发银行	金融、保险	上海市	70	86	20.1159	35.0811	50.3568	50.3568
000423.SZ	东阿阿胶	医药、生物制品	山东省	80	69	26.1771	42.3240	50.3268	50.3268
600048.SH	保利地产	房地产	广东省	90	63	25.4990	44.8493	50.2945	50.2945
600160.SH	巨化股份	石油、化学、塑胶、塑料	浙江省	90	23.5	49.4961	61.6472	50.2031	50.2031
000550.SZ	江铃汽车	机械、设备、仪表制造	江西省	90	42	37.9335	53.5534	50.0874	50.0874
002419.SZ	天虹商场	批发和零售贸易	广东省	100	22	36.5945	55.6162	45.5313	50.0845
002470.SZ	金正大	石油、化学、塑胶、塑料	山东省	90	43.5	27.3767	46.1637	45.3646	49.9011
002054.SZ	德美化工	石油、化学、塑胶、塑料	广东省	100	18	38.2865	56.8006	45.1604	49.6764
600548.SH	深高速	交通运输、仓储	广东省	90	28	45.4246	58.7972	49.5580	49.5580
000050.SZ	深天马A	电子	广东省	70	49	31.7180	43.2026	44.9418	49.4360
002084.SZ	海鸥卫浴	金属、非金属制造	广东省	90	46	24.8779	44.4145	44.8902	49.3792
000538.SZ	云南白药	医药、生物制品	云南省	80	60	29.5540	44.6878	49.2814	49.2814
000100.SZ	TCL集团	电子	广东省	90	55	27.7722	46.4405	49.0084	49.0084
000338.SZ	潍柴动力	机械、设备、仪表制造	山东省	100	41	31.9766	52.3416	48.9391	48.9391
002146.SZ	荣盛发展	房地产	河北省	100	26	40.9977	58.6984	48.8889	48.8889
002092.SZ	中泰化学	石油、化学、塑胶、塑料	新疆维吾尔自治区	90	45	32.9654	50.0758	48.5531	48.5531
600999.SH	招商证券	金融、保险	广东省	90	53	27.7752	46.4426	48.4098	48.4098

续表

证券代码	证券简称	行业	省份	完整性	信息质量	充分性和实质性	内容得分	信息披露得分	信息披露得分（调整后）
002569.SZ	步森股份	纺织、服装、皮毛	浙江省	90	9.5	44.0984	57.8689	43.3582	47.6941
000402.SZ	金融街	房地产	北京市	90	49	28.6666	47.0666	47.6466	47.6466
000826.SZ	桑德环境	社会服务	湖北省	100	35	32.4723	52.7306	47.4114	47.4114
002064.SZ	华峰氨纶	石油、化学、塑胶、塑料	浙江省	80	47	24.3311	41.0317	42.8222	47.1044
601898.SH	中煤能源	采掘	北京市	90	61	20.0138	41.0097	47.0068	47.0068
000876.SZ	新希望	食品、饮料	四川省	100	31	34.0875	53.8613	47.0029	47.0029
002121.SZ	科陆电子	电子	广东省	100	18	33.0976	53.1683	42.6178	46.8796
000039.SZ	中集集团	金属、非金属制造	广东省	90	37	34.4211	51.0947	46.8663	46.8663
000407.SZ	胜利股份	石油、化学、塑胶、塑料	山东省	90	32	28.5128	46.9589	42.4713	46.7184
601111.SH	中国国航	交通运输、仓储	北京市	70	68.5	22.7117	36.8982	46.3787	46.3787
000728.SZ	国元证券	金融、保险	安徽省	100		35.5545	54.8881	46.2217	46.2217
601390.SH	中国中铁	建筑	北京市	100	49	21.3354	44.9348	46.1543	46.1543
000031.SZ	中粮地产	房地产	广东省	90	35	25.2665	44.6865	41.7806	45.9586
601238.SH	广汽集团	机械、设备、仪表制造	广东省	90	34	34.1942	50.9360	45.8552	45.8552
300124.SZ	汇川技术	机械、设备、仪表制造	广东省	70	36	32.9952	44.0967	41.6677	45.8344
600029.SH	南方航空	交通运输、仓储	广东省	70	62	24.8345	38.3842	45.4689	45.4689
600497.SH	驰宏锌锗	采掘	云南省	90	26	38.2561	53.7792	45.4455	45.4455
002142.SZ	宁波银行	金融、保险	浙江省	90	20	41.6303	56.1412	45.2988	45.2988
300080.SZ	新大新材	金属、非金属制造	河南省	90	33	25.0061	44.5043	41.0530	45.1583
300022.SZ	吉峰农机	批发和零售贸易	四川省	60	73	13.1471	27.2030	40.9421	45.0363
000046.SZ	泛海建设	房地产	北京市	90	36	30.6252	48.4376	44.7063	44.7063
601139.SH	深圳燃气	电力、煤气及水的生产和供应	广东省	70	57.8	25.2029	38.6421	44.3894	44.3894
000758.SZ	中色股份	采掘	北京市	90	23	37.4373	53.2061	44.1443	44.1443
600644.SH	乐山电力	电力、煤气及水的生产和供应	四川省	100	21	33.9652	53.7756	43.9430	43.9430
601877.SH	正泰电器	机械、设备、仪表制造	浙江省	80	54	21.9228	39.3460	43.7422	43.7422
300067.SZ	安诺其	石油、化学、塑胶、塑料	上海市	80	11.5	39.1995	51.4397	39.4578	43.4036

续表

证券代码	证券简称	行业	省份	完整性	信息质量	充分性和实质性	内容得分	信息披露得分	信息披露得分（调整后）
601933.SH	永辉超市	批发和零售贸易	福建省	80	47	25.2103	41.6472	43.2531	43.2531
000753.SZ	漳州发展	批发和零售贸易	福建省	90	18	30.4958	48.3470	39.2429	43.1672
000422.SZ	湖北宜化	石油、化学、塑胶、塑料	湖北省	60	69.5	18.7154	31.1008	42.6205	42.6205
600795.SH	国电电力	电力、煤气及水的生产和供应	辽宁省	80	62	14.7149	34.3004	42.6103	42.6103
601328.SH	交通银行	金融、保险	上海市	80	48	23.2764	40.2935	42.6054	42.6054
002601.SZ	佰利联	石油、化学、塑胶、塑料	河南省	100	12.5	28.4660	49.9262	38.6984	42.5682
002431.SZ	棕榈园林	建筑	广东省	90	13.6	32.0299	49.4209	38.6746	42.5421
000839.SZ	中信国安	综合类	北京市	100	19	32.2483	52.5738	42.5017	42.5017
000783.SZ	长江证券	金融、保险	湖北省	80	33	31.8605	46.3024	42.3116	42.3116
002046.SZ	轴研科技	机械、设备、仪表制造	河南省	90	10	33.6513	50.5559	38.3892	42.2281
000793.SZ	华闻传媒	传播与文化	海南省	90	31	28.4019	46.8813	42.1169	42.1169
000878.SZ	云南铜业	金属、非金属制造	云南省	100	17	32.6213	52.8349	42.0845	42.0845
600829.SH	三精制药	医药、生物制品	黑龙江省	80	44	23.3486	40.3440	41.4408	41.4408
601688.SH	华泰证券	金融、保险	江苏省	100	10.8	34.8691	54.4084	41.3259	41.3259
601177.SH	杭齿前进	机械、设备、仪表制造	浙江省	80	24	35.2073	48.6451	41.2516	41.2516
600017.SH	日照港	交通运输、仓储	山东省	100	14	32.3974	52.6782	41.0747	41.0747
601168.SH	西部矿业	采掘	青海省	90	14	35.4081	51.7856	40.4500	40.4500
300062.SZ	中能电气	机械、设备、仪表制造	福建省	80	28.9	22.7495	39.9246	36.6172	40.2790
002063.SZ	远光软件	信息技术	广东省	90	8	31.1858	48.8300	36.5810	40.2391
600809.SH	山西汾酒	食品、饮料	山西省	80	47	19.0554	37.3388	40.2372	40.2372
300070.SZ	碧水源	社会服务	北京市	80	39	23.8981	40.7287	40.2101	40.2101
601199.SH	江南水务	电力、煤气及水的生产和供应	江苏省	90	14	34.6232	51.2362	40.0654	40.0654
601899.SH	紫金矿业	采掘	福建省	90	42	17.4750	39.2325	40.0627	40.0627
601992.SH	金隅股份	金属、非金属制造	北京市	90	30.5	24.1451	43.9016	39.8811	39.8811
600096.SH	云天化	石油、化学、塑胶、塑料	云南省	70	55	17.4876	33.2413	39.7689	39.7689
600600.SH	青岛啤酒	食品、饮料	山东省	60	67	13.8257	27.6780	39.4746	39.4746

续表

证券代码	证券简称	行业	省份	完整性	信息质量	充分性和实质性	内容得分	信息披露得分	信息披露得分（调整后）
600115.SH	东方航空	交通运输、仓储	上海市	80	21	33.2137	47.2496	39.3747	39.3747
000680.SZ	山推股份	机械、设备、仪表制造	山东省	80	29	20.9752	38.6826	35.7779	39.3556
002246.SZ	北化股份	石油、化学、塑胶、塑料	四川省	80	11.5	31.2242	45.8569	35.5498	39.1048
600717.SH	天津港	交通运输、仓储	天津市	70	44.5	22.4185	36.6929	39.0350	39.0350
600063.SH	皖维高新	石油、化学、塑胶、塑料	安徽省	100	7.6	31.7811	52.2468	38.8527	38.8527
601988.SH	中国银行	金融、保险	北京市	90	32	20.6113	41.4279	38.5995	38.5995
600755.SH	厦门国贸	批发和零售贸易	福建省	100	11.6	28.7033	50.0923	38.5446	38.5446
000930.SZ	中粮生化	食品、饮料	安徽省	80	24.5	22.1041	39.4729	34.9810	38.4791
600657.SH	信达地产	房地产	北京市	90	12	32.6028	48.8219	38.4754	38.4754
600685.SH	广船国际	机械、设备、仪表制造	广东省	80	36	22.0072	39.4050	38.3835	38.3835
002144.SZ	宏达高科	纺织、服装、皮毛	浙江省	90	6	28.7114	47.0979	34.7686	38.2454
601998.SH	中信银行	金融、保险	北京市	80	36	21.6063	39.1244	38.1871	38.1871
600845.SH	宝信软件	信息技术	上海市	90	14	30.3500	48.2450	37.9715	37.9715
600270.SH	外运发展	交通运输、仓储	北京市	60	48	22.2638	33.5847	37.9093	37.9093
002462.SZ	嘉事堂	批发和零售贸易	北京市	70	36.5	17.9666	33.5766	34.4536	37.8990
601339.SH	百隆东方	纺织、服装、皮毛	浙江省	70	38	24.0714	37.8500	37.8950	37.8950
002051.SZ	中工国际	建筑	北京市	90	14	30.0974	48.0682	37.8477	37.8477
000877.SZ	天山股份	金属、非金属制造	新疆维吾尔自治区	90	12	31.3188	48.9232	37.8462	37.8462
300132.SZ	青松股份	石油、化学、塑胶、塑料	福建省	80	19	24.2764	40.9935	34.3954	37.8350
000598.SZ	兴蓉投资	社会服务	四川省	70	40	15.6223	31.9356	34.3549	37.7904
601727.SH	上海电气	机械、设备、仪表制造	上海市	70	51	15.5766	31.9037	37.6326	37.6326
002438.SZ	江苏神通	机械、设备、仪表制造	江苏省	90	8	25.8982	45.1287	33.9901	37.3891
601333.SH	广深铁路	交通运输、仓储	广东省	90	24	22.6888	42.8821	37.2175	37.2175
600998.SH	九州通	批发和零售贸易	湖北省	90	22	22.5841	42.8089	37.1662	37.1662
600123.SH	兰花科创	采掘	山西省	90	13.7	28.5697	46.9988	37.0092	37.0092
002415.SZ	海康威视	电子	浙江省	80	21	28.3819	43.8674	37.0071	37.0071

续表

证券代码	证券简称	行业	省份	完整性	信息质量	充分性和实质性	内容得分	信息披露得分	信息披露得分（调整后）
002203.SZ	海亮股份	金属、非金属制造	浙江省	80	8	29.1551	44.4085	33.4860	36.8346
000861.SZ	海印股份	批发和零售贸易	广东省	90	12	22.3287	42.6301	33.4410	36.7851
600690.SH	青岛海尔	机械、设备、仪表制造	山东省	70	38	21.8020	36.2614	36.7830	36.7830
600528.SH	中铁二局	建筑	四川省	80	33	19.9774	37.9842	36.4889	36.4889
002056.SZ	横店东磁	电子	浙江省	90	12	28.4988	46.9491	36.4644	36.4644
300015.SZ	爱尔眼科	社会服务	湖南省	80	24	18.6549	37.0584	33.1409	36.4550
000732.SZ	泰禾集团	房地产	福建省	80	14	24.7333	41.3133	33.1193	36.4312
601699.SH	潞安环能	采掘	山西省	70	45	16.6591	32.6614	36.3630	36.3630
002039.SZ	黔源电力	电力、煤气及水的生产和供应	贵州省	60	36	19.6352	31.7446	33.0212	36.3234
002128.SZ	露天煤业	采掘	内蒙古自治区	100	14	22.5676	45.7973	36.2581	36.2581
600171.SH	上海贝岭	电子	上海市	70	37	21.1630	35.8141	36.1699	36.1699
000937.SZ	冀中能源	采掘	河北省	90	22.5	21.4609	42.0226	36.1658	36.1658
601989.SH	中国重工	机械、设备、仪表制造	北京市	70	34.5	22.4184	36.6929	36.0350	36.0350
600993.SH	马应龙	医药、生物制品	湖北省	90	18.5	23.3376	43.3363	35.8854	35.8854
002249.SZ	大洋电机	机械、设备、仪表制造	广东省	80	12.5	24.6270	41.2389	32.6172	35.8789
000069.SZ	华侨城A	社会服务	广东省	80	29	20.9393	38.6575	35.7603	35.7603
000540.SZ	中天城投	房地产	贵州省	100	15	20.8582	44.6008	35.7205	35.7205
600619.SH	海立股份	机械、设备、仪表制造	上海市	70	18.5	31.5589	43.0913	35.7139	35.7139
600062.SH	华润双鹤	医药、生物制品	北京市	90	7.6	29.5985	47.7189	35.6832	35.6832
002527.SZ	新时达	机械、设备、仪表制造	上海市	80	12	24.2018	40.9413	32.2589	35.4848
002271.SZ	东方雨虹	金属、非金属制造	北京市	80	15.5	21.8717	39.3102	32.1671	35.3838
600639.SH	浦东金桥	房地产	上海市	80	18	26.3602	42.4521	35.1165	35.1165
002062.SZ	宏润建设	建筑	浙江省	80	8	25.9542	42.1679	31.9176	35.1093
000780.SZ	平庄能源	采掘	内蒙古自治区	90	16	23.0883	43.1618	35.0133	35.0133
002073.SZ	软控股份	机械、设备、仪表制造	山东省	70	38.5	17.7356	33.4150	34.9405	34.9405

续表

证券代码	证券简称	行业	省份	完整性	信息质量	充分性和实质性	内容得分	信息披露得分	信息披露得分（调整后）
000516.SZ	开元投资	批发和零售贸易	陕西省	80	24	15.0748	34.5523	31.3866	34.5253
000006.SZ	深振业A	房地产	广东省	50	55	8.7536	21.1275	31.2893	34.4182
600409.SH	三友化工	石油、化学、塑胶、塑料	河北省	80	9.5	29.7354	44.8148	34.2203	34.2203
000061.SZ	农产品	批发和零售贸易	广东省	40	67.5	11.2651	19.8856	34.1699	34.1699
600005.SH	武钢股份	金属、非金属制造	湖北省	90	19	19.3692	40.5584	34.0909	34.0909
000800.SZ	一汽轿车	机械、设备、仪表制造	吉林省	70	24	24.5474	38.1832	33.9282	33.9282
600362.SH	江西铜业	金属、非金属制造	江西省	90	9.9	24.5769	44.2038	33.9127	33.9127
002122.SZ	天马股份	机械、设备、仪表制造	浙江省	90	8	25.7213	45.0049	33.9035	33.9035
600983.SH	合肥三洋	机械、设备、仪表制造	安徽省	90	10.5	24.0899	43.8629	33.8541	33.8541
000762.SZ	西藏矿业	采掘	西藏自治区	90	17	19.9983	40.9988	33.7992	33.7992
600704.SH	物产中大	批发和零售贸易	浙江省	80	29	16.9121	35.8384	33.7869	33.7869
600059.SH	古越龙山	食品、饮料	浙江省	90	7.6	25.4384	44.8069	33.6448	33.6448
300110.SZ	华仁药业	医药、生物制品	山东省	70	15	23.1708	37.2195	30.5537	33.6090
000562.SZ	宏源证券	金融、保险	新疆维吾尔自治区	80	14	25.4745	41.8321	33.4825	33.4825
000778.SZ	新兴铸管	金属、非金属制造	河北省	70	26	22.3675	36.6573	33.4601	33.4601
600415.SH	小商品城	综合类	浙江省	80	14	25.2268	41.6588	33.3611	33.3611
002162.SZ	*ST上控	金属、非金属制造	上海市	60	33	15.9246	29.1472	30.3031	33.3334
002008.SZ	大族激光	机械、设备、仪表制造	广东省	60	49	11.9515	26.3661	33.1562	33.1562
600377.SH	宁沪高速	交通运输、仓储	江苏省	90	8	23.7886	43.6520	32.9564	32.9564
600058.SH	五矿发展	批发和零售贸易	北京市	90	9.6	22.4652	42.7256	32.7880	32.7880
002233.SZ	塔牌集团	金属、非金属制造	广东省	80	8	21.6080	39.1256	29.7879	32.7667
600725.SH	云维股份	石油、化学、塑胶、塑料	云南省	60	43.1	14.6831	28.2782	32.7247	32.7247
601818.SH	光大银行	金融、保险	北京市	70	25	21.3551	35.9486	32.6640	32.6640
000425.SZ	徐工机械	机械、设备、仪表制造	江苏省	60	38	17.6170	30.3319	32.6323	32.6323
600153.SH	建发股份	批发和零售贸易	福建省	90	8	23.0176	43.1123	32.5786	32.5786
002635.SZ	安洁科技	信息技术	江苏省	60	31	15.7398	29.0179	29.6125	32.5738

续表

证券代码	证券简称	行业	省份	完整性	信息质量	充分性和实质性	内容得分	信息披露得分	信息披露得分（调整后）
601939.SH	建设银行	金融、保险	北京市	70	32	16.8071	32.7650	32.5355	32.5355
002544.SZ	杰赛科技	信息技术	广东省	60	28	17.4826	30.2378	29.5665	32.5231
000021.SZ	长城开发	信息技术	广东省	70	30	17.8675	33.5073	32.4551	32.4551
000066.SZ	长城电脑	信息技术	广东省	60	18	23.4135	34.3895	29.4726	32.4199
600501.SH	航天晨光	机械、设备、仪表制造	江苏省	80	22	18.3583	36.8508	32.3956	32.3956
600389.SH	江山股份	石油、化学、塑胶、塑料	江苏省	80	8.5	26.4268	42.4988	32.2991	32.2991
600748.SH	上实发展	房地产	上海市	90	11.6	20.0841	41.0589	32.2212	32.2212
002250.SZ	联化科技	石油、化学、塑胶、塑料	浙江省	80	14.5	16.3814	35.4670	29.1769	32.0946
002038.SZ	双鹭药业	医药、生物制品	北京市	80	25	15.7161	35.0013	32.0009	32.0009
600261.SH	阳光照明	机械、设备、仪表制造	浙江省	90	10	20.5579	41.3905	31.9734	31.9734
600893.SH	航空动力	机械、设备、仪表制造	陕西省	70	26	19.3185	34.5229	31.9661	31.9661
000898.SZ	*ST 鞍钢	金属、非金属制造	辽宁省	60	27	16.8118	29.7682	28.9378	31.8315
600618.SH	氯碱化工	石油、化学、塑胶、塑料	上海市	70	22	21.4018	35.9813	31.7869	31.7869
600806.SH	昆明机床	机械、设备、仪表制造	云南省	70	29	17.1133	32.9793	31.7855	31.7855
601336.SH	新华保险	金融、保险	北京市	70	35	13.2602	30.2821	31.6975	31.6975
600271.SH	航天信息	信息技术	北京市	80	20	18.0197	36.6138	31.6296	31.6296
600597.SH	光明乳业	食品、饮料	上海市	60	38	15.4863	28.8404	31.5883	31.5883
000581.SZ	威孚高科	机械、设备、仪表制造	江苏省	60	39	14.6920	28.2844	31.4991	31.4991
600310.SH	桂东电力	电力、煤气及水的生产和供应	广西壮族自治区	90	3.6	22.7541	42.9279	31.1295	31.1295
600990.SH	四创电子	信息技术	安徽省	80	18	18.1452	36.7017	31.0912	31.0912
600970.SH	中材国际	建筑	江苏省	90	10	18.7303	40.1112	31.0779	31.0779
600505.SH	西昌电力	电力、煤气及水的生产和供应	四川省	70	25	17.7460	33.4222	30.8955	30.8955

续表

证券代码	证券简称	行业	省份	完整性	信息质量	充分性和实质性	内容得分	信息披露得分	信息披露得分（调整后）
600282.SH	南钢股份	金属、非金属制造	江苏省	80	12.5	20.9388	38.6572	30.8100	30.8100
002508.SZ	老板电器	机械、设备、仪表制造	浙江省	60	21.5	18.2516	30.7761	27.9933	30.7926
600498.SH	烽火通信	信息技术	湖北省	70	10.8	26.1984	39.3389	30.7772	30.7772
000999.SZ	华润三九	医药、生物制品	广东省	50	32.5	15.6697	25.9688	27.9282	30.7210
300095.SZ	华伍股份	机械、设备、仪表制造	江西省	60	20	18.7817	31.1472	27.8030	30.5833
600323.SH	南海发展	电力、煤气及水的生产和供应	广东省	90	3.6	21.4989	42.0492	30.5144	30.5144
600500.SH	中化国际	批发和零售贸易	上海市	70	16.8	21.9787	36.3851	30.5095	30.5095
600995.SH	文山电力	电力、煤气及水的生产和供应	云南省	70	22.5	18.3906	33.8734	30.4614	30.4614
000059.SZ	辽通化工	石油、化学、塑胶、塑料	辽宁省	60	18	25.3212	35.7248	30.4074	30.4074
601369.SH	陕鼓动力	机械、设备、仪表制造	陕西省	80	15	18.5226	36.9658	30.3761	30.3761
600872.SH	中炬高新	综合类	广东省	90	3.6	21.1799	41.8259	30.3581	30.3581
300064.SZ	豫金刚石	金属、非金属制造	河南省	60	28	13.3449	27.3414	27.5390	30.2929
000401.SZ	冀东水泥	金属、非金属制造	河北省	70	20	19.0312	34.3218	30.0253	30.0253
002080.SZ	中材科技	金属、非金属制造	江苏省	70	12	17.9155	33.5408	27.0786	29.7864
600511.SH	国药股份	批发和零售贸易	北京市	60	29	17.1747	30.0223	29.7156	29.7156
600166.SH	福田汽车	机械、设备、仪表制造	北京市	80	8.5	20.9354	38.6548	29.6084	29.6084
300181.SZ	佐力药业	医药、生物制品	浙江省	70	14.5	16.0365	32.2255	26.9079	29.5987
600533.SH	栖霞建设	房地产	江苏省	70	20	18.1489	33.7042	29.5930	29.5930
002070.SZ	众和股份	纺织、服装、皮毛	福建省	70	11.5	17.5768	33.3037	26.7626	29.4389
002006.SZ	精功科技	机械、设备、仪表制造	浙江省	70	13.5	16.0040	32.2028	26.5920	29.2512
000895.SZ	双汇发展	食品、饮料	河南省	60	31	14.8164	28.3715	29.1600	29.1600
000563.SZ	陕国投A	金融、保险	陕西省	60	21	15.1277	28.5894	26.3126	28.9438
600487.SH	亨通光电	信息技术	江苏省	80	3.6	22.5660	39.7962	28.9373	28.9373
002500.SZ	山西证券	金融、保险	山西省	60	26.5	17.0929	29.9650	28.9255	28.9255
600525.SH	长园集团	电子	广东省	80	11	17.8848	36.5194	28.8636	28.8636
000060.SZ	中金岭南	金属、非金属制造	广东省	70	21	15.9428	32.1600	28.8120	28.8120

续表

证券代码	证券简称	行业	省份	完整性	信息质量	充分性和实质性	内容得分	信息披露得分	信息披露得分（调整后）
002003.SZ	伟星股份	其他制造	浙江省	60	20	15.4695	28.8286	26.1800	28.7980
000498.SZ	山东路桥	建筑	山东省	60	18	16.5459	29.5821	26.1075	28.7182
002578.SZ	闽发铝业	金属、非金属制造	福建省	70	5.6	19.7363	34.8154	26.0508	28.6559
002340.SZ	格林美	采掘	广东省	50	33	11.5063	23.0544	26.0381	28.6419
601107.SH	四川成渝	交通运输、仓储	四川省	60	31.5	13.1960	27.2372	28.5160	28.5160
600030.SH	中信证券	金融、保险	广东省	70	20	15.9279	32.1495	28.5047	28.5047
000547.SZ	闽福发A	信息技术	福建省	60	18	16.0122	29.2085	25.8460	28.4306
601313.SH	江南嘉捷	交通运输、仓储	江苏省	60	28	15.1089	28.5762	28.4034	28.4034
002153.SZ	石基信息	信息技术	北京市	60	8	22.0694	33.4485	25.8140	28.3954
002368.SZ	太极股份	信息技术	北京市	50	30	12.8016	23.9611	25.7728	28.3500
601118.SH	海南橡胶	农、林、牧、渔	海南省	70	17	17.3180	33.1226	28.2858	28.2858
002041.SZ	登海种业	农、林、牧、渔	山东省	70	10	21.5634	36.0944	28.2661	28.2661
600187.SH	国中水务	电力、煤气及水的生产和供应	黑龙江省	60	36	9.9105	24.9374	28.2562	28.2562
000596.SZ	古井贡酒	食品、饮料	安徽省	70	21	14.7940	31.3558	28.2491	28.2491
002033.SZ	丽江旅游	社会服务	云南省	70	11	15.6727	31.9709	25.6796	28.2476
300016.SZ	北陆药业	医药、生物制品	北京市	60	21	13.7879	27.6516	25.6561	28.2217
600056.SH	中国医药	批发和零售贸易	北京市	80	7.6	18.3761	36.8633	28.0843	28.0843
000768.SZ	中航飞机	机械、设备、仪表制造	陕西省	70	13	19.1931	34.4352	28.0046	28.0046
600718.SH	东软集团	信息技术	辽宁省	70	12.5	19.4043	34.5830	27.9581	27.9581
002557.SZ	洽洽食品	食品、饮料	安徽省	70	10	15.7335	32.0134	25.4094	27.9503
002154.SZ	报喜鸟	纺织、服装、皮毛	浙江省	70	3.6	19.6227	34.7359	25.3951	27.9347
600962.SH	国投中鲁	农、林、牧、渔	北京市	60	25	15.8980	29.1286	27.8900	27.8900
000690.SZ	宝新能源	电力、煤气及水的生产和供应	广东省	60	16	16.1850	29.3295	25.3307	27.8637
600068.SH	葛洲坝	建筑	湖北省	70	13	18.8571	34.2000	27.8400	27.8400
600308.SH	华泰股份	造纸、印刷	山东省	80	3.6	20.3207	38.2245	27.8371	27.8371
000612.SZ	焦作万方	金属、非金属制造	河南省	70	10	15.0961	31.5673	25.0971	27.6068
600585.SH	海螺水泥	金属、非金属制造	安徽省	60	32	10.9711	25.6797	27.5758	27.5758
002018.SZ	华星化工	石油、化学、塑胶、塑料	安徽省	60	21	12.4952	26.7467	25.0227	27.5249
002304.SZ	洋河股份	食品、饮料	江苏省	60	20	18.1351	30.6946	27.4862	27.4862
002179.SZ	中航光电	电子	河南省	70	10	14.8058	31.3640	24.9548	27.4503

续表

证券代码	证券简称	行业	省份	完整性	信息质量	充分性和实质性	内容得分	信息披露得分	信息披露得分（调整后）
002517.SZ	泰亚股份	纺织、服装、皮毛	福建省	70	10	14.8007	31.3605	24.9523	27.4476
601633.SH	长城汽车	机械、设备、仪表制造	河北省	80	3.6	19.4206	37.5944	27.3961	27.3961
600518.SH	康美药业	医药、生物制品	广东省	70	14	17.1993	33.0395	27.3276	27.3276
600660.SH	福耀玻璃	金属、非金属制造	福建省	80	4.8	18.4194	36.8936	27.2655	27.2655
601169.SH	北京银行	金融、保险	北京市	80	8.7	15.9926	35.1948	27.2464	27.2464
600655.SH	豫园商城	批发和零售贸易	上海市	80	5.8	17.7647	36.4353	27.2447	27.2447
600900.SH	长江电力	电力、煤气及水的生产和供应	北京市	60	19	18.1265	30.6886	27.1820	27.1820
600549.SH	厦门钨业	金属、非金属制造	福建省	70	5.6	22.0446	36.4312	27.1819	27.1819
002582.SZ	好想你	食品、饮料	河南省	70	5.6	16.9586	32.8710	24.6897	27.1587
600428.SH	中远航运	交通运输、仓储	广东省	60	27	13.0733	27.1513	27.1059	27.1059
002079.SZ	苏州固锝	电子	江苏省	40	33	12.9317	21.0522	24.6365	27.1002
002102.SZ	冠福家用	金属、非金属制造	福建省	70	6.5	16.2354	32.3648	24.6053	27.0659
600499.SH	科达机电	机械、设备、仪表制造	广东省	70	3.6	22.8712	37.0169	26.9918	26.9918
600561.SH	江西长运	交通运输、仓储	江西省	80	3.6	18.5212	36.9649	26.9554	26.9554
000065.SZ	北方国际	建筑	北京市	60	18	13.1771	27.2240	24.4568	26.9025
600815.SH	厦工股份	机械、设备、仪表制造	福建省	70	16	14.9792	31.4854	26.8398	26.8398
600116.SH	三峡水利	电力、煤气及水的生产和供应	重庆市	80	6.1	16.6124	35.6287	26.7701	26.7701
600227.SH	赤天化	石油、化学、塑胶、塑料	贵州省	70	3.6	22.3669	36.6568	26.7398	26.7398
000301.SZ	东方市场	综合类	江苏省	70	10	13.2262	30.2584	24.1809	26.5989
600604.SH	市北高新	机械、设备、仪表制造	上海市	70	10	13.1206	30.1844	24.1291	26.5420
600979.SH	广安爱众	电力、煤气及水的生产和供应	四川省	70	12.5	16.4880	32.5416	26.5291	26.5291
601000.SH	唐山港	交通运输、仓储	河北省	60	16.7	17.9606	30.5724	26.4107	26.4107
600649.SH	城投控股	综合类	上海市	70	14	15.1405	31.5984	26.3189	26.3189
600161.SH	天坛生物	医药、生物制品	北京市	60	7.7	23.1324	34.1927	26.2449	26.2449
000157.SZ	中联重科	机械、设备、仪表制造	湖南省	60	18	16.6923	29.6846	26.1792	26.1792

续表

证券代码	证券简称	行业	省份	完整性	信息质量	充分性和实质性	内容得分	信息披露得分	信息披露得分（调整后）
601555.SH	东吴证券	金融、保险	江苏省	70	10	17.2738	33.0917	26.1642	26.1642
600837.SH	海通证券	金融、保险	上海市	60	12	20.3179	32.2225	26.1558	26.1558
000026.SZ	飞亚达A	批发和零售贸易	广东省	60	14	14.1959	27.9371	23.7560	26.1316
600052.SH	浙江广厦	房地产	浙江省	70	13	15.3291	31.7304	26.1113	26.1113
600089.SH	特变电工	机械、设备、仪表制造	新疆维吾尔自治区	70	10	17.0801	32.9561	26.0692	26.0692
600350.SH	山东高速	交通运输、仓储	山东省	60	21	14.5814	28.2070	26.0449	26.0449
000652.SZ	泰达股份	综合类	天津市	60	18	11.4406	26.0084	23.6059	25.9665
600022.SH	山东钢铁	金属、非金属制造	山东省	70	5.6	19.5301	34.6711	25.9498	25.9498
600138.SH	中青旅	社会服务	北京市	80	5	15.4809	34.8367	25.8857	25.8857
000709.SZ	河北钢铁	金属、非金属制造	河北省	50	31	12.2831	23.5982	25.8187	25.8187
601588.SH	北辰实业	房地产	北京市	70	12	15.3251	31.7276	25.8093	25.8093
002417.SZ	三元达	信息技术	福建省	60	5.6	18.6937	31.0856	23.4399	25.7839
601566.SH	九牧王	纺织、服装、皮毛	福建省	60	15	17.6922	30.3846	25.7692	25.7692
600496.SH	精工钢构	建筑	安徽省	70	3.6	20.3542	35.2479	25.7536	25.7536
600376.SH	首开股份	房地产	北京市	80	6.5	13.7442	33.6209	25.4846	25.4846
600113.SH	浙江东日	房地产	浙江省	60	9.5	16.1495	32.3047	25.4633	25.4633
601808.SH	中海油服	采掘	天津市	60	26.5	9.9625	24.9737	25.4316	25.4316
002477.SZ	雏鹰农牧	农、林、牧、渔	河南省	60	12.5	13.5676	27.4973	22.9981	25.2979
601636.SH	旗滨集团	金属、非金属制造	湖南省	70	3.6	19.4237	34.5966	25.2976	25.2976
600749.SH	西藏旅游	社会服务	西藏自治区	80	3.6	15.0467	34.5327	25.2529	25.2529
000671.SZ	阳光城	房地产	福建省	50	18	14.3962	25.0773	22.9541	25.2495
600251.SH	冠农股份	食品、饮料	新疆维吾尔自治区	60	14	17.1556	30.0089	25.2063	25.2063
600888.SH	新疆众和	金属、非金属制造	新疆维吾尔自治区	60	21	12.7919	26.9543	25.1680	25.1680
002155.SZ	辰州矿业	采掘	湖南省	60	17	15.0443	28.5310	25.0717	25.0717
600064.SH	南京高科	房地产	江苏省	80	3.6	14.5312	34.1718	25.0003	25.0003
601991.SH	大唐发电	电力、煤气及水的生产和供应	北京市	60	18.5	13.8747	27.7123	24.9486	24.9486
000568.SZ	泸州老窖	食品、饮料	四川省	50	26	13.3668	24.3568	24.8497	24.8497
000027.SZ	深圳能源	电力、煤气及水的生产和供应	广东省	60	20	12.7013	26.8909	24.8237	24.8237
601377.SH	兴业证券	金融、保险	福建省	70	10	14.4846	31.1392	24.7975	24.7975

续表

证券代码	证券简称	行业	省份	完整性	信息质量	充分性和实质性	内容得分	信息披露得分	信息披露得分（调整后）
300248.SZ	新开普	信息技术	河南省	60	9	14.7616	28.3331	22.5332	24.7865
600775.SH	南京熊猫	信息技术	江苏省	70	5.4	17.2546	33.0782	24.7747	24.7747
600369.SH	西南证券	金融、保险	重庆市	70	2.2	18.8944	34.2261	24.6183	24.6183
002548.SZ	金新农	食品、饮料	广东省	50	11	17.4434	27.2104	22.3473	24.5820
002348.SZ	高乐股份	造纸、印刷	广东省	60	10	13.6031	27.5221	22.2655	24.4920
600875.SH	东方电气	机械、设备、仪表制造	四川省	60	17.5	13.3229	27.3260	24.3782	24.3782
300007.SZ	汉威电子	机械、设备、仪表制造	河南省	60	10	13.0793	27.1555	22.0088	24.2097
002543.SZ	万和电气	机械、设备、仪表制造	广东省	60	13	11.1625	25.8137	21.9696	24.1666
000592.SZ	中福实业	农、林、牧、渔	福建省	50	22	9.8996	21.9297	21.9508	24.1459
000869.SZ	张裕A	食品、饮料	山东省	60	10	17.3824	30.1676	24.1174	24.1174
002106.SZ	莱宝高科	电子	广东省	70	6.5	15.1381	31.5967	24.0677	24.0677
603993.SH	洛阳钼业	采掘	河南省	70	7	14.7671	31.3370	24.0359	24.0359
002081.SZ	金螳螂	建筑	江苏省	50	26	11.6335	23.1434	24.0004	24.0004
000686.SZ	东北证券	金融、保险	吉林省	60	14.5	14.3323	28.0326	23.9728	23.9728
002474.SZ	榕基软件	信息技术	福建省	60	7.5	14.0641	27.8448	21.7414	23.9155
002082.SZ	栋梁新材	金属、非金属制造	浙江省	60	8	13.3898	27.3729	21.5610	23.7171
600298.SH	安琪酵母	食品、饮料	湖北省	60	10	16.4207	29.4945	23.6461	23.6461
000632.SZ	三木集团	综合类	福建省	60	6	14.3721	28.0604	21.4423	23.5865
600317.SH	营口港	交通运输、仓储	辽宁省	70	3.6	15.9037	32.1326	23.5728	23.5728
600183.SH	生益科技	电子	广东省	60	14.5	13.2497	27.2748	23.4423	23.4423
600550.SH	天威保变	机械、设备、仪表制造	河北省	70	3.6	15.6019	31.9214	23.4249	23.4249
600223.SH	鲁商置业	房地产	山东省	70	3.6	15.5951	31.9166	23.4216	23.4216
600406.SH	国电南瑞	信息技术	江苏省	50	13	18.3565	27.8496	23.3947	23.3947
300047.SZ	天源迪科	信息技术	广东省	50	13	13.8316	24.6821	21.1775	23.2952
600422.SH	昆明制药	医药、生物制品	云南省	70	2.6	15.8846	32.1192	23.2634	23.2634
300034.SZ	钢研高纳	金属、非金属制造	北京市	60	6.5	13.3875	27.3712	21.1099	23.2209
000651.SZ	格力电器	机械、设备、仪表制造	广东省	50	26	9.9629	21.9740	23.1818	23.1818
600573.SH	惠泉啤酒	食品、饮料	福建省	60	3.6	19.2280	31.4596	23.1017	23.1017

续表

证券代码	证券简称	行业	省份	完整性	信息质量	充分性和实质性	内容得分	信息披露得分	信息披露得分（调整后）
600495.SH	晋西车轴	机械、设备、仪表制造	山西省	60	3.6	19.1346	31.3842	23.0560	23.0560
600743.SH	华远地产	房地产	湖北省	70	3.6	14.6640	31.2648	22.9654	22.9654
002529.SZ	海源机械	机械、设备、仪表制造	福建省	50	10	15.0376	25.5263	20.8684	22.9553
600198.SH	大唐电信	信息技术	北京市	50	23	11.3089	22.9162	22.9413	22.9413
600141.SH	兴发集团	石油、化学、塑胶、塑料	湖北省	60	2.9	19.2896	31.5027	22.9219	22.9219
600787.SH	中储股份	交通运输、仓储	天津市	60	11	14.2417	27.9692	22.8785	22.8785
000797.SZ	中国武夷	房地产	福建省	50	13	12.9746	24.0822	20.7576	22.8333
000667.SZ	名流置业	房地产	云南省	60	10	10.3870	25.2709	20.6896	22.7586
002498.SZ	汉缆股份	机械、设备、仪表制造	山东省	50	8.5	15.5884	25.9119	20.6883	22.7571
600797.SH	浙大网新	信息技术	浙江省	60	11	13.9869	27.7908	22.7536	22.7536
600653.SH	申华控股	综合类	上海市	70	2.6	14.6298	31.2409	22.6486	22.6486
601188.SH	龙江交通	交通运输、仓储	黑龙江省	70	3.6	13.9111	30.7377	22.5964	22.5964
002423.SZ	中原特钢	机械、设备、仪表制造	河南省	50	5.6	17.0331	26.9232	20.5262	22.5789
002589.SZ	瑞康医药	批发和零售贸易	山东省	60	3.6	13.7879	27.6516	20.4361	22.4797
600117.SH	西宁特钢	金属、非金属制造	青海省	60	5.7	16.6526	29.6569	22.4698	22.4698
600802.SH	福建水泥	金属、非金属制造	福建省	60	10	14.0107	27.8075	22.4653	22.4653
601669.SH	中国水电	建筑	北京市	60	5.6	16.5729	29.6010	22.4007	22.4007
600371.SH	万向德农	农、林、牧、渔	黑龙江省	70	2.6	14.0766	30.8536	22.3775	22.3775
000559.SZ	万向钱潮	机械、设备、仪表制造	浙江省	50	14	15.6160	25.9312	20.3519	22.3519
600642.SH	申能股份	电力、煤气及水的生产和供应	上海市	70	4.5	12.7515	29.9261	22.2982	22.2982
002535.SZ	林州重机	机械、设备、仪表制造	河南省	50	10	13.7043	24.5930	20.2151	22.2366
600750.SH	江中药业	医药、生物制品	江西省	70	3.6	13.1368	30.1957	22.2170	22.2170
000635.SZ	英力特	石油、化学、塑胶、塑料	宁夏回族自治区	40	20.5	11.3212	19.9248	20.0974	22.1071
600026.SH	中海发展	交通运输、仓储	上海市	60	10	13.2257	27.2580	22.0806	22.0806
600510.SH	黑牡丹	综合类	江苏省	60	10	13.1530	27.2071	22.0450	22.0450

续表

证券代码	证券简称	行业	省份	完整性	信息质量	充分性和实质性	内容得分	信息披露得分	信息披露得分（调整后）
000630.SZ	铜陵有色	金属、非金属制造	安徽省	60	7	14.9623	28.4736	22.0315	22.0315
002007.SZ	华兰生物	医药、生物制品	河南省	60	10	12.9877	27.0914	21.9639	21.9639
000927.SZ	一汽夏利	机械、设备、仪表制造	天津市	50	18	12.2808	23.5965	21.9176	21.9176
600580.SH	卧龙电气	机械、设备、仪表制造	浙江省	60	7.1	14.3232	28.0263	21.7484	21.7484
600596.SH	新安股份	石油、化学、塑胶、塑料	浙江省	60	8	13.6180	27.5326	21.6728	21.6728
600066.SH	宇通客车	机械、设备、仪表制造	河南省	50	19	11.1671	22.8170	21.6719	21.6719
600111.SH	包钢稀土	金属、非金属制造	内蒙古自治区	50	17.5	12.0777	23.4544	21.6681	21.6681
600551.SH	时代出版	传播与文化	安徽省	70	2.6	12.5428	29.7799	21.6259	21.6259
600616.SH	金枫酒业	食品、饮料	上海市	60	7	14.0957	27.8670	21.6069	21.6069
300019.SZ	硅宝科技	石油、化学、塑胶、塑料	四川省	50	12.5	10.9131	22.6392	19.5974	21.5572
600219.SH	南山铝业	金属、非金属制造	山东省	60	3.6	16.0505	29.2354	21.5447	21.5447
300003.SZ	乐普医疗	机械、设备、仪表制造	北京市	40	22	9.3303	18.5312	19.5719	21.5291
002110.SZ	三钢闽光	金属、非金属制造	福建省	50	8	13.5879	24.5115	19.5581	21.5139
600841.SH	上柴股份	机械、设备、仪表制造	上海市	60	3.6	15.9779	29.1846	21.5092	21.5092
002229.SZ	鸿博股份	造纸、印刷	福建省	60	5.1	11.0623	25.7436	19.5505	21.5056
600835.SH	上海机电	机械、设备、仪表制造	上海市	60	10	11.9539	26.3677	21.4574	21.4574
002595.SZ	豪迈科技	金属、非金属制造	山东省	50	3.6	16.1436	26.3005	19.4904	21.4394
000536.SZ	华映科技	电子	福建省	50	15	9.0704	21.3493	19.4445	21.3889
600546.SH	山煤国际	采掘	山西省	50	12	14.7750	25.3425	21.3398	21.3398
600163.SH	福建南纸	造纸、印刷	福建省	60	2.9	16.0359	29.2252	21.3276	21.3276
600456.SH	宝钛股份	金属、非金属制造	陕西省	60	6	13.9893	27.7925	21.2547	21.2547
000627.SZ	天茂集团	石油、化学、塑胶、塑料	湖北省	50	7	13.6215	24.5350	19.2745	21.2020
601958.SH	金钼股份	采掘	陕西省	60	4.1	14.5940	28.2158	20.9811	20.9811
600103.SH	青山纸业	造纸、印刷	福建省	60	7.6	12.4430	26.7101	20.9771	20.9771

续表

证券代码	证券简称	行业	省份	完整性	信息质量	充分性和实质性	内容得分	信息披露得分	信息披露得分（调整后）
002222.SZ	福晶科技	电子	福建省	60	2.9	11.2421	25.8695	18.9786	20.8765
000012.SZ	南玻A	金属、非金属制造	广东省	40	22	11.9656	20.3759	20.8632	20.8632
600997.SH	开滦股份	采掘	河北省	60	6.1	13.1201	27.1841	20.8589	20.8589
600765.SH	中航重机	机械、设备、仪表制造	贵州省	60	3.6	14.6427	28.2499	20.8549	20.8549
000997.SZ	新大陆	信息技术	福建省	50	9	11.6944	23.1861	18.9303	20.8233
000969.SZ	安泰科技	金属、非金属制造	北京市	60	7	12.3204	26.6243	20.7370	20.7370
600360.SH	华微电子	电子	吉林省	60	5	13.5316	27.4721	20.7305	20.7305
002165.SZ	红宝丽	石油、化学、塑胶、塑料	江苏省	40	16	11.4346	20.0042	18.8030	20.6833
600517.SH	置信电气	机械、设备、仪表制造	上海市	60	6	12.4255	26.6978	20.4885	20.4885
600020.SH	中原高速	交通运输、仓储	河南省	60	3.6	13.8763	27.7134	20.4794	20.4794
600158.SH	中体产业	社会服务	天津市	60	2	14.7276	28.3093	20.4165	20.4165
600839.SH	四川长虹	电子	四川省	60	3.6	13.7246	27.6072	20.4050	20.4050
600702.SH	沱牌舍得	食品、饮料	四川省	60	5	12.5118	26.7582	20.2308	20.2308
600798.SH	宁波海运	交通运输、仓储	浙江省	60	5	12.4231	26.6961	20.1873	20.1873
600037.SH	歌华有线	传播与文化	北京市	60	5	12.3068	26.6147	20.1303	20.1303
600218.SH	全柴动力	机械、设备、仪表制造	安徽省	60	3.6	12.8221	26.9755	19.9628	19.9628
002560.SZ	通达股份	机械、设备、仪表制造	河南省	50	5.6	12.1515	23.5061	18.1342	19.9477
002286.SZ	保龄宝	食品、饮料	山东省	50	9.1	9.9597	21.9718	18.1103	19.9213
600307.SH	酒钢宏兴	金属、非金属制造	甘肃省	50	3.6	16.9959	26.8971	19.9080	19.9080
600488.SH	天药股份	医药、生物制品	天津市	50	3.6	16.9863	26.8904	19.9033	19.9033
601918.SH	国投新集	采掘	安徽省	50	18	8.1497	20.7048	19.8934	19.8934
000962.SZ	东方钽业	金属、非金属制造	宁夏回族自治区	40	13.5	11.3937	19.9756	18.0329	19.8362
002180.SZ	万力达	机械、设备、仪表制造	广东省	50	10	9.2435	21.4704	18.0293	19.8322
002300.SZ	太阳电缆	机械、设备、仪表制造	福建省	50	6	11.6179	23.1325	17.9928	19.7921
002216.SZ	三全食品	食品、饮料	河南省	50	3.8	12.9356	24.0549	17.9784	19.7763

续表

证券代码	证券简称	行业	省份	完整性	信息质量	充分性和实质性	内容得分	信息披露得分	信息披露得分（调整后）
300174.SZ	元力股份	石油、化学、塑胶、塑料	福建省	40	16	9.6746	18.7722	17.9405	19.7346
600635.SH	大众公用	综合类	上海市	50	6.7	14.5205	25.1643	19.6250	19.6250
600569.SH	安阳钢铁	金属、非金属制造	河南省	50	3.6	16.0854	26.2598	19.4619	19.4619
000623.SZ	吉林敖东	医药、生物制品	吉林省	50	6	14.5882	25.2118	19.4482	19.4482
600190.SH	锦州港	交通运输、仓储	辽宁省	50	10	12.1260	23.4882	19.4418	19.4418
600741.SH	华域汽车	机械、设备、仪表制造	上海市	50	11	11.5128	23.0589	19.4413	19.4413
000900.SZ	现代投资	交通运输、仓储	湖南省	50	10	8.4653	20.9257	17.6480	19.4128
002236.SZ	大华股份	电子	浙江省	50	10.1	11.9283	23.3498	19.3749	19.3749
601007.SH	金陵饭店	社会服务	江苏省	50	5	14.7772	25.3440	19.2408	19.2408
601099.SH	太平洋	金融、保险	云南省	50	5.1	14.6859	25.2801	19.2261	19.2261
000629.SZ	攀钢钒钛	金属、非金属制造	四川省	50	6	13.9779	24.7845	19.1492	19.1492
002509.SZ	天广消防	机械、设备、仪表制造	福建省	50	6	10.2453	22.1717	17.3202	19.0522
000088.SZ	盐田港	交通运输、仓储	广东省	40	14	9.2946	18.5062	17.1543	18.8698
600483.SH	福建南纺	纺织、服装、皮毛	福建省	40	9.8	15.2379	22.6665	18.8066	18.8066
600535.SH	天士力	医药、生物制品	天津市	50	10	10.7930	22.5551	18.7886	18.7886
600269.SH	赣粤高速	交通运输、仓储	江西省	50	6	13.1083	24.1758	18.7230	18.7230
002656.SZ	卡奴迪路	批发和零售贸易	广东省	40	14	9.0214	18.3150	17.0205	18.7226
600493.SH	凤竹纺织	纺织、服装、皮毛	福建省	50	3.6	14.0991	24.8694	18.4886	18.4886
601788.SH	光大证券	金融、保险	上海市	30	23	10.7538	16.5277	18.4694	18.4694
002296.SZ	辉煌科技	信息技术	河南省	50	5	9.7483	21.8238	16.7767	18.4543
600255.SH	鑫科材料	金属、非金属制造	安徽省	50	10	10.0633	22.0443	18.4310	18.4310
002078.SZ	太阳纸业	造纸、印刷	山东省	30	15.5	11.7798	17.2459	16.7221	18.3943
600266.SH	北京城建	房地产	北京市	40	14	11.7779	20.2446	18.3712	18.3712
000983.SZ	西山煤电	采掘	山西省	50	9	10.4669	22.3269	18.3288	18.3288
600118.SH	中国卫星	信息技术	北京市	50	10	9.8109	21.8676	18.3073	18.3073
600674.SH	川投能源	电力、煤气及水的生产和供应	四川省	50	5.5	12.5143	23.7600	18.2820	18.2820
600469.SH	风神股份	石油、化学、塑胶、塑料	河南省	50	4.1	13.3659	24.3561	18.2793	18.2793
601515.SH	东风股份	造纸、印刷	广东省	50	10	9.7431	21.8202	18.2741	18.2741

续表

证券代码	证券简称	行业	省份	完整性	信息质量	充分性和实质性	内容得分	信息披露得分	信息披露得分（调整后）
002230.SZ	科大讯飞	信息技术	安徽省	40	12.6	12.3688	20.6582	18.2407	18.2407
002663.SZ	普邦园林	建筑	广东省	40	14	8.1211	17.6848	16.5793	18.2373
002093.SZ	国脉科技	信息技术	福建省	40	10	10.5683	19.3978	16.5784	18.2363
600303.SH	曙光股份	机械、设备、仪表制造	辽宁省	50	5	12.7102	23.8971	18.2280	18.2280
600780.SH	通宝能源	电力、煤气及水的生产和供应	山西省	50	11	9.0282	21.3197	18.2238	18.2238
600688.SH	S上石化	石油、化学、塑胶、塑料	上海市	50	5	12.2866	23.6006	18.0205	18.0205
600208.SH	新湖中宝	房地产	浙江省	50	3.6	13.0951	24.1666	17.9966	17.9966
600243.SH	青海华鼎	机械、设备、仪表制造	青海省	50	3.6	13.0506	24.1354	17.9748	17.9748
600352.SH	浙江龙盛	石油、化学、塑胶、塑料	浙江省	40	16	9.6900	18.7830	17.9481	17.9481
002641.SZ	永高股份	石油、化学、塑胶、塑料	浙江省	40	11	9.3019	18.5114	16.2580	17.8838
600860.SH	北人股份	机械、设备、仪表制造	北京市	50	3.6	12.5304	23.7713	17.7199	17.7199
600987.SH	航民股份	纺织、服装、皮毛	浙江省	50	3.5	12.5437	23.7806	17.6964	17.6964
600436.SH	片仔癀	医药、生物制品	福建省	40	11	12.0723	20.4506	17.6154	17.6154
600601.SH	方正科技	信息技术	上海市	60	3	8.0933	23.6653	17.4657	17.4657
601005.SH	重庆钢铁	金属、非金属制造	重庆市	50	5	11.1367	22.7957	17.4570	17.4570
600260.SH	凯乐科技	石油、化学、塑胶、塑料	湖北省	50	5	11.1215	22.7850	17.4495	17.4495
002189.SZ	利达光电	电子	河南省	40	10	9.0876	18.3613	15.8529	17.4382
002029.SZ	七匹狼	纺织、服装、皮毛	福建省	40	10	9.0827	18.3579	15.8505	17.4356
600526.SH	菲达环保	机械、设备、仪表制造	浙江省	50	5	11.0295	22.7206	17.4045	17.4045
601519.SH	大智慧	信息技术	上海市	40	12	10.7913	19.5539	17.2877	17.2877
000625.SZ	长安汽车	机械、设备、仪表制造	重庆市	50	6	10.1543	22.1080	17.2756	17.2756
600177.SH	雅戈尔	纺织、服装、皮毛	浙江省	40	15	8.8056	18.1639	17.2147	17.2147
601018.SH	宁波港	交通运输、仓储	浙江省	50	5	10.5731	22.4082	17.1857	17.1857
600595.SH	中孚实业	金属、非金属制造	河南省	60	1.9	8.0369	23.6258	17.1081	17.1081

续表

证券代码	证券简称	行业	省份	完整性	信息质量	充分性和实质性	内容得分	信息披露得分	信息披露得分（调整后）
600197.SH	伊力特	食品、饮料	新疆维吾尔自治区	50	5	10.3909	22.2736	17.0916	17.0916
002702.SZ	腾新食品	食品、饮料	福建省	40	7.5	9.9674	18.9772	15.5340	17.0874
600027.SH	华电国际	电力、煤气及水的生产和供应	山东省	40	10	11.1696	19.8187	16.8731	16.8731
002241.SZ	歌尔声学	电子	山东省	50	2.6	11.4033	22.9823	16.8676	16.8676
600031.SH	三一重工	机械、设备、仪表制造	湖南省	40	6	13.4713	21.4299	16.8009	16.8009
000792.SZ	盐湖股份	石油、化学、塑胶、塑料	青海省	50	8	7.6989	20.3892	16.6724	16.6724
600367.SH	红星发展	石油、化学、塑胶、塑料	贵州省	50	2.3	11.1493	22.8045	16.6532	16.6532
600508.SH	上海能源	采掘	上海市	50	2	11.2550	22.8785	16.6150	16.6150
600176.SH	中国玻纤	金属、非金属制造	北京市	40	11	9.8648	18.9054	16.5338	16.5338
600658.SH	电子城	房地产	北京市	50		11.0557	22.7390	16.5173	16.5173
300259.SZ	新天科技	机械、设备、仪表制造	河南省	40	4.4	10.7307	19.5115	14.9781	16.4759
600503.SH	华丽家族	房地产	上海市	40	12	8.8927	18.2249	16.3574	16.3574
000881.SZ	大连国际	综合类	辽宁省	30	15	8.2325	14.7627	14.8339	16.3173
600739.SH	辽宁成大	批发和零售贸易	辽宁省	40	13.1	8.0657	17.6460	16.2822	16.2822
000917.SZ	电广传媒	传播与文化	湖南省	40	10	9.8524	18.8967	16.2277	16.2277
600435.SH	北方导航	机械、设备、仪表制造	北京市	40	12.5	8.1651	17.7155	16.1509	16.1509
601008.SH	连云港	交通运输、仓储	江苏省	50	5	8.4314	20.9020	16.1314	16.1314
600203.SH	福日电子	电子	福建省	50		8.2333	20.7633	16.0343	16.0343
600578.SH	京能热电	电力、煤气及水的生产和供应	北京市	50	4.3	8.4468	20.9128	15.9290	15.9290
600396.SH	金山股份	电力、煤气及水的生产和供应	辽宁省	40	5.8	11.6477	20.1534	15.8474	15.8474
600388.SH	龙净环保	机械、设备、仪表制造	福建省	40	2	13.8936	21.7255	15.8079	15.8079
002331.SZ	皖通科技	信息技术	安徽省	30	10	10.2725	16.1907	14.3335	15.7669
600886.SH	国投电力	电力、煤气及水的生产和供应	甘肃省	40	5.9	11.4021	19.9815	15.7570	15.7570

续表

证券代码	证券简称	行业	省份	完整性	信息质量	充分性和实质性	内容得分	信息披露得分	信息披露得分（调整后）
600992.SH	贵绳股份	金属、非金属制造	贵州省	50	2.6	9.1060	21.3742	15.7419	15.7419
600836.SH	界龙实业	造纸、印刷	上海市	40	5	11.8452	20.2916	15.7041	15.7041
002174.SZ	梅花伞	其他制造	福建省	30	10	10.1373	16.0961	14.2673	15.6940
601518.SH	吉林高速	交通运输、仓储	吉林省	40	10	8.6738	18.0717	15.6502	15.6502
600468.SH	百利电气	机械、设备、仪表制造	天津市	50	4.8	7.1059	19.9741	15.4219	15.4219
002244.SZ	滨江集团	房地产	浙江省	30	14.5	6.8699	13.8090	14.0163	15.4179
600309.SH	烟台万华	石油、化学、塑胶、塑料	山东省	50	2.6	8.4386	20.9070	15.4149	15.4149
600881.SH	亚泰集团	综合类	吉林省	50	2.7	8.1134	20.6794	15.2856	15.2856
601607.SH	上海医药	医药、生物制品	上海市	40	3.6	11.8466	20.2926	15.2848	15.2848
300198.SZ	纳川股份	石油、化学、塑胶、塑料	福建省	40	5.5	7.6761	17.3733	13.8113	15.1924
600125.SH	铁龙物流	交通运输、仓储	辽宁省	40	7.5	9.1202	18.3841	15.1189	15.1189
600252.SH	中恒集团	医药、生物制品	广西壮族自治区	40	5	10.4666	19.3266	15.0286	15.0286
600502.SH	安徽水利	建筑	安徽省	40	6	9.7799	18.8459	14.9921	14.9921
600432.SH	吉恩镍业	金属、非金属制造	吉林省	40	5	10.3314	19.2320	14.9624	14.9624
600356.SH	恒丰纸业	造纸、印刷	黑龙江省	40	5	10.3141	19.2199	14.9539	14.9539
601901.SH	方正证券	金融、保险	湖南省	40	5	10.0232	19.0162	14.8114	14.8114
002224.SZ	三力士	石油、化学、塑胶、塑料	浙江省	40	2.9	8.4199	17.8939	13.3957	14.7353
000663.SZ	永安林业	农、林、牧、渔	福建省	40	5	7.0558	16.9391	13.3574	14.6931
600033.SH	福建高速	交通运输、仓储	福建省	40	5	9.7598	18.8318	14.6823	14.6823
600151.SH	航天机电	机械、设备、仪表制造	上海市	40	2	11.4095	19.9867	14.5907	14.5907
002396.SZ	星网锐捷	信息技术	福建省	40	3.6	7.6978	17.3885	13.2519	14.5771
600588.SH	用友软件	信息技术	北京市	40	8.4	7.4170	17.1919	14.5543	14.5543
600592.SH	龙溪股份	机械、设备、仪表制造	福建省	50	1.3	7.2388	20.0672	14.4370	14.4370
002674.SZ	兴业科技	纺织、服装、皮毛	福建省	40	5	6.4699	16.5290	13.0703	14.3773
000885.SZ	同力水泥	金属、非金属制造	河南省	40	6	5.8497	16.0948	13.0663	14.3730

中国上市公司定期社会责任信息披露评价结果与排名

续表

证券代码	证券简称	行业	省份	完整性	信息质量	充分性和实质性	内容得分	信息披露得分	信息披露得分（调整后）
600418.SH	江淮汽车	机械、设备、仪表制造	安徽省	40	2	10.9312	19.6518	14.3563	14.3563
600210.SH	紫江企业	其他制造	上海市	40	1.8	10.8444	19.5911	14.2538	14.2538
600874.SH	创业环保	社会服务	天津市	40	7.8	7.0964	16.9675	14.2172	14.2172
600507.SH	方大特钢	机械、设备、仪表制造	江西省	40	5	8.7044	18.0931	14.1651	14.1651
601766.SH	中国南车	机械、设备、仪表制造	北京市	40	6.8	7.5840	17.3088	14.1562	14.1562
000981.SZ	银亿股份	房地产	甘肃省	30	12	5.8712	13.1099	12.7769	14.0546
600256.SH	广汇能源	房地产	新疆维吾尔自治区	30	10	9.6375	15.7463	14.0224	14.0224
600858.SH	银座股份	批发和零售贸易	山东省	40	3.6	9.2604	18.4823	14.0176	14.0176
600067.SH	冠城大通	机械、设备、仪表制造	福建省	40	3.5	8.3775	17.8642	14.0050	14.0050
000815.SZ	*ST美利	造纸、印刷	宁夏回族自治区	40	5.5	5.4420	15.8094	12.7166	13.9882
600325.SH	华发股份	房地产	广东省	40	3.6	9.1253	18.3877	13.9514	13.9514
600332.SH	广州药业	医药、生物制品	广东省	40	5	8.0117	17.6082	13.8257	13.8257
600109.SH	国金证券	金融、保险	四川省	40	4.4	8.2737	17.7916	13.7741	13.7741
300004.SZ	南风股份	机械、设备、仪表制造	广东省	30	6	8.8774	15.2142	12.4499	13.6949
600816.SH	安信信托	金融、保险	上海市	30	10	8.7575	15.1303	13.5912	13.5912
601880.SH	大连港	交通运输、仓储	辽宁省	40	5	7.4481	17.2136	13.5496	13.5496
600458.SH	时代新材	石油、化学、塑胶、塑料	湖南省	40	3.9	7.7336	17.4135	13.3595	13.3595
600372.SH	中航电子	机械、设备、仪表制造	江西省	40	2.5	8.5470	17.9829	13.3380	13.3380
300336.SZ	新文化	传播与文化	上海市	30	5	8.7405	15.1184	12.0829	13.2911
600423.SH	柳化股份	石油、化学、塑胶、塑料	广西壮族自治区	40	5	6.6879	16.6815	13.1771	13.1771
000819.SZ	岳阳兴长	石油、化学、塑胶、塑料	湖南省	30	6	7.6781	14.3747	11.8623	13.0485
002299.SZ	圣农发展	农、林、牧、渔	福建省	20	15.5	6.0996	10.2697	11.8388	13.0227
601009.SH	南京银行	金融、保险	江苏省	30	6	10.0274	16.0192	13.0134	13.0134

续表

证券代码	证券简称	行业	省份	完整性	信息质量	充分性和实质性	内容得分	信息披露得分	信息披露得分（调整后）
601038.SH	一拖股份	机械、设备、仪表制造	河南省	40	5	6.0243	16.2170	12.8519	12.8519
600871.SH	S仪化	石油、化学、塑胶、塑料	江苏省	30	3.6	10.8954	16.6268	12.7188	12.7188
600060.SH	海信电器	电子	山东省	30	8	8.1631	14.7142	12.6999	12.6999
000993.SZ	闽东电力	电力、煤气及水的生产和供应	福建省	30	7	6.3942	13.4760	11.5332	12.6865
300179.SZ	四方达	金属、非金属制造	河南省	30	4.8	7.1964	14.0375	11.2663	12.3929
600895.SH	张江高科	综合类	上海市	30	10	6.1701	13.3190	12.3233	12.3233
600110.SH	中科英华	其他制造	吉林省	30	5.1	8.8330	15.1831	12.1582	12.1582
600383.SH	金地集团	房地产	广东省	40	2	6.3118	16.4183	12.0928	12.0928
000968.SZ	煤气化	采掘	山西省	30	10.5	5.3307	12.7315	12.0621	12.0621
600680.SH	上海普天	信息技术	上海市	30	3	9.8535	15.8974	12.0282	12.0282
600980.SH	*ST北磁	电子	北京市	40	2	6.1532	16.3073	12.0151	12.0151
002269.SZ	美邦服饰	批发和零售贸易	上海市	30	3.9	9.1662	15.4163	11.9614	11.9614
000933.SZ	神火股份	采掘	河南省	30	8	6.4699	13.5290	11.8703	11.8703
000655.SZ	金岭矿业	采掘	山东省	30	5	5.9190	13.1433	10.7003	11.7703
600193.SH	创兴资源	综合类	上海市	30	5	8.0744	14.6521	11.7565	11.7565
600884.SH	杉杉股份	纺织、服装、皮毛	浙江省	30	5.8	7.5404	14.2783	11.7348	11.7348
600486.SH	扬农化工	石油、化学、塑胶、塑料	江苏省	20	11.9	7.9511	11.5657	11.6660	11.6660
601101.SH	昊华能源	采掘	北京市	20	16	5.3650	9.7555	11.6288	11.6288
600329.SH	中新药业	医药、生物制品	天津市	30	5	7.8045	14.4631	11.6242	11.6242
600288.SH	大恒科技	信息技术	北京市	30	5	7.4981	14.2487	11.4741	11.4741
600560.SH	金自天正	机械、设备、仪表制造	北京市	30	3.6	8.3172	14.8220	11.4554	11.4554
600011.SH	华能国际	电力、煤气及水的生产和供应	北京市	30	6.5	6.3694	13.4586	11.3710	11.3710
601098.SH	中南传媒	传播与文化	湖南省	30	5	7.2097	14.0468	11.3327	11.3327
600337.SH	美克股份	批发和零售贸易	新疆维吾尔自治区	30	6	6.5705	13.5993	11.3195	11.3195
600012.SH	皖通高速	交通运输、仓储	安徽省	30	5	7.1214	13.9850	11.2895	11.2895
600246.SH	万通地产	房地产	北京市	30	2.6	8.5284	14.9699	11.2589	11.2589
002001.SZ	新和成	医药、生物制品	浙江省	30	6	6.4359	13.5052	11.2536	11.2536

续表

证券代码	证券简称	行业	省份	完整性	信息质量	充分性和实质性	内容得分	信息披露得分	信息披露得分（调整后）
600889.SH	南京化纤	石油、化学、塑胶、塑料	江苏省	30	3.4	7.6666	14.3666	11.0766	11.0766
600582.SH	天地科技	机械、设备、仪表制造	北京市	30	2.4	8.0880	14.6616	10.9831	10.9831
601717.SH	郑煤机	机械、设备、仪表制造	河南省	30	5.8	5.8007	13.0605	10.8823	10.8823
600085.SH	同仁堂	医药、生物制品	北京市	30	5	6.1728	13.3210	10.8247	10.8247
601866.SH	中海集运	交通运输、仓储	上海市	30	5	6.1595	13.3117	10.8182	10.8182
300299.SZ	富春通信	信息技术	福建省	30	2.6	5.5876	12.9113	9.8179	10.7997
002281.SZ	光迅科技	信息技术	湖北省	30	3.8	4.8126	12.3688	9.7982	10.7780
600583.SH	海油工程	采掘	天津市	30	1.9	7.8570	14.4999	10.7199	10.7199
600611.SH	大众交通	社会服务	上海市	30	5	5.7168	13.0018	10.6012	10.6012
600623.SH	双钱股份	石油、化学、塑胶、塑料	上海市	30	2.2	7.3721	14.1605	10.5723	10.5723
600876.SH	洛阳玻璃	金属、非金属制造	河南省	30	2.7	6.9820	13.8874	10.5312	10.5312
600322.SH	天房发展	房地产	天津市	30	3.6	6.1722	13.3205	10.4044	10.4044
603000.SH	人民网	综合类	北京市	30	2	6.9526	13.8668	10.3068	10.3068
600463.SH	空港股份	房地产	北京市	30	3.5	5.9735	13.1814	10.2770	10.2770
600966.SH	博汇纸业	造纸、印刷	山东省	30	3.4	5.9696	13.1787	10.2451	10.2451
600693.SH	东百集团	批发和零售贸易	福建省	30	3	5.9002	13.1301	10.0911	10.0911
600737.SH	中粮屯河	食品、饮料	新疆维吾尔自治区	30	2.7	6.0124	13.2087	10.0561	10.0561
600736.SH	苏州高新	房地产	江苏省	30	2.4	6.0552	13.2386	9.9870	9.9870
600460.SH	士兰微	电子	浙江省	30	2.3	6.0758	13.2531	9.9671	9.9671
600656.SH	博元投资	石油、化学、塑胶、塑料	广东省	30	2	6.0008	13.2006	9.8404	9.8404
000718.SZ	苏宁环球	房地产	吉林省	20	8	6.1267	10.2887	9.6021	9.6021
600643.SH	爱建股份	金融、保险	上海市	30	2	5.3595	12.7516	9.5261	9.5261
600734.SH	实达集团	房地产	福建省	30	2	5.1587	12.6111	9.4278	9.4278
002202.SZ	金风科技	机械、设备、仪表制造	新疆维吾尔自治区	30	2	5.1425	12.5997	9.4198	9.4198
600173.SH	卧龙地产	房地产	浙江省	20	8	5.5160	9.8612	9.3028	9.3028
600006.SH	东风汽车	机械、设备、仪表制造	湖北省	10	13	6.6269	7.6388	9.2472	9.2472

续表

证券代码	证券简称	行业	省份	完整性	信息质量	充分性和实质性	内容得分	信息披露得分	信息披露得分（调整后）
002639.SZ	雪人股份	机械、设备、仪表制造	福建省	20	5	5.3643	9.7550	8.3285	9.1614
600452.SH	涪陵电力	电力、煤气及水的生产和供应	重庆市	20	5	6.8410	10.7887	9.0521	9.0521
600711.SH	盛屯矿业	综合类	福建省	30	2	3.7599	11.6319	8.7424	8.7424
600808.SH	马钢股份	金属、非金属制造	安徽省	20	5	6.1834	10.3284	8.7299	8.7299
600071.SH	凤凰光学	机械、设备、仪表制造	江西省	20	5	6.1722	10.3205	8.7244	8.7244
000970.SZ	中科三环	电子	北京市	30	3	2.7569	10.9298	8.5509	8.5509
601006.SH	大秦铁路	交通运输、仓储	山西省	20	7	4.1807	8.9265	8.3485	8.3485
600609.SH	金杯汽车	机械、设备、仪表制造	辽宁省	20	4.4	5.4999	9.8499	8.2150	8.2150
601003.SH	柳钢股份	金属、非金属制造	广西壮族自治区	20	2.6	6.3493	10.4445	8.0912	8.0912
600195.SH	中牧股份	医药、生物制品	北京市	20	5	4.3931	9.0752	7.8526	7.8526
600873.SH	梅花集团	食品、饮料	西藏自治区	20	6.1	3.7092	8.5964	7.8475	7.8475
600004.SH	白云机场	交通运输、仓储	广东省	20	5	4.3441	9.0408	7.8286	7.8286
600896.SH	中海海盛	交通运输、仓储	海南省	20	2	5.1284	9.5899	7.3129	7.3129
600973.SH	宝胜股份	机械、设备、仪表制造	江苏省	20	2	4.7219	9.3054	7.1137	7.1137
600439.SH	瑞贝卡	纺织、服装、皮毛	河南省	10	5	6.2849	7.3994	6.6796	6.6796
600620.SH	天宸股份	综合类	上海市	20	2	3.2330	8.2631	6.3842	6.3842
600351.SH	亚宝药业	医药、生物制品	山西省	20	2.9	1.9458	7.3621	6.0235	6.0235
600170.SH	上海建工	建筑	上海市	10	5.4	3.8166	5.6716	5.5901	5.5901
600100.SH	同方股份	信息技术	北京市	10	5.6	3.5778	5.5045	5.5331	5.5331
600206.SH	有研硅股	电子	北京市	10	5	3.5833	5.5083	5.3558	5.3558
600467.SH	好当家	农、林、牧、渔	山东省	10	2	4.6025	6.2218	4.9552	4.9552
600051.SH	宁波联合	综合类	浙江省	10	2	4.0867	5.8607	4.7025	4.7025
600879.SH	航天电子	机械、设备、仪表制造	湖北省	10	1.2	4.4960	6.1472	4.6630	4.6630

B.6 中国上市公司日常社会责任信息披露评价结果与排名

证券代码	证券简称	行业	注册地	网站得分
000825.SZ	太钢不锈	制造	山西省	100
000029.SZ	深深房A	房地产	广东省	97
000001.SZ	平安银行	金融、保险	广东省	95
000021.SZ	长城开发	信息技术	广东省	95
000027.SZ	深圳能源	电力、煤气及水的生产和供应	广东省	95
000024.SZ	招商地产	房地产	广东省	93
000039.SZ	中集集团	制造	广东省	93
000006.SZ	深振业A	房地产	广东省	93
000031.SZ	中粮地产	房地产	广东省	92
000016.SZ	深康佳A	制造	广东省	92
000037.SZ	深南电A	电力、煤气及水的生产和供应	广东省	92
000042.SZ	深长城	房地产	广东省	92
000009.SZ	中国宝安	综合类	广东省	91
000541.SZ	佛山照明	制造	广东省	91
000063.SZ	中兴通讯	信息技术	广东省	90
000527.SZ	美的电器	制造	广东省	90
000078.SZ	海王生物	制造	广东省	90
000061.SZ	农产品	批发和零售贸易	广东省	89
000066.SZ	长城电脑	信息技术	广东省	89
000012.SZ	南玻A	制造	广东省	89
000019.SZ	深深宝A	制造	广东省	89
000153.SZ	丰原药业	制造	安徽省	89
000156.SZ	华数传媒	传播与文化	浙江省	89
000046.SZ	泛海建设	房地产	北京市	87
000411.SZ	英特集团	批发和零售贸易	浙江省	87
000858.SZ	五粮液	制造	四川省	86

续表

证券代码	证券简称	行业	注册地	网站得分
600585.SH	海螺水泥	制造	安徽省	86
600360.SH	华微电子	制造	吉林省	86
600688.SH	S上石化	制造	上海市	86
300188.SZ	美亚柏科	信息技术	福建省	86
600126.SH	杭钢股份	制造	浙江省	85
000002.SZ	万科A	房地产	广东省	84
000758.SZ	中色股份	采掘	北京市	84
000157.SZ	中联重科	制造	湖南省	84
000417.SZ	合肥百货	批发和零售贸易	安徽省	84
000748.SZ	长城信息	信息技术	湖南省	84
300182.SZ	捷成股份	信息技术	北京市	84
600336.SH	澳柯玛	制造	山东省	84
000043.SZ	中航地产	房地产	广东省	83
000151.SZ	中成股份	批发和零售贸易	北京市	83
600410.SH	华胜天成	信息技术	北京市	83
601186.SH	中国铁建	建筑	北京市	82
600619.SH	海立股份	制造	上海市	82
600187.SH	国中水务	电力、煤气及水的生产和供应	黑龙江省	82
600495.SH	晋西车轴	制造	山西省	82
600198.SH	大唐电信	信息技术	北京市	82
300174.SZ	元力股份	制造	福建省	82
002491.SZ	通鼎光电	信息技术	江苏省	82
002666.SZ	德联集团	制造	广东省	82
300051.SZ	三五互联	信息技术	福建省	82
300162.SZ	雷曼光电	制造	广东省	82
300203.SZ	聚光科技	制造	浙江省	82
300229.SZ	拓尔思	信息技术	北京市	82
300249.SZ	依米康	制造	四川省	82
600571.SH	信雅达	信息技术	浙江省	82
600664.SH	哈药股份	制造	黑龙江省	82
601608.SH	中信重工	制造	河南省	82
000028.SZ	国药一致	批发和零售贸易	广东省	81
601857.SH	中国石油	采掘	北京市	81
000070.SZ	特发信息	信息技术	广东省	81
000584.SZ	友利控股	制造	四川省	81

证券代码	证券简称	行业	注册地	网站得分
000756.SZ	新华制药	制造	山东省	81
000906.SZ	物产中拓	批发和零售贸易	湖南省	81
002187.SZ	广百股份	批发和零售贸易	广东省	81
002697.SZ	红旗连锁	批发和零售贸易	四川省	81
300072.SZ	三聚环保	制造	北京市	81
601899.SH	紫金矿业	采掘	福建省	80
600389.SH	江山股份	制造	江苏省	80
600030.SH	中信证券	金融、保险	广东省	80
600518.SH	康美药业	制造	广东省	80
600428.SH	中远航运	交通运输、仓储	广东省	80
000301.SZ	东方市场	综合类	江苏省	80
000651.SZ	格力电器	制造	广东省	80
600066.SH	宇通客车	制造	河南省	80
600588.SH	用友软件	信息技术	北京市	80
600006.SH	东风汽车	制造	湖北省	80
000011.SZ	深物业A	房地产	广东省	80
000025.SZ	特力A	批发和零售贸易	广东省	80
002536.SZ	西泵股份	制造	河南省	80
002646.SZ	青青稞酒	制造	青海省	80
300010.SZ	立思辰	信息技术	北京市	80
300079.SZ	数码视讯	信息技术	北京市	80
300187.SZ	永清环保	社会服务	湖南省	80
300213.SZ	佳讯飞鸿	信息技术	北京市	80
300216.SZ	千山药机	制造	湖南省	80
300228.SZ	富瑞特装	制造	江苏省	80
300261.SZ	雅本化学	制造	江苏省	80
600073.SH	上海梅林	制造	上海市	80
600105.SH	永鼎股份	信息技术	江苏省	80
600135.SH	乐凯胶片	制造	河北省	80
600363.SH	联创光电	制造	江西省	80
600433.SH	冠豪高新	制造	广东省	80
600598.SH	北大荒	农、林、牧、渔	黑龙江省	80
600729.SH	重庆百货	批发和零售贸易	重庆市	80
601965.SH	中国汽研	社会服务	重庆市	80
000423.SZ	东阿阿胶	制造	山东省	79

续表

证券代码	证券简称	行业	注册地	网站得分
600063.SH	皖维高新	制造	安徽省	79
000026.SZ	飞亚达A	批发和零售贸易	广东省	79
600797.SH	浙大网新	信息技术	浙江省	79
000005.SZ	世纪星源	综合类	广东省	79
000531.SZ	穗恒运A	电力、煤气及水的生产和供应	广东省	79
000911.SZ	南宁糖业	制造	广西壮族自治区	79
002404.SZ	嘉欣丝绸	制造	浙江省	79
002629.SZ	仁智油服	采掘	四川省	79
300190.SZ	维尔利	社会服务	江苏省	79
600401.SH	海润光伏	制造	江苏省	79
601100.SH	恒立油缸	制造	江苏省	79
000528.SZ	柳工	制造	广西壮族自治区	78
000726.SZ	鲁泰A	制造	山东省	78
002287.SZ	奇正藏药	制造	西藏自治区	78
300047.SZ	天源迪科	信息技术	广东省	78
000667.SZ	名流置业	房地产	云南省	78
600580.SH	卧龙电气	制造	浙江省	78
600460.SH	士兰微	制造	浙江省	78
000099.SZ	中信海直	交通运输、仓储	广东省	78
000582.SZ	北海港	交通运输、仓储	广西壮族自治区	78
000863.SZ	三湘股份	房地产	广东省	78
002065.SZ	东华软件	信息技术	北京市	78
002226.SZ	江南化工	制造	安徽省	78
002588.SZ	史丹利	制造	山东省	78
002614.SZ	蒙发利	制造	福建省	78
002622.SZ	永大集团	制造	吉林省	78
002653.SZ	海思科	制造	西藏自治区	78
300085.SZ	银之杰	信息技术	广东省	78
300235.SZ	方直科技	传播与文化	广东省	78
300268.SZ	万福生科	制造	湖南省	78
300348.SZ	长亮科技	信息技术	广东省	78
600127.SH	金健米业	制造	湖南省	78
600185.SH	格力地产	房地产	广东省	78
600248.SH	延长化建	建筑	陕西省	78
600330.SH	天通股份	制造	浙江省	78

续表

证券代码	证券简称	行业	注册地	网站得分
600459.SH	贵研铂业	制造	云南省	78
600637.SH	百视通	传播与文化	上海市	78
600270.SH	外运发展	交通运输、仓储	北京市	77
002229.SZ	鸿博股份	制造	福建省	77
002396.SZ	星网锐捷	信息技术	福建省	77
000032.SZ	深桑达A	制造	广东省	77
000158.SZ	常山股份	制造	河北省	77
002045.SZ	国光电器	制造	广东省	77
002129.SZ	中环股份	制造	天津市	77
002205.SZ	国统股份	制造	新疆维吾尔自治区	77
002215.SZ	诺普信	制造	广东省	77
002410.SZ	广联达	信息技术	北京市	77
002437.SZ	誉衡药业	制造	黑龙江省	77
002439.SZ	启明星辰	信息技术	北京市	77
002454.SZ	松芝股份	制造	上海市	77
002483.SZ	润邦股份	制造	江苏省	77
300001.SZ	特锐德	制造	山东省	77
300037.SZ	新宙邦	制造	广东省	77
300260.SZ	新莱应材	制造	江苏省	77
601668.SH	中国建筑	建筑	北京市	76
600019.SH	宝钢股份	制造	上海市	76
600028.SH	中国石化	采掘	北京市	76
600196.SH	复星医药	制造	上海市	76
600284.SH	浦东建设	建筑	上海市	76
601318.SH	中国平安	金融、保险	广东省	76
601800.SH	中国交建	建筑	北京市	76
600104.SH	上汽集团	制造	上海市	76
600015.SH	华夏银行	金融、保险	北京市	76
600115.SH	东方航空	交通运输、仓储	上海市	76
600998.SH	九州通	批发和零售贸易	湖北省	76
600123.SH	兰花科创	采掘	山西省	76
600597.SH	光明乳业	制造	上海市	76
600498.SH	烽火通信	信息技术	湖北省	76
600323.SH	南海发展	电力、煤气及水的生产和供应	广东省	76
000401.SZ	冀东水泥	制造	河北省	76

续表

证券代码	证券简称	行业	注册地	网站得分
600525.SH	长园集团	制造	广东省	76
601118.SH	海南橡胶	农、林、牧、渔	海南省	76
600350.SH	山东高速	交通运输、仓储	山东省	76
600064.SH	南京高科	房地产	江苏省	76
300019.SZ	硅宝科技	制造	四川省	76
600997.SH	开滦股份	采掘	河北省	76
600765.SH	中航重机	制造	贵州省	76
600798.SH	宁波海运	交通运输、仓储	浙江省	76
002236.SZ	大华股份	制造	浙江省	76
601099.SH	太平洋	金融、保险	云南省	76
600197.SH	伊力特	制造	新疆维吾尔自治区	76
600027.SH	华电国际	电力、煤气及水的生产和供应	山东省	76
600503.SH	华丽家族	房地产	上海市	76
000981.SZ	银亿股份	房地产	甘肃省	76
600067.SH	冠城大通	制造	福建省	76
600325.SH	华发股份	房地产	广东省	76
600060.SH	海信电器	制造	山东省	76
600383.SH	金地集团	房地产	广东省	76
600486.SH	扬农化工	制造	江苏省	76
601098.SH	中南传媒	传播与文化	湖南省	76
600195.SH	中牧股份	制造	北京市	76
600896.SH	中海海盛	交通运输、仓储	海南省	76
600351.SH	亚宝药业	制造	山西省	76
600170.SH	上海建工	建筑	上海市	76
002201.SZ	九鼎新材	制造	江苏省	76
002266.SZ	浙富股份	制造	浙江省	76
002364.SZ	中恒电气	制造	浙江省	76
002518.SZ	科士达	制造	广东省	76
002526.SZ	山东矿机	制造	山东省	76
002610.SZ	爱康科技	制造	江苏省	76
300075.SZ	数字政通	信息技术	北京市	76
300093.SZ	金刚玻璃	制造	广东省	76
300161.SZ	华中数控	制造	湖北省	76
300170.SZ	汉得信息	信息技术	上海市	76
300208.SZ	恒顺电气	制造	山东省	76

续表

证券代码	证券简称	行业	注册地	网站得分
300239.SZ	东宝生物	制造	内蒙古自治区	76
600086.SH	东方金钰	制造	湖北省	76
600088.SH	中视传媒	传播与文化	上海市	76
600133.SH	东湖高新	综合类	湖北省	76
600189.SH	吉林森工	农、林、牧、渔	吉林省	76
600192.SH	长城电工	制造	甘肃省	76
600199.SH	金种子酒	制造	安徽省	76
600200.SH	江苏吴中	制造	江苏省	76
600212.SH	江泉实业	电力、煤气及水的生产和供应	山东省	76
600213.SH	亚星客车	制造	江苏省	76
600216.SH	浙江医药	制造	浙江省	76
600249.SH	两面针	制造	广西壮族自治区	76
600359.SH	新农开发	农、林、牧、渔	新疆维吾尔自治区	76
600375.SH	华菱星马	制造	安徽省	76
600379.SH	宝光股份	制造	陕西省	76
600391.SH	成发科技	制造	四川省	76
600420.SH	现代制药	制造	上海市	76
600446.SH	金证股份	信息技术	广东省	76
600448.SH	华纺股份	制造	山东省	76
600477.SH	杭萧钢构	建筑	浙江省	76
600491.SH	龙元建设	建筑	浙江省	76
600512.SH	腾达建设	建筑	浙江省	76
600521.SH	华海药业	制造	浙江省	76
600570.SH	恒生电子	信息技术	浙江省	76
600665.SH	天地源	房地产	上海市	76
600686.SH	金龙汽车	制造	福建省	76
600698.SH	*ST轻骑	制造	山东省	76
600708.SH	海博股份	交通运输、仓储	上海市	76
601106.SH	中国一重	制造	黑龙江省	76
601268.SH	*ST二重	制造	四川省	76
603366.SH	日出东方	制造	江苏省	76
600792.SH	云煤能源	制造	云南省	75
002419.SZ	天虹商场	批发和零售贸易	广东省	75
601390.SH	中国中铁	建筑	北京市	75
002438.SZ	江苏神通	制造	江苏省	75

续表

证券代码	证券简称	行业	注册地	网站得分
600005.SH	武钢股份	制造	湖北省	75
600456.SH	宝钛股份	制造	陕西省	75
600158.SH	中体产业	社会服务	天津市	75
600031.SH	三一重工	制造	湖南省	75
600432.SH	吉恩镍业	制造	吉林省	75
600560.SH	金自天正	制造	北京市	75
000410.SZ	沈阳机床	制造	辽宁省	75
000553.SZ	沙隆达A	制造	湖北省	75
000788.SZ	北大医药	制造	重庆市	75
002253.SZ	川大智胜	信息技术	四川省	75
002455.SZ	百川股份	制造	江苏省	75
002472.SZ	双环传动	制造	浙江省	75
002590.SZ	万安科技	制造	浙江省	75
002606.SZ	大连电瓷	制造	辽宁省	75
002628.SZ	成都路桥	建筑	四川省	75
002683.SZ	宏大爆破	采掘	广东省	75
300177.SZ	中海达	信息技术	广东省	75
300186.SZ	大华农	农、林、牧、渔	广东省	75
300245.SZ	天玑科技	信息技术	上海市	75
300277.SZ	海联讯	信息技术	广东省	75
300307.SZ	慈星股份	制造	浙江省	75
300318.SZ	博晖创新	制造	北京市	75
600179.SH	黑化股份	制造	黑龙江省	75
600862.SH	南通科技	制造	江苏省	75
600866.SH	星湖科技	制造	广东省	75
601700.SH	风范股份	制造	江苏省	75
002081.SZ	金螳螂	建筑	江苏省	75
300146.SZ	汤臣倍健	制造	广东省	74
601111.SH	中国国航	交通运输、仓储	北京市	74
002431.SZ	棕榈园林	建筑	广东省	74
601177.SH	杭齿前进	制造	浙江省	74
600600.SH	青岛啤酒	制造	山东省	74
002462.SZ	嘉事堂	批发和零售贸易	北京市	74
600166.SH	福田汽车	制造	北京市	74
600056.SH	中国医药	批发和零售贸易	北京市	74

续表

证券代码	证券简称	行业	注册地	网站得分
600655.SH	豫园商城	批发和零售贸易	上海市	74
002529.SZ	海源机械	制造	福建省	74
600218.SH	全柴动力	制造	安徽省	74
600177.SH	雅戈尔	制造	浙江省	74
601901.SH	方正证券	金融、保险	湖南省	74
600693.SH	东百集团	批发和零售贸易	福建省	74
600439.SH	瑞贝卡	制造	河南省	74
000020.SZ	深华发A	制造	广东省	74
002058.SZ	威尔泰	制造	上海市	74
002243.SZ	通产丽星	制造	广东省	74
002306.SZ	湘鄂情	社会服务	北京市	74
002406.SZ	远东传动	制造	河南省	74
002613.SZ	北玻股份	制造	河南省	74
002650.SZ	加加食品	制造	湖南省	74
300048.SZ	合康变频	制造	北京市	74
300073.SZ	当升科技	制造	北京市	74
300098.SZ	高新兴	信息技术	广东省	74
300104.SZ	乐视网	传播与文化	北京市	74
300227.SZ	光韵达	制造	广东省	74
300270.SZ	中威电子	信息技术	浙江省	74
300315.SZ	掌趣科技	信息技术	北京市	74
300323.SZ	华灿光电	制造	湖北省	74
300324.SZ	旋极信息	信息技术	北京市	74
600128.SH	弘业股份	批发和零售贸易	江苏省	74
600399.SH	抚顺特钢	制造	辽宁省	74
600461.SH	洪城水业	电力、煤气及水的生产和供应	江西省	74
600513.SH	联环药业	制造	江苏省	74
600602.SH	仪电电子	制造	上海市	74
600699.SH	均胜电子	制造	吉林省	74
600706.SH	曲江文旅	信息技术	陕西省	74
601011.SH	宝泰隆	制造	黑龙江省	74
600011.SH	华能国际	电力、煤气及水的生产和供应	北京市	74
600048.SH	保利地产	房地产	广东省	73
000550.SZ	江铃汽车	制造	江西省	73
600644.SH	乐山电力	电力、煤气及水的生产和供应	四川省	73

续表

证券代码	证券简称	行业	注册地	网站得分
600096.SH	云天化	制造	云南省	73
002051.SZ	中工国际	建筑	北京市	73
002062.SZ	宏润建设	建筑	浙江省	73
600983.SH	合肥三洋	制造	安徽省	73
600415.SH	小商品城	综合类	浙江省	73
600970.SH	中材国际	建筑	江苏省	73
600500.SH	中化国际	批发和零售贸易	上海市	73
000563.SZ	陕国投A	金融、保险	陕西省	73
601377.SH	兴业证券	金融、保险	福建省	73
000686.SZ	东北证券	金融、保险	吉林省	73
600406.SH	国电南瑞	信息技术	江苏省	73
600117.SH	西宁特钢	制造	青海省	73
600510.SH	黑牡丹	综合类	江苏省	73
600307.SH	酒钢宏兴	制造	甘肃省	73
600118.SH	中国卫星	信息技术	北京市	73
300259.SZ	新天科技	制造	河南省	73
600502.SH	安徽水利	建筑	安徽省	73
600418.SH	江淮汽车	制造	安徽省	73
601766.SH	中国南车	制造	北京市	73
600085.SH	同仁堂	制造	北京市	73
601866.SH	中海集运	交通运输、仓储	上海市	73
600583.SH	海油工程	采掘	天津市	73
600973.SH	宝胜股份	制造	江苏省	73
600467.SH	好当家	农、林、牧、渔	山东省	73
000737.SZ	南风化工	制造	山西省	73
002005.SZ	德豪润达	制造	广东省	73
002022.SZ	科华生物	制造	上海市	73
002099.SZ	海翔药业	制造	浙江省	73
002242.SZ	九阳股份	制造	山东省	73
002277.SZ	友阿股份	批发和零售贸易	湖南省	73
002336.SZ	人人乐	批发和零售贸易	广东省	73
002380.SZ	科远股份	制造	江苏省	73
002445.SZ	中南重工	制造	江苏省	73
002673.SZ	西部证券	金融、保险	陕西省	73
300021.SZ	大禹节水	制造	甘肃省	73

续表

证券代码	证券简称	行业	注册地	网站得分
300040.SZ	九洲电气	制造	黑龙江省	73
300050.SZ	世纪鼎利	信息技术	广东省	73
300133.SZ	华策影视	传播与文化	浙江省	73
300145.SZ	南方泵业	制造	浙江省	73
300154.SZ	瑞凌股份	制造	广东省	73
300273.SZ	和佳股份	制造	广东省	73
300296.SZ	利亚德	制造	北京市	73
600122.SH	宏图高科	批发和零售贸易	江苏省	73
600157.SH	永泰能源	采掘	山西省	73
600478.SH	科力远	制造	湖南省	73
600489.SH	中金黄金	采掘	北京市	73
600509.SH	天富热电	电力、煤气及水的生产和供应	新疆维吾尔自治区	73
600531.SH	豫光金铅	制造	河南省	73
600545.SH	新疆城建	建筑	新疆维吾尔自治区	73
600668.SH	尖峰集团	制造	浙江省	73
600673.SH	东阳光铝	制造	广东省	73
600707.SH	*ST 彩虹	制造	陕西省	73
600727.SH	鲁北化工	制造	山东省	73
600728.SH	佳都新太	信息技术	广东省	73
600960.SH	渤海活塞	制造	山东省	73
601233.SH	桐昆股份	制造	浙江省	73
600267.SH	海正药业	制造	浙江省	72
002024.SZ	苏宁云商	批发和零售贸易	江苏省	72
600685.SH	广船国际	制造	广东省	72
002122.SZ	天马股份	制造	浙江省	72
002417.SZ	三元达	信息技术	福建省	72
002543.SZ	万和电气	制造	广东省	72
002423.SZ	中原特钢	制造	河南省	72
000630.SZ	铜陵有色	制造	安徽省	72
002202.SZ	金风科技	制造	新疆维吾尔自治区	72
000056.SZ	*ST 国商	房地产	广东省	72
000096.SZ	广聚能源	批发和零售贸易	广东省	72
000666.SZ	经纬纺机	制造	北京市	72
000811.SZ	烟台冰轮	制造	山东省	72
000958.SZ	*ST 东热	电力、煤气及水的生产和供应	河北省	72

续表

证券代码	证券简称	行业	注册地	网站得分
002059.SZ	云南旅游	社会服务	云南省	72
002091.SZ	江苏国泰	批发和零售贸易	江苏省	72
002265.SZ	*ST西仪	制造	云南省	72
002285.SZ	世联地产	房地产	广东省	72
002301.SZ	齐心文具	制造	广东省	72
002338.SZ	奥普光电	制造	吉林省	72
002367.SZ	康力电梯	制造	江苏省	72
002383.SZ	合众思壮	信息技术	北京市	72
002389.SZ	南洋科技	制造	浙江省	72
002401.SZ	中海科技	信息技术	上海市	72
002416.SZ	爱施德	批发和零售贸易	广东省	72
002546.SZ	新联电子	制造	江苏省	72
002556.SZ	辉隆股份	批发和零售贸易	安徽省	72
300006.SZ	莱美药业	制造	重庆市	72
300036.SZ	超图软件	信息技术	北京市	72
300068.SZ	南都电源	制造	浙江省	72
300105.SZ	龙源技术	制造	山东省	72
300147.SZ	香雪制药	制造	广东省	72
300166.SZ	东方国信	信息技术	北京市	72
300185.SZ	通裕重工	制造	山东省	72
300311.SZ	任子行	信息技术	广东省	72
300338.SZ	开元仪器	制造	湖南省	72
300356.SZ	光一科技	制造	江苏省	72
600112.SH	长征电气	制造	贵州省	72
600405.SH	动力源	制造	北京市	72
600537.SH	亿晶光电	制造	浙江省	72
600594.SH	益佰制药	制造	贵州省	72
600832.SH	东方明珠	综合类	上海市	72
300077.SZ	国民技术	制造	广东省	71
601299.SH	中国北车	制造	北京市	71
601166.SH	兴业银行	金融、保险	福建省	71
600036.SH	招商银行	金融、保险	广东省	71
600999.SH	招商证券	金融、保险	广东省	71
601933.SH	永辉超市	批发和零售贸易	福建省	71
600795.SH	国电电力	电力、煤气及水的生产和供应	辽宁省	71

续表

证券代码	证券简称	行业	注册地	网站得分
002246.SZ	北化股份	制造	四川省	71
600845.SH	宝信软件	信息技术	上海市	71
600690.SH	青岛海尔	制造	山东省	71
601818.SH	光大银行	金融、保险	北京市	71
600271.SH	航天信息	信息技术	北京市	71
601369.SH	陕鼓动力	制造	陕西省	71
601808.SH	中海油服	采掘	天津市	71
600551.SH	时代出版	传播与文化	安徽省	71
601958.SH	金钼股份	采掘	陕西省	71
600190.SH	锦州港	交通运输、仓储	辽宁省	71
002663.SZ	普邦园林	建筑	广东省	71
002641.SZ	永高股份	制造	浙江省	71
002702.SZ	腾新食品	制造	福建省	71
300198.SZ	纳川股份	制造	福建省	71
601998.SH	中信银行	金融、保险	北京市	71
000036.SZ	华联控股	房地产	广东省	71
000593.SZ	大通燃气	批发和零售贸易	四川省	71
000665.SZ	湖北广电	传播与文化	湖北省	71
002020.SZ	京新药业	制造	浙江省	71
002086.SZ	东方海洋	农、林、牧、渔	山东省	71
002090.SZ	金智科技	制造	江苏省	71
002123.SZ	荣信股份	制造	辽宁省	71
002212.SZ	南洋股份	制造	广东省	71
002217.SZ	联合化工	制造	山东省	71
002221.SZ	东华能源	批发和零售贸易	江苏省	71
002232.SZ	启明信息	信息技术	吉林省	71
002251.SZ	步步高	批发和零售贸易	湖南省	71
002280.SZ	新世纪	信息技术	浙江省	71
002318.SZ	久立特材	制造	浙江省	71
002580.SZ	圣阳股份	制造	山东省	71
002682.SZ	龙洲股份	交通运输、仓储	福建省	71
300012.SZ	华测检测	社会服务	广东省	71
300025.SZ	华星创业	信息技术	浙江省	71
300119.SZ	瑞普生物	制造	天津市	71
300283.SZ	温州宏丰	制造	浙江省	71

续表

证券代码	证券简称	行业	注册地	网站得分
600097.SH	开创国际	农、林、牧、渔	上海市	71
600230.SH	沧州大化	制造	河北省	71
600268.SH	国电南自	制造	江苏省	71
600283.SH	钱江水利	电力、煤气及水的生产和供应	浙江省	71
600315.SH	上海家化	制造	上海市	71
600333.SH	长春燃气	电力、煤气及水的生产和供应	吉林省	71
600339.SH	天利高新	制造	新疆维吾尔自治区	71
600343.SH	航天动力	制造	陕西省	71
600348.SH	阳泉煤业	采掘	山西省	71
600408.SH	安泰集团	制造	山西省	71
600563.SH	法拉电子	制造	福建省	71
600579.SH	*ST黄海	制造	山东省	71
600663.SH	陆家嘴	房地产	上海市	71
600724.SH	宁波富达	房地产	浙江省	71
600789.SH	鲁抗医药	制造	山东省	71
600848.SH	自仪股份	制造	上海市	71
600880.SH	博瑞传播	传播与文化	四川省	71
601126.SH	四方股份	制造	北京市	71
601216.SH	内蒙君正	制造	内蒙古自治区	71
601718.SH	际华集团	综合类	北京市	71
601928.SH	凤凰传媒	传播与文化	江苏省	71
002069.SZ	獐子岛	农、林、牧、渔	辽宁省	70
600497.SH	驰宏锌锗	采掘	云南省	70
002415.SZ	海康威视	制造	浙江省	70
000732.SZ	泰禾集团	房地产	福建省	70
600993.SH	马应龙	制造	湖北省	70
000800.SZ	一汽轿车	制造	吉林省	70
300110.SZ	华仁药业	制造	山东省	70
300016.SZ	北陆药业	制造	北京市	70
601991.SH	大唐发电	电力、煤气及水的生产和供应	北京市	70
002474.SZ	榕基软件	信息技术	福建省	70
600422.SH	昆明制药	制造	云南省	70
600573.SH	惠泉啤酒	制造	福建省	70
601669.SH	中国水电	建筑	北京市	70
000900.SZ	现代投资	交通运输、仓储	湖南省	70

续表

证券代码	证券简称	行业	注册地	网站得分
002093.SZ	国脉科技	信息技术	福建省	70
601717.SH	郑煤机	制造	河南省	70
600711.SH	盛屯矿业	综合类	福建省	70
000419.SZ	通程控股	批发和零售贸易	湖南省	70
000543.SZ	皖能电力	电力、煤气及水的生产和供应	安徽省	70
000976.SZ	春晖股份	制造	广东省	70
002055.SZ	得润电子	制造	广东省	70
002098.SZ	浔兴股份	制造	福建省	70
002197.SZ	证通电子	制造	广东省	70
002256.SZ	彩虹精化	制造	广东省	70
002279.SZ	久其软件	信息技术	北京市	70
002316.SZ	键桥通讯	信息技术	广东省	70
002408.SZ	齐翔腾达	制造	山东省	70
002411.SZ	九九久	制造	江苏省	70
002414.SZ	高德红外	制造	湖北省	70
002424.SZ	贵州百灵	制造	贵州省	70
002482.SZ	广田股份	建筑	广东省	70
002583.SZ	海能达	信息技术	广东省	70
002604.SZ	龙力生物	制造	山东省	70
300026.SZ	红日药业	制造	天津市	70
300090.SZ	盛运股份	制造	安徽省	70
300143.SZ	星河生物	农、林、牧、渔	广东省	70
300171.SZ	东富龙	制造	上海市	70
300287.SZ	飞利信	信息技术	北京市	70
600057.SH	象屿股份	社会服务	福建省	70
600143.SH	金发科技	制造	广东省	70
600354.SH	敦煌种业	农、林、牧、渔	甘肃省	70
600386.SH	北巴传媒	传播与文化	北京市	70
600721.SH	百花村	批发和零售贸易	新疆维吾尔自治区	70
600784.SH	鲁银投资	制造	山东省	70
600790.SH	轻纺城	综合类	浙江省	70
600801.SH	华新水泥	制造	湖北省	70
600828.SH	成商集团	批发和零售贸易	四川省	70
600986.SH	科达股份	建筑	山东省	70
601113.SH	华鼎锦纶	制造	浙江省	70

续表

证券代码	证券简称	行业	注册地	网站得分
603399.SH	新华龙	制造	辽宁省	70
601919.SH	*ST远洋	交通运输、仓储	天津市	69
601618.SH	中国中冶	建筑	北京市	69
601601.SH	中国太保	金融、保险	上海市	69
600050.SH	中国联通	信息技术	上海市	69
000402.SZ	金融街	房地产	北京市	69
002601.SZ	佰利联	制造	河南省	69
601688.SH	华泰证券	金融、保险	江苏省	69
601699.SH	潞安环能	采掘	山西省	69
600062.SH	华润双鹤	制造	北京市	69
002271.SZ	东方雨虹	制造	北京市	69
601107.SH	四川成渝	交通运输、仓储	四川省	69
600604.SH	市北高新	制造	上海市	69
000652.SZ	泰达股份	综合类	天津市	69
600223.SH	鲁商置业	房地产	山东省	69
600111.SH	包钢稀土	制造	内蒙古自治区	69
002110.SZ	三钢闽光	制造	福建省	69
600839.SH	四川长虹	制造	四川省	69
600269.SH	赣粤高速	交通运输、仓储	江西省	69
600266.SH	北京城建	房地产	北京市	69
600674.SH	川投能源	电力、煤气及水的生产和供应	四川省	69
600309.SH	烟台万华	制造	山东省	69
601607.SH	上海医药	制造	上海市	69
600256.SH	广汇能源	房地产	新疆维吾尔自治区	69
600109.SH	国金证券	金融、保险	四川省	69
601880.SH	大连港	交通运输、仓储	辽宁省	69
600246.SH	万通地产	房地产	北京市	69
600623.SH	双钱股份	制造	上海市	69
000014.SZ	沙河股份	房地产	广东省	69
000022.SZ	深赤湾A	交通运输、仓储	广东省	69
000668.SZ	荣丰控股	房地产	上海市	69
000691.SZ	亚太实业	房地产	海南省	69
000735.SZ	罗牛山	农、林、牧、渔	海南省	69
000790.SZ	华神集团	制造	四川省	69
002021.SZ	中捷股份	制造	浙江省	69

续表

证券代码	证券简称	行业	注册地	网站得分
002196.SZ	方正电机	制造	浙江省	69
002278.SZ	神开股份	制造	上海市	69
002392.SZ	北京利尔	制造	北京市	69
002504.SZ	东光微电	制造	江苏省	69
002512.SZ	达华智能	制造	广东省	69
002549.SZ	凯美特气	制造	湖南省	69
002567.SZ	唐人神	制造	湖南省	69
002607.SZ	亚夏汽车	批发和零售贸易	安徽省	69
002627.SZ	宜昌交运	交通运输、仓储	湖北省	69
002638.SZ	勤上光电	制造	广东省	69
002678.SZ	珠江钢琴	制造	广东省	69
002681.SZ	奋达科技	制造	广东省	69
300045.SZ	华力创通	信息技术	北京市	69
300121.SZ	阳谷华泰	制造	山东省	69
300184.SZ	力源信息	信息技术	湖北省	69
300195.SZ	长荣股份	制造	天津市	69
300222.SZ	科大智能	制造	上海市	69
300269.SZ	联建光电	制造	广东省	69
300327.SZ	中颖电子	制造	上海市	69
600021.SH	上海电力	电力、煤气及水的生产和供应	上海市	69
600101.SH	明星电力	电力、煤气及水的生产和供应	四川省	69
600131.SH	岷江水电	电力、煤气及水的生产和供应	四川省	69
600225.SH	天津松江	房地产	天津市	69
600278.SH	东方创业	批发和零售贸易	上海市	69
600395.SH	盘江股份	采掘	贵州省	69
600476.SH	湘邮科技	信息技术	湖南省	69
600810.SH	神马股份	制造	河南省	69
600831.SH	广电网络	传播与文化	陕西省	69
600824.SH	益民集团	批发和零售贸易	上海市	68
002073.SZ	软控股份	制造	山东省	68
600704.SH	物产中大	批发和零售贸易	浙江省	68
002544.SZ	杰赛科技	信息技术	广东省	68
600261.SH	阳光照明	制造	浙江省	68
002006.SZ	精功科技	制造	浙江省	68
600487.SH	亨通光电	信息技术	江苏省	68

续表

证券代码	证券简称	行业	注册地	网站得分
600900.SH	长江电力	电力、煤气及水的生产和供应	北京市	68
600549.SH	厦门钨业	制造	福建省	68
600979.SH	广安爱众	电力、煤气及水的生产和供应	四川省	68
600837.SH	海通证券	金融、保险	上海市	68
600089.SH	特变电工	制造	新疆维吾尔自治区	68
601288.SH	农业银行	金融、保险	北京市	68
600251.SH	冠农股份	制造	新疆维吾尔自治区	68
600141.SH	兴发集团	制造	湖北省	68
600787.SH	中储股份	交通运输、仓储	天津市	68
000969.SZ	安泰科技	制造	北京市	68
002560.SZ	通达股份	制造	河南省	68
002078.SZ	太阳纸业	制造	山东省	68
600469.SH	风神股份	制造	河南省	68
600352.SH	浙江龙盛	制造	浙江省	68
600836.SH	界龙实业	制造	上海市	68
600329.SH	中新药业	制造	天津市	68
000155.SZ	*ST川化	制造	四川省	68
000159.SZ	国际实业	批发和零售贸易	新疆维吾尔自治区	68
000517.SZ	荣安地产	房地产	浙江省	68
000521.SZ	美菱电器	制造	安徽省	68
002032.SZ	苏泊尔	制造	浙江省	68
002248.SZ	华东数控	制造	山东省	68
002254.SZ	泰和新材	制造	山东省	68
002313.SZ	日海通讯	信息技术	广东省	68
002492.SZ	恒基达鑫	交通运输、仓储	广东省	68
002571.SZ	德力股份	制造	安徽省	68
300011.SZ	鼎汉技术	制造	北京市	68
300066.SZ	三川股份	制造	江西省	68
300101.SZ	国腾电子	信息技术	四川省	68
300123.SZ	太阳鸟	制造	湖南省	68
300137.SZ	先河环保	制造	河北省	68
300148.SZ	天舟文化	传播与文化	湖南省	68
300158.SZ	振东制药	制造	山西省	68
300219.SZ	鸿利光电	制造	广东省	68
300233.SZ	金城医药	制造	山东省	68

续表

证券代码	证券简称	行业	注册地	网站得分
300272.SZ	开能环保	制造	上海市	68
300290.SZ	荣科科技	信息技术	辽宁省	68
300300.SZ	汉鼎股份	信息技术	浙江省	68
600070.SH	浙江富润	制造	浙江省	68
600079.SH	人福医药	制造	湖北省	68
600159.SH	大龙地产	房地产	北京市	68
600226.SH	升华拜克	制造	浙江省	68
600290.SH	华仪电气	制造	浙江省	68
600299.SH	蓝星新材	制造	北京市	68
600312.SH	平高电气	制造	河南省	68
600366.SH	宁波韵升	制造	浙江省	68
600482.SH	风帆股份	制造	河北省	68
600581.SH	八一钢铁	制造	新疆维吾尔自治区	68
600636.SH	三爱富	制造	上海市	68
600638.SH	新黄浦	房地产	上海市	68
600645.SH	中源协和	社会服务	天津市	68
600703.SH	三安光电	制造	湖北省	68
600705.SH	中航投资	综合类	黑龙江省	68
600723.SH	首商股份	批发和零售贸易	北京市	68
600785.SH	新华百货	批发和零售贸易	宁夏回族自治区	68
600825.SH	新华传媒	批发和零售贸易	上海市	68
600877.SH	中国嘉陵	制造	重庆市	68
601179.SH	中国西电	电力、煤气及水的生产和供应	陕西省	68
603766.SH	隆鑫通用	制造	重庆市	68
002422.SZ	科伦药业	制造	四川省	67
000725.SZ	京东方A	制造	北京市	67
002161.SZ	远望谷	信息技术	广东省	67
600055.SH	华润万东	制造	北京市	67
000100.SZ	TCL集团	制造	广东省	67
000338.SZ	潍柴动力	制造	山东省	67
002063.SZ	远光软件	信息技术	广东省	67
000680.SZ	山推股份	制造	山东省	67
601988.SH	中国银行	金融、保险	北京市	67
000937.SZ	冀中能源	采掘	河北省	67
000778.SZ	新兴铸管	制造	河北省	67

续表

证券代码	证券简称	行业	注册地	网站得分
601939.SH	建设银行	金融、保险	北京市	67
000568.SZ	泸州老窖	制造	四川省	67
002007.SZ	华兰生物	制造	河南省	67
000792.SZ	盐湖股份	制造	青海省	67
002331.SZ	皖通科技	信息技术	安徽省	67
600468.SH	百利电气	制造	天津市	67
600881.SH	亚泰集团	综合类	吉林省	67
600458.SH	时代新材	制造	湖南省	67
600100.SH	同方股份	信息技术	北京市	67
000570.SZ	苏常柴A	制造	江苏省	67
000576.SZ	广东甘化	综合类	广东省	67
000682.SZ	东方电子	信息技术	山东省	67
000698.SZ	沈阳化工	制造	辽宁省	67
000830.SZ	鲁西化工	制造	山东省	67
000859.SZ	国风塑业	制造	安徽省	67
000903.SZ	云内动力	制造	云南省	67
000915.SZ	山大华特	制造	山东省	67
000939.SZ	凯迪电力	电力、煤气及水的生产和供应	湖北省	67
000973.SZ	佛塑科技	制造	广东省	67
000998.SZ	隆平高科	农、林、牧、渔	湖南省	67
001696.SZ	宗申动力	制造	重庆市	67
002031.SZ	巨轮股份	制造	广东省	67
002116.SZ	中国海诚	社会服务	上海市	67
002157.SZ	正邦科技	制造	江西省	67
002219.SZ	独一味	制造	甘肃省	67
002264.SZ	新华都	批发和零售贸易	福建省	67
002268.SZ	卫士通	信息技术	四川省	67
002275.SZ	桂林三金	制造	广西壮族自治区	67
002284.SZ	亚太股份	制造	浙江省	67
002311.SZ	海大集团	制造	广东省	67
002337.SZ	赛象科技	制造	天津市	67
002339.SZ	积成电子	信息技术	山东省	67
002357.SZ	富临运业	交通运输、仓储	四川省	67
002385.SZ	大北农	制造	北京市	67
002390.SZ	信邦制药	制造	贵州省	67

续表

证券代码	证券简称	行业	注册地	网站得分
002403.SZ	爱仕达	制造	浙江省	67
002426.SZ	胜利精密	制造	江苏省	67
002430.SZ	杭氧股份	制造	浙江省	67
002447.SZ	壹桥苗业	农、林、牧、渔	辽宁省	67
002511.SZ	中顺洁柔	制造	广东省	67
002538.SZ	司尔特	制造	安徽省	67
002539.SZ	新都化工	制造	四川省	67
002554.SZ	惠博普	采掘	北京市	67
002573.SZ	国电清新	社会服务	北京市	67
002676.SZ	顺威股份	制造	广东省	67
300035.SZ	中科电气	制造	湖南省	67
300074.SZ	华平股份	信息技术	上海市	67
300091.SZ	金通灵	制造	江苏省	67
300157.SZ	恒泰艾普	采掘	北京市	67
300178.SZ	腾邦国际	社会服务	广东省	67
300201.SZ	海伦哲	制造	江苏省	67
300253.SZ	卫宁软件	信息技术	上海市	67
300286.SZ	安科瑞	制造	上海市	67
300353.SZ	东土科技	信息技术	北京市	67
600038.SH	哈飞股份	制造	黑龙江省	67
600069.SH	银鸽投资	制造	河南省	67
600180.SH	瑞茂通	农、林、牧、渔	山东省	67
600633.SH	浙报传媒	传播与文化	浙江省	67
601137.SH	博威合金	制造	浙江省	67
601258.SH	庞大集团	批发和零售贸易	河北省	67
000869.SZ	张裕A	制造	山东省	67
601600.SH	中国铝业	制造	北京市	66
600829.SH	三精制药	制造	黑龙江省	66
000930.SZ	中粮生化	制造	安徽省	66
601989.SH	中国重工	制造	北京市	66
600990.SH	四创电子	信息技术	安徽省	66
000999.SZ	华润三九	制造	广东省	66
600718.SH	东软集团	信息技术	辽宁省	66
600068.SH	葛洲坝	建筑	湖北省	66
600815.SH	厦工股份	制造	福建省	66

续表

证券代码	证券简称	行业	注册地	网站得分
600369.SH	西南证券	金融、保险	重庆市	66
000592.SZ	中福实业	农、林、牧、渔	福建省	66
600550.SH	天威保变	制造	河北省	66
002230.SZ	科大讯飞	信息技术	安徽省	66
600208.SH	新湖中宝	房地产	浙江省	66
600601.SH	方正科技	信息技术	上海市	66
600210.SH	紫江企业	制造	上海市	66
601038.SH	一拖股份	制造	河南省	66
300299.SZ	富春通信	信息技术	福建省	66
600071.SH	凤凰光学	制造	江西省	66
000532.SZ	力合股份	综合类	广东省	66
000608.SZ	阳光股份	房地产	广西壮族自治区	66
000860.SZ	顺鑫农业	农、林、牧、渔	北京市	66
002143.SZ	高金食品	制造	四川省	66
002329.SZ	皇氏乳业	制造	广西壮族自治区	66
002407.SZ	多氟多	制造	河南省	66
002471.SZ	中超电缆	制造	江苏省	66
002476.SZ	宝莫股份	制造	山东省	66
002530.SZ	丰东股份	制造	江苏省	66
002616.SZ	长青集团	制造	广东省	66
002618.SZ	丹邦科技	制造	广东省	66
002637.SZ	赞宇科技	制造	浙江省	66
002654.SZ	万润科技	制造	广东省	66
300002.SZ	神州泰岳	信息技术	北京市	66
300017.SZ	网宿科技	信息技术	上海市	66
300024.SZ	机器人	制造	辽宁省	66
300084.SZ	海默科技	采掘	甘肃省	66
300226.SZ	上海钢联	传播与文化	上海市	66
300241.SZ	瑞丰光电	制造	广东省	66
300244.SZ	迪安诊断	社会服务	浙江省	66
300284.SZ	苏交科	社会服务	江苏省	66
600087.SH	*ST长油	交通运输、仓储	江苏省	66
600184.SH	光电股份	制造	湖北省	66
600262.SH	北方股份	制造	内蒙古自治区	66
600390.SH	金瑞科技	制造	湖南省	66

续表

证券代码	证券简称	行业	注册地	网站得分
600392.SH	盛和资源	信息技术	山西省	66
600425.SH	青松建化	制造	新疆维吾尔自治区	66
600575.SH	芜湖港	交通运输、仓储	安徽省	66
600605.SH	汇通能源	制造	上海市	66
600694.SH	大商股份	批发和零售贸易	辽宁省	66
600726.SH	华电能源	电力、煤气及水的生产和供应	黑龙江省	66
600738.SH	兰州民百	批发和零售贸易	甘肃省	66
601117.SH	中国化学	社会服务	北京市	66
601222.SH	林洋电子	制造	江苏省	66
601888.SH	中国国旅	社会服务	北京市	66
600018.SH	上港集团	交通运输、仓储	上海市	65
002103.SZ	广博股份	制造	浙江省	65
000729.SZ	燕京啤酒	制造	北京市	65
000728.SZ	国元证券	金融、保险	安徽省	65
600171.SH	上海贝岭	制造	上海市	65
002041.SZ	登海种业	农、林、牧、渔	山东省	65
601000.SH	唐山港	交通运输、仓储	河北省	65
002300.SZ	太阳电缆	制造	福建省	65
000983.SZ	西山煤电	采掘	山西省	65
600526.SH	菲达环保	制造	浙江省	65
600176.SH	中国玻纤	制造	北京市	65
000878.SZ	云南铜业	制造	云南省	65
600332.SH	广州药业	制造	广东省	65
600980.SH	*ST北磁	制造	北京市	65
603000.SH	人民网	综合类	北京市	65
600873.SH	梅花集团	制造	西藏自治区	65
000421.SZ	南京中北	社会服务	江苏省	65
000520.SZ	*ST凤凰	交通运输、仓储	湖北省	65
000672.SZ	上峰水泥	批发和零售贸易	甘肃省	65
000719.SZ	大地传媒	传播与文化	河南省	65
000750.SZ	国海证券	金融、保险	广西壮族自治区	65
000837.SZ	秦川发展	制造	陕西省	65
000905.SZ	厦门港务	交通运输、仓储	福建省	65
002097.SZ	山河智能	制造	湖南省	65
002163.SZ	中航三鑫	建筑	广东省	65

续表

证券代码	证券简称	行业	注册地	网站得分
002185.SZ	华天科技	制造	甘肃省	65
002317.SZ	众生药业	制造	广东省	65
002327.SZ	富安娜	制造	广东省	65
002351.SZ	漫步者	制造	广东省	65
002356.SZ	浩宁达	制造	广东省	65
002358.SZ	森源电气	制造	河南省	65
002446.SZ	盛路通信	信息技术	广东省	65
002449.SZ	国星光电	制造	广东省	65
002473.SZ	圣莱达	制造	浙江省	65
002487.SZ	大金重工	制造	辽宁省	65
002490.SZ	山东墨龙	制造	山东省	65
002532.SZ	新界泵业	制造	浙江省	65
002579.SZ	中京电子	制造	广东省	65
002642.SZ	荣之联	信息技术	北京市	65
300020.SZ	银江股份	信息技术	浙江省	65
300165.SZ	天瑞仪器	制造	江苏省	65
300173.SZ	松德股份	制造	广东省	65
300217.SZ	东方电热	制造	江苏省	65
300232.SZ	洲明科技	制造	广东省	65
300316.SZ	晶盛机电	制造	浙江省	65
300328.SZ	宜安科技	制造	广东省	65
600035.SH	楚天高速	交通运输、仓储	湖北省	65
600132.SH	重庆啤酒	制造	重庆市	65
600152.SH	维科精华	制造	浙江省	65
600165.SH	新日恒力	制造	宁夏回族自治区	65
600201.SH	金宇集团	制造	内蒙古自治区	65
600237.SH	铜峰电子	制造	安徽省	65
600306.SH	商业城	批发和零售贸易	辽宁省	65
600358.SH	*ST联合	社会服务	江苏省	65
600370.SH	三房巷	制造	江苏省	65
600557.SH	康缘药业	制造	江苏省	65
600678.SH	四川金顶	制造	四川省	65
600689.SH	上海三毛	制造	上海市	65
600763.SH	通策医疗	社会服务	浙江省	65
600819.SH	耀皮玻璃	制造	上海市	65

续表

证券代码	证券简称	行业	注册地	网站得分
601388.SH	怡球资源	制造	江苏省	65
601616.SH	广电电气	制造	上海市	65
601929.SH	吉视传媒	传播与文化	吉林省	65
002470.SZ	金正大	制造	山东省	64
002121.SZ	科陆电子	制造	广东省	64
601238.SH	广汽集团	制造	广东省	64
002142.SZ	宁波银行	金融、保险	浙江省	64
300080.SZ	新大新材	制造	河南省	64
002056.SZ	横店东磁	制造	浙江省	64
600058.SH	五矿发展	批发和零售贸易	北京市	64
600103.SH	青山纸业	制造	福建省	64
002216.SZ	三全食品	制造	河南省	64
600483.SH	福建南纺	制造	福建省	64
002296.SZ	辉煌科技	信息技术	河南省	64
000625.SZ	长安汽车	制造	重庆市	64
600886.SH	国投电力	电力、煤气及水的生产和供应	甘肃省	64
002001.SZ	新和成	制造	浙江省	64
600582.SH	天地科技	制造	北京市	64
000045.SZ	深纺织A	综合类	广东省	64
000688.SZ	朝华集团	信息技术	重庆市	64
000700.SZ	模塑科技	制造	江苏省	64
000722.SZ	湖南发展	电力、煤气及水的生产和供应	湖南省	64
000803.SZ	金宇车城	房地产	四川省	64
000812.SZ	陕西金叶	制造	陕西省	64
000916.SZ	华北高速	交通运输、仓储	北京市	64
000921.SZ	海信科龙	制造	广东省	64
000979.SZ	中弘股份	房地产	安徽省	64
000988.SZ	华工科技	制造	湖北省	64
000990.SZ	诚志股份	制造	江西省	64
000996.SZ	中国中期	交通运输、仓储	北京市	64
602010.SZ	传化股份	制造	浙江省	64
002067.SZ	景兴纸业	制造	浙江省	64
002127.SZ	新民科技	制造	江苏省	64
002148.SZ	北纬通信	信息技术	北京市	64
002170.SZ	芭田股份	制造	广东省	64

续表

证券代码	证券简称	行业	注册地	网站得分
002199.SZ	东晶电子	制造	浙江省	64
002206.SZ	海利得	制造	浙江省	64
002211.SZ	宏达新材	制造	江苏省	64
002262.SZ	恩华药业	批发和零售贸易	江苏省	64
002335.SZ	科华恒盛	制造	福建省	64
002468.SZ	艾迪西	制造	浙江省	64
002481.SZ	双塔食品	制造	山东省	64
002493.SZ	荣盛石化	制造	浙江省	64
002552.SZ	宝鼎重工	制造	浙江省	64
002587.SZ	奥拓电子	制造	广东省	64
002603.SZ	以岭药业	制造	河北省	64
002605.SZ	姚记扑克	制造	上海市	64
002689.SZ	博林特	制造	辽宁省	64
300086.SZ	康芝药业	制造	海南省	64
300103.SZ	达刚路机	制造	陕西省	64
300125.SZ	易世达	社会服务	辽宁省	64
300149.SZ	量子高科	制造	广东省	64
300155.SZ	安居宝	制造	广东省	64
300205.SZ	天喻信息	制造	湖北省	64
300351.SZ	永贵电器	制造	浙江省	64
600084.SH	中葡股份	制造	新疆维吾尔自治区	64
600335.SH	国机汽车	批发和零售贸易	天津市	64
600385.SH	*ST金泰	制造	山东省	64
600387.SH	海越股份	交通运输、仓储	浙江省	64
600438.SH	通威股份	制造	四川省	64
600490.SH	中科合臣	制造	上海市	64
600558.SH	大西洋	制造	四川省	64
600634.SH	ST澄海	批发和零售贸易	上海市	64
600683.SH	京投银泰	房地产	浙江省	64
600868.SH	梅雁吉祥	综合类	广东省	64
600898.SH	三联商社	批发和零售贸易	山东省	64
600971.SH	恒源煤电	采掘	安徽省	64
600984.SH	建设机械	制造	陕西省	64
603001.SH	奥康国际	制造	浙江省	64
600680.SH	上海普天	信息技术	上海市	64

续表

证券代码	证券简称	行业	注册地	网站得分
600000.SH	浦发银行	金融、保险	上海市	63
601139.SH	深圳燃气	电力、煤气及水的生产和供应	广东省	63
601168.SH	西部矿业	采掘	青海省	63
600657.SH	信达地产	房地产	北京市	63
601333.SH	广深铁路	交通运输、仓储	广东省	63
600893.SH	航空动力	制造	陕西省	63
601555.SH	东吴证券	金融、保险	江苏省	63
601588.SH	北辰实业	房地产	北京市	63
603993.SH	洛阳钼业	采掘	河南省	63
000797.SZ	中国武夷	房地产	福建省	63
600653.SH	申华控股	综合类	上海市	63
600802.SH	福建水泥	制造	福建省	63
601007.SH	金陵饭店	社会服务	江苏省	63
600780.SH	通宝能源	电力、煤气及水的生产和供应	山西省	63
600739.SH	辽宁成大	批发和零售贸易	辽宁省	63
002224.SZ	三力士	制造	浙江省	63
601009.SH	南京银行	金融、保险	江苏省	63
000718.SZ	苏宁环球	房地产	吉林省	63
000595.SZ	西北轴承	制造	宁夏回族自治区	63
000620.SZ	新华联	房地产	北京市	63
000633.SZ	ST合金	综合类	辽宁省	63
000685.SZ	中山公用	电力、煤气及水的生产和供应	广东省	63
000736.SZ	中房地产	房地产	重庆市	63
000936.SZ	华西股份	制造	江苏省	63
002013.SZ	中航精机	制造	湖北省	63
002044.SZ	江苏三友	制造	江苏省	63
002133.SZ	广宇集团	房地产	浙江省	63
002156.SZ	通富微电	制造	江苏省	63
002235.SZ	安妮股份	制造	福建省	63
002238.SZ	天威视讯	传播与文化	广东省	63
002440.SZ	闰土股份	制造	浙江省	63
002496.SZ	辉丰股份	制造	江苏省	63
002523.SZ	天桥起重	制造	湖南省	63
002531.SZ	天顺风能	制造	江苏省	63
002586.SZ	围海股份	建筑	浙江省	63

续表

证券代码	证券简称	行业	注册地	网站得分
002591.SZ	恒大高新	制造	江西省	63
002609.SZ	捷顺科技	信息技术	广东省	63
002647.SZ	宏磊股份	制造	浙江省	63
002649.SZ	博彦科技	信息技术	北京市	63
002679.SZ	福建金森	农、林、牧、渔	福建省	63
300052.SZ	中青宝	信息技术	广东省	63
300054.SZ	鼎龙股份	制造	湖北省	63
300076.SZ	宁波GQY	信息技术	浙江省	63
300081.SZ	恒信移动	信息技术	河北省	63
300117.SZ	嘉寓股份	建筑	北京市	63
300214.SZ	日科化学	制造	山东省	63
300236.SZ	上海新阳	制造	上海市	63
300247.SZ	桑乐金	制造	安徽省	63
300251.SZ	光线传媒	传播与文化	北京市	63
300254.SZ	仟源制药	制造	山西省	63
600008.SH	首创股份	电力、煤气及水的生产和供应	北京市	63
600077.SH	宋都股份	房地产	浙江省	63
600235.SH	民丰特纸	制造	浙江省	63
600297.SH	美罗药业	制造	辽宁省	63
600340.SH	华夏幸福	房地产	河北省	63
600522.SH	中天科技	信息技术	江苏省	63
600530.SH	交大昂立	制造	上海市	63
600536.SH	中国软件	信息技术	北京市	63
600586.SH	金晶科技	制造	山东省	63
600661.SH	新南洋	综合类	上海市	63
600745.SH	中茵股份	房地产	湖北省	63
600803.SH	威远生化	制造	河北省	63
601677.SH	明泰铝业	制造	河南省	63
601908.SH	京运通	制造	北京市	63
603003.SH	龙宇燃油	批发和零售贸易	上海市	63
002372.SZ	伟星新材	制造	浙江省	62
002092.SZ	中泰化学	制造	新疆维吾尔自治区	62
300062.SZ	中能电气	制造	福建省	62
300070.SZ	碧水源	社会服务	北京市	62
002203.SZ	海亮股份	制造	浙江省	62

续表

证券代码	证券简称	行业	注册地	网站得分
600409.SH	三友化工	制造	河北省	62
300181.SZ	佐力药业	制造	浙江省	62
002582.SZ	好想你	制造	河南省	62
600499.SH	科达机电	制造	广东省	62
601636.SH	旗滨集团	制造	湖南省	62
002548.SZ	金新农	制造	广东省	62
601188.SH	龙江交通	交通运输、仓储	黑龙江省	62
600569.SH	安阳钢铁	制造	河南省	62
600741.SH	华域汽车	制造	上海市	62
000629.SZ	攀钢钒钛	制造	四川省	62
600388.SH	龙净环保	制造	福建省	62
600356.SH	恒丰纸业	制造	黑龙江省	62
300179.SZ	四方达	制造	河南省	62
600611.SH	大众交通	社会服务	上海市	62
000004.SZ	国农科技	制造	广东省	62
000507.SZ	珠海港	综合类	广东省	62
000533.SZ	万家乐	制造	广东省	62
000555.SZ	*ST太光	信息技术	广东省	62
000589.SZ	黔轮胎A	制造	贵州省	62
000677.SZ	*ST海龙	制造	山东省	62
000687.SZ	保定天鹅	制造	河北省	62
000731.SZ	四川美丰	制造	四川省	62
000789.SZ	江西水泥	制造	江西省	62
000868.SZ	安凯客车	制造	安徽省	62
000893.SZ	东凌粮油	制造	广东省	62
000913.SZ	钱江摩托	制造	浙江省	62
000938.SZ	紫光股份	信息技术	北京市	62
000957.SZ	中通客车	制造	山东省	62
000972.SZ	*ST中基	制造	新疆维吾尔自治区	62
001896.SZ	豫能控股	电力、煤气及水的生产和供应	河南省	62
002009.SZ	天奇股份	制造	江苏省	62
002085.SZ	万丰奥威	制造	浙江省	62
002111.SZ	威海广泰	制造	山东省	62
002130.SZ	沃尔核材	制造	广东省	62
002184.SZ	海得控制	信息技术	上海市	62

续表

证券代码	证券简称	行业	注册地	网站得分
002195.SZ	海隆软件	信息技术	上海市	62
002213.SZ	特尔佳	制造	广东省	62
002334.SZ	英威腾	制造	广东省	62
002376.SZ	新北洋	信息技术	山东省	62
002378.SZ	章源钨业	制造	江西省	62
002458.SZ	益生股份	农、林、牧、渔	山东省	62
002497.SZ	雅化集团	制造	四川省	62
002521.SZ	齐峰股份	制造	山东省	62
002528.SZ	英飞拓	制造	广东省	62
002550.SZ	千红制药	制造	江苏省	62
002581.SZ	万昌科技	制造	山东省	62
002611.SZ	东方精工	制造	广东省	62
002625.SZ	龙生股份	制造	浙江省	62
002636.SZ	金安国纪	制造	上海市	62
300039.SZ	上海凯宝	制造	上海市	62
300065.SZ	海兰信	信息技术	北京市	62
300120.SZ	经纬电材	制造	天津市	62
300144.SZ	宋城股份	社会服务	浙江省	62
300211.SZ	亿通科技	信息技术	江苏省	62
300218.SZ	安利股份	制造	安徽省	62
300281.SZ	金明精机	制造	广东省	62
300309.SZ	吉艾科技	采掘	北京市	62
600061.SH	中纺投资	制造	上海市	62
600178.SH	东安动力	制造	黑龙江省	62
600186.SH	莲花味精	制造	河南省	62
600328.SH	兰太实业	制造	内蒙古自治区	62
600466.SH	迪康药业	制造	四川省	62
600480.SH	凌云股份	制造	河北省	62
600540.SH	新赛股份	农、林、牧、渔	新疆维吾尔自治区	62
600776.SH	东方通信	信息技术	浙江省	62
600804.SH	鹏博士	信息技术	四川省	62
600870.SH	厦华电子	制造	福建省	62
601010.SH	文峰股份	批发和零售贸易	江苏省	62
601798.SH	蓝科高新	制造	甘肃省	62
000776.SZ	广发证券	金融、保险	广东省	61

续表

证券代码	证券简称	行业	注册地	网站得分
000539.SZ	粤电力A	电力、煤气及水的生产和供应	广东省	61
002084.SZ	海鸥卫浴	制造	广东省	61
002064.SZ	华峰氨纶	制造	浙江省	61
000793.SZ	华闻传媒	传播与文化	海南省	61
000877.SZ	天山股份	制造	新疆维吾尔自治区	61
300132.SZ	青松股份	制造	福建省	61
600308.SH	华泰股份	制造	山东省	61
000671.SZ	阳光城	房地产	福建省	61
002155.SZ	辰州矿业	采掘	湖南省	61
002082.SZ	栋梁新材	制造	浙江省	61
300003.SZ	乐普医疗	制造	北京市	61
600841.SH	上柴股份	制造	上海市	61
600546.SH	山煤国际	采掘	山西省	61
002222.SZ	福晶科技	制造	福建省	61
002656.SZ	卡奴迪路	批发和零售贸易	广东省	61
600303.SH	曙光股份	制造	辽宁省	61
600436.SH	片仔癀	制造	福建省	61
600874.SH	创业环保	社会服务	天津市	61
002281.SZ	光迅科技	信息技术	湖北省	61
600876.SH	洛阳玻璃	制造	河南省	61
000058.SZ	深赛格	社会服务	广东省	61
000506.SZ	中润资源	房地产	山东省	61
000510.SZ	金路集团	制造	四川省	61
000679.SZ	大连友谊	批发和零售贸易	辽宁省	61
000831.SZ	五矿稀土	制造	山西省	61
000901.SZ	航天科技	制造	黑龙江省	61
002037.SZ	久联发展	制造	贵州省	61
002050.SZ	三花股份	制造	浙江省	61
002053.SZ	云南盐化	制造	云南省	61
002066.SZ	瑞泰科技	制造	北京市	61
002077.SZ	大港股份	综合类	江苏省	61
002107.SZ	沃华医药	制造	山东省	61
002145.SZ	中核钛白	制造	甘肃省	61
002147.SZ	方圆支承	制造	安徽省	61
002177.SZ	御银股份	制造	广东省	61

续表

证券代码	证券简称	行业	注册地	网站得分
002178.SZ	延华智能	社会服务	上海市	61
002231.SZ	奥维通信	信息技术	辽宁省	61
002267.SZ	陕天然气	电力、煤气及水的生产和供应	陕西省	61
002292.SZ	奥飞动漫	制造	广东省	61
002303.SZ	美盈森	制造	广东省	61
002309.SZ	中利科技	制造	江苏省	61
002323.SZ	中联电气	制造	江苏省	61
002342.SZ	巨力索具	制造	河北省	61
002349.SZ	精华制药	制造	江苏省	61
002353.SZ	杰瑞股份	采掘	山东省	61
002442.SZ	龙星化工	制造	河北省	61
002450.SZ	康得新	制造	北京市	61
002480.SZ	新筑股份	制造	四川省	61
002533.SZ	金杯电工	制造	湖南省	61
002651.SZ	利君股份	制造	四川省	61
300033.SZ	同花顺	信息技术	浙江省	61
300096.SZ	易联众	信息技术	福建省	61
300153.SZ	科泰电源	制造	上海市	61
300199.SZ	翰宇药业	制造	广东省	61
300221.SZ	银禧科技	制造	广东省	61
300278.SZ	华昌达	制造	湖北省	61
300294.SZ	博雅生物	制造	江西省	61
300331.SZ	苏大维格	制造	江苏省	61
600007.SH	中国国贸	社会服务	北京市	61
600220.SH	江苏阳光	制造	江苏省	61
600345.SH	长江通信	信息技术	湖北省	61
600426.SH	华鲁恒升	制造	山东省	61
600455.SH	博通股份	信息技术	陕西省	61
600470.SH	六国化工	制造	安徽省	61
600614.SH	鼎立股份	房地产	上海市	61
600640.SH	号百控股	信息技术	上海市	61
600650.SH	锦江投资	交通运输、仓储	上海市	61
600695.SH	大江股份	制造	上海市	61
600830.SH	香溢融通	批发和零售贸易	浙江省	61
600869.SH	三普药业	制造	青海省	61

续表

证券代码	证券简称	行业	注册地	网站得分
600897.SH	厦门空港	交通运输、仓储	福建省	61
600761.SH	安徽合力	制造	安徽省	60
300015.SZ	爱尔眼科	社会服务	湖南省	60
600153.SH	建发股份	批发和零售贸易	福建省	60
600561.SH	江西长运	交通运输、仓储	江西省	60
600649.SH	城投控股	综合类	上海市	60
300034.SZ	钢研高纳	制造	北京市	60
000635.SZ	英力特	制造	宁夏回族自治区	60
002595.SZ	豪迈科技	制造	山东省	60
000623.SZ	吉林敖东	制造	吉林省	60
600151.SH	航天机电	制造	上海市	60
601101.SH	昊华能源	采掘	北京市	60
601003.SH	柳钢股份	制造	广西壮族自治区	60
000049.SZ	德赛电池	制造	广东省	60
000089.SZ	深圳机场	交通运输、仓储	广东省	60
000090.SZ	深天健	建筑	广东省	60
000415.SZ	渤海租赁	社会服务	新疆维吾尔自治区	60
000513.SZ	丽珠集团	制造	广东省	60
000585.SZ	东北电气	制造	辽宁省	60
000662.SZ	*ST索芙	制造	广西壮族自治区	60
000701.SZ	厦门信达	批发和零售贸易	福建省	60
000759.SZ	中百集团	批发和零售贸易	湖北省	60
000786.SZ	北新建材	制造	北京市	60
000852.SZ	江钻股份	制造	湖北省	60
000886.SZ	海南高速	交通运输、仓储	海南省	60
000918.SZ	嘉凯城	房地产	湖南省	60
002048.SZ	宁波华翔	制造	浙江省	60
002061.SZ	江山化工	制造	浙江省	60
002083.SZ	孚日股份	制造	山东省	60
002191.SZ	劲嘉股份	制造	广东省	60
002434.SZ	万里扬	制造	浙江省	60
002541.SZ	鸿路钢构	制造	安徽省	60
002633.SZ	申科股份	制造	浙江省	60
300042.SZ	朗科科技	信息技术	广东省	60
300049.SZ	福瑞股份	制造	内蒙古自治区	60

续表

证券代码	证券简称	行业	注册地	网站得分
300274.SZ	阳光电源	制造	安徽省	60
300334.SZ	津膜科技	制造	天津市	60
600094.SH	大名城	房地产	上海市	60
600287.SH	江苏舜天	批发和零售贸易	江苏省	60
600740.SH	山西焦化	制造	山西省	60
600805.SH	悦达投资	综合类	江苏省	60
600887.SH	伊利股份	制造	内蒙古自治区	60
603123.SH	翠微股份	批发和零售贸易	北京市	60
002042.SZ	华孚色纺	制造	安徽省	59
600188.SH	兖州煤业	采掘	山东省	59
000598.SZ	兴蓉投资	社会服务	四川省	59
600528.SH	中铁二局	建筑	四川省	59
000516.SZ	开元投资	批发和零售贸易	陕西省	59
600362.SH	江西铜业	制造	江西省	59
600501.SH	航天晨光	制造	江苏省	59
600748.SH	上实发展	房地产	上海市	59
002080.SZ	中材科技	制造	江苏省	59
600511.SH	国药股份	批发和零售贸易	北京市	59
002003.SZ	伟星股份	制造	浙江省	59
002578.SZ	闽发铝业	制造	福建省	59
002517.SZ	泰亚股份	制造	福建省	59
000709.SZ	河北钢铁	制造	河北省	59
600376.SH	首开股份	房地产	北京市	59
600888.SH	新疆众和	制造	新疆维吾尔自治区	59
600183.SH	生益科技	制造	广东省	59
600020.SH	中原高速	交通运输、仓储	河南省	59
600243.SH	青海华鼎	制造	青海省	59
600595.SH	中孚实业	制造	河南省	59
600203.SH	福日电子	制造	福建省	59
600125.SH	铁龙物流	交通运输、仓储	辽宁省	59
600808.SH	马钢股份	制造	安徽省	59
600377.SH	宁沪高速	交通运输、仓储	江苏省	59
600206.SH	有研硅股	制造	北京市	59
600051.SH	宁波联合	综合类	浙江省	59
000606.SZ	青海明胶	制造	青海省	59

续表

证券代码	证券简称	行业	注册地	网站得分
000611.SZ	四海股份	制造	内蒙古自治区	59
000615.SZ	湖北金环	制造	湖北省	59
000777.SZ	中核科技	制造	江苏省	59
000912.SZ	泸天化	制造	四川省	59
000952.SZ	广济药业	制造	湖北省	59
002052.SZ	同洲电子	信息技术	广东省	59
002120.SZ	新海股份	制造	浙江省	59
002151.SZ	北斗星通	信息技术	北京市	59
002194.SZ	武汉凡谷	信息技术	湖北省	59
002214.SZ	大立科技	制造	浙江省	59
002288.SZ	超华科技	制造	广东省	59
002314.SZ	雅致股份	制造	广东省	59
002330.SZ	得利斯	制造	山东省	59
002343.SZ	禾欣股份	制造	浙江省	59
002387.SZ	黑牛食品	制造	广东省	59
002399.SZ	海普瑞	制造	广东省	59
002413.SZ	常发股份	制造	江苏省	59
002436.SZ	兴森科技	制造	广东省	59
002443.SZ	金洲管道	制造	浙江省	59
002545.SZ	东方铁塔	制造	山东省	59
002596.SZ	海南瑞泽	制造	海南省	59
002598.SZ	山东章鼓	制造	山东省	59
002657.SZ	中科金财	信息技术	北京市	59
002660.SZ	茂硕电源	制造	广东省	59
002665.SZ	首航节能	制造	北京市	59
002672.SZ	东江环保	社会服务	广东省	59
300055.SZ	万邦达	社会服务	北京市	59
300089.SZ	长城集团	制造	广东省	59
300134.SZ	大富科技	信息技术	广东省	59
300256.SZ	星星科技	制造	浙江省	59
300263.SZ	隆华节能	制造	河南省	59
300319.SZ	麦捷科技	制造	广东省	59
300341.SZ	麦迪电气	制造	福建省	59
600080.SH	金花股份	制造	陕西省	59
600114.SH	东睦股份	制造	浙江省	59

续表

证券代码	证券简称	行业	注册地	网站得分
600139.SH	西部资源	采掘	四川省	59
600168.SH	武汉控股	电力、煤气及水的生产和供应	湖北省	59
600172.SH	黄河旋风	制造	河南省	59
600175.SH	美都控股	综合类	浙江省	59
600202.SH	哈空调	制造	黑龙江省	59
600215.SH	长春经开	房地产	吉林省	59
600217.SH	秦岭水泥	制造	陕西省	59
600228.SH	昌九生化	制造	江西省	59
600353.SH	旭光股份	制造	四川省	59
600378.SH	天科股份	制造	四川省	59
600380.SH	健康元	制造	广东省	59
600481.SH	双良节能	制造	江苏省	59
600485.SH	中创信测	信息技术	北京市	59
600529.SH	山东药玻	制造	山东省	59
600568.SH	中珠控股	制造	湖北省	59
600572.SH	康恩贝	制造	浙江省	59
600599.SH	熊猫烟花	制造	湖南省	59
600606.SH	金丰投资	房地产	上海市	59
600613.SH	永生投资	制造	上海市	59
600622.SH	嘉宝集团	综合类	上海市	59
600624.SH	复旦复华	综合类	上海市	59
600647.SH	同达创业	综合类	上海市	59
600654.SH	飞乐股份	制造	上海市	59
600662.SH	强生控股	社会服务	上海市	59
600684.SH	珠江实业	房地产	广东省	59
600713.SH	南京医药	批发和零售贸易	江苏省	59
600730.SH	中国高科	批发和零售贸易	北京市	59
600759.SH	正和股份	房地产	海南省	59
600767.SH	运盛实业	房地产	上海市	59
600773.SH	西藏城投	房地产	西藏自治区	59
600812.SH	华北制药	制造	河北省	59
600822.SH	上海物贸	批发和零售贸易	上海市	59
601799.SH	星宇股份	制造	江苏省	59
601801.SH	皖新传媒	传播与文化	安徽省	59
603002.SH	宏昌电子	制造	广东省	59

续表

证券代码	证券简称	行业	注册地	网站得分
603128.SH	华贸物流	社会服务	上海市	59
600016.SH	民生银行	金融、保险	北京市	58
000540.SZ	中天城投	房地产	贵州省	58
002368.SZ	太极股份	信息技术	北京市	58
600743.SH	华远地产	房地产	湖北省	58
600987.SH	航民股份	制造	浙江省	58
600992.SH	贵绳股份	制造	贵州省	58
000514.SZ	渝开发	房地产	重庆市	58
000530.SZ	大冷股份	制造	辽宁省	58
000785.SZ	武汉中商	批发和零售贸易	湖北省	58
000851.SZ	高鸿股份	信息技术	贵州省	58
002089.SZ	新海宜	信息技术	江苏省	58
002101.SZ	广东鸿图	制造	广东省	58
002117.SZ	东港股份	制造	山东省	58
002239.SZ	金飞达	制造	江苏省	58
002258.SZ	利尔化学	制造	四川省	58
002276.SZ	万马电缆	制造	浙江省	58
002435.SZ	长江润发	制造	江苏省	58
002448.SZ	中原内配	制造	河南省	58
002465.SZ	海格通信	信息技术	广东省	58
002466.SZ	天齐锂业	制造	四川省	58
002467.SZ	二六三	信息技术	北京市	58
002507.SZ	涪陵榨菜	制造	重庆市	58
002677.SZ	浙江美大	制造	浙江省	58
002684.SZ	猛狮科技	制造	广东省	58
002688.SZ	金河生物	制造	内蒙古自治区	58
002701.SZ	奥瑞金	制造	北京市	58
300058.SZ	蓝色光标	传播与文化	北京市	58
300063.SZ	天龙集团	制造	广东省	58
300180.SZ	华峰超纤	制造	上海市	58
300231.SZ	银信科技	信息技术	北京市	58
300264.SZ	佳创视讯	信息技术	广东省	58
300288.SZ	朗玛信息	信息技术	贵州省	58
300291.SZ	华录百纳	传播与文化	北京市	58
300298.SZ	三诺生物	制造	湖南省	58

证券代码	证券简称	行业	注册地	网站得分
300305.SZ	裕兴股份	制造	江苏省	58
300310.SZ	宜通世纪	信息技术	广东省	58
300317.SZ	珈伟股份	制造	广东省	58
600130.SH	波导股份	信息技术	浙江省	58
600207.SH	安彩高科	制造	河南省	58
600239.SH	云南城投	房地产	云南省	58
600302.SH	标准股份	制造	陕西省	58
600449.SH	宁夏建材	制造	宁夏回族自治区	58
600516.SH	方大炭素	制造	甘肃省	58
600543.SH	莫高股份	制造	甘肃省	58
600576.SH	万好万家	房地产	浙江省	58
600589.SH	广东榕泰	制造	广东省	58
600710.SH	常林股份	制造	江苏省	58
600891.SH	秋林集团	批发和零售贸易	黑龙江省	58
601567.SH	三星电气	制造	浙江省	58
600519.SH	贵州茅台	制造	贵州省	58
000807.SZ	云铝股份	制造	云南省	57
600160.SH	巨化股份	制造	浙江省	57
600017.SH	日照港	交通运输、仓储	山东省	57
600755.SH	厦门国贸	批发和零售贸易	福建省	57
000562.SZ	宏源证券	金融、保险	新疆维吾尔自治区	57
002162.SZ	*ST上控	制造	上海市	57
300095.SZ	华伍股份	制造	江西省	57
002070.SZ	众和股份	制造	福建省	57
000895.SZ	双汇发展	制造	河南省	57
600022.SH	山东钢铁	制造	山东省	57
600496.SH	精工钢构	建筑	安徽省	57
300007.SZ	汉威电子	制造	河南省	57
600596.SH	新安股份	制造	浙江省	57
600535.SH	天士力	制造	天津市	57
002029.SZ	七匹狼	制造	福建省	57
600252.SH	中恒集团	制造	广西壮族自治区	57
002674.SZ	兴业科技	制造	福建省	57
600322.SH	天房发展	房地产	天津市	57
600173.SH	卧龙地产	房地产	浙江省	57

续表

证券代码	证券简称	行业	注册地	网站得分
000413.SZ	宝石A	制造	河北省	57
000590.SZ	紫光古汉	制造	湖南省	57
000703.SZ	恒逸石化	制造	广西壮族自治区	57
000707.SZ	双环科技	制造	湖北省	57
000710.SZ	天兴仪表	制造	四川省	57
000712.SZ	锦龙股份	电力、煤气及水的生产和供应	广东省	57
000717.SZ	*ST韶钢	制造	广东省	57
000779.SZ	三毛派神	制造	甘肃省	57
000850.SZ	华茂股份	制造	安徽省	57
000908.SZ	*ST天一	制造	湖南省	57
000931.SZ	中关村	房地产	北京市	57
000963.SZ	华东医药	批发和零售贸易	浙江省	57
000985.SZ	大庆华科	制造	黑龙江省	57
002011.SZ	盾安环境	制造	浙江省	57
002014.SZ	永新股份	制造	安徽省	57
002016.SZ	世荣兆业	房地产	广东省	57
002043.SZ	兔宝宝	制造	浙江省	57
002141.SZ	蓉胜超微	制造	广东省	57
002150.SZ	江苏通润	制造	江苏省	57
002181.SZ	粤传媒	传播与文化	广东省	57
002274.SZ	华昌化工	制造	江苏省	57
002441.SZ	众业达	批发和零售贸易	广东省	57
002457.SZ	青龙管业	制造	宁夏回族自治区	57
002499.SZ	科林环保	制造	江苏省	57
002594.SZ	比亚迪	制造	广东省	57
002620.SZ	瑞和股份	建筑	广东省	57
002643.SZ	烟台万润	制造	山东省	57
002658.SZ	雪迪龙	制造	北京市	57
002670.SZ	华声股份	制造	广东省	57
002693.SZ	双成药业	制造	海南省	57
002696.SZ	百洋股份	农、林、牧、渔	广西壮族自治区	57
300009.SZ	安科生物	制造	安徽省	57
300013.SZ	新宁物流	交通运输、仓储	江苏省	57
300082.SZ	奥克股份	制造	辽宁省	57
300087.SZ	荃银高科	农、林、牧、渔	安徽省	57

续表

证券代码	证券简称	行业	注册地	网站得分
300094.SZ	国联水产	农、林、牧、渔	广东省	57
300183.SZ	东软载波	信息技术	山东省	57
300209.SZ	天泽信息	信息技术	江苏省	57
300255.SZ	常山药业	制造	河北省	57
300262.SZ	巴安水务	社会服务	上海市	57
300314.SZ	戴维医疗	制造	浙江省	57
600119.SH	长江投资	综合类	上海市	57
600229.SH	青岛碱业	制造	山东省	57
600238.SH	海南椰岛	制造	海南省	57
600285.SH	羚锐制药	制造	河南省	57
600355.SH	精伦电子	制造	湖北省	57
600400.SH	红豆股份	制造	江苏省	57
600515.SH	海岛建设	批发和零售贸易	海南省	57
600652.SH	爱使股份	综合类	上海市	57
600671.SH	天目药业	制造	浙江省	57
600720.SH	祁连山	制造	甘肃省	57
600742.SH	一汽富维	制造	吉林省	57
603077.SH	和邦股份	制造	四川省	57
601633.SH	长城汽车	制造	河北省	56
600660.SH	福耀玻璃	制造	福建省	56
300248.SZ	新开普	信息技术	河南省	56
000632.SZ	三木集团	综合类	福建省	56
000559.SZ	万向钱潮	制造	浙江省	56
000536.SZ	华映科技	制造	福建省	56
600517.SH	置信电气	制造	上海市	56
600702.SH	沱牌舍得	制造	四川省	56
002286.SZ	保龄宝	制造	山东省	56
601005.SH	重庆钢铁	制造	重庆市	56
600816.SH	安信信托	金融、保险	上海市	56
600895.SH	张江高科	综合类	上海市	56
600889.SH	南京化纤	制造	江苏省	56
600463.SH	空港股份	房地产	北京市	56
000678.SZ	襄阳轴承	制造	湖北省	56
000795.SZ	太原刚玉	制造	山西省	56
000888.SZ	峨眉山A	社会服务	四川省	56

续表

证券代码	证券简称	行业	注册地	网站得分
000922.SZ	佳电股份	制造	黑龙江省	56
002114.SZ	罗平锌电	制造	云南省	56
002134.SZ	天津普林	制造	天津市	56
002208.SZ	合肥城建	房地产	安徽省	56
002260.SZ	伊立浦	制造	广东省	56
002298.SZ	鑫龙电器	制造	安徽省	56
002315.SZ	焦点科技	信息技术	江苏省	56
002332.SZ	仙琚制药	制造	浙江省	56
002373.SZ	联信永益	信息技术	北京市	56
002398.SZ	建研集团	社会服务	福建省	56
002405.SZ	四维图新	信息技术	北京市	56
002429.SZ	兆驰股份	制造	广东省	56
002553.SZ	南方轴承	制造	江苏省	56
002564.SZ	张化机	制造	江苏省	56
002667.SZ	鞍重股份	制造	辽宁省	56
300027.SZ	华谊兄弟	传播与文化	浙江省	56
300057.SZ	万顺股份	制造	广东省	56
300078.SZ	中瑞思创	制造	浙江省	56
300156.SZ	天立环保	制造	北京市	56
300189.SZ	神农大丰	农、林、牧、渔	海南省	56
300210.SZ	森远股份	制造	辽宁省	56
300295.SZ	三六五网	信息技术	江苏省	56
300312.SZ	邦讯技术	信息技术	北京市	56
600136.SH	道博股份	批发和零售贸易	湖北省	56
600292.SH	九龙电力	电力、煤气及水的生产和供应	重庆市	56
600373.SH	中文传媒	传播与文化	江西省	56
600794.SH	保税科技	交通运输、仓储	江苏省	56
600800.SH	天津磁卡	制造	天津市	56
600823.SH	世茂股份	房地产	上海市	56
601058.SH	赛轮股份	制造	山东省	56
601116.SH	三江购物	批发和零售贸易	浙江省	56
601872.SH	招商轮船	交通运输、仓储	上海市	56
002054.SZ	德美化工	制造	广东省	55
300022.SZ	吉峰农机	批发和零售贸易	四川省	55
002144.SZ	宏达高科	制造	浙江省	55

续表

证券代码	证券简称	行业	注册地	网站得分
000425.SZ	徐工机械	制造	江苏省	55
000596.SZ	古井贡酒	制造	安徽省	55
002165.SZ	红宝丽	制造	江苏省	55
600860.SH	北人股份	制造	北京市	55
600367.SH	红星发展	制造	贵州省	55
000885.SZ	同力水泥	制造	河南省	55
600858.SH	银座股份	批发和零售贸易	山东省	55
000819.SZ	岳阳兴长	制造	湖南省	55
002039.SZ	黔源电力	电力、煤气及水的生产和供应	贵州省	55
000150.SZ	宜华地产	房地产	广东省	55
000558.SZ	莱茵置业	房地产	浙江省	55
000571.SZ	新大洲A	制造	海南省	55
000572.SZ	海马汽车	制造	海南省	55
000695.SZ	滨海能源	电力、煤气及水的生产和供应	天津市	55
000713.SZ	丰乐种业	农、林、牧、渔	安徽省	55
000822.SZ	山东海化	制造	山东省	55
000875.SZ	吉电股份	电力、煤气及水的生产和供应	吉林省	55
000910.SZ	大亚科技	制造	江苏省	55
000965.SZ	天保基建	房地产	天津市	55
000977.SZ	浪潮信息	信息技术	山东省	55
002012.SZ	凯恩股份	制造	浙江省	55
002019.SZ	鑫富药业	制造	浙江省	55
002023.SZ	海特高新	交通运输、仓储	四川省	55
002028.SZ	思源电气	制造	上海市	55
002075.SZ	沙钢股份	制造	江苏省	55
002094.SZ	青岛金王	制造	山东省	55
002160.SZ	常铝股份	制造	江苏省	55
002188.SZ	新嘉联	制造	浙江省	55
002270.SZ	法因数控	制造	山东省	55
002294.SZ	信立泰	制造	广东省	55
002333.SZ	罗普斯金	制造	江苏省	55
002347.SZ	泰尔重工	制造	安徽省	55
002397.SZ	梦洁家纺	制造	湖南省	55
002428.SZ	云南锗业	制造	云南省	55
002456.SZ	欧菲光	制造	广东省	55

续表

证券代码	证券简称	行业	注册地	网站得分
002463.SZ	沪电股份	制造	江苏省	55
002510.SZ	天汽模	制造	天津市	55
002515.SZ	金字火腿	制造	浙江省	55
002652.SZ	扬子新材	制造	江苏省	55
002664.SZ	信质电机	制造	浙江省	55
002680.SZ	黄海机械	制造	江苏省	55
002694.SZ	顾地科技	制造	湖北省	55
300008.SZ	上海佳豪	社会服务	上海市	55
300266.SZ	兴源过滤	制造	浙江省	55
300297.SZ	蓝盾股份	信息技术	广东省	55
300322.SZ	硕贝德	信息技术	广东省	55
300335.SZ	迪森股份	社会服务	广东省	55
600162.SH	香江控股	房地产	广东省	55
600236.SH	桂冠电力	电力、煤气及水的生产和供应	广西壮族自治区	55
600677.SH	航天通信	制造	浙江省	55
600854.SH	春兰股份	制造	江苏省	55
600969.SH	郴电国际	电力、煤气及水的生产和供应	湖南省	55
601001.SH	大同煤业	采掘	山西省	55
601777.SH	力帆股份	制造	重庆市	55
601789.SH	宁波建工	建筑	浙江省	55
601886.SH	江河幕墙	建筑	北京市	55
603167.SH	渤海轮渡	交通运输、仓储	山东省	55
600548.SH	深高速	交通运输、仓储	广东省	54
601877.SH	正泰电器	制造	浙江省	54
300067.SZ	安诺其	制造	上海市	54
002635.SZ	安洁科技	信息技术	江苏省	54
600310.SH	桂东电力	电力、煤气及水的生产和供应	广西壮族自治区	54
601169.SH	北京银行	金融、保险	北京市	54
002102.SZ	冠福家用	制造	福建省	54
600227.SH	赤天化	制造	贵州省	54
600161.SH	天坛生物	制造	北京市	54
600052.SH	浙江广厦	房地产	浙江省	54
600113.SH	浙江东日	房地产	浙江省	54
600317.SH	营口港	交通运输、仓储	辽宁省	54
600163.SH	福建南纸	制造	福建省	54

续表

证券代码	证券简称	行业	注册地	网站得分
002509.SZ	天广消防	制造	福建省	54
600493.SH	凤竹纺织	制造	福建省	54
600255.SH	鑫科材料	制造	安徽省	54
600260.SH	凯乐科技	制造	湖北省	54
002241.SZ	歌尔声学	制造	山东省	54
600592.SH	龙溪股份	制造	福建省	54
300004.SZ	南风股份	制造	广东省	54
600110.SH	中科英华	制造	吉林省	54
600004.SH	白云机场	交通运输、仓储	广东省	54
600620.SH	天宸股份	综合类	上海市	54
002340.SZ	格林美	采掘	广东省	54
000544.SZ	中原环保	社会服务	河南省	54
000594.SZ	*ST国恒	批发和零售贸易	天津市	54
000670.SZ	S*ST天发	房地产	湖北省	54
000702.SZ	正虹科技	制造	湖南省	54
000829.SZ	天音控股	批发和零售贸易	江西省	54
000928.SZ	中钢吉炭	制造	吉林省	54
002295.SZ	精艺股份	制造	广东省	54
002322.SZ	理工监测	制造	浙江省	54
002427.SZ	尤夫股份	制造	浙江省	54
002469.SZ	三维工程	社会服务	山东省	54
002486.SZ	嘉麟杰	制造	上海市	54
002506.SZ	*ST超日	制造	上海市	54
002514.SZ	宝馨科技	制造	江苏省	54
002519.SZ	银河电子	信息技术	江苏省	54
002559.SZ	亚威股份	制造	江苏省	54
002576.SZ	通达动力	制造	江苏省	54
002597.SZ	金禾实业	制造	安徽省	54
002632.SZ	道明光学	制造	浙江省	54
002675.SZ	东诚生化	制造	山东省	54
002703.SZ	浙江世宝	制造	浙江省	54
300031.SZ	宝通带业	制造	江苏省	54
300135.SZ	宝利沥青	制造	江苏省	54
300151.SZ	昌红科技	制造	广东省	54
300159.SZ	新研股份	制造	新疆维吾尔自治区	54

续表

证券代码	证券简称	行业	注册地	网站得分
300160.SZ	秀强股份	制造	江苏省	54
300176.SZ	鸿特精密	制造	广东省	54
300250.SZ	初灵信息	信息技术	浙江省	54
300267.SZ	尔康制药	制造	湖南省	54
300279.SZ	和晶科技	制造	江苏省	54
300280.SZ	南通锻压	制造	江苏省	54
300282.SZ	汇冠股份	信息技术	北京市	54
300285.SZ	国瓷材料	制造	山东省	54
300332.SZ	天壕节能	社会服务	北京市	54
600009.SH	上海机场	交通运输、仓储	上海市	54
600106.SH	重庆路桥	交通运输、仓储	重庆市	54
600107.SH	美尔雅	制造	湖北省	54
600129.SH	太极集团	制造	重庆市	54
600211.SH	西藏药业	制造	西藏自治区	54
600222.SH	太龙药业	制造	河南省	54
600242.SH	中昌海运	农、林、牧、渔	广东省	54
600253.SH	天方药业	制造	河南省	54
600276.SH	恒瑞医药	制造	江苏省	54
600279.SH	重庆港九	交通运输、仓储	重庆市	54
600289.SH	亿阳信通	信息技术	黑龙江省	54
600295.SH	鄂尔多斯	制造	内蒙古自治区	54
600393.SH	东华实业	房地产	广东省	54
600587.SH	新华医疗	制造	山东省	54
600811.SH	东方集团	综合类	黑龙江省	54
600814.SH	杭州解百	批发和零售贸易	浙江省	54
600826.SH	兰生股份	批发和零售贸易	上海市	54
600846.SH	同济科技	综合类	上海市	54
002563.SZ	森马服饰	批发和零售贸易	浙江省	53
000050.SZ	深天马A	制造	广东省	53
002508.SZ	老板电器	制造	浙江省	53
600775.SH	南京熊猫	信息技术	江苏省	53
000418.SZ	小天鹅A	制造	江苏省	53
000676.SZ	*ST思达	制造	河南省	53
000705.SZ	浙江震元	批发和零售贸易	浙江省	53
000782.SZ	美达股份	制造	广东省	53

续表

证券代码	证券简称	行业	注册地	网站得分
000950.SZ	建峰化工	制造	重庆市	53
002017.SZ	东信和平	信息技术	广东省	53
002035.SZ	华帝股份	制造	广东省	53
002076.SZ	雪莱特	制造	广东省	53
002131.SZ	利欧股份	制造	浙江省	53
002136.SZ	安纳达	制造	安徽省	53
002158.SZ	汉钟精机	制造	上海市	53
002237.SZ	恒邦股份	制造	山东省	53
002283.SZ	天润曲轴	制造	山东省	53
002312.SZ	三泰电子	信息技术	四川省	53
002341.SZ	新纶科技	制造	广东省	53
002394.SZ	联发股份	制造	江苏省	53
002418.SZ	康盛股份	制造	浙江省	53
002478.SZ	常宝股份	制造	江苏省	53
002623.SZ	亚玛顿	制造	江苏省	53
002626.SZ	金达威	制造	福建省	53
002630.SZ	华西能源	制造	四川省	53
300029.SZ	天龙光电	制造	江苏省	53
300044.SZ	赛为智能	信息技术	广东省	53
300053.SZ	欧比特	制造	广东省	53
300129.SZ	泰胜风能	制造	上海市	53
300141.SZ	和顺电气	制造	江苏省	53
300191.SZ	潜能恒信	采掘	北京市	53
300207.SZ	欣旺达	制造	广东省	53
300320.SZ	海达股份	制造	江苏省	53
600099.SH	林海股份	制造	江苏省	53
600429.SH	三元股份	制造	北京市	53
600444.SH	*ST国通	制造	安徽省	53
600856.SH	长百集团	批发和零售贸易	吉林省	53
601398.SH	工商银行	金融、保险	北京市	52
002146.SZ	荣盛发展	房地产	河北省	52
000839.SZ	中信国安	综合类	北京市	52
000783.SZ	长江证券	金融、保险	湖北省	52
601992.SH	金隅股份	制造	北京市	52
600717.SH	天津港	交通运输、仓储	天津市	52

续表

证券代码	证券简称	行业	注册地	网站得分
601727.SH	上海电气	制造	上海市	52
601313.SH	江南嘉捷	交通运输、仓储	江苏省	52
002033.SZ	丽江旅游	社会服务	云南省	52
600962.SH	国投中鲁	农、林、牧、渔	北京市	52
002106.SZ	莱宝高科	制造	广东省	52
600026.SH	中海发展	交通运输、仓储	上海市	52
600616.SH	金枫酒业	制造	上海市	52
600219.SH	南山铝业	制造	山东省	52
600835.SH	上海机电	制造	上海市	52
601018.SH	宁波港	交通运输、仓储	浙江省	52
600508.SH	上海能源	采掘	上海市	52
600435.SH	北方导航	制造	北京市	52
000663.SZ	永安林业	农、林、牧、渔	福建省	52
300336.SZ	新文化	传播与文化	上海市	52
600012.SH	皖通高速	交通运输、仓储	安徽省	52
600734.SH	实达集团	房地产	福建省	52
601336.SH	新华保险	金融、保险	北京市	52
002639.SZ	雪人股份	制造	福建省	52
000007.SZ	零七股份	社会服务	广东省	52
000404.SZ	华意压缩	制造	江西省	52
000429.SZ	粤高速A	交通运输、仓储	广东省	52
000529.SZ	广弘控股	制造	广东省	52
000573.SZ	粤宏远A	房地产	广东省	52
000616.SZ	亿城股份	房地产	辽宁省	52
000739.SZ	普洛药业	制造	山东省	52
000798.SZ	中水渔业	农、林、牧、渔	北京市	52
000802.SZ	北京旅游	社会服务	北京市	52
000835.SZ	四川圣达	制造	四川省	52
000838.SZ	国兴地产	房地产	北京市	52
000856.SZ	冀东装备	制造	河北省	52
000923.SZ	河北宣工	制造	河北省	52
000982.SZ	中银绒业	制造	宁夏回族自治区	52
000989.SZ	九芝堂	制造	湖南省	52
002025.SZ	航天电器	制造	贵州省	52
002026.SZ	山东威达	制造	山东省	52

续表

证券代码	证券简称	行业	注册地	网站得分
002027.SZ	七喜控股	信息技术	广东省	52
002030.SZ	达安基因	制造	广东省	52
002100.SZ	天康生物	制造	新疆维吾尔自治区	52
002108.SZ	沧州明珠	制造	河北省	52
002118.SZ	紫鑫药业	制造	吉林省	52
002119.SZ	康强电子	制造	浙江省	52
002124.SZ	天邦股份	制造	浙江省	52
002132.SZ	恒星科技	制造	河南省	52
002149.SZ	西部材料	制造	陕西省	52
002169.SZ	智光电气	制造	广东省	52
002171.SZ	精诚铜业	制造	安徽省	52
002172.SZ	澳洋科技	制造	江苏省	52
002186.SZ	全聚德	社会服务	北京市	52
002200.SZ	*ST 大地	社会服务	云南省	52
002272.SZ	川润股份	制造	四川省	52
002297.SZ	博云新材	制造	湖南省	52
002371.SZ	七星电子	制造	北京市	52
002409.SZ	雅克科技	制造	江苏省	52
002475.SZ	立讯精密	制造	广东省	52
002484.SZ	江海股份	制造	江苏省	52
002534.SZ	杭锅股份	制造	浙江省	52
002575.SZ	群兴玩具	制造	广东省	52
002593.SZ	日上集团	制造	福建省	52
002634.SZ	棒杰股份	制造	浙江省	52
002655.SZ	共达电声	制造	山东省	52
002671.SZ	龙泉股份	制造	山东省	52
300014.SZ	亿纬锂能	制造	广东省	52
300038.SZ	梅泰诺	信息技术	北京市	52
300041.SZ	回天胶业	制造	湖北省	52
300088.SZ	长信科技	制造	安徽省	52
300112.SZ	万讯自控	制造	广东省	52
300142.SZ	沃森生物	制造	云南省	52
300225.SZ	金力泰	制造	上海市	52
300240.SZ	飞力达	交通运输、仓储	江苏省	52
300275.SZ	梅安森	信息技术	重庆市	52

续表

证券代码	证券简称	行业	注册地	网站得分
300293.SZ	蓝英装备	制造	辽宁省	52
300301.SZ	长方照明	制造	广东省	52
300347.SZ	泰格医药	社会服务	浙江省	52
600095.SH	哈高科	制造	黑龙江省	52
600145.SH	国创能源	建筑	贵州省	52
600169.SH	太原重工	制造	山西省	52
600182.SH	S佳通	制造	黑龙江省	52
600250.SH	南纺股份	批发和零售贸易	江苏省	52
600257.SH	大湖股份	农、林、牧、渔	湖南省	52
600326.SH	西藏天路	建筑	西藏自治区	52
600346.SH	大橡塑	制造	辽宁省	52
600479.SH	千金药业	制造	湖南省	52
600648.SH	外高桥	房地产	上海市	52
600675.SH	中华企业	房地产	上海市	52
600731.SH	湖南海利	制造	湖南省	52
600732.SH	上海新梅	房地产	上海市	52
600853.SH	龙建股份	建筑	黑龙江省	52
601028.SH	玉龙股份	制造	江苏省	52
601311.SH	骆驼股份	制造	湖北省	52
601558.SH	华锐风电	制造	北京市	52
601996.SH	丰林集团	制造	广西壮族自治区	52
601628.SH	中国人寿	金融、保险	北京市	51
000407.SZ	胜利股份	制造	山东省	51
002527.SZ	新时达	制造	上海市	51
600725.SH	云维股份	制造	云南省	51
600872.SH	中炬高新	综合类	广东省	51
000065.SZ	北方国际	建筑	北京市	51
002477.SZ	雏鹰农牧	农、林、牧、渔	河南省	51
000962.SZ	东方钽业	制造	宁夏回族自治区	51
601008.SH	连云港	交通运输、仓储	江苏省	51
600507.SH	方大特钢	制造	江西省	51
000551.SZ	创元科技	综合类	江苏省	51
000609.SZ	绵世股份	房地产	北京市	51
000813.SZ	天山纺织	制造	新疆维吾尔自治区	51
000848.SZ	承德露露	制造	河北省	51

续表

证券代码	证券简称	行业	注册地	网站得分
000995.SZ	皇台酒业	制造	甘肃省	51
002015.SZ	霞客环保	制造	江苏省	51
002168.SZ	深圳惠程	制造	广东省	51
002176.SZ	江特电机	制造	江西省	51
002245.SZ	澳洋顺昌	社会服务	江苏省	51
002247.SZ	帝龙新材	制造	浙江省	51
002363.SZ	隆基机械	制造	山东省	51
002377.SZ	国创高新	制造	湖北省	51
002502.SZ	骅威股份	制造	广东省	51
002570.SZ	贝因美	制造	浙江省	51
002699.SZ	美盛文化	制造	浙江省	51
300018.SZ	中元华电	制造	湖北省	51
300023.SZ	宝德股份	制造	陕西省	51
300030.SZ	阳普医疗	制造	广东省	51
300111.SZ	向日葵	制造	浙江省	51
300116.SZ	坚瑞消防	制造	陕西省	51
300140.SZ	启源装备	制造	陕西省	51
300167.SZ	迪威视讯	信息技术	广东省	51
300175.SZ	朗源股份	制造	山东省	51
300350.SZ	华鹏飞	交通运输、仓储	广东省	51
600075.SH	新疆天业	制造	新疆维吾尔自治区	51
600361.SH	华联综超	批发和零售贸易	北京市	51
600746.SH	江苏索普	制造	江苏省	51
600778.SH	友好集团	批发和零售贸易	新疆维吾尔自治区	51
600855.SH	航天长峰	制造	北京市	51
600885.SH	宏发股份	制造	湖北省	51
600961.SH	*ST株冶	制造	湖南省	51
601218.SH	吉鑫科技	制造	江苏省	51
601678.SH	滨化股份	综合类	山东省	51
601088.SH	中国神华	采掘	北京市	50
601898.SH	中煤能源	采掘	北京市	50
600029.SH	南方航空	交通运输、仓储	广东省	50
000069.SZ	华侨城A	社会服务	广东省	50
002008.SZ	大族激光	制造	广东省	50
600618.SH	氯碱化工	制造	上海市	50

续表

证券代码	证券简称	行业	注册地	网站得分
000690.SZ	宝新能源	电力、煤气及水的生产和供应	广东省	50
600642.SH	申能股份	电力、煤气及水的生产和供应	上海市	50
002180.SZ	万力达	制造	广东省	50
601788.SH	光大证券	金融、保险	上海市	50
002174.SZ	梅花伞	制造	福建省	50
600736.SH	苏州高新	房地产	江苏省	50
000564.SZ	西安民生	批发和零售贸易	陕西省	50
000601.SZ	韶能股份	电力、煤气及水的生产和供应	广东省	50
000650.SZ	仁和药业	制造	江西省	50
000656.SZ	金科股份	房地产	重庆市	50
000659.SZ	珠海中富	制造	广东省	50
000683.SZ	远兴能源	制造	内蒙古自治区	50
000801.SZ	四川九洲	信息技术	四川省	50
000823.SZ	超声电子	制造	广东省	50
000948.SZ	南天信息	信息技术	云南省	50
000980.SZ	金马股份	制造	安徽省	50
002088.SZ	鲁阳股份	制造	山东省	50
002096.SZ	南岭民爆	制造	湖南省	50
002104.SZ	恒宝股份	制造	江苏省	50
002105.SZ	信隆实业	制造	广东省	50
002126.SZ	银轮股份	制造	浙江省	50
002159.SZ	三特索道	社会服务	湖北省	50
002164.SZ	东力传动	制造	浙江省	50
002167.SZ	东方锆业	制造	广东省	50
002173.SZ	千足珍珠	制造	浙江省	50
002192.SZ	路翔股份	制造	广东省	50
002198.SZ	嘉应制药	制造	广东省	50
002305.SZ	南国置业	房地产	湖北省	50
002325.SZ	洪涛股份	建筑	广东省	50
002350.SZ	北京科锐	制造	北京市	50
002360.SZ	同德化工	制造	山西省	50
002420.SZ	毅昌股份	制造	广东省	50
002452.SZ	长高集团	制造	湖南省	50
002460.SZ	赣锋锂业	制造	江西省	50
002479.SZ	富春环保	电力、煤气及水的生产和供应	浙江省	50

续表

证券代码	证券简称	行业	注册地	网站得分
002485.SZ	希努尔	制造	山东省	50
002494.SZ	华斯股份	制造	河北省	50
002542.SZ	中化岩土	建筑	北京市	50
002640.SZ	百圆裤业	批发和零售贸易	山西省	50
002645.SZ	华宏科技	制造	江苏省	50
002661.SZ	克明面业	制造	湖南省	50
300097.SZ	智云股份	制造	辽宁省	50
300136.SZ	信维通信	制造	广东省	50
300139.SZ	福星晓程	制造	北京市	50
300172.SZ	中电环保	社会服务	江苏省	50
300234.SZ	开尔新材	制造	浙江省	50
300252.SZ	金信诺	制造	广东省	50
300276.SZ	三丰智能	制造	湖北省	50
300303.SZ	聚飞光电	制造	广东省	50
300304.SZ	云意电气	制造	江苏省	50
300308.SZ	中际装备	制造	山东省	50
600146.SH	大元股份	制造	宁夏回族自治区	50
600233.SH	大杨创世	制造	辽宁省	50
600313.SH	中农资源	农、林、牧、渔	北京市	50
600365.SH	通葡股份	制造	吉林省	50
600382.SH	广东明珠	批发和零售贸易	广东省	50
600590.SH	泰豪科技	制造	江西省	50
600754.SH	锦江股份	社会服务	上海市	50
600756.SH	浪潮软件	信息技术	山东省	50
600764.SH	中电广通	信息技术	北京市	50
600838.SH	上海九百	批发和零售贸易	上海市	50
600850.SH	华东电脑	信息技术	上海市	50
600890.SH	中房股份	房地产	北京市	50
600975.SH	新五丰	农、林、牧、渔	湖南省	50
600976.SH	武汉健民	制造	湖北省	50
601890.SH	亚星锚链	制造	江苏省	50
002179.SZ	中航光电	制造	河南省	49
002589.SZ	瑞康医药	批发和零售贸易	山东省	49
601518.SH	吉林高速	交通运输、仓储	吉林省	49
000815.SZ	*ST美利	制造	宁夏回族自治区	49

续表

证券代码	证券简称	行业	注册地	网站得分
000993.SZ	闽东电力	电力、煤气及水的生产和供应	福建省	49
000631.SZ	顺发恒业	房地产	吉林省	49
000637.SZ	茂化实华	制造	广东省	49
000711.SZ	天伦置业	房地产	黑龙江省	49
000932.SZ	华菱钢铁	制造	湖南省	49
002135.SZ	东南网架	建筑	浙江省	49
002166.SZ	莱茵生物	制造	广西壮族自治区	49
002175.SZ	广陆数测	制造	广西壮族自治区	49
002234.SZ	民和股份	农、林、牧、渔	山东省	49
002273.SZ	水晶光电	制造	浙江省	49
002366.SZ	丹甫股份	制造	四川省	49
002388.SZ	新亚制程	制造	广东省	49
002402.SZ	和而泰	制造	广东省	49
002600.SZ	江粉磁材	制造	广东省	49
002621.SZ	大连三垒	制造	辽宁省	49
002698.SZ	博实股份	制造	黑龙江省	49
300061.SZ	康耐特	制造	上海市	49
300100.SZ	双林股份	制造	浙江省	49
300138.SZ	晨光生物	制造	河北省	49
300152.SZ	燃控科技	制造	江苏省	49
300164.SZ	通源石油	采掘	陕西省	49
300194.SZ	福安药业	制造	重庆市	49
300197.SZ	铁汉生态	建筑	广东省	49
300302.SZ	同有科技	信息技术	北京市	49
300326.SZ	凯利泰	制造	上海市	49
300329.SZ	海伦钢琴	制造	浙江省	49
600072.SH	中船股份	制造	上海市	49
600076.SH	青鸟华光	信息技术	山东省	49
600221.SH	海南航空	交通运输、仓储	海南省	49
600319.SH	*ST亚星	制造	山东省	49
600320.SH	振华重工	制造	上海市	49
600520.SH	中发科技	制造	安徽省	49
600608.SH	上海科技	信息技术	上海市	49
600615.SH	丰华股份	房地产	上海市	49
600651.SH	飞乐音响	制造	上海市	49

续表

证券代码	证券简称	行业	注册地	网站得分
600735.SH	新华锦	制造	山东省	49
600757.SH	长江传媒	传播与文化	湖北省	49
600857.SH	工大首创	批发和零售贸易	浙江省	49
600965.SH	福成五丰	农、林、牧、渔	河北省	49
000861.SZ	海印股份	批发和零售贸易	广东省	48
002154.SZ	报喜鸟	制造	浙江省	48
000927.SZ	一汽夏利	制造	天津市	48
601515.SH	东风股份	制造	广东省	48
000655.SZ	金岭矿业	采掘	山东省	48
600966.SH	博汇纸业	制造	山东省	48
002018.SZ	华星化工	制造	安徽省	48
000919.SZ	金陵药业	制造	江苏省	48
002137.SZ	实益达	制造	广东省	48
002261.SZ	拓维信息	信息技术	湖南省	48
002282.SZ	博深工具	制造	河北省	48
002374.SZ	丽鹏股份	制造	山东省	48
002459.SZ	天业通联	制造	河北省	48
002489.SZ	浙江永强	制造	浙江省	48
002566.SZ	益盛药业	制造	吉林省	48
002568.SZ	百润股份	制造	上海市	48
002624.SZ	金磊股份	制造	浙江省	48
002648.SZ	卫星石化	制造	浙江省	48
002690.SZ	美亚光电	制造	安徽省	48
300046.SZ	台基股份	制造	湖北省	48
300102.SZ	乾照光电	制造	福建省	48
300128.SZ	锦富新材	制造	江苏省	48
300196.SZ	长海股份	制造	江苏省	48
300349.SZ	金卡股份	信息技术	浙江省	48
600258.SH	首旅股份	社会服务	北京市	48
600321.SH	国栋建设	制造	四川省	48
600562.SH	高淳陶瓷	制造	江苏省	48
600722.SH	金牛化工	制造	河北省	48
600796.SH	钱江生化	制造	浙江省	48
600894.SH	广日股份	制造	广东省	48
601208.SH	东材科技	制造	四川省	48

续表

证券代码	证券简称	行业	注册地	网站得分
002046.SZ	轴研科技	制造	河南省	47
600809.SH	山西汾酒	制造	山西省	47
601231.SH	环旭电子	制造	上海市	47
002304.SZ	洋河股份	制造	江苏省	47
601566.SH	九牧王	制造	福建省	47
000997.SZ	新大陆	信息技术	福建省	47
000055.SZ	方大集团	制造	广东省	47
000523.SZ	广州浪奇	制造	广东省	47
000561.SZ	烽火电子	信息技术	陕西省	47
000617.SZ	*ST济柴	制造	山东省	47
000902.SZ	中国服装	制造	北京市	47
000935.SZ	四川双马	制造	四川省	47
002252.SZ	上海莱士	制造	上海市	47
002328.SZ	新朋股份	制造	上海市	47
002444.SZ	巨星科技	制造	浙江省	47
300056.SZ	三维丝	制造	福建省	47
300127.SZ	银河磁体	制造	四川省	47
300258.SZ	精锻科技	制造	江苏省	47
300292.SZ	吴通通讯	信息技术	江苏省	47
300313.SZ	天山生物	农、林、牧、渔	新疆维吾尔自治区	47
300337.SZ	银邦股份	制造	江苏省	47
300340.SZ	科恒股份	制造	广东省	47
300354.SZ	东华测试	制造	江苏省	47
600082.SH	海泰发展	房地产	天津市	47
600538.SH	*ST国发	制造	广西壮族自治区	47
600577.SH	精达股份	制造	安徽省	47
600667.SH	太极实业	制造	江苏省	47
600682.SH	南京新百	批发和零售贸易	江苏省	47
600782.SH	新钢股份	制造	江西省	47
600859.SH	王府井	批发和零售贸易	北京市	47
000881.SZ	大连国际	综合类	辽宁省	47
002250.SZ	联化科技	制造	浙江省	46
600995.SH	文山电力	电力、煤气及水的生产和供应	云南省	46
002557.SZ	洽洽食品	制造	安徽省	46
600884.SH	杉杉股份	制造	浙江省	46

续表

证券代码	证券简称	行业	注册地	网站得分
000511.SZ	银基发展	房地产	辽宁省	46
000597.SZ	东北制药	制造	辽宁省	46
000708.SZ	大冶特钢	制造	湖北省	46
000925.SZ	众合机电	制造	浙江省	46
000955.SZ	欣龙控股	制造	海南省	46
000966.SZ	长源电力	电力、煤气及水的生产和供应	湖北省	46
002040.SZ	南京港	交通运输、仓储	江苏省	46
002183.SZ	怡亚通	社会服务	广东省	46
002370.SZ	亚太药业	制造	浙江省	46
300032.SZ	金龙机电	制造	浙江省	46
300193.SZ	佳士科技	制造	广东省	46
300202.SZ	聚龙股份	制造	辽宁省	46
300230.SZ	永利带业	制造	上海市	46
300246.SZ	宝莱特	制造	广东省	46
300271.SZ	华宇软件	信息技术	北京市	46
300306.SZ	远方光电	制造	浙江省	46
300325.SZ	德威新材	制造	江苏省	46
600150.SH	中国船舶	制造	上海市	46
600293.SH	三峡新材	制造	湖北省	46
600301.SH	*ST南化	制造	广西壮族自治区	46
600769.SH	*ST祥龙	制造	湖北省	46
600967.SH	北方创业	制造	内蒙古自治区	46
600978.SH	宜华木业	制造	广东省	46
000753.SZ	漳州发展	批发和零售贸易	福建省	45
601328.SH	交通银行	金融、保险	上海市	45
002498.SZ	汉缆股份	制造	山东省	45
000862.SZ	银星能源	制造	宁夏回族自治区	45
000926.SZ	福星股份	房地产	湖北省	45
002002.SZ	金材股份	制造	江苏省	45
002047.SZ	*ST成霖	制造	广东省	45
002074.SZ	东源电器	制造	江苏省	45
002320.SZ	海峡股份	交通运输、仓储	海南省	45
002326.SZ	永太科技	制造	浙江省	45
002352.SZ	鼎泰新材	制造	安徽省	45
002359.SZ	齐星铁塔	制造	山东省	45

续表

证券代码	证券简称	行业	注册地	网站得分
002464.SZ	金利科技	制造	江苏省	45
002501.SZ	利源铝业	制造	吉林省	45
002520.SZ	日发精机	制造	浙江省	45
002691.SZ	石煤装备	制造	河北省	45
300059.SZ	东方财富	信息技术	上海市	45
300099.SZ	尤洛卡	制造	山东省	45
300150.SZ	世纪瑞尔	信息技术	北京市	45
300223.SZ	北京君正	制造	北京市	45
300330.SZ	华虹计通	信息技术	上海市	45
600462.SH	石岘纸业	制造	吉林省	45
600475.SH	华光股份	制造	江苏省	45
600771.SH	东盛科技	制造	青海省	45
600865.SH	百大集团	批发和零售贸易	浙江省	45
002038.SZ	双鹭药业	制造	北京市	44
000060.SZ	中金岭南	制造	广东省	44
000040.SZ	宝安地产	房地产	广东省	44
000897.SZ	津滨发展	房地产	天津市	44
000961.SZ	中南建设	建筑	江苏省	44
002259.SZ	升达林业	制造	四川省	44
002354.SZ	科冕木业	制造	辽宁省	44
002379.SZ	鲁丰股份	制造	山东省	44
002384.SZ	东山精密	制造	江苏省	44
002395.SZ	双象股份	制造	江苏省	44
002584.SZ	西陇化工	制造	广东省	44
002644.SZ	佛慈制药	制造	甘肃省	44
300069.SZ	金利华电	制造	浙江省	44
300131.SZ	英唐智控	制造	广东省	44
300168.SZ	万达信息	信息技术	上海市	44
300346.SZ	南大光电	制造	江苏省	44
600265.SH	*ST景谷	农、林、牧、渔	云南省	44
600300.SH	维维股份	制造	江苏省	44
600567.SH	山鹰纸业	制造	安徽省	44
600630.SH	龙头股份	制造	上海市	44
600818.SH	中路股份	制造	上海市	44
600843.SH	上工申贝	制造	上海市	44

续表

证券代码	证券简称	行业	注册地	网站得分
600982.SH	宁波热电	电力、煤气及水的生产和供应	浙江省	44
000876.SZ	新希望	制造	四川省	43
000960.SZ	锡业股份	制造	云南省	43
600098.SH	广州发展	电力、煤气及水的生产和供应	广东省	43
600806.SH	昆明机床	制造	云南省	43
600533.SH	栖霞建设	房地产	江苏省	43
600037.SH	歌华有线	传播与文化	北京市	43
000504.SZ	ST传媒	传播与文化	北京市	43
000566.SZ	海南海药	制造	海南省	43
000587.SZ	金叶珠宝	制造	黑龙江省	43
000661.SZ	长春高新	制造	吉林省	43
000882.SZ	华联股份	批发和零售贸易	北京市	43
000899.SZ	赣能股份	电力、煤气及水的生产和供应	江西省	43
002223.SZ	鱼跃医疗	制造	江苏省	43
002382.SZ	蓝帆股份	制造	山东省	43
002391.SZ	长青股份	制造	江苏省	43
300237.SZ	美晨科技	制造	山东省	43
300243.SZ	瑞丰高材	制造	山东省	43
300339.SZ	润和软件	信息技术	江苏省	43
600083.SH	博信股份	制造	广东省	43
600148.SH	长春一东	制造	吉林省	43
000780.SZ	平庄能源	采掘	内蒙古自治区	42
000498.SZ	山东路桥	建筑	山东省	42
002233.SZ	塔牌集团	制造	广东省	42
600423.SH	柳化股份	制造	广西壮族自治区	42
000933.SZ	神火股份	采掘	河南省	42
000565.SZ	渝三峡A	制造	重庆市	42
000697.SZ	炼石有色	采掘	陕西省	42
000766.SZ	通化金马	制造	吉林省	42
002324.SZ	普利特	制造	上海市	42
300344.SZ	太空板业	制造	北京市	42
600039.SH	四川路桥	建筑	四川省	42
600054.SH	黄山旅游	社会服务	安徽省	42
600090.SH	啤酒花	制造	新疆维吾尔自治区	42
600209.SH	罗顿发展	综合类	海南省	42

续表

证券代码	证券简称	行业	注册地	网站得分
600231.SH	凌钢股份	制造	辽宁省	42
600259.SH	广晟有色	采掘	海南省	42
600327.SH	大东方	批发和零售贸易	江苏省	42
600626.SH	申达股份	制造	上海市	42
600744.SH	华银电力	电力、煤气及水的生产和供应	湖南省	42
600747.SH	大连控股	制造	辽宁省	42
000503.SZ	海虹控股	综合类	海南省	41
000567.SZ	海德股份	房地产	海南省	41
000767.SZ	漳泽电力	电力、煤气及水的生产和供应	山西省	41
000953.SZ	*ST河化	制造	广西壮族自治区	41
002036.SZ	宜科科技	制造	浙江省	41
002140.SZ	东华科技	建筑	安徽省	41
002393.SZ	力生制药	制造	天津市	41
002400.SZ	省广股份	社会服务	广东省	41
002659.SZ	中泰桥梁	建筑	江苏省	41
002692.SZ	远程电缆	制造	江苏省	41
300113.SZ	顺网科技	信息技术	浙江省	41
300114.SZ	中航电测	制造	陕西省	41
300238.SZ	冠昊生物	制造	广东省	41
300321.SZ	同大股份	制造	山东省	41
300333.SZ	兆日科技	信息技术	广东省	41
600658.SH	电子城	房地产	北京市	40
002034.SZ	美欣达	制造	浙江省	40
002109.SZ	兴化股份	制造	陕西省	40
002220.SZ	天宝股份	制造	辽宁省	40
002516.SZ	江苏旷达	制造	江苏省	40
002695.SZ	煌上煌	制造	江西省	40
600137.SH	浪莎股份	制造	四川省	40
600272.SH	开开实业	制造	上海市	40
600305.SH	恒顺醋业	制造	江苏省	40
600398.SH	凯诺科技	制造	江苏省	40
600539.SH	ST狮头	制造	山西省	40
600559.SH	老白干酒	制造	河北省	40
600566.SH	洪城股份	制造	湖北省	40
600612.SH	老凤祥	制造	上海市	40

续表

证券代码	证券简称	行业	注册地	网站得分
600781.SH	上海辅仁	制造	上海市	40
600851.SH	海欣股份	制造	上海市	40
000959.SZ	首钢股份	制造	北京市	40
300064.SZ	豫金刚石	制造	河南省	39
000501.SZ	鄂武商A	批发和零售贸易	湖北省	39
000727.SZ	华东科技	制造	江苏省	39
002686.SZ	亿利达	制造	浙江省	39
300109.SZ	新开源	制造	河南省	39
300204.SZ	舒泰神	制造	北京市	39
600770.SH	综艺股份	综合类	江苏省	39
601599.SH	鹿港科技	制造	江苏省	39
601006.SH	大秦铁路	交通运输、仓储	山西省	39
000610.SZ	西安旅游	社会服务	陕西省	38
000639.SZ	西王食品	制造	山东省	38
000720.SZ	*ST能山	电力、煤气及水的生产和供应	山东省	38
000721.SZ	西安饮食	社会服务	陕西省	38
000821.SZ	京山轻机	制造	湖北省	38
000929.SZ	兰州黄河	制造	甘肃省	38
002125.SZ	湘潭电化	制造	湖南省	38
002139.SZ	拓邦股份	制造	广东省	38
002152.SZ	广电运通	制造	广东省	38
002290.SZ	禾盛新材	制造	江苏省	38
002503.SZ	搜于特	批发和零售贸易	广东省	38
002513.SZ	蓝丰生化	制造	江苏省	38
002551.SZ	尚荣医疗	制造	广东省	38
300071.SZ	华谊嘉信	传播与文化	北京市	38
600416.SH	湘电股份	制造	湖南省	38
600821.SH	津劝业	批发和零售贸易	天津市	38
000088.SZ	盐田港	交通运输、仓储	广东省	37
000603.SZ	盛达矿业	采掘	北京市	37
002204.SZ	大连重工	制造	辽宁省	37
002362.SZ	汉王科技	信息技术	北京市	37
002433.SZ	太安堂	制造	广东省	37
002547.SZ	春兴精工	制造	江苏省	37
002592.SZ	八菱科技	制造	广西壮族自治区	37

续表

证券代码	证券简称	行业	注册地	网站得分
002602.SZ	世纪华通	制造	浙江省	37
300224.SZ	正海磁材	制造	山东省	37
600687.SH	刚泰控股	综合类	浙江省	37
600820.SH	隧道股份	建筑	上海市	37
600833.SH	第一医药	批发和零售贸易	上海市	37
002500.SZ	山西证券	金融、保险	山西省	36
002244.SZ	滨江集团	房地产	浙江省	36
600033.SH	福建高速	交通运输、仓储	福建省	36
000889.SZ	渤海物流	批发和零售贸易	河北省	36
000909.SZ	数源科技	信息技术	浙江省	36
002346.SZ	柘中建设	制造	上海市	36
002369.SZ	卓翼科技	信息技术	广东省	36
300200.SZ	高盟新材	制造	北京市	36
600861.SH	北京城乡	批发和零售贸易	北京市	36
600863.SH	内蒙华电	电力、煤气及水的生产和供应	内蒙古自治区	36
600879.SH	航天电子	制造	湖北省	36
601199.SH	江南水务	电力、煤气及水的生产和供应	江苏省	35
601339.SH	百隆东方	制造	浙江省	35
000581.SZ	威孚高科	制造	江苏省	35
000949.SZ	新乡化纤	制造	河南省	35
002049.SZ	同方国芯	制造	河北省	35
002669.SZ	康达新材	制造	上海市	35
300342.SZ	天银机电	制造	江苏省	35
600240.SH	华业地产	房地产	北京市	35
600311.SH	荣华实业	制造	甘肃省	35
600506.SH	香梨股份	农、林、牧、渔	新疆维吾尔自治区	35
600298.SH	安琪酵母	制造	湖北省	34
000887.SZ	中鼎股份	制造	安徽省	34
002240.SZ	威华股份	制造	广东省	34
002461.SZ	珠江啤酒	制造	广东省	34
300192.SZ	科斯伍德	制造	江苏省	34
300257.SZ	开山股份	制造	浙江省	34
000062.SZ	深圳华强	社会服务	广东省	33
000628.SZ	高新发展	房地产	四川省	33
000880.SZ	潍柴重机	制造	山东省	33

续表

证券代码	证券简称	行业	注册地	网站得分
002565.SZ	上海绿新	制造	上海市	33
002631.SZ	德尔家居	制造	江苏省	33
002662.SZ	京威股份	制造	北京市	33
601158.SH	重庆水务	电力、煤气及水的生产和供应	重庆市	33
300124.SZ	汇川技术	制造	广东省	32
000422.SZ	湖北宜化	制造	湖北省	32
600635.SH	大众公用	综合类	上海市	32
002291.SZ	星期六	制造	广东省	32
002540.SZ	亚太科技	制造	江苏省	32
002574.SZ	明牌珠宝	制造	浙江省	32
300107.SZ	建新股份	制造	河北省	32
300115.SZ	长盈精密	制造	广东省	32
600555.SH	*ST九龙	社会服务	上海市	32
002189.SZ	利达光电	制造	河南省	31
600372.SH	中航电子	制造	江西省	31
000622.SZ	*ST恒立	制造	湖南省	31
000833.SZ	贵糖股份	制造	广西壮族自治区	31
002319.SZ	乐通股份	制造	广东省	31
002321.SZ	华英农业	农、林、牧、渔	河南省	31
300005.SZ	探路者	批发和零售贸易	北京市	31
600750.SH	江中药业	制造	江西省	30
600116.SH	三峡水利	电力、煤气及水的生产和供应	重庆市	30
600737.SH	中粮屯河	制造	新疆维吾尔自治区	30
002182.SZ	云海金属	制造	江苏省	30
600419.SH	新疆天宏	制造	新疆维吾尔自治区	30
600584.SH	长电科技	制造	江苏省	30
000547.SZ	闽福发A	信息技术	福建省	29
000524.SZ	东方宾馆	社会服务	广东省	29
000607.SZ	华智控股	制造	浙江省	29
002068.SZ	黑猫股份	制造	江西省	29
002685.SZ	华东重机	制造	江苏省	29
300343.SZ	联创节能	制造	山东省	29
600282.SH	南钢股份	制造	江苏省	28
000971.SZ	蓝鼎控股	制造	湖北省	28
600807.SH	天业股份	房地产	山东省	28

续表

证券代码	证券简称	行业	注册地	网站得分
002153.SZ	石基信息	信息技术	北京市	27
000048.SZ	康达尔	制造	广东省	26
000755.SZ	山西三维	制造	山西省	26
002425.SZ	凯撒股份	制造	广东省	26
002495.SZ	佳隆股份	制造	广东省	26
002558.SZ	世纪游轮	社会服务	重庆市	26
002561.SZ	徐家汇	批发和零售贸易	上海市	26
300130.SZ	新国都	制造	广东省	26
002535.SZ	林州重机	制造	河南省	25
002209.SZ	达意隆	制造	广东省	25
002218.SZ	拓日新能	制造	广东省	25
600565.SH	迪马股份	制造	重庆市	25
600488.SH	天药股份	制造	天津市	24
601519.SH	大智慧	信息技术	上海市	24
000715.SZ	中兴商业	批发和零售贸易	辽宁省	24
002263.SZ	大东南	制造	浙江省	24
000978.SZ	桂林旅游	社会服务	广西壮族自治区	23
002522.SZ	浙江众成	制造	浙江省	23
600053.SH	中江地产	房地产	江西省	23
600081.SH	东风科技	制造	上海市	22
000898.SZ	*ST 鞍钢	制造	辽宁省	21
000626.SZ	如意集团	批发和零售贸易	江苏省	21
600751.SH	S 天海	交通运输、仓储	天津市	21
600337.SH	美克股份	批发和零售贸易	新疆维吾尔自治区	20
000038.SZ	*ST 大通	房地产	广东省	19
002344.SZ	海宁皮城	批发和零售贸易	浙江省	19
002687.SZ	乔治白	制造	浙江省	19
300092.SZ	科新机电	制造	四川省	19
300108.SZ	双龙股份	制造	吉林省	18
000033.SZ	新都酒店	社会服务	广东省	17
002572.SZ	索菲亚	制造	广东省	17
002079.SZ	苏州固锝	制造	江苏省	15
002293.SZ	罗莱家纺	制造	江苏省	15
002345.SZ	潮宏基	制造	广东省	15
300126.SZ	锐奇股份	制造	上海市	15

续表

证券代码	证券简称	行业	注册地	网站得分
000538.SZ	云南白药	制造	云南省	13
000791.SZ	甘肃电投	电力、煤气及水的生产和供应	甘肃省	13
600779.SH	水井坊	制造	四川省	12
600609.SH	金杯汽车	制造	辽宁省	10
002190.SZ	成飞集成	制造	四川省	10
600719.SH	大连热电	电力、煤气及水的生产和供应	辽宁省	10
000428.SZ	华天酒店	社会服务	湖南省	9
002488.SZ	金固股份	制造	浙江省	9
300106.SZ	西部牧业	农、林、牧、渔	新疆维吾尔自治区	9
600138.SH	中青旅	社会服务	北京市	7
000586.SZ	汇源通信	信息技术	四川省	7
000968.SZ	煤气化	采掘	山西省	5
002619.SZ	巨龙管业	制造	浙江省	4
002269.SZ	美邦服饰	批发和零售贸易	上海市	3
300212.SZ	易华录	信息技术	北京市	3
002249.SZ	大洋电机	制造	广东省	1
600059.SH	古越龙山	制造	浙江省	1
600875.SH	东方电气	制造	四川省	1
000917.SZ	电广传媒	传播与文化	湖南省	1
000890.SZ	法尔胜	制造	江苏省	1
000920.SZ	南方汇通	制造	贵州省	1
002112.SZ	三变科技	制造	浙江省	1
002115.SZ	三维通信	信息技术	浙江省	1
002228.SZ	合兴包装	制造	福建省	1
002310.SZ	东方园林	建筑	北京市	1
002432.SZ	九安医疗	制造	天津市	1
002451.SZ	摩恩电气	制造	上海市	1
002555.SZ	顺荣股份	制造	安徽省	1
300028.SZ	金亚科技	信息技术	四川省	1
300206.SZ	理邦仪器	制造	广东省	1
300220.SZ	金运激光	制造	湖北省	1
600280.SH	南京中商	批发和零售贸易	江苏省	1
600697.SH	欧亚集团	批发和零售贸易	吉林省	1
600712.SH	南宁百货	批发和零售贸易	广西壮族自治区	1
600963.SH	岳阳林纸	制造	湖南省	1

续表

证券代码	证券简称	行业	注册地	网站得分
600371.SH	万向德农	农、林、牧、渔	黑龙江省	0
600288.SH	大恒科技	信息技术	北京市	0
000591.SZ	桐君阁	批发和零售贸易	重庆市	0
000599.SZ	青岛双星	制造	山东省	0
600232.SH	金鹰股份	制造	浙江省	0
002569.SZ	步森股份	制造	浙江省	0
000826.SZ	桑德环境	社会服务	湖北省	0
002128.SZ	露天煤业	采掘	内蒙古自治区	0
600639.SH	浦东金桥	房地产	上海市	0
000762.SZ	西藏矿业	采掘	西藏自治区	0
600505.SH	西昌电力	电力、煤气及水的生产和供应	四川省	0
000059.SZ	辽通化工	制造	辽宁省	0
000768.SZ	中航飞机	制造	陕西省	0
000612.SZ	焦作万方	制造	河南省	0
600749.SH	西藏旅游	社会服务	西藏自治区	0
002348.SZ	高乐股份	制造	广东省	0
000627.SZ	天茂集团	制造	湖北省	0
601918.SH	国投新集	采掘	安徽省	0
600578.SH	京能热电	电力、煤气及水的生产和供应	北京市	0
600396.SH	金山股份	电力、煤气及水的生产和供应	辽宁省	0
002299.SZ	圣农发展	农、林、牧、渔	福建省	0
600871.SH	S仪化	制造	江苏省	0
600193.SH	创兴资源	综合类	上海市	0
600656.SH	博元投资	制造	广东省	0
600643.SH	爱建股份	金融、保险	上海市	0
600452.SH	涪陵电力	电力、煤气及水的生产和供应	重庆市	0
000970.SZ	中科三环	制造	北京市	0
000008.SZ	宝利来	社会服务	广东省	0
000010.SZ	SST华新	制造	北京市	0
000017.SZ	*ST中华A	制造	广东省	0
000018.SZ	*ST中冠A	制造	广东省	0
000023.SZ	深天地A	制造	广东省	0
000030.SZ	富奥股份	制造	吉林省	0
000034.SZ	深信泰丰	综合类	广东省	0
000035.SZ	*ST科健	信息技术	广东省	0

续表

证券代码	证券简称	行业	注册地	网站得分
000068.SZ	ST华赛	制造	广东省	0
000400.SZ	许继电气	制造	河南省	0
000403.SZ	*ST生化	制造	山西省	0
000408.SZ	金谷源	制造	河北省	0
000409.SZ	泰复实业	采掘	安徽省	0
000416.SZ	民生投资	批发和零售贸易	山东省	0
000420.SZ	吉林化纤	制造	吉林省	0
000426.SZ	兴业矿业	采掘	内蒙古自治区	0
000430.SZ	张家界	社会服务	湖南省	0
000488.SZ	晨鸣纸业	制造	山东省	0
000502.SZ	绿景控股	房地产	广东省	0
000505.SZ	*ST珠江	房地产	海南省	0
000509.SZ	S*ST华塑	制造	四川省	0
000518.SZ	四环生物	制造	江苏省	0
000519.SZ	江南红箭	制造	湖南省	0
000525.SZ	红太阳	制造	江苏省	0
000526.SZ	银润投资	综合类	福建省	0
000534.SZ	万泽股份	房地产	广东省	0
000537.SZ	广宇发展	房地产	天津市	0
000545.SZ	*ST吉药	制造	吉林省	0
000546.SZ	光华控股	房地产	吉林省	0
000548.SZ	湖南投资	交通运输、仓储	湖南省	0
000552.SZ	靖远煤电	采掘	甘肃省	0
000554.SZ	泰山石油	批发和零售贸易	山东省	0
000557.SZ	*ST广夏	制造	宁夏回族自治区	0
000560.SZ	昆百大A	批发和零售贸易	云南省	0
000600.SZ	建投能源	电力、煤气及水的生产和供应	河北省	0
000602.SZ	金马集团	电力、煤气及水的生产和供应	广东省	0
000605.SZ	四环药业	制造	北京市	0
000613.SZ	ST东海A	社会服务	海南省	0
000619.SZ	海螺型材	制造	安徽省	0
000636.SZ	风华高科	制造	广东省	0
000638.SZ	万方发展	批发和零售贸易	辽宁省	0
000657.SZ	*ST中鸽	制造	海南省	0
000669.SZ	领先科技	电力、煤气及水的生产和供应	吉林省	0

续表

证券代码	证券简称	行业	注册地	网站得分
000673.SZ	ST当代	制造	山西省	0
000681.SZ	*ST远东	制造	江苏省	0
000692.SZ	惠天热电	电力、煤气及水的生产和供应	辽宁省	0
000693.SZ	S*ST聚友	传播与文化	四川省	0
000716.SZ	南方食品	制造	广西壮族自治区	0
000723.SZ	美锦能源	制造	山西省	0
000733.SZ	振华科技	制造	贵州省	0
000738.SZ	中航动控	制造	湖南省	0
000751.SZ	*ST锌业	制造	辽宁省	0
000752.SZ	西藏发展	制造	西藏自治区	0
000757.SZ	浩物股份	制造	四川省	0
000760.SZ	博盈投资	制造	湖北省	0
000761.SZ	本钢板材	制造	辽宁省	0
000796.SZ	易食股份	制造	陕西省	0
000799.SZ	酒鬼酒	制造	湖南省	0
000806.SZ	银河投资	制造	广西壮族自治区	0
000809.SZ	铁岭新城	社会服务	辽宁省	0
000810.SZ	华润锦华	制造	四川省	0
000816.SZ	江淮动力	制造	江苏省	0
000818.SZ	方大化工	制造	辽宁省	0
000820.SZ	*ST金城	制造	辽宁省	0
000828.SZ	东莞控股	交通运输、仓储	广东省	0
000836.SZ	鑫茂科技	信息技术	天津市	0
000883.SZ	湖北能源	电力、煤气及水的生产和供应	湖北省	0
000892.SZ	星美联合	信息技术	重庆市	0
000951.SZ	中国重汽	制造	山东省	0
000967.SZ	上风高科	制造	浙江省	0
000975.SZ	银泰资源	采掘	广东省	0
000987.SZ	广州友谊	批发和零售贸易	广东省	0
002004.SZ	华邦颖泰	制造	重庆市	0
002057.SZ	中钢天源	制造	安徽省	0
002060.SZ	粤水电	建筑	广东省	0
002071.SZ	江苏宏宝	制造	江苏省	0
002072.SZ	ST德棉	制造	山东省	0
002087.SZ	新野纺织	制造	河南省	0

续表

证券代码	证券简称	行业	注册地	网站得分
002095.SZ	生意宝	信息技术	浙江省	0
002113.SZ	天润控股	制造	湖南省	0
002138.SZ	顺络电子	制造	广东省	0
002193.SZ	山东如意	制造	山东省	0
002207.SZ	准油股份	采掘	新疆维吾尔自治区	0
002210.SZ	飞马国际	社会服务	广东省	0
002225.SZ	濮耐股份	制造	河南省	0
002227.SZ	奥特迅	制造	广东省	0
002255.SZ	海陆重工	制造	江苏省	0
002289.SZ	宇顺电子	制造	广东省	0
002302.SZ	西部建设	制造	新疆维吾尔自治区	0
002307.SZ	北新路桥	建筑	新疆维吾尔自治区	0
002308.SZ	威创股份	信息技术	广东省	0
002355.SZ	兴民钢圈	制造	山东省	0
002361.SZ	神剑股份	制造	安徽省	0
002365.SZ	永安药业	制造	湖北省	0
002375.SZ	亚厦股份	建筑	浙江省	0
002381.SZ	双箭股份	制造	浙江省	0
002386.SZ	天原集团	制造	四川省	0
002412.SZ	汉森制药	制造	湖南省	0
002421.SZ	达实智能	信息技术	广东省	0
002453.SZ	天马精化	制造	江苏省	0
002505.SZ	大康牧业	农、林、牧、渔	湖南省	0
002524.SZ	光正钢构	制造	新疆维吾尔自治区	0
002537.SZ	海立美达	制造	山东省	0
002562.SZ	兄弟科技	制造	浙江省	0
002577.SZ	雷柏科技	信息技术	广东省	0
002585.SZ	双星新材	制造	江苏省	0
002599.SZ	盛通股份	制造	北京市	0
002608.SZ	舜天船舶	制造	江苏省	0
002612.SZ	朗姿股份	制造	北京市	0
002615.SZ	哈尔斯	制造	浙江省	0
002617.SZ	露笑科技	制造	浙江省	0
002668.SZ	奥马电器	制造	广东省	0
002700.SZ	新疆浩源	电力、煤气及水的生产和供应	新疆维吾尔自治区	0

续表

证券代码	证券简称	行业	注册地	网站得分
300043.SZ	星辉车模	制造	广东省	0
300083.SZ	劲胜股份	制造	广东省	0
300118.SZ	东方日升	制造	浙江省	0
300122.SZ	智飞生物	制造	重庆市	0
300163.SZ	先锋新材	制造	浙江省	0
300169.SZ	天晟新材	制造	江苏省	0
300215.SZ	电科院	社会服务	江苏省	0
300242.SZ	明家科技	制造	广东省	0
300265.SZ	通光线缆	制造	江苏省	0
300289.SZ	利德曼	制造	北京市	0
300345.SZ	红宇新材	制造	湖南省	0
300352.SZ	北信源	信息技术	北京市	0
300355.SZ	蒙草抗旱	建筑	内蒙古自治区	0
600010.SH	包钢股份	制造	内蒙古自治区	0
600074.SH	*ST中达	制造	江苏省	0
600078.SH	澄星股份	制造	江苏省	0
600091.SH	ST明科	制造	内蒙古自治区	0
600093.SH	禾嘉股份	制造	四川省	0
600108.SH	亚盛集团	农、林、牧、渔	甘肃省	0
600120.SH	浙江东方	批发和零售贸易	浙江省	0
600121.SH	郑州煤电	采掘	河南省	0
600149.SH	廊坊发展	制造	河北省	0
600155.SH	*ST宝硕	制造	河北省	0
600156.SH	华升股份	制造	湖南省	0
600167.SH	联美控股	电力、煤气及水的生产和供应	辽宁省	0
600191.SH	华资实业	制造	内蒙古自治区	0
600234.SH	*ST天龙	批发和零售贸易	山西省	0
600241.SH	时代万恒	制造	辽宁省	0
600247.SH	成城股份	批发和零售贸易	吉林省	0
600273.SH	华芳纺织	制造	江苏省	0
600275.SH	武昌鱼	农、林、牧、渔	湖北省	0
600277.SH	亿利能源	制造	内蒙古自治区	0
600281.SH	太化股份	制造	山西省	0
600291.SH	西水股份	制造	内蒙古自治区	0
600316.SH	洪都航空	制造	江西省	0

续表

证券代码	证券简称	行业	注册地	网站得分
600318.SH	巢东股份	制造	安徽省	0
600331.SH	宏达股份	制造	四川省	0
600338.SH	西藏珠峰	制造	西藏自治区	0
600368.SH	五洲交通	交通运输、仓储	广西壮族自治区	0
600381.SH	*ST贤成	制造	青海省	0
600397.SH	安源煤业	采掘	江西省	0
600403.SH	大有能源	采掘	河南省	0
600421.SH	*ST国药	制造	湖北省	0
600523.SH	贵航股份	制造	贵州省	0
600527.SH	江南高纤	制造	江苏省	0
600532.SH	宏达矿业	制造	山东省	0
600547.SH	山东黄金	采掘	山东省	0
600552.SH	方兴科技	制造	安徽省	0
600556.SH	*ST北生	制造	广西壮族自治区	0
600593.SH	大连圣亚	社会服务	辽宁省	0
600603.SH	*ST兴业	综合类	上海市	0
600610.SH	S中纺机	制造	上海市	0
600617.SH	*ST联华	制造	上海市	0
600621.SH	华鑫股份	制造	上海市	0
600628.SH	新世界	批发和零售贸易	上海市	0
600629.SH	棱光实业	制造	上海市	0
600641.SH	万业企业	房地产	上海市	0
600666.SH	西南药业	制造	重庆市	0
600676.SH	交运股份	制造	上海市	0
600679.SH	金山开发	制造	上海市	0
600681.SH	万鸿集团	传播与文化	湖北省	0
600691.SH	阳煤化工	制造	四川省	0
600692.SH	亚通股份	交通运输、仓储	上海市	0
600696.SH	多伦股份	房地产	上海市	0
600701.SH	工大高新	综合类	黑龙江省	0
600714.SH	金瑞矿业	采掘	青海省	0
600715.SH	松辽汽车	制造	辽宁省	0
600716.SH	凤凰股份	房地产	江苏省	0
600733.SH	S前锋	房地产	四川省	0
600753.SH	东方银星	批发和零售贸易	河南省	0

续表

证券代码	证券简称	行业	注册地	网站得分
600758.SH	红阳能源	电力、煤气及水的生产和供应	辽宁省	0
600760.SH	*ST黑豹	制造	山东省	0
600766.SH	园城黄金	房地产	山东省	0
600768.SH	宁波富邦	制造	浙江省	0
600774.SH	汉商集团	批发和零售贸易	湖北省	0
600777.SH	新潮实业	综合类	山东省	0
600783.SH	鲁信创投	制造	山东省	0
600791.SH	京能置业	房地产	北京市	0
600793.SH	ST宜纸	制造	四川省	0
600817.SH	ST宏盛	综合类	陕西省	0
600827.SH	友谊股份	批发和零售贸易	上海市	0
600834.SH	申通地铁	社会服务	上海市	0
600844.SH	丹化科技	制造	上海市	0
600847.SH	万里股份	制造	重庆市	0
600864.SH	哈投股份	电力、煤气及水的生产和供应	黑龙江省	0
600867.SH	通化东宝	制造	吉林省	0
600882.SH	华联矿业	制造	山东省	0
600883.SH	博闻科技	制造	云南省	0
600892.SH	宝诚股份	批发和零售贸易	北京市	0
600981.SH	汇鸿股份	批发和零售贸易	江苏省	0
600985.SH	雷鸣科化	制造	安徽省	0
600988.SH	赤峰黄金	制造	内蒙古自治区	0
601002.SH	晋亿实业	制造	浙江省	0
601012.SH	隆基股份	制造	陕西省	0
601666.SH	平煤股份	采掘	河南省	0
601999.SH	出版传媒	传播与文化	辽宁省	0
603008.SH	喜临门	制造	浙江省	0
603333.SH	明星电缆	制造	四川省	0

B.7 后　记

《中国上市公司社会责任信息披露报告（2013）》得到了各界领导和专家的大力支持，中国上市公司社会责任研究中心江聃、杨懿、薛源等也参与了部分相关工作。研究数据采集工作由来自中央财经大学的许培焰、张理慧、娄峻玮和中国人民大学的高文灿、张彬彬等合作完成。中国上市公司社会责任研究中心对所有对此书做出贡献的人员表示衷心的感谢。

本书的研究和实践还处于初级阶段，其中仍有许多不足与纰漏，望各界专家学者、读者朋友及所有资本市场参与方不吝赐教，帮助优化研究方法和技术路线，推动中国上市公司社会责任建设不断向前发展。

中国上市公司社会责任研究中心
2013 年 10 月

权威报告　热点资讯　海量资源

当代中国与世界发展的高端智库平台

皮书数据库 www.pishu.com.cn

皮书数据库是专业的人文社会科学综合学术资源总库，以大型连续性图书——皮书系列为基础，整合国内外相关资讯构建而成。包含七大子库，涵盖两百多个主题，囊括了近十几年间中国与世界经济社会发展报告，覆盖经济、社会、政治、文化、教育、国际问题等多个领域。

皮书数据库以篇章为基本单位，方便用户对皮书内容的阅读需求。用户可进行全文检索，也可对文献题目、内容提要、作者名称、作者单位、关键字等基本信息进行检索，还可对检索到的篇章再作二次筛选，进行在线阅读或下载阅读。智能多维度导航，可使用户根据自己熟知的分类标准进行分类导航筛选，使查找和检索更高效、便捷。

权威的研究报告，独特的调研数据，前沿的热点资讯，皮书数据库已发展成为国内最具影响力的关于中国与世界现实问题研究的成果库和资讯库。

皮书俱乐部会员服务指南

1. 谁能成为皮书俱乐部会员？
- 皮书作者自动成为皮书俱乐部会员；
- 购买皮书产品（纸质图书、电子书、皮书数据库充值卡）的个人用户。

2. 会员可享受的增值服务：
- 免费获赠该纸质图书的电子书；
- 免费获赠皮书数据库100元充值卡；
- 免费定期获赠皮书电子期刊；
- 优先参与各类皮书学术活动；
- 优先享受皮书产品的最新优惠。

卡号：8729719127477435
密码：
（本卡为图书内容的一部分，不购书刮卡，视为盗书）

3. 如何享受皮书俱乐部会员服务？

（1）如何免费获得整本电子书？

购买纸质图书后，将购书信息特别是书后附赠的卡号和密码通过邮件形式发送到pishu@188.com，我们将验证您的信息，通过验证并成功注册后即可获得该本皮书的电子书。

（2）如何获赠皮书数据库100元充值卡？

第1步：刮开附赠卡的密码涂层（左下）；

第2步：登录皮书数据库网站（www.pishu.com.cn），注册成为皮书数据库用户，注册时请提供您的真实信息，以便您获得皮书俱乐部会员服务；

第3步：注册成功后登录，点击进入"会员中心"；

第4步：点击"在线充值"，输入正确的卡号和密码即可使用。

皮书俱乐部会员可享受社会科学文献出版社其他相关免费增值服务
您有任何疑问，均可拨打服务电话：010-59367227　QQ:1924151860
欢迎登录社会科学文献出版社官网（www.ssap.com.cn）和中国皮书网（www.pishu.cn）了解更多信息

法律声明

"皮书系列"(含蓝皮书、绿皮书、黄皮书)由社会科学文献出版社最早使用并对外推广,现已成为中国图书市场上流行的品牌,是社会科学文献出版社的品牌图书。社会科学文献出版社拥有该系列图书的专有出版权和网络传播权,其LOGO( )与"经济蓝皮书"、"社会蓝皮书"等皮书名称已在中华人民共和国工商行政管理总局商标局登记注册,社会科学文献出版社合法拥有其商标专用权。

未经社会科学文献出版社的授权和许可,任何复制、模仿或以其他方式侵害"皮书系列"和LOGO( )、"经济蓝皮书"、"社会蓝皮书"等皮书名称商标专用权的行为均属于侵权行为,社会科学文献出版社将采取法律手段追究其法律责任,维护合法权益。

欢迎社会各界人士对侵犯社会科学文献出版社上述权利的违法行为进行举报。电话:010-59367121,电子邮箱:fawubu@ssap.cn。

社会科学文献出版社